MONMONT 1974

LA TYRANNIE DE L'AMOVR PROPRE,

DESTRVITE PAR LES FIDELLES Prattiques du pur Amour.

Par P. FELIX DVMAS Religieux Recollé.

A BOVRDEAVX,
Par GVILLAVME MILLANGES, Imprimeur, ordinaire du Roy.

M. DC. XLVI.

A MADAME
MADAME
FRANCOISE DE FOIX,
ABBESSE TRES-DIGNE DE
L'ABBAYE ROYALE DE NOSTRE
DAME DE XAINTES.

MADAME,

Voicy la nouuelle defaite d'vn cruel monstre, dont vous auez triomphé si souuent par l'eminence de vostre vertu. C'est l'Amour propre, qui se declare vostre vaincu, & qui croise les armes en vostre presence pour s'abbattre à vos pieds, & pour confesser qu'il est tout prest à vous rendre les superbes despouilles que vous emportez sur les excez de sa Tyrannie. Per-

EPISTRE.

mettez donc, MADAME, que ie celebre vos victoires, & que ie publie à la France, par ce Volume que ie vous offre, que ces fameux Heros de l'Histoire, ces inuincibles Gastons de Foix qui ont fait trembler l'Europe du seul bruit de leurs armes, & qui ont rempli tout l'Vniuers de l'éclat de leur gloire, n'ont iamais égalé vos triomphes, quelques signalez Trophées que leur valeur leur ait remporté sur les ennemis jurez de leurs Estats.

S'il m'estoit permis de suiure l'idée de cette noble verité, & si i'auois autant de liberté à visiter les replis des siecles passez, que i'ay d'ardeur à découurir la Grandeur souueraine de vostre naissance: j'auroy le moyen d'asseurer tous les âges suiuans, qu'elle ne reconnoit d'autres Aieulx que ceux là mesmes qui seruent de source au sang Royal de sa Majesté; & que cét ancien mariage de Gaston de Foix quatriesme du nom, & de Leonor d'Arragon Reyne de Nauarre, commença d'establir l'alliance immortelle qui deuoit vnir les deux Illustres maisons de Foix & de Bourbon, pour le bon-heur de la France.

Mais je voy bien, MADAME, que j'offence par

EPISTRE.

ce discours les humbles sentimens de vostre modestie, & qu'elle ne peut souffrir que je rende en public des Hommages si justes à la verité de mille Histoires. Que s'il m'est defendu de vous entretenir des grandeurs de la terre, agrées, s'il vous plait, que ie vous propose les faueurs du Ciel qui vous esleuent autant dans l'ordre de la grace, que la Noblesse du sang vous rend considerable dans la condition Ciuile. Souffrez, MADAME, que ie rappelle l'idée de ce bas âge de l'enfance, qui n'estant pour les autres qu'un voile de tenebres qui couure les lumieres de la raison, fût pour vous un iour de viues clartez pour connoistre les deux Amours qui forment en cette vie deux differantes Citez; l'un qui bastit la saincte Hierusalem, & l'autre qui fonde l'infame Babilone; l'un qui nous esleue au Ciel, l'autre qui nous attache à la terre, l'un enfin qui nous vnit à Dieu, & l'autre qui nous lie à nous mesmes.

Il faut auoüer que ces belles lumieres ne furent iamais sterilles dans vostre esprit, comme celles du Pole; puis qu'elles vous esloignerent des vanitez du monde, & formerent dans vostre ame, desia

EPISTRE

preuenuë des puissants attraits de la grace, la sainete resolution de porter le sacré voyle, & de vous consacrer à Dieu par les trois vœux de Religion sous l'habit & la Regle du grand Patriarche Sainct Benoist.

Mais comme le sentier des ames iustes est éclairé d'un continuel progrez de connoissances, le S. Esprit vous rendit encore plus sçauante de tous les artifices de l'Amour propre. C'est luy qui vous fit comprendre, que ce mauuais principe ne produit en nous que de mauuais effets ; qu'il abuse de toutes les parties de nostre corps pour se rendre le Tyran de nos cœurs ; qu'il opere auec nos mains, qu'il regarde auec nos yeux, qu'il écoute par nos oreilles, & qu'il employe tous nos sens pour auancer nostre mal-heur. C'est bien plus, qu'il passe iusques dans l'ame pour reprendre son venin dans toutes ses puissances, qu'il occupe l'esprit de mille pensées curieuses, qu'il remplit la memoire des seules especes qui nous causent de la complaisance, & qu'il exerce sa principale tyrannie sur la volonté, afin de captiuer l'un & l'autre appetit sous les mouuemens déreglez de sa conduite.

En suite, Dieu vous fit voir par l'estenduë d'un

EPISTRE.

mesme rayon, les desordres que ce monstre d'impieté commençoit d'introduire dans le celebre Monastere de Xaintes, où les Ordres & les Miracles de la diuine prouidence vous auoit designée pour y tenir le rang d'Illustre Abesse. C'est alors, MADAME, que le Ciel vous inspira le genereux dessein, de vous opposer aux excez, aux surprises, & aux violences Tyranniques de l'Amour propre, dont les progrez pouuoient aller iusques à l'infiny. Mais comme les plus hautes entreprises sont tousiours trauersées de grandes difficultez : il faut confesser, que la prudence humaine n'auoit pas assez d'adresse, moins encore assez de force pour oster des abus qui auoient desia passé en coustume, pour remettre en leur premiere vigueur tous les saincts exercices de la vie solitaire, & pour regler en suite les saincts deuoirs des Dames Religieuses par les fidelles pratiques du pur amour de Dieu, du prochain, & d'elles-mesmes.

 C'est pourquoy, Dieu vous enuoya vn Homme selon son cœur, afin qu'il fût selon le vostre dans cés rencontres; vne Colomne de feu & de zele pour vous seruir de guide dans le desert de la penitence; vn Principe mouuant de vostre saincte Reforme: vn Pere Spirituel

Monsieur l'Euesque de Sainct Papoul,

pour auoir la direction des mœurs & l'intendance du Cloiſtre, & pour fauoriſer les nouuelles ardeurs de voſtre pieté; en vn mot, vn Ange viſible qui deuoit concourir auec vous dans les meſmes ſentimens de vertu, & s'inſtruire luy meſme pour gouuerner vn iour les ames d'vn Diocèze, par la ſainte conduite des nobles filles du grand S. Benoiſt.

Ie ſçay bien, qu'apres les ſoins & les emplois de cet Illuſtre Prelat, d'autres ont droict de prendre quelque part à cette gloire: mais tous enſemble ſont forcez d'aduoüer que le principal honneur du reſtabliſſement de la diſcipline reguliere vous eſt reſerué, & que la voix publique de la renommé eſt à ce coup celle de la verité. Quels ſeront donc les Treſors de merite pour vous, MADAME, qui auez reuſſy auec tant de ſuccez dans ce pieux deſſein? Toutes les bonnes œuures qu'on verra pratiquer dans ce lieu d'innocence; tous les mouuemens de grace qui ſanctifieront les fidelles Eſpouſes de Ieſus Chriſt; & toutes les actions de pieté qu'on produira ſelon l'eſprit de la Regle: ſeront les effets de voſtre zele, les ſuites de voſtre vertu, les fruicts de voſtre exemple, & les marques aſſeurées ſoit de voſtre fidelité inuiolable

EPISTRE.

uiolable au diuin seruice, soit de vostre zele au salut des ames.

Ie suis d'autant plus affermi dans ces sentimens, que vous auez choisi pour vostre fidelle Coadiutrice vne autre Françoise de Foix, Madame vostre Niepce : digne de porter vostre nom, & plus digne encore de succeder à l'eminente dignité de vostre Office; comme estant esleuée dans vne mesme Echole de vertu, éclairée par les mesmes rayons de sagesse, & animée d'vn mesme esprit de zele & de pieté, d'innocence & de conduite. Comme les Religieux de nostre Prouince ne sont pas les derniers à reconnoistre en vous & en elle ces auantages de nature, & ces thresors de grace : ils n'oublient pas aussi d'offrir à Dieu leurs vœux, afin que le Ciel vous conserue ces incomparables faueurs, & qu'ils puissent vous tesmoigner qu'ils ne vous sont pas moins obligez, ny en suite moins acquis, que celuy qui se qualifie auec soubmißion,

MADAME,

Vostre tres-humble, tres-obeyssant, & tres-
affectionné seruiteur F. FELIX DVMAS
Religieux Recollé.

TABLE
DES CHAPITRES
DE LA SECONDE
PARTIE.

*V̄ant-propos.* pag. 1.

Chap. I. *L'Amour dereglé de nous-mesmes nous rend trop auides des richesses du monde.* pag. 9.

Chap. II. *La passion du propre interest nous attache à l'vsage des commoditez temporelles.* pag. 20.

Chap. III. *L'Amour interessé nous rend trop sensibles à la perte des biens de fortune.* pag. 32.

Chap. IV. *L'excez de l'amour de nous-mesmes nous fait souuent preferer l'éclat de la vie publique aux solitudes de la particuliere.* pag. 42.

Chap. V. *Que l'amour propre produit en l'homme des sentimens d'impieté par les voluptez criminelles.* pag. 64.

Chap. VI. *L'amour passionné de nous-mesmes nous rend trop auides des plaisirs indifferens de la nature.* pag. 78.

Chap. VII. *L'amour interessé de nous-mesmes confond la*

necessité de viures auec le plaisir dereglé de nos sens. pag. 93.

CHAP. VIII. *Que nous auons trop de passion pour la santé du corps.* pag. 110.

CHAP. IX. *Les attaches de l'Amour propre font pretendre à plusieurs de sauuer l'ame par le corps.* pag. 125.

CHAP. X. *La passion du propre interest fait presumer à vn nombre infini de Chrestiens de pouuoir sauuer le corps par l'esprit.* pag. 142.

CHAP. XI. *Les mal-heureuses consequences de cette fausse doctrine qui pretend de sauuer l'ame par le corps.* pag. 158.

CHAP. XII. *Suitte du mesme sujet.* pag. 175.

CHAP. XIII. *Que l'amour propre rend les personnes trop sensibles dans les maladies qui affligent le corps.* pag. 196.

CHAP. XIV. *Que l'amour propre exerce sa plus grande Tyrannie dans la partie raisonnable.* pag. 219.

CHAP. XV. *Que l'amour dereglé nous-mesmes nous porte bien souuent à faire vn mauuais vsage de la memoire.* pag. 257.

CHAP. XVI. *Suitte du mesme sujet.* pag. 256.

CHAP. XVII. *L'amour dereglé nous fait connoistre les choses inutiles, & ignorer les necessaires.* pag. 267.

Suite du mesme sujet. pag. 291.

CHAP. XVIII. *Que l'amour propre fait regner dans la volonté l'idolatrie spirituelle.* pag. 305.

DES CHAPITRES.

CHAP. XIX. *Quelques marques asseurées pour bien connoistre si l'amour exerce sa Tyrannie sur nostre volonté.* pag. 338.

Conclusion de cette seconde partie.

Table des Chapitres de la troisiéme Partie.

Vant propos. pag. 347.

CHAP. I. *Que l'amour propre nous fait souuent faillir contre le prochain par des grands deffauts de misericorde.* pag. 359.

CHAP. II. *Que l'amour dereglé de soy-mesme fait qu'on attend du prochain des excez de compassion.* pag. 373.

CHAP. III. *Que la passion du propre interest nous rend auares enuers le prochain.* pag. 385.

CHAP. IV. *L'amour passionné de nous-mesmes nous fait faillir en l'amour du prohain, par des excez de douceur & de misericorde.* pag. 405.

CHAP. V. *La passion de l'amour propre nous rend trop seueres enuers les autres.* pag. 420.

CHAP. VI. *Le deffaut de charité enuers le prochain fait que les mauuais François recherchent plus tost leur propre interest que le bien public de l'estat.* pag. 433.

CHAP. VII. *Que l'amour interessé nous fait souuent preferer le bien particulier au bien commun de l'Eglise.* pag. 450.

TABLE DES CHAPITRES.

CHAP. VIII. *L'amour dereglé de nous mesmes nous fait agrandir les vices de nostre prochain ou diminuer l'éclat de ses vertus.* pag. 468.

CHAP. IX. *L'amour tyrannique nous rend trop ou peu agissans pour le salut de nostre prochain.* pag. 488.

CHAP. X. *L'amour interessé nous permet pas de contracter une vraye & saincte amitié auec nostre prochain.* pag. 502.

CHAP. XI. *Les vrayes dimensions du pur amour que nous deuons auoir pour le prochain.* pag. 526.

CHAP. XII. *Les marques asseurées & infaillibles du pur amour qu'on a pour le prochain, selon les sentimens Apostoliques de S. Paul.* pag. 547.

Conclusion de cét ouurage. pag. 570.

Approbation des Docteurs de l'Ordre.

NOVS fous-signez certifions auoir leu & examiné le volume intitulé, *La Tyrannie de l'Amour propre*, composé par le R. P. FELIX DVMAS Religieux du mesme Ordre & Prouince, & declarons que sa Doctrine est orthodoxe, & que les veritez qu'il deduit estant bien meditées sont capables d'esleuer les ames genereuses à vne eminente perfection. C'est pourquoy nous le jugeons digne d'estre donné au public. Fait à Bourdeaux ce 14. Octobre 1645.

F. MICHEL CHABIRAN Lecteur en la sacrée Theologie, & Gardien du Conuent.
F. ANTHOINE DELTRIEV Lecteur en la sacrée Theologie.
F. RVPERT ALPAIX Lecteur en la sacrée Theologie.
F. NICEPHORE MAVRICE Predicateur de la Prouince.

Permission du R. P. Prouincial.

NOVS F. AVGVSTIN ESMYER soubsigné Prouincial des Freres Mineurs Recollets de la Prouince de Guyenne, quoy qu'indigne, ayant veu les attestations des Docteurs cy dessus nommez, permettons que ledit Volume soit exposé au jour pour le seruice du public.

F. AVGVSTIN ESMYER Prouincial des Peres Recoll. de Guyenne.

Approbation des Docteurs.

JE Gilbert Grimaud, Prestre Docteur en Theologie de la Faculté de Paris, Chanoine Theologal de l'Eglise Metropolitaine de Bourdeaux, & Docteur Regent en l'Vniuersité de la méme Ville, certifie auoir leu le Liure intitulé *La Tyrannie de l'Amour Propre*, composé par le R. Pere FELIX DVMAS Religieux Recollé, dans lequel ie n'ay rien trouué qui ne soit ortodoxe, & qui ne puisse seruir de parfait modelle pour la vraye conduite des ames. C'est pourquoy i'ay iugé que pour le bien public du Christianisme, il seroit tres-vtile, & tres-digne d'estre mis en lumiere. Fait à Bourdeaux, ce 23. Ianuier 1645. GRIMAVD.

PERMISSION.

PIerre Caron Prestre Docteur en Theologie, Chanoine & Archidiacre de Fronsac de l'Eglise Metropolitaine S. André de Bourdeaux, Vicaire general de Monseigneur l'Illustrissime & Reuerendissime Archeuesque de Bourdeaux & Primat d'Aquitaine: Veu l'Approbation de Venerable Mr. Me. Gilbert Grimaud, Prestre Docteur en Theologie de la Faculté de Paris, Chanoine Theologal de ladite Eglise Metropolitaine, & Docteur Regent en l'Vniuersité de la present Ville, Nous permettons que le Liure intitulé *La Tyrannie de l'Amour propre*, composé par le Pere Felix Dumas Religeux Recollect, soit imprimé pour le bien & salut des ames Chrestiennes. Donné à Bourdeaux le 23. Feurier 1645.   CARON,   Vic. Gen.
Par mandement de Mr. le Vic Gen.   MONTASSIER,   Secretaire.

SECONDE PARTIE
DE
L'AMOVR PROPRE
OPPOSE' A L'AMOVR
legitime de nous-mesmes.

AVANT-PROPOS.

LA Morale nous apprend, qu'il n'eſt rien de plus raiſonnable que l'Amour naturel de ſoy-meſme; ny de plus innocent que cette douce inclination qui porte l'homme à la recherche du bien qui luy eſt propre & conuenable. Cette affection eſt vne ſuite neceſſaire de l'Eſtre, & vn accident inſeparable de la Creature; c'eſt vne loy eſſentielle que la nature ſemble auoir gra-

Amor sui non præcepto inditur, sed naturæ inseritur.
D. Bernar. Tract. de Deo dilig.

uée dans le fonds de chaque chose: Car si le feu pointe en haut, & si la pierre descend en bas par vn mouuement contraire, c'est parce que l'vn & l'autre ayment leur propre centre, comme vn lieu qui est également fauorable à leur repos & à leur perfection. Si vne goutte d'eau se ramasse en vne figure ronde, & fait vn petit globe de Cristal; c'est pour contribuer à sa conseruation, & pour mieux se deffendre de la secheresse. Si les plantes jettent des racines, & poussent leurs fibres bien auant dans le sein de la terre, n'est-ce pas afin d'attirer plus d'humeur, & pour prendre plus loing la nourriture qui est necessaire à la vie vegetante? Et si les animaux font voir de genereuses adresses, lors qu'ils se deffendent du mal qui les choque, ou qu'ils recherchent le bien qui les entretient & qui les conserue: ils agissent par la force de l'instinct, qui est

AVANT-PROPOS.

vn appetit interessé; comme les Creatures infenfibles fubfiftét ou perfectiónent leurs qualitez par vne fecrette inclination de fympathie qui les met en poffeffion de leurs propres auantages.

Ce commun procedé de la nature iuftifie, & fait paffer pour legitime l'Amour du propre intereft que l'homme fe porte à foy-mefme; d'autant plus qu'il eft d'vne condition meilleure, plus haute, & plus noble que tous les Eftres fenfibles: & qu'il eft fort conuenable, que fon efprit rapporte plus d'attention à la conferuation d'vne nature, qui eft l'vne des principales de l'Vniuers. De là vient, que l'Angelique Docteur nous enfeigne, qu'il y a en nous vn Amour qui eft iufte, faint & tout conforme aux inclinations de la nature, aux mouuemens de la grace, & aux volontez de Dieu. En forte que comme les Creatures infenfibles de ce grand Vniuers pouffent & produifent

Amor naturalis eft, cùm quis vult fibi bonũ quod cõgruit ei. D. Bernar. ferm. 21. de extraord. Tom. 3.

2. 2. quæft. 25. articul. 4.

mille bons effets en noſtre faueur, & employent toutes leurs puiſſances & toutes leurs actions à nos communs vſages: à meſme proportion nous deuons tirer profit de tous les objets qui frappent nos ſens, ou qui ſe preſentent à noſtre imagination; ſi nous voulons témoigner autant d'Amour pour nos propres intereſts, que les choſes meſmes eſtrangeres en font paroiſtre chaque jour: puis qu'elles ne font de productions & ne ſe conſomment en épuiſant leurs forces & leurs actiuitez, que pour nous rendre de continüels ſeruices.

Il eſt vray qu'en ce point nous deuons auoüer, que les déreglemens ſont aſſez rares; & qu'il n'aduient pas ſouuent à l'homme de s'oublier ſoy-meſme; puis que la recherche de ſon propre bien, n'eſt pas le moindre de ſes empreſſemens; & puis que la premiere de ſes plus naturelles attentions, ſe

AVANT-PROPOS.

termine à nourrir le corps, & la seconde à cultiuer l'esprit. C'est pourquoy l'Apostre Saint Paul parlant de cette forte inclination que nous auons, d'asister & deffendre la partie animale & terrestre, prononce cet oracle de verité; que persone n'a jamais de haine ou d'auersion pour son corps: au contraire que chacun le conserue & a du soin à luy fournir des alimens, & de luy procurer toutes les autres commoditez qui luy sont necessaires en cette vie. Et Saint Augustin dit en faueur de la partie intellectuelle, qui rend l'homme l'image expresse de la Diuinité; que ce feu, ce rayon, cet esprit qui nous anime est vni à soy par des attaches si fortes & si constantes, qu'il ne peut viure ny agir sans auoir de l'Amour & de la complaisance pour luy-mesme.

Nemo carnem suam odio habuit, sed nutrit & fouet eam. Ephes. c. 5.

Sic condita est humana mens vt nunq à se non diligat. lib. 14. de Trinit. cap. 14.

Or il faut accorder auec toute la sacrée Theologie, que pendant l'estat

& le bon-heur de la Iustice originelle, la conduite innocente de nos premiers Peres estant plus fondée sur la grace que sur la nature, qu'en suite le pur Amour estoit en regne & en triomphe; que ses ordres estoient exactement suiuis & obseruez, & que tout plioit sous la douceur de son Empire: que l'Ame cedoit alors à tous les interests du corps sans lacheté & sans iniustice; & que le corps aussi seruoit d'organe & d'instrument à tous les desseins de l'Ame, sans dresser de party, ny témoigner de resistance contre l'équité de la raison. Mais la nature de l'homme ayant esté corrompuë par le peché, l'Amour propre, qui fut l'vne des principales peines que Dieu enuoya à l'homme pour punir sa desobeïssance, commança deslors d'exercer sa Tyrannie dans le monde, & de faire sentir au cœur humain les effets de sa cruauté. L'Amour naturel fut changé en vi-

Cum peruersi amoris radice omnis filius Adam nascitur. D. August. lib. 22. de ciuit. Dei cap. 22.

olent, & vne affection legitime deuint vne passion iniuste & déreglée : Cette flamme qui n'estoit allumée que pour échauffer auec moderation, fut bien tost vne ardente fournaise & vn feu deuorant; & ce ruisseau qui ne deuoit couler que pour apporter du profit, s'enfla auec tant d'excez, qu'il deuint vn torrent furieux & implacable en ses rauages. De sorte que celuy qui ne s'aymoit autrefois que pour Dieu, durant le siecle d'or de sa premiere innocence; ne se regarde & ne s'ayme maintenant que pour soy-mesme dans l'estat de la nature corrompuë.

De là vient que l'homme estant possedé de cét excez d'Amour, qui n'est pas moins criminel dans la nature que dans la grace, s'approprie toutes sortes de biés, cherche par tout ses interests, s'attache aux presens de la fortune, ayme auec passion les richesses, les hõneurs, les dignitez; & fuit les douleurs, les souffrances, les disgraces, les maladies, les austeritez du corps & les afflictions de l'esprit. Enfin comme il n'est que trop certain, que l'Amour propre est la source des desordres de l'interieur, la cause des troubles & des inquietudes de la conscience, la porte des voluptez, des vices & des sacrileges : il precipite l'Ame dans des presomptiõs, vanitez, violences, caprices, passions, & impietez qui acheuent de la plonger dans l'abysme de la malice, & qui en font vn demon d'obstination contre la gloire de Dieu, & contre les auantages du prochain, pour la rendre idolatre de soymesme. Et c'est tout ce que nous allons deduire dans cette secõde partie, où nous commencerons par les discours qui feront voir l'attache que nous auõs aux richesses, & en suite aux hõneurs & applaudissemens du monde, selon l'ordre qui nous est prescrit par l'Apostre Saint Paul.

D. Bernar. serm. 22. de extraordin. articul. 3. tom. 3.

In nouissimis diebus erunt homines seipsos amãtes, cupidi, elati, superbi. 2. ad Timoth. c. 3.

SECON-

SECONDE PARTIE
DE L'AMOVR PROPRE
OPPOSE' A L'AMOVR
legitime de nous-mesmes.

L'Amour déreglé de nous-mesmes nous rend trop auides des richesses du monde.

Chap. I.

SI dans la Philosophie vn mesme objet peut seruir d'exercice à plusieurs sciences naturelles, lors que leur application se fait selon leurs diuerses formalitez : Si la matiere & la forme des corps celestes terminent les speculations de la Physique ; & si l'Arithmetique n'est pas moins occupée à supputer le nombre des estoiles, que l'Astrologie à contempler les diuers mouuemens, les stations, les rencontres, & les periodes des Planettes : Il est certain, que dans la

Morale vn mesme sujet est aussi bien souuent le commun Theatre de toutes les passions de l'ame qui combatent la raison ; comme vn mesme vuide dans les esplanades de l'air, sert de joüet & de champ de bataille à plusieurs vents contraires qui se choquent par leur rencontre, & qui s'irritent par leur opposition.

Pour iustifier le sens de cette proposition, il nous faut seulement regarder les diuers mouuemens de l'appetit sensible, qui agitent le cœur de l'homme dans l'vsage des richesses qu'il possede ; car il semble qu'il y en a plusieurs qui contribuent, comme dit l'Angelique Docteur, à le rendre prodigue, & qui le portent à des profusions capables d'épuiser bien tost ses moyens, & de le reduire dans l'estat d'vne honteuse necessité. La volupté l'engage en des excessiues dépenses, lors qu'il faut depeupler la mer & la terre, pour entretenir les excez de bouche & les delices de la table. L'emulation luy fait encore vuider ses coffres par vanité, quand elle luy fait pretendre l'auantage sur ses égaux ou concourans en toutes les choses qui font éclat, & qui doiuent paroistre aux yeux du monde. Le point d'honneur qui ne veut point tomber dans les reproches de l'auarice, l'oblige aussi à faire quelque profusion ; & l'esperance d'estre recompensé auec vsure, le porte souuent à répandre sur vn autre des bienfaits, & à faire des largesses à vn homme qu'il estime

2. 2. quæst. 119. artic. 2.

Augustin. lib. 10. Cō-fess. c. 37.

DE L'AMOVR PROPRE.

beaucoup reconnoissant. Enfin l'inclination naturelle presse & sollicite souuent le cœur humain, & le porte à trop donner de biens à ceux de qui l'on a receu, ou à qui l'on a donné la vie : sans proposer icy d'autres diuers motifs, qui sont ordinairement des lachetez de l'Amour propre, ou de qui l'on peut dire, que ce sont des causes contraires qui produisent de semblables effets.

Mais ce mesme monstre exerce encore bien plus la Tyrannie de ses violentes passions, sur le deffaut que sur l'excez ; & sa malice fait bien aujourd'huy plus d'auares dans le Christianisme que de prodigues : car il rend les Fideles de l'Eglise esclaues des presens de la fortune, auides des biens qui concourent à toutes les commoditez de la vie, déreglez dans l'appetit qui les porte à la conuoytise des richesses, & plus possedez qu'ils ne sont possesseurs des tresors du monde. De là vient, qu'ils sont tousiours dans les desirs immoderez d'en acquerir de nouueaux, ou dans vne forte attention à conseruer ceux dont ils joüissent desia par succession, ou par leur trauail, ou dans la crainte de les perdre ; sans estre jamais touchez de l'inclination naturelle, ou d'vn saint desir de soulager la misere de leur prochain par des œuures de Charité.

Quòd aliquis appetat inordinaté temporale bonum, procedit ex hoc quòd inordinaté amat seipsum. D. Thom. 1. 2. quæst. 77. articul. 4.

Ie sçay bien qu'on peut dire auec vn Ancien Autheur, que la nature qui repare ses forces par des feconditez, est honteuse de paroistre foible, sterile,

Naturæ indigentia pauperatisq; metus fa-

& pauure dans sa condition : & que l'homme enco‑
re a droit d'auoir plus de preuoyance, pour éuiter
la necessité qui le presse ; parce que les loix de son
iugement sont plus vniuersselles que les impulsions
de la nature, qui se recompense neantmoins des
pertes ou des dépenses qu'elle a faites : Et parce
qu'il semble d'ailleurs, que c'est en luy vne sotize,
de ne point craindre les miseres de la pauureté, a‑
pres auoir negligé l'vsage des moyens qui sont or‑
donnez, afin d'échapper ses atteintes par vne rai‑
sonnable conduite. Ie n'ignore pas en suite, qu'il
est juste qu'vn chacun trauaille à sa propre conser‑
uation, & qu'il preuienne les besoins & necessitez
indispensables de la vie par des voyes legitimes,
qui le mettent à couuert de cette extreme indigen‑
ce, qu'vn Ancien Poëte a nommée la complice des
crimes. Mais aussi il faut auoüer, quelque specieux
pretexte qu'on puisse alleguer pour justifier l'aua‑
rice d'vn Chrestien, qu'il n'appartient qu'aux sur‑
prises de son Amour interessé de passer jusques dans
l'excez, de n'auoir des yeux que pour desirer des ri‑
chesses, & des mains que pour les emporter par des
rapines & des vsures ; de passer des actions inde‑
centes aux criminelles, afin de remplir ses coffres,
de rendre particuliers les biens communs, comme
parle Saint Bernardin, & de ne sacrifier jamais ses
propres interests à l'vtilité publique, comme nous
dirons plus au long en son lieu.

*ciunt vt di‑
uitiæ expe‑
tantur.
Auth. de
Theolog. E‑
gypt. lib. 6.
cap. 5.*

*Amor pri‑
uatus id
quod com‑
mune est
sibi vsur‑
pat, & quod
est propri‑
um num‑
quam com‑
mune de‑
ducit. Ser.
21. de extr.
tom. 3.*

DE L'AMOVR PROPRE.

Parlez en effet à ces hommes du siecle, dont l'humeur melancholique fait amas des tresors que la Charité deuroit répandre; & representez à leur raison, qu'elle se trompe de se proposer les richesses comme des biens vtiles & veritables, comme les organes des sciences & les ornemens de la vertu; & comme des acquests & des possessions qui donnent plus d'éclat au merite, & plus de credit à la saincteté; si vne partie de l'vsufruit & du principal n'est employé en des œuures de misericorde en faueur des pauures: ils ne s'oublieront pas de vous respondre, qu'ils ne sont plus du temps du Pere de Saint Charles Barromée, qui estant vn jour repris, mais auec douceur, par l'vn des plus familiers de sa maison, dequoy il secouroit les necessiteux par des aumosnes qui luy sembloient excessiues & trop frequentes, il luy dit. *Que Dieu ne manqueroit pas de pouruoir ses enfans des choses necessaires, s'il auoit soin des pauures.*

Ces sages mondains vous asseureront encore, que leurs ayeuls n'ont acquis les biens qu'ils possedent, qu'à dessein de les faire passer par succession jusques à vne longue posterité; & qu'ils les ont confiez entre leurs mains, comme à des fideicommis, à la charge de s'en acquiter au profit de leurs descendans. D'où vient, disent-ils, que c'est aller contre les expresses intentions de leurs Peres, de les diminuer par des largesses, quoy que charitables; &

que c'est choquer ce qu'ils se sont promis de leur fidelité, de ne conseruer pas dans la mesme integrité les richesses qu'ils leur ont laissées par titre hereditaire. Et voylà comment la Loy des Politiques du monde combat directement celle du Saint Euangile, qui oblige les Fideles à faire l'aumosne des choses superfluës, apres auoir fait vn bon vsage de celles qui sont necessaires aux accidens de la vie.

Verumtamen quod superest date eleemosinam. Luc. 11.

Demandez aussi aux personnes du Sexe, pourquoy ont elles souuent de fortes & violentes attentions à leur ménage ? & à quel dessein sont elles si auares dans la conduite de leurs familles, qu'elles commencent tousiours la reformation de leur dépense par les retranchemens des œuures de Charité, qu'elles auoient accoustumé de faire en faueur de leur prochain ? D'alleguer pour excuse, qu'elles ignorent si la seule volonté de leurs Marys estant contraire, ne leur lie pas les mains, & ne les rend impuissantes à secourir les pauures dans leur extreme misere : c'est les supposer aueugles où elles n'ont que trop de lumiere. Car elles sçauét assez, qu'elles peuuent employer en aumosnes ce que des sages femmes de leur condition dépendent en des recreations honnestes : ce qui est necessaire pour deliurer par prieres leurs Marys de quelque mal-heur spirituel ou ciuil qui les menace ; ce qu'il faut pour retirer vn pauure d'vne notable & pressante necessité ; ce qu'elles espargnent en ostant les excez & les

Bonac. de rest. dist. 2. quæst. 10. & alij passim.

DE L'AMOVR PROPRE. 15

abus des habits ou de la table; ce que les Marys confomment en débauches & prodigalitez, ou ce que ceux là leur permettroient de donner raisonnablement, si elles leur en faisoient la demande.

Ie laisse icy d'autres motifs qui justifient cette espece de liberalité, & qui condamnent d'auarice d'vn costé, ou de profusion de l'autre, le sexe infirme qui ayant part aux biens de la Communauté, les employe en habits superflus, en friandises & delicatesses, en fleurs & en pierreries, en meubles trop precieux qui ne seruent que pour la monstre, en raretez & gentilesses de Cabinet, qui flattent la curiosité, & qui épuisent bien tost la bource, & en de grandes attaches au jeu, qui font oublier les deuoirs du ménage, la conduite de la dépense, le soin des domestiques, l'éducation des enfans, les exemples de vertu, & l'affaire importâte du propre salut.

En vn mot, s'il est permis de publier la verité, & de ne rien feindre sur ce sujet, jamais les affections ne furent si fortes ny si immoderées à retenir les biens de la fortune par l'auarice, ou à les dissiper par la prodigalité que dans le siecle present; & peut estre que jamais l'vsage n'en fut si dereglé, que nous le voyons aujourd'huy en vn million d'ames Chrestiennes, qui negligent de suiure les Loix Diuines, & mesmes les Morales de l'Economie, qui leur enseignent le juste employ de leurs biens à proportion des personnes, des temps & des affaires; & à

Arist. lib. 2. Ethic. c. 7.

qui elles marquent les extremitez du vice qui retient, & les excez de celuy qui donne trop.

I'auoüe qu'on sçait bien soustenir, qu'il y a dãs le Christianisme des Fideles tant de l'vn que de l'autre Sexe, qui sont modestes en leurs desirs, & qui n'ont point de fortes passions pour les tresors de la fortune, s'il faut deferer à leurs paroles. Mais neantmoins faisons refus de leur donner de la creance, & ne precipitons pas icy nostre jugement en leur faueur; voyons pluftost s'ils estiment les biens de la terre comparez à ceux du Ciel, comme des accidens par rapport à la substance, selon la pensée d'vn sage Cardinal; & s'ils donnent par sincerité de jugement le nom de vrayes richesses aux vertus & aux graces que le juste possede, comme sont la Charité, la Foy, les dons du Saint Esprit, & la participation de toutes les bonnes œuures qui se font dans l'Eglise: ou pour mieux dire, examinons leurs inclinations & toutes leurs volontez, & trauaillons à connoistre si elles sont violentes & interessées dans l'accez ou dans la consistance; dans l'écoulement ou dans la perte subite & totale des biens du monde. Car il suffit de les considerer dans ces trois estats, pour juger sans erreur si l'on les ayme par attache ou par esprit d'indifferance.

Diuitiæ mundanæ sunt accidentia respectu thesauri cœlestis. Nicol. de Cus. lib. 8. excit.

Commençons donc de penetrer les intentions de celuy qui est capable d'auoir des richesses, soit par succession ou par de penibles acquests; &
voyons

voyons s'il est animé de quelques pretensions ou esperances d'en voir l'accroissement: Car côme dit Saint Augustin, la seule esperance de pouvoir acquerir ces biens du monde, qui sont les esclaues du temps & de la fortune, est le poison de la Charité, & le charme de l'Amour propre. Que si ces attentes se changent en des veritables desirs, il est raisonnable de dire, que le propre interest est encore l'objet de cette passion naturelle, s'il termine ses auiditez par rapport à celuy qui desire ; & si ces mouuemens de l'appetit côcupiscible n'ont point d'autre fin, que la satisfaction de la personne qui s'ayme par vne affection de conuoytise ; pour raisonner sur ce sujet selon la pure doctrine du mesme Saint Augustin.

<small>Venenum Charitatis est spes adipiscendarum rerum temporalium. lib. 83. quæst. 36.</small>

<small>Tunc est cupiditas cum propter se amatur creatura. lib. 9. de Trini. cap. 7 & 8.</small>

 Or cela supposé, ne faut-il pas condamner comme proprietaires les affections déreglées de plusieurs parens, qui ayans mis au monde des enfans qui sont pauures des biens de l'Ame, qui ont plus de stupidité que de raison, & qui sont plus capables des arts mechaniques que des sciéces speculatiues: leur procurent neantmoins des biens, leur amassent des tresors, & font sans relasche des espargnes sur les reuenus annuels, pour augmenter le fonds principal de leurs domaines ; afin de les éleuer aux charges & aux premiers offices d'vn Estat. Deuons-nous approuuer ces desirs immoderez d'acquerir des richesses, qui aboutissent à faire vne idole d'Egypte, & à mettre vn sot sur le pinacle du Temple? Cet abus cependant est bien aujourd'huy si commun & si familier dans les plus Chrestiennes familles du Royaume, que les Peres les plus zelez à la vertu, s'emportent par attache dans des sentimens d'honneur, & ont des attentions excessiues dans le soin d'acroistre leurs biens par des voyes penibles, & quelque fois prejudiciables à la pureté de l'Ame; n'ayans d'autre idée ny dessein, que de laisser vn fils dans la jouïssance d'vne dignité hereditaire: quoy qu'ils n'ignorent pas, qu'elle excede sa suffizance, & qu'il est incapable de l'exercer auec honneur, & sans y commettre de grands deffauts.

Qui volūt diuites fieri incidunt in tentationē & in laqueum diaboli. 1. ad Timoth. c. 6.

Pauures abusez qui deuroient se ressouuenir, que les tendresses de cette aueugle passion qui les possede sont fort criminelles, que ces auiditez qui les font tousiours agir pour l'acquisition des biens, & qui vont jusques dans l'inquietude, sont les accez d'vn amour naturel, qui est desia malade & corrompu; qu'ils font injure à l'Estat, dommage aux particuliers, & rauage dans leur propre cōscience; en ce qu'elle sera vn jour chargée deuant Dieu des pechez d'vn si mal-heureux successeur. Adjoustons encore, que la Diuine prouidence permet souuent la cheute & la ruine des grandes maisons, pour mortifier & rendre inutiles les soins excessifs des parens, pour leur faire voir qu'on bastit inutilement les eminentes fortunes, s'il ne les soustient de sa main ; & que les peres qui s'ayment trop en la personne des enfans, empeschent que Dieu ne répande ses faueurs & ses benedictions sur les riches hereditez qu'ils leur laissent par testament. Mais pourquoy trauaillons nous à décrier vn abus qui est quasi sans remede ? & à quel dessein censurer vn desordre d'affection, que ceux là mesmes qui s'empressét auec ruse & subtilité d'entretien à se rendre les Directeurs des plus illustres familles du Royaume, justifient par les souplesses d'vne seruile lacheté, & l'appellent *vne sage conduite*, par des excez de complaisance? Certes il suffit de le déplorer comme vn extreme aueuglement.

Mais parce que l'vsage doit succeder à l'acquisition des richesses, remarquons en suite, si ceux qui les possedent n'y commettent point d'abus, & si leur cœur ne s'y attache point à proportion que la main les touche : Voyons si dans l'employ ils y gardent de la moderation, selon que la nature & la vertu leur en prescriuent les regles.

Benedictio Domini diuites facit, nec sociabitur eis afflictio. Prouerb. c. 10.

La passion du propre interest nous attache à l'vsage des commoditez temporelles.

Caap. II.

Ous les Sages auoüent, que les biens du monde ont de si grands attraits, qu'ils font perdre souuent la liberté à ceux qui en joüissent; que ce sont des bestes agreables (mais feroces) qui déchirét leurs gouuerneurs, apres leur auoir fait mille caresses; des roses qui ont tousiours de piquantes espines, & des chaisnes d'or qui font de riches esclaues. C'est pourquoy il est bien difficile d'en auoir, sans qu'elles vsurpent vne puissante domination sur la volonté, & sans que l'Ame y engage souuent ses soins & ses plus ardentes passions, pour ne rien dire qu'apres Saint Bernard. De là vient, que l'Apostre Saint Paul ayant écrit comme nous auons rapporté, que les premieres inclinations d'vn homme qui s'ayme trop, l'attachent aux tresors du monde: Nous pouuons encore ajouster, qu'elles l'accompagnent d'ordinaire jusques au tombeau, luy estant quasi impossible de separer ses affections & ses complaisances naturelles, des biens terrestres qu'il possede, à cause qu'il y trouue les commoditez & les plaisirs de la vie, comme autant de moyens qui fauorisent la fin qu'il pretend. Car

Diuitię vix aut numquam sine amore valent possideri Serm. de bon. des.

Erunt homines seipsos amantes cupidi &c. 2. ad Timoth. c. 3.

comme raisonne Saint Augustin, les mesmes mouuemens de conuoitise & d'Amour propre que nous auons pour nous, sortent encore dehors & s'estendent d'vne mesme impulsion & actiuité, jusques aux choses que nous cherissons & recherchons par rapport à nos auantages ; en sorte que si par exemple nous aymons l'or, cette passion se termine en premier ressort à nostre personne, & puis à l'or comme au second objet de nostre Amour, & comme à vn bien qui nous sert & qui nous accommode. Ce qui fait voir, qu'il n'est pas facile de s'aymer & de joüir des richesses, sans y engager le cœur, & sans qu'elles ne s'incorporent auec l'ame Chrestienne qui en a le domaine, ou la possession, ou l'vsage.

<small>Omnes amores priùs sunt in hominibus de se, & sic de alijs quæ diligunt : si diligis aurum priùs te diligis, & sic aurum. lib. 50. homil. homil. 37.</small>

De là vient, que le Fils de Dieu estant venu au monde pour reformer ces abus par la saincteté de ses actions, & pour condamner par son exemple l'affection déreglée que les hommes auoient aux biens de la terre, voulut naistre pauure, & souffrir dans vne creche le froid, la nudité & toutes les incommoditez qui accompagnent l'education d'vn enfant, à qui deffaillent souuent mesme les choses necessaires. C'est pour nous apprendre par ces humbles actions, le mépris des richesses ; & pour nous détacher de l'affection des biens dont nous joüissons dans le cours de cette vie : c'est à dessein de marquer le premier pas qu'il nous faut faire

C 3

pour entrer dans le chemin de la perfection eminente & Apostolique, & pour nous persuader d'effet ou d'affection vn abandon general des biens de la terre, si nous voulons aller apres luy & le suiure dans le sentier royal de la vertu. En effet, le mesme Iesus-Christ ayant deliberé de fonder son Eglise, conseilla aux Apostres le renoncement des richesses : ce qu'ils firent, dit Saint Thomas apres Saint Augustin, par vn vœu exprez, qui ne dit pas moins en eux, qu'vn parfait dépoüillement de toutes choses ; laissant non seulement celles qu'ils possedoiét, mais encore le droit & le desir d'en posseder à l'aduenir. Or leur exemple donna heureusement la coustume de voüer l'obseruance de la pauureté à la primitiue Eglise, & la seule transgression de ce vœu, fut la cause du seuere chastiment d'Ananias & Saphira sa femme, ainsi qu'il est rapporté par l'Euangeliste Saint Luc aux actes des Apostres.

Lib. 17. de ciuit. Dei c. 4. D. Thom. 2. 2. quæst. 88. artic. 4.

  Mais comme les Fideles se relascherent de la pratique de ce conseil Euangelique dans le progrez de quelques siecles, Dieu inspira des personnes pieuses à suiure par imitation la vie des premiers Chrestiens sous l'Institut de quelques Religions qui furent depuis establies en diuers temps par la sage conduite de cette adorable prouidence, dont le pouuoir a tousiours presidé sur son Eglise. Et quant à l'obseruation du conseil de pauureté, elles s'y engagerent par vn vœu solemnel, quoy que d'vne differante façon. Car les vns poſſederent en commun, comme la Religion de Saint Benoiſt & celle de Saint Auguſtin ; & les autres n'eurent rien en commun ny en particulier, comme on void encore le meſme en diuers ordres du Seraphique Pere Saint François, qui viuent ſelon la pureté de la Regle, & qui condamnent chaque jour le prophane Seneque.

Infirmi animi eſt pati non poſſe diuitias. epiſt. 5.

Cependant quelques voyes de perfection que cette pauureté Euangelique offre & preſente à tous les Profeſſeurs qui ſont zelez obſeruateurs de ce qu'ils ont promis à Dieu; quoy qu'on puiſſe aſſeurer, que par la ſaincteté de cet acte de Religion ils pratiquent en effet ce que les Anciens Philoſophes n'auoient produit qu'en idée; & bien qu'on auoüe que chaque Religieux n'a que le ſimple vſage de fait, s'eſtant mis dans vne condition ſi pauure qu'il eſt ſans droit, ſans action, ſans domaine & ſans proprieté: car il ne peut ny vendre, ny donner, ny contracter ciuilement, non pas meſme pouruoir à ſes propres neceſſitez. Il faut neantmoins confeſſer, qu'il n'eſt pas à couuert des attaques de l'Amour propre: d'autant qu'il aduient aſſez ſouuent, que le cœur s'abat ſous les miſeres qui ſuiuent la pauureté; qu'il eſt ſenſible dans le deffaut des choſes neceſſaires; & qu'il s'attache quelque fois auec plus de force & de paſſion aux moindres choſes dont le Superieur luy permet l'vſage, qu'aux

Pauperras non tam perfectio cenſenda eſt quam via ad perfectionem. D. Thom. opuſcul. 18. cap. 7.

grandes possessions & domaines qu'il auoit herité dans le monde. Ainsi Dosithée estoit passionné pour vn cousteau, & falut que son Abbé luy fit reconnoistre son aueuglement par vn seuere discours: ainsi vn jeune Religieux nommé Syluestre tomba dans l'infame vice de proprieté, à cause d'vn manuscrit qu'il vsurpa & retint auec vne extreme affection, comme dit le sage Cardinal Pierre Damien: ainsi cet Ancien Anachorete aymoit plus son chat, que le grand Saint Gregoire la dignité de souuerain Pontife. Et aujourd'huy combien y a-t'il de personnes religieuses, soit de l'vn ou de l'autre sexe, qui ont de fortes attaches à vn habit, à vn rare liure, à vn bel estuy, & à d'autres choses semblables qui sont de vains amusemens d'esprit, & des sujets indignes d'occuper la raison humaine, & de gaigner le cœur d'vne ame qui a renoncé aux richesses du monde, pour viure au Cloistre dans les termes indispensables de la pure necessité? Ce qui nous fait juger que leur interieur n'est pas encore bien estably dans le parfait degré de la pauureté Euangelique, puis qu'il n'est pas du tout desaproprié de l'vsage des choses sensibles.

Si vous estes consacré à Dieu par les trois vœux de Religion, sondez le fonds de vostre cœur, & voyez s'il s'atriste quelque fois dans la priuation des commoditez de la vie, s'il est mécontent d'auoir moins que le necessaire, ou s'il accepte & souffre

S. Doroth. doctrin. 11. tom. 3. BB. PP.

Opuscul. 13. cap. 14.

Verè pauper est qui etiam necessaria paruipédit. D. Vincent. lib. de vit. spirit. c. 1.

souffre auec joye la nudité, le froid, la faim, & autres pareils accidens qui accompagnent la condition de celuy qui est pauure par élection ou par necessité. Examinez vostre intention, si elle est venale ou mercenaire sous l'empire de l'Amour propre, qui fait voüer la pauureté pour receuoir en ce monde le centuple, comme vne recompense temporelle, à l'imitation des Iuifs de l'ancienne Loy; qui fait viure pour manger, & non pas manger pour viure; qui engage à la predication, pour échaper les austeritez d'vne vie reguliere; qui cherche par tout des asseurances pour les commoditez du corps, qui se deffie des succez qui releuent de la Diuine prouidence, qui aprehende le deffaut des alimens necessaires à la nourriture, qui est tousiours aux plaintes, & quelque fois aux inuectiues contre ceux qui oublient ses interests, ou qui trauersent les voyes ordinaires de la mandicité religieuse. En vn mot, prenez garde si vos desirs sont limitez, s'ils ne sont pas plus parfaits que ceux du Roy Salomon, qui n'auoit pas moins de crainte de sentir les incommoditez de la pauureté, que de viure dans l'abondance des richesses; & qui demandoit à Dieu dans ses communes prieres l'estat d'vne fortune mediocre, qui peut suffire à la vie & à l'honneste entretien de sa personne. Voyez encore si vous estes content de la nourriture & de l'habillement dans vne exacte moderation, à l'imitation de l'A-

Diuitias & paupertaté ne dederis mihi tribue tantùm victui meo necessaria. Prouerb. c. 30.

2. Part.   D

Habentes alimenta & quibus tegamur, his côtenti sumus. 1. ad Timot. c.6. postre Saint Paul, qui nous exhorte par ses paroles & par son exemple, d'estre satisfaits de l'vsage simple de ces deux choses; ou bien enfin si vostre esprit est si lachement amoureux de la vie du corps, que de faire vn pacte seruil, interessé & detestable d'vn vœu saint & religieux, qui fut autre fois prononcé par le Patriarche Iacob; & si par vne promesse tacite ou expresse, vous deliberez de seruir Dieu sous le titre de Souuerain Seigneur auec cette *Si Deus dederit mihi panem ad vescendum & vestimétum ad induendû erit mihi Dominus in Deum. Genes.cap.28.* basse & malheureuse condition; qu'il vous donnera du moins vn peu de pain pour vous nourrir, & des habits pour couurir la nudité de vostre chair. Pensée qui ne peut proceder que de l'impieté de l'Amour propre.

Mais passons de l'estat Regulier à l'Ecclesiastique, pour apprendre si l'attache du propre interest regne souuent dans la possession & dans l'vsage des reuenus immenses de l'Eglise, qui sont employez à l'entretien de ceux qui la seruent, selon le rang & la qualité de leur ministere. S'il est permis de publier icy des veritez importantes pour l'éclaircissement de cette matiere, qu'on ne peut aujourd'huy manier que comme des espines, il faut supposer en premier lieu, que le zele des Empereurs, des Roys, des Princes, des grands Seigneurs & autres Fideles de l'ancien Christianisme, est saint & loüable dans les aumosnes & grandes liberalitez qu'ils ont faites en faueur de l'Eglise, pour augmenter ses biens & ses possessions; que les Loix ont paru fondées sur l'équité & sur la raison, quand elles ont accordé à Messieurs les Ecclesiastiques l'immunité generale des guerres, des tailles, des tutelles & de toutes les autres charges publiques; que les Souuerains Pontifes ont témoigné beaucoup de sagesse & de pieté, lors qu'ils ont annexé aux Cures, vni aux reuenus des Prebendes, ou incorporé à d'autres benefices les decimes, les premices, les offrandes, & plusieurs autres pieuses contributions, qui marquent la liberalité du peuple Chrestien. Et qu'il est à déplorer, que la troisiéme partie de ces biens (& peut estre la moitié) soit maintenant alienée, deperie & vsurpée par l'auarice des Grands, dont les descendans tiennent encore les domaines & tirent les reuenus comme propres & hereditaires à leur maison, contre l'intention des donateurs.

En second lieu, j'estime que c'est vne erreur de condamner de peché ceux qui professent l'estat Ecclesiastique, s'ils ne pratiquent pas ce que Saint Bernard écrit en l'vne de ses lettres, à vn certain Archidiacre de l'Eglise du Liege; ce que Saint Hierosme recommande à Nepotian neueu de l'Euesque Heliodore; ce que Saint Augustin publie au liure du mépris du monde, ou celuy qui en est l'Autheur: car ces Saints Peres de l'Eglise Latine & autres de la Greque, qui ont dressé l'idée d'vn parfait Prelat, & marqué souuent tous les deuoirs d'vn

Ad Fulcon. epist. 2.

Epist. 2. de vita Cleric.

Lib. de contempl. mun. cap. 2. 3. & seq. tom. 5.

homme Ecclesiastique; ont donné des auis importans pour persuader ce qui est le meilleur & le plus parfait dans l'eminence de cette sainte profession: & ont conseillé seulement aux plus zelez des Prelats ou des simples Prestres, de viure sans heritage, & de se côtenter des distributions de l'Eglise, pour les employer en vn habit pauure & simple; vsant d'ailleurs d'vne sobre nourriture, selon la pauureté Euangelique.

Mais j'ose bien publier, pour ne taire pas vne troisiesme verité, qu'il y peut auoir de l'abus & des surprises de l'Amour propre à bastir de superbes edifices, & a ne se contenter pas de les auoir commodes s'ils ne sont magnifiques; à faire amas de meubles trop precieux, à imiter par émulation l'équipage, la table & la dépense des Princes ou des grands Seigneurs du Royaume: & à n'obseruer pas le decret du sacré Concile de Trente, qui a esté tenu, lors mesme que la coustume auoit desia justifié comme raisonnables quelques nouuelles dépenses des biens d'Eglise qu'on pouuoit faire legitimement, au dessus de celles qui estoient autre fois approuuées dans les siecles de l'ancien Christianisme. Or il enjoint à tous nos Seigneurs les Euesques, *de faire voir par leurs actions vne integrité de vie conforme aux grandeurs de leur dignité, & respondante aux merites de leur sacré ministere; en sorte que leurs deportemens soient comme vne espece de continuelle predication.*

Sancta Synodus admonet Episcopos omnes &c. sess. 25. cap. 1. decret. de reform.

Mais sur tout ils doiuët estre si bien composez en leurs mœurs, que les peuples de leur Diocese y trouuent des exemples de frugalité, de modestie, de chasteté, & de cette vertu qui nous rend si agreables à Dieu, la sainte humilité. C'est pourquoy le sacré Sinode, à l'imitation des Anciens Peres qui presiderent au Concile de Carthage, ordonne encore aux Euesques de se contenter de l'vsage moderé des meubles communs & de vil prix, & d'vne table sobre & bien reglée par la temperance; en sorte qu'il n'y ait rien en leurs maisons qui soit éloigné de la sainteté de leur estat, & qui dans des dépenses de leur viure, ne porte les marques euidentes de la frugalité, du zele du salut des ames, & du mépris des vanitez, des dissolutions, du luxe, & des superfluitez pompeuses du siecle. Et parce que ce Decret s'estend encore & se rapporte à la reformation vniuerselle des mœurs, le Saint Concile ajouste ces paroles. *Ce qui est commandé aux Euesques, sera obserué non seulement par ceux qui joüissent des Benefices Ecclesiastiques, soit seculiers ou reguliers; chacun selon le rang ou le degré de sa condition: mais encore des Cardinaux de la sainte Eglise Romaine, comme estans compris & enfermez dans les termes de la mesme obligation.*

Que de E-
piscopis di-
cta sunt ea-
dem non
solum &
&c. ibid.

Apres la determination de cette matiere faite par le commun accord d'vne Assamblée œcumenique, où le Saint Esprit a presidé quasi en nos jours, il ne faut plus disputer en faueur d'vn party contraire, ny suiure de nouueaux Docteurs qui sont trompez; & qui trompent asseurement les personnes d'Eglise qui les consultent, s'ils leur enseignent la

D 3

pratique d'autres maximes contraires ou differantes : Seulement il importe de conclure, que tous les Prelats, Officiers ou penfionnaires de l'Eglife, ayans employé des reuenus Ecclefiaftiques pour remedier la fimple neceffité de leur honnefte entretien, felon la moderation prefcrite par le facré Concile de Trente, que nous venons de rapporter comme vne regle infaillible de la confcience, font obligez par droit Diuin pofitif de diftribuer le furplus aux pauures, ou de l'appliquer en d'autres œuures de Charité, comme les Saints Peres, tous les fages Docteurs tant Anciens, Scholaftiques que Modernes l'affeurent d'vn commun accord, conformement à ce qui a efté determiné en plufieurs Conciles & facrez Canons, que ie ne rapporte point, parce que tous les liures en font remplis. Voyez Saint Thomas fur ce fujet, auec les meilleurs interpretes de fa Doctrine.

2. 2. quæft. 185. artic. 7. & quod lib. 6 artic. 12.

Ie diray feulement ce mot, que fi quelques Beneficiers, qui ne font que trop éclaircis de cette verité, & qui ne peuuent plus pretexter fur ce point l'ignorance de leurs communs deuoirs, trouuent de la difficulté dans l'execution; & s'ils ont de la peine à faire l'aumofne des biens dont ils ne font que les fimples depofitaires, qu'ils s'affeurent, quelque mouuement de pieté qui les applique à d'autres vertus, quelque zele qui les anime à la predication de la Diuine parole, ou quelque ponctualité qu'ils témoignent en l'exercice de leurs Charges, & quelques humbles qu'ils soient dans l'eminence de leurs Prelatures, qu'ils ne sont pas de ces fideles dispensateurs dont parle l'Apostre Saint Pierre: Et qu'ils sçachent qu'ils sont dominez, comme dit Saint Bernardin, d'vn amour de conuoytise & de propre interest, s'ils n'ont point d'inclination à répandre les biens sur les familles necessiteuses de leur Parroisse, & s'ils font refus de donner par obligation, ce qu'ils ne peuuent retenir sans crime. Vn cœur qui ne s'attache point aux tresors, ne souffre rien quand il les faut ouurir pour soulager la necessité des pauures.

Epist. 1. c. 4. Amor priuatus timet sibi minui, nescit alijs impertiri. Serm. 21. art. 3. tom. 3.

Or comme les biens de ceux qui viuent dans l'vn & l'autre estat Regulier & Ecclesiastique, sont immobiles & inalienables; & comme les reuenus annuels des Benefices doiuent estre payez solidairement sans diminuer & sans acroistre; de là vient que les Ecclesiastiques qui les ont en particulier, & que les Religieux qui les possedent en commun, ne sont gueres trauaillez de la crainte de les perdre. C'est pourquoy il nous reste encore à examiner, si les personnes seculieres sont beaucoup dans l'apprehension naturelle de tomber dans cette disgrace qu'ils appellent mal-heur. Et c'est le troisiesme Estat que les biens peuuent auoir, selon l'idée de nostre dessein; c'est le moyen de sçauoir s'il y a des attaches, de les considerer hors de l'actuelle possession, & comme separez des mains de leurs proprietaires. Car il est aisé de mesurer alors l'affection par le regret qui suit la perte.

L'Amour interessé nous rend trop sensibles à la perte des biens de fortune.

Chap. III.

Ous voyons que les plus sages Chrestiens, qui sçauent assez la vanité & l'inconstance des biens temporels, les regardent d'vn œil de mépris, & les tiennent pour suspects ou pour indifferens; Et parce qu'ils rencontrent dans la joüissance plus de perils, qu'ils n'en reçoiuent de commoditez; ils en ayment moins la possession, qu'ils n'ont de crainte de les perdre; & ils les regardent comme des matieres qui seruent aux flammes de la concupiscence, comme des ouuertures aux debordemens des vices, & comme des poisons qui flattent le goust en ostant la vie. De là vient, que ny l'accez de tous les biens exterieurs qui sont au monde, ne sçauent diminuer leurs justes déplaisirs, ny toutes les pertes & disgraces ne peuuent aussi rien oster à leur joye. Car comme l'Ocean ne s'enfle point par l'abord des fleuues, ny ne se diminüe par leur écoulement; comme la matiere ne perd

perd point son estre par la naissance ou par la corruption des formes: Et comme l'air demeure tousjours dans sa propre sphere, quelques vents contraires qui l'agitent: de mesme ces fortes ames perseuerent tousiours dans vne mesme constitution de cœur, ou égalité de constance dans la pratique de l'indifferance; en sorte qu'elles ne reçoiuent ny plus ny moins parmi les bons & les mauuais succez; mais plustost elles demeurent tousiours semblables à elles-mesmes dans la pauureté & dans l'abondance: comme si elles auoient deliberé d'interpreter par leur genereuse abnegation l'ancien Enigme du Sage.

Est quasi Diues cum nihil habeat, & est quasi pauper cum in multis diuitijs sit. Prouerb. c. 13.

Saint Augustin rapporte à ce propos en l'vn de ses sermons, que lors qu'il estoit à Milan, il apprit qu'vn habitant de cette fameuse Cité, qui estoit dépoüillé des biens de la terre, mais fort riche de ceux du Ciel; ayant vn jour trouué en chemin vne bourse d'vn certain Regent qui enseignoit la Grammaire, où il y auoit dedans bien prez de deux cens escus; attacha vn écriteau le lendemain sur l'eminence de la place publique, afin d'aprendre le legitime possesseur de cette somme. Ayant attendu quelque temps, le maistre d'échole arriue auec des pleurs & des gemissemens qui témoignoiēt assez le grand regret qu'il auoit conçeu de la perte de son argent: Mais s'estant approché du lieu esleué où cet écrit publioit la rencōtre d'vne bourse, il en ap-

Serm. 19. de ver. Apost.

2. Part. E

prit de bonnes nouuelles, & fut bien tost consolé quand il vid ce pauure, mais sage Chrestien, qui la luy remit fidelement entre ses mains. Neantmoins il fut d'abord estonné de voir, qu'il faisoit refus de prendre de sa part vingt escus qu'il luy offroit en reconnoissance de la bonne foy & de la courtoysie dont il auoit vsé en son endroit: Il fut raui de voir, qu'il ne daignoit pas seulement d'en receuoir dix, qui n'estoient que la moitié de ses premieres offres. Il persista encore assez long temps, & le pria auec de pressantes importunitez, de vouloir du moins accepter la sôme de cinq escus, quoy que fort inégale au merite de sa fidelité: Mais il ne luy fut pas non plus possible de le persuader à receuoir cette mediocre recompense. Ce que voyant ce bon Precepteur demeura triste & tout faché; estant comme resolu d'abandonner sa bourse & son argent; protestant à l'autre, qu'il n'auoit rien perdu. He! quel debat, quelle saincte contestation, s'écrie Saint Augustin, à qui le monde sert de Theatre, & de qui Dieu mesme se rend le Spectateur? Enfin apres de longues, mais innocentes disputes, le deuot Chrestien receut d'vne main la somme que le proprietaire luy offroit, & de l'autre aussi tost la donna entierement aux pauures, sans en rapporter vne seule piece en sa maison. Or voylà les marques d'vn esprit dégagé des faueurs de la fortune, & hors des interests des biens du monde.

Quale certamen, fratres mei. Theatrum mundus, spectator Deus, vix tandem ille quod offerebatur accepit; & continuò totum pauperibus erogauit. idem ibid.

Mais pourquoy voulons-nous arrester nos pensées à la consideration d'vn si bel exemple de Charité & d'indifference, qui n'a du mépris que pour les tresors de la terre ; puis que nous en auons encore vn plus illustre & plus rauissant dans la premiere histoire de l'Vniuers? Vous sçauez que Satan ce Prince de tenebres que l'Amour propre a rendu mal heureux, s'estant vn jour persuadé, que le sage Roy Iob ne seruoit Dieu qu'en vain, ou seulement par interest (car c'est vne mesme chose) rechercha tous les moyens possibles pour triompher de sa vertu. En effet, ayant obtenu du Ciel la permission de tenter sa grande patience, & de mettre à l'espreuue la constance heroïque de son courage, par les coups inesperez & les plus cruels de la fortune ; qui furent la mort de ses enfans, & la perte generale de tous ses biens. Cet Esprit malin fut trompé en ses foibles conjectures ; d'autant qu'il apprit bien tost par les effets sensibles d'vne nouuelle experience, que ce grand Homme seruoit Dieu dans vn motif desinteressé, & qu'il l'aymoit d'vn cœur fidele ; en ce qu'apres auoir esté accueïlly de tous les accidens qui peuuent rendre vn Prince miserable, il donna également des loüanges & des benedictions à la bonté de Dieu, qui l'auoit comblé de richesses, & à sa iustice, qui l'en auoit dépoüillé : faisant paroistre, selon la Doctrine de Saint Augustin, qu'il auoit possedé sans attache les biens de la terre ; puis qu'il

Numquid Iob frustra timer Deum? Iob. cap 1.

Hoc sine amore aderat quod sine dolore

les auoit perdus sans douleur & sans regret. Mais pouuons-nous passer plus auant, pour voir vn plus haut point d'abandon, & de renoncement aux domaines & possessions temporelles?

discessit. Lib. de ver. Relig. c. 47.

L'Apostre Saint Paul décriuant le zele des plus sages hommes de sa Nation, qui auoient passé de la Sinagogue à l'Eglise; raconte que deslors qu'ils furent faits Chrestiens par le Sacrement de Baptesme, & qu'ils parurent illuminez de la Doctrine Euangelique, ils furent abandonnez à de grands & dangereux combats pour le soustien de la Foy; que leur courage fut engagé dans les rigueurs de la persecution; & que leurs chaisnes & leurs tribulations les exposerent comme sur vn Theatre, à la veuë des hommes & des Anges. Et pour n'oublier ce que le mesme Saint Paul ajouste, comme plus remarquable & plus conforme à nostre propos; c'est, que ces nouueaux Fideles, ayans compassion de leurs freres qui estoient chargez de fers dans la prison, les assistoient d'vn costé de leurs commoditez par des genereux employs de Charité; & se resioüissoient de l'autre, dequoy les Empereurs Payens leur emportoient le reste de leurs richesses, & qu'ils les rauissoient de leurs mains, par la cruelle violence de leurs Edits. Certes il me semble, que c'est la plus haute generosité du cœur humain, & le but le plus esleué, où les grandes ames puissent atteindre, que de verser d'vne main, & de perdre de l'autre, de

Hebræ. cap. 10.

Vinctis compassi estis; & rapinam bonorum vestrorum cum gaudio suscepistis. ibid.

supporter auec douceur d'esprit le partage des tresors, & de les voir d'vn mesme visage entre les mains des pauures ou des Tyrans; de faire l'aumosne par Charité, & de souffrir en mesme temps le vol & l'vsurpation des propres biens, non seulement auec patience, mais encore auec joye. C'est tout ce qui est possible aux forces humaines, conduites & animées du plus vigoureux concours de la grace.

Voyla cependant trois diuers exemples, que ie propose par vn dessein exprez de vous obliger d'y jetter les yeux, & de les reflechir quelque fois sur vous-mesme, pour vous regarder auec attention, & pour bien connoistre, si dans l'interieur vous estes en effet ou en idée dans la sainte pratique de l'vn de ces trois exercices, qui marquent chacun son degré & sa different perfection. Voyez si vous auez assez d'amour fidele & agissant en faueur du prochain, pour compatir à ses infirmitez, pour participer à ses maux par vn veritable ressentiment, pour le secourir de l'employ de vos biens dans ses extremes necessitez: Et si d'ailleurs vous receuez aueque joye l'enleuement des choses qui sont necessaires à vostre entretien, comme ces genereux Chrestiens dont l'Apostre Saint Paul a parlé cy-dessus; ou si le retranchement de ce qui vous accommode, vous semble facheux & importun au sentiment naturel de la raison. Car s'il est ainsi, vous deuez vous croire l'vn des esclaues de l'Amour propre, & vous mettre au rang de ce riche jeune homme, qui ayant gardé les Diuins preceptes dés son bas âge, ainsi qu'il est rapporté dans l'Euangile, deuint estonné, confus & melancholique, aussi tost que le Fils de Dieu luy eut conseillé de vendre ses biens, & d'en donner le prix aux pauures, s'il desiroit de se rendre parfait. Il est vray, qu'il n'aymoit rien que ce qui pouuoit estre le sujet legitime de ses affections: neantmoins il fit voir, qu'il l'aymoit d'vn amour superflu, ardent, serré, tendre & trop interessé; puis que la seule proposition qui luy fut faite de renoncer à ses grandes richesses, le troubla, luy osta la parole, & luy imprima les characteres du regret & de la tristesse sur le visage. C'est pourquoy le Sauueur du monde le voyant triste, ajousta ces paroles, qui font trembler les plus puissantes colomnes du siecle. He! *qu'il est difficile aux riches, qui possedent l'or & l'argent, d'entrer au Royaume du Ciel; vn cable entrera plustost par l'œil d'vne eguille.*

Luc. c. 18

Quàm difficilè, qui pecunias habent intrabunt in regnū Dei! faciliùs est camelū per foramen acus trāsire. ibid.

Mais relachons de la sublimité de cette vertu, qui ne perd pas ses joyes & ses contentemens spirituels, quoy qu'elle soit trauersée de la perte des richesses; & qui sçait également faire du bien de ce qu'elle tient en propre, lors mesme qu'elle souffre du mal dans les autres commoditez qu'on luy emporte: Descendez seulement jusques à l'infortune du Roy Iob, & admirez l'heroïque resolution de ce pauure Prince, qui estant en vn mesme jour dépoüillé

DE L'AMOVR PROPRE.

de tous ses biens par vne foule de mal-heurs, ne conçeut jamais rien contre Dieu, comme desia nous auons dit, & ne prononça jamais vn seul mot contre l'honneur & le respect qu'il deuoit à la Diuine prouidence: Et cependant lors que vos affaires vous succedent mal, que la gresle bat vos bleds & vos vignes, qu'vn mal-heureux incendie diminuë le nombre de vos maisons, qu'vn debte est mal payé, qu'vn long procez vous reduit à la necessité, & que d'autres semblables accidens accueillent vostre personne ou vostre famille: combien de plaintes vous échapent! que de pleurs & de paroles d'impatience, à l'occasion de ces nouuelles disgraces! Mais combien de suites & de mauuais effets d'vn Amour propre, & trop passionné pour les biens du monde: Car il se produit assez en vous, lors que vous ne sçauez souffrir ce dépoüillement qu'auec du regret, & contre le gré de vos desirs, pour rapporter icy vn principe de verité, produit & estably par Saint Augustin, qui condamne vostre affection d'excez & de déreglement.

Cupiditas est amorem quæ poteſt quiſque inuitus amittere. Lib. 1. de lib. Arbitr. cap. 4.

Enfin si vostre resolution n'est pas forte pour aymer également, à l'imitation de Iob, la main de Dieu qui vous caresse, qui vous comble de biens, qui vous gratifie de mille prosperitez; & celle qui vous frape, qui vous dépoüille, & qui vous oste les biens de fortune: R'entrez au dedans de vous-mesmes, sondez les plus secrettes inclinations de voſtre cœur ; & informez vous s'il eſt le maiſtre, & non pas l'eſclaue des richeſſes temporelles ; s'il eſt également preparé à receuoir dans l'occaſion leur acroiſſement & leur diminution ; s'il les ayme hors de la volonté de Dieu ; s'il ne s'attache point aux nouuelles rencontres des treſors & des faueurs de la fortune, qui luy arriuent par vn bon-heur ineſperé, dont la ſource ne vient que de la Diuine bonté ; s'il eſt preſt à ſouffrir le contraire, & tout reſigné à la priuation des meſmes felicitez paſſageres, comme ce pauure Citoyen de Milan, de qui Saint Auguſtin a rapporté le détachement & l'indifferance admirable, ſelon la deduction que nous en auons faite.

Si iſta diligis vt ſubjecta dilige, vt famulatia dilige, vt arrham ſponſi, vt munera amici, vt beneficia Domini, nec iſta cū illo, ſed iſta propter illum. Lib. 1. enedit. c. 4.

Pour concluſion de ce diſcours, ie vous diray ſeulement auec Saint Auguſtin, que vous aymiez vos richeſſes, mais comme des biens exterieurs, qui ſont de beaucoup inferieurs à ceux de l'eſprit. Aymez-les comme des remedes à voſtre neceſſité, comme des inſtrumens de la grace, & comme des appuys pour vous faire auancer le pas dans le chemin de la vertu ; aymez-les comme des gages qui viennent de la main de voſtre cher Eſpoux, qui vous prepare d'autres biens immortels dans l'eſtat de la gloire ; aymez-les comme des preſens de voſtre meilleur amy, ou comme des bienfaits de voſtre ſouuerain Seigneur, dont vous deuez vſer pour ſa gloire & pour voſtre ſalut. Mais prenez

DE L'AMOVR PROPRE.

prenez garde aussi, que cette affection ne vous charme, & qu'elle n'entre point en égalité de concurrence auec le pur Amour que vous deuez à son infinie Majesté : Car les biens que vous possedez, ne vous sont accordez en cette vie, que pour estre rapportez à Dieu, & employez à son seruice.

Encore faut-il que ie vous donne auis de vous deffendre de l'auarice spirituelle ; & que ie vous conseille de n'estre pas du nombre de ceux qui ayment auec passion vn petit magazin de sacrées reliques, de croix, d'images, de chappelets ; & qui engagent leur affection à plusieurs autres choses sensibles, qui regardent la pieté ; & que le prix ou la rareté rendent recommandables. Ce qu'ils font auec plus de curiosité de les voir, & de complaisance d'en joüir, que de sentiment de religion à honnorer souuent toutes ces choses saintes dans l'estenduë du respect qui leur est deu. Il n'est pas mesme jusques aux haires ou aux disciplines, qu'on ne fasse auec des filets d'or ou d'argent, confondus mignardement auec la soye ; plustost pour les monstrer auec éclat dans les deuotes compagnies, ou pour auoir la satisfaction de ne rien souffrir dans le cabinet, qui ne soit poly, delicat & precieux, que pour en ressentir les molles picqueures. O que l'Amour est icy cependant ingenieux à corrompre ce qui est sacré, & à prophaner des precieux meubles de deuotion par des mauuais vsages ! Passons

Les excez de l'auarice spirituelle.

2. Part. F

LA TYRANNIE

cependant de cette auarice particuliere à celle que S. Augustin appelle generale, à sçauoir la Superbe.

Auaritiam generalem intelligimus qua quisque appetit aliquid ampliùs quam oportet propter excellentiam suam, & quendam propriæ rei amorem. Lib. 11. de genes. ad litter. c. 15. Arist. lib. 7. politic. c. 3.

L'excez de l'Amour de nous-mesmes nous fait souuent preferer l'éclat de la vie publique aux solitudes de la particuliere.

CAAP. IV.

'Est depuis long temps, que l'experience justifie l'opinion d'Aristote comme veritable, lors qu'il nous persuade, qu'en la vie particuliere il y a de grands auantages qui surpassent les faueurs de la ciuile; que ses employs sont plus innocens, à cause de l'exercice du corps, de l'estude & de la vertu; que la conduite y est plus juste en ses desseins, plus libre en ses idées, plus reglée en ses mœurs & plus tranquille en ses actions; que la solitude la tient tousiours plus retranchée contre les attaques du vice; & que celuy qui suit sa douceur & son repos, se rend le maistre de ses actions, l'arbitre des folles opinions qui trauaillent le monde, l'artisan de son bon-heur & de toute sa temporelle felicité, & le possesseur d'vne genereuse indepédance, qui suppose vne espece de souueraineté.

Vita meliore magis in successu fruare quā in prōptu. Tertul. lib. de pall. c. 5.

Mais quelques degrez d'excellence que la vie

DE L'AMOVR PROPRE. 43

solitaire emporte sur la publique, selon les communs sentimens de la Morale, elle n'est pas neantmoins approuuée de ceux qui possedent les tresors de la fortune; & à qui la naissance ou le trauail ont donné l'abondance des biens; parce qu'ils se persuadent, que l'homme est nay pour les employs de la vie ciuile; que ses vastes puissances du corps & de l'esprit demandent vn Theatre pour se produire; que la nature luy donne les desirs & la capacité pour les charges publiques; que c'est vne lacheté de refuser le seruice où il y a plus de merite, & le secours où il y a plus de desordre; que nous naissons au monde pour la gloire de la Patrie, comme dit l'Orateur Romain en ses Offices, pour l'entretien des parens, pour garder la foy & faire du bien aux amis, & pour la conseruation de l'Estat, à qui nous deuons tout ce que nous sommes, si nous voulons raisonner auec le graue Tertulien, & condamner de temerité & d'erreur ce vieux axiome, qui dit, *Celuy qui doit mourir pour soy-mesme, témoigne assez qu'il n'est pas nay pour autruy.* Errat ista sententia, nemo alij nascitur moriturus sibi. Lib. de pall. ibid.

Il est vray, que si nous deferons aux puissantes inclinations de la nature, qui nous porte à la societé commune, & au discours de la raison qui nous persuade, que la Charité nous oblige de sortir hors de nous-mesmes, pour nous lier aux deuoirs publics; nous serons bien tost dans les sentimens de ceux qui accordent la preferance à la vie ciuile : Mais

F 2

aussi, si nous rendons à la voix publique de la verité, & au témoignage secret de la propre conscience, le respect & la creance que nous leur deuons: nous serons obligez de confesser en suite, que l'Amour déreglé de nous-mesmes prend part à ce jugement, & qu'il cherche ses propres interests dans ces rencontres : Si bien que s'il faut écouter la loy du pur Amour, chacun aura droit de dire, ce que Saint Augustin écrit de sa personne.

Magis mihi debeo quā cæteris hominibus. Lib. 1. Retract. c. 8.

Ce n'est pas que la passion de ce mesme Amour ne trouue souuent ses auantages & ses satisfactions dans les solitudes pacifiques de la vie particuliere: Car sa tyrannie exerce par tout la violence de sa domination; & il n'y a point de ville ny de campagne, d'office public, de repos domestique, d'employ, ny de retraite en ce monde, qui serue de limites à son empire. En effet, il fait tomber dans l'oysiueté, comme dans vn premier écueil, plusieurs personnes qui se retirent des yeux du monde, qui fuyent la presse des affaires par foiblesse, & qui se cachent comme les vers & les hiboux par impuissance: Il fait plonger leurs corps dans vne vie molle & paresseuse, qui assoupit les sens, qui noye la raison dans les plaisirs rustiques, & qui les rend semblables à cet ancien Vatia, qui ayant esté Preteur dans la ville de Rome, & s'estant retiré aux champs pour terminer ses jours dans le repos, & hors des tumultes du peuple & du Senat; viuoit

DE L'AMOVR PROPRE.

dans sa maison comme vn homme demy enterré; & quasi comme les morts dans le sepulchre. Ce qui donna sujet à Seneque le Philosophe de luy dresser cet Epitaphe, chaque fois qu'il passoit deuant sa porte en faisant sa promenade, *Icy gist Vatia.*

<small>Nunquam aliter hanc villam Vatia viuo præteribã quam vt dicerem, Vatia hic situs est. Epist. 55.</small>

Quant à la conduite interieure qui regle les facultez de l'esprit, le mesme Amour propre les trouble encor, & les diuertit de leurs justes fonctions. Et c'est le second écueil. De là naissent les tendresses & les continuels retours des ames solitaires, qui se replient lachement sur elles-mesmes, & qui se regardent trop souuent auec des yeux de complaisance & de secrete superbe : Car elles font tant d'estime de leur propre suffisance, qu'elles se jugent capables de conduire les autres, & de tenir la regence sur les esprits qui les consultent dans le deffaut de quelque bon guide. Elles sont tousiours plus satisfaites que mécontentes de leurs propres actions; & apres qu'elles ont chaque jour accomply les deuoirs ordinaires de leur deuotion, auec quelque esprit de ferueur & de zele, elles condamnent de cœur & de pensée d'autres qui font plus ou moins. Que s'il leur arriue qu'elles tombent dans quelques notables manquemens, & que leur fragilité imprime des taches criminelles à la conscience; elles se lamentent aussi tost, & font des plaintes & des exclamations dans des ressentimens semblables à ceux de ce pecheur, que Saint Anselme

<small>In solitudine citò subrepit superbia. D. Hieroni. epist. 4.</small>

<small>Quomodo confitebor? qua fronte reatum</small>

meum ape- fait parler en ses œuures. Il y a bien encore d'au-
riam? non tres deffauts qui accompagnent la solitude de ceux
amplius
honorem qui professent la vie retirée; & qui dans le Christia-
habebo si nisme viuent separez du bruit & du commerce du
me manife-
stauero. De monde.
similitud. c.
x 13. Mais quelques fortes raisons qu'on puisse alleguer en faueur des particuliers, pour justifier l'intention qui leur fait preferer les employs de la vie
ciuile: il me semble qu'on peut dire, qu'elle est
moins conforme à la pieté, en ce qu'elle est d'autant plus esclaue de l'amour illegitime de nous-
mesmes, qu'elle demande de témoins, & que ses
actions sont plus exposées à la veuë publique pour
gangner l'approbation. Et quoy qu'on puisse soustenir auec justice, qu'elles ne sont pas contraires à
la perfection Chrestienne; c'est assez de proposer
aux partisans des villes & des compagnies du grand
monde, qu'ils ne peuuent se prester aux autres
sans s'affoiblir, & sans se priuer de ce qu'ils leur
donnent; qu'ils sont engagez plus auant dans les
perils, qu'ils perdent en suite leur liberté, & que
leur nouuelle seruitude ne les met pas à couuert des
attaques du vice, lors qu'ils espousent vne condition publique; ny ne leur offre pas des occasions
tousiours fauorables à la pratique de la vertu.

Or s'il est ainsi, que la solitude soit l'element de
l'innocence, l'asile de l'humilité, & le remede asseuré contre les flammes de la concupiscence: si

DE L'AMOVR PROPRE. 47

les bons defirs fe forment & font fuiuis de bons effets dans le filence & le repos de la vie cachée ; fi les meilleurs defseins de la pieté fe preparent en vn lieu efloigné de la conuerfation du monde; & fi les ames penitentes qui ont refolu de bien trauailler à l'expiation de leurs pechez, portent leurs premieres penfées à la retraite, & cherchent les deferts, à l'imitation de noftre Pere Seraphique, qui fur le commencement de fa conuerfion foufpiroit apres les lieux écartez & folitaires, pour y répandre des larmes auec liberté. Enfin fi les plus grands Saints ont toufiours fuy les negoces, les honneurs, les dignitez & l'éclat de la vie ciuile, par vn pur motif de plaire à Dieu, de mourir aux grandeurs, de crucifier en leur perfonne les vanitez & les pompes du monde, & d'operer leur falut auec plus d'innocence & plus de merite ; en fe retirant des villes ou des affemblées publiques, comme d'vn logis qui tombe en ruine, ou comme d'vn air contagieux : Pourquoy voyons-nous en ce temps des pratiques contraires ? pourquoy redreffons-nous des idoles que nos Peres ont renuerfées ? Pretendons-nous d'accorder le monde auec Iefus-Chrift ?

Ex publicæ negotiationis tumultu fe fubftrahés folitari a loca quærebat amica mæroribus, D. Bonauent. in vita eiusc.

Leuons cependant le mafque qui couure du fard, & ne deguifons point icy la verité en vn fujet où les foupleffes & les rufes de l'Amour propre font inconceuables. A quel deffein cet efprit, qui ne fe contente pas des vertus communes qu'il peut exercer tous les jours dans la douce conduite de sa famille, sort-il de sa maisõ, & aspire aux charges éclatantes, & aux premiers offices d'vne republique dont il se juge capable? Est-ce, parce qu'il se persuade, que les merites de sa pieté sont dignes de receuoir ces recompenses? & qu'il se figure, que la perfection de ses actions Chrestiennes luy doit donner l'entrée à l'estat, & le mettre dans la possession de ce qu'il y a d'illustre & de parfait? Comme s'il faloit abuser d'vn mot publié par vn ancien Pere, & comme si le mesme n'auoit point laissé dans ses écrits, que l'homme spirituel qui sçait instruire vtilement ses domestiques, & qui leur marque le sentier du salut eternel par ses discours & par son exemple, doit s'éloigner des aplaudissemens du monde, & souffrir les loüanges comme des supplices.

Cultores Christi per fecta omnia promerentur. Ennod. lib. 9. epist. 34

Instituter virtutis plausus excludat. dict. 7.

He! quel juste motif peut animer celuy là qui estoit nay pour viure dans la solitude, à se produire souuent en public auec vn cœur tout gros & enflé d'vne sotte generosité de mine & de posture, fondée sur l'estime de sa propre excellence? Pourquoy recherche-t'il de faire tant éclater ses plus belles actions durant les prosperitez qui luy arriuent; & d'estre connu & remarqué de plusieurs spectateurs aux Eglises, aux assemblées politiques, aux rües, aux places publiques d'vne ville? N'est-ce pas pour se rendre plus signalé, pour meriter les loüanges des hommes,

DE L'AMOVR PROPRE. 49

hommes, pour remplir toutes les bouches de la renommée, & gaigner la voix, & l'approbation du peuple : Et n'est ce pas encore pour faire vn mauuais commentaire sur les paroles de Saint Bernard, qui dit, que comme il y a de la retenuë & de la temperance de fuir les acclamations populaires, & les faueurs du siecle, qu'il y a aussi de la iustice de les souffrir quelque fois par les secrets ressorts d'vne heureuse permission ou condescendence. Ce qu'il iustifie par l'exemple de Iesus-Christ, qui le iour des Rameaux receut les applaudissemens d'vn Triomphe. L'opinion neantmoins de ce Saint Pere ne doit en rien fauoriser les esclaues de la vaine gloire ; puis qu'il ne dit pas, qu'il faille rechercher les honeurs, mais les accepter seulement: puis qu'il redit souuent en ses œuures le sens de cette deuote sentence, *Aymez à estre inconnu, & trouuez de la satisfaction à n'estre non plus consideré, que si vous n'estiez point au monde.* Le mesme Docteur a laissé par écrit, que celuy qui veut estre reconnu & estimé par rapport à soy, & non à la gloire de Dieu, doit passer comme vn veritable neant dans l'ordre de la grace, quelques riches qualitez qu'il possede dans la condition de la nature.

Sicut temperátiq est, præconia populi & sæculi huius prospera declinare, sic interdum iustitiæ est certa quadam dispensatione ac admittere. Serm. 3. de dominic. palm.

Qui curat esse aliquid nisi propter Deum, pro nihilo est. Serm. 3 1. in Cantic.

Enfin quelle sainteté d'intention peut arracher vn homme de sa retraite & du milieu de son repos, pour le porter à prendre la conduite d'vn Estat, & le gouuernement des peuples ? C'est peut estre,

2. Part.   G

parce qu'il y a plus de liberté naturelle & innocente de se voir sur le trosne de l'honneur, plus d'occasion de déployer ses capacitez, en donnant la loy aux autres; plus de moyen de tenir sur les habitans d'vn Royaume vn haut degré de superiorité, que la raison approuue. Ce qui ne se rencontre pas dans la vie retirée, où il semble que l'humilité qu'on y pratique, est celle dont parle Saint Paulin : Mais on sçait aussi, que ce grand S. ne propose que la fausse humilité d'vn hypocrite, qui est l'organe du mensonge, & l'ennemie de la probité ; & qui se tient retranchée dans de violentes contraintes, pour s'acquerir les faueurs du monde au prejudice du propre salut. En effet, le mesme Saint Prelat estime de veritables seruitudes, les libertez de ceux qui ont droit de commander aux autres dans la condition ciuile, preferant tousiours l'independance de ceux qui sont libres dans la condition particuliere ; & qui par vn genereux mépris, que ce Saint Pere appelle vne sainte superbe, foulent aux pieds les grandeurs & les pompes du siecle, pour arrester leurs pensées à celles de l'eternité.

Est in homine quædam humilitas libertatis expers. Epist. 21.

Est sancta quædam superbia quæ contemnit hoc sęculū & rebus est intenta cœlestibus. Idem ibid.

Mais parce que l'importance du present sujet demande vn plus long éclaircissement, nous deuons aller jusques à la source du vice que nous condamnons ; & sommes obligez de supposer, que depuis la cheute de nostre premier Pere, les lumieres des choses sur-naturelles sont obscures en l'homme, que ses esperances ne sont qu'vn surcroist de desirs, que son amour est languissant, n'ayant pas icy l'objet legitime de ses ardeurs. De là vient, que ne pouuant joüir d'vne beatitude veritable, il s'en fait vne imaginaire; & qu'il aspire à l'éclat de la gloire & au plus haut point d'honneur, pour seruir de matiere aux immenses auiditez de son esprit, comme les alimens seruent d'entretien à la chaleur naturelle de l'estomac.

Or comme les idées qui naissent de cette vaine & sotte persuasion, se multiplient jusques à l'infini, & se font vne loy de l'opinion, par l'empire que l'imagination vsurpe sur les essays de l'experience, & sur le discours de la raison : Il arriue aussi, que tout le monde court aux choses éclatantes, & que chacun s'abandonne à la recherche des biens qui regardent la gloire mondaine, selon les diuers appetits qui les emportent. Car les vns se plaisent d'abord à estre les maistres d'eux-mesmes, & desirent en suite de commander aux autres s'il est possible : De sorte que violant toutes les regles de la raison & de la nature, ils veulent imiter la puissance & la souueraineté de Dieu; tant il est vray ce que dit S. Augustin, que l'homme ne recherche rien auec plus de passion, que la puissance & l'authorité. Il y en a d'autres qui ne sont jamais satisfaits, s'ils ne tiennent en ruë le haut du paué, s'ils n'ont en compagnie le premier rang, & aux festins la premiere place.

Nihil sic quærit homo quomodo potentiam. Tract. 43 in Ioannem.

Car leur superbe succede aux deferences qu'on leur rend, & fait des progrez à proportion qu'elle joüit d'vn nouueau surcroist d'honneur. Or ce sont les riches & les nobles qui s'attachent à ses preseances auec des inclinations si fortes, que les vns intentent des procez, & les autres forment des quereles pour gaigner le dessus. Plusieurs qui font leur sejour dans les villes, affectent d'immortaliser leur memoire par des titres honorables, par de glorieux epitaphes grauez sur le marbre, par de rares inscriptions imprimées sur le front des plus superbes Palais auec des caracteres dorez & lumineux. Ceux cy font tout leur possible pour s'acquerir le renom de sages Chrestiens, pour se conseruer dans l'estime d'vne haute sainteté, sous les souplesses & les feintes d'vne humble modestie qu'ils pratiquent en ruë, aux entretiens de pieté, en chaire, & quelque fois à l'Autel. Et ceux là n'ont pas moins d'attention à se rendre celebres & fameux par des illustres employs, par de genereuses entreprises, par l'heureux succez d'vne affaire importante, ou par d'autres actions singulieres & remarquables que le monde approuue, & que les loix d'vn erreur entielly authorisent dans l'estime du peuple.

Voyla comment l'Amour propre qui est tousjours inseparable du peché de superbe, & qui en est la source, comme dit Saint Thomas apres S. Augustin, rend esclaues de l'honneur les ames foibles, &

Plerumque pedissequa noui honoris est superbia. Salnian. epist. 2.

De ciuit. Dei lib. 14. cap. 13.

les oblige à paroiſtre en public, pour courir apres les phantoſmes de quelque vaine reputation, & pour ſacrifier à la premiere des idoles que le monde corrompu adore en ce ſiecle auec des ſeruices inconceuables. Et pour ne taire pas ce qui eſt encore plus deplorable dans ces deſordres, c'eſt que ceux-là meſmes qui deuroient combatre ce monſtre auec plus de zele, & enſeigner aux autres les moyens neceſſaires pour le vaincre; preſentent des armes pour le deffendre, & ſe declarent de ſon party par leur vie, par leurs actions, & ſouuent encore par leurs diſcours. Car les vns enſeignent qu'on peut rechercher les honneurs, comme les aydes d'vne vertu naiſſante qui a beſoin de quelque ſecours eſtranger, pour ſe deffendre contre le vice: D'autres approuuent le jugement de Platon, lors qu'il dit, que les plus ſages doiuent aſpirer aux charges, pour empeſcher qu'elles ne tombent en de mauuaiſes mains; & il y en a qui écriuent en faueur de l'ambition, que celuy qui aſpire aujourd'huy à vn Eueſché deſire vne bonne œuure; s'appuyans ſur le texte ſacré de l'Apoſtre Saint Paul, ſans y ajouſter le commun ſentiment des Interpretes, qui s'accorde auec l'éclairciſſement qu'en donne Saint Hieroſme.

Mais pour reſpondre à ces eſprits qui ont plus de vanité que de force; il me ſuffit de dire, qu'ils ne parlent que pour flatter les inclinations corrom-

1. 2. quæſt. 77. art. 4. & quæſt. 84. art. 2.

Lib. 3. de Repub.

Qui epiſcopatum deſiderat bonum opus deſiderat. 1. ad Timoth. c. 3. Opus inquit, non dignitatem non laboré non delicias; opus

per quod humilitate decrescat non intumescat fastigio. Epist. 83. ad Ocean.

puës de la nature humaine, & que leurs propositions ne font que le commun langage de l'Amour interessé. C'est pourquoy j'estime que nous deuons nous opposer aux illusions de cette fausse doctrine, qui peut tirer vne ame de son element par les employs d'honneur; & luy faire quiter le port en l'exposant à l'agitation des vagues & aux violences de la tempeste, qui regne tousiours dans la conduite des affaires ciuiles. Et comme il nous est permis de faire choix des maximes de vertu & de sainteté, qui supposent plus d'asseurance & plus de perfection, & qui dégagent mieux les ames de la recherche du propre interest; ou qui font assez connoistre si dans la condition ciuile, elles sont bien establies dans la fidele pratique du pur Amour: I'en proposeray trois seulement qui seront fondées sur la raison & sur l'experience, & qui termineront le dessein du present discours.

La premiere porte, qu'il ne faut jamais rechercher de grandes ny de petites dignitez; moins encore former des souhaits pour des approbations publiques, pour des loüanges, des honneurs & d'autres biens exterieurs qui par leur éclat attirent les yeux du monde. Il nous faut au contraire les rejetter d'esprit & d'affection, ou bien d'effet, s'il est possible: nous deuōs les fuir comme des pieges dorez, qui sont tendus pour nous surprendre, comme des amorces pour nourrir l'orgueil qui est si natu-

DE L'AMOVR PROPRE. 55

rel à l'homme; & comme des inſtrumens du peché, & de grands empeſchemens qui nous ferment le paſſage du ſalut eternel. L'vſage de cette verité eſt facile à celuy qui n'a que des humbles ſentimens du merite de ſa propre perſonne; qui ſe conſidere comme vne creature inutile dans l'Vniuers, & qui s'eſtime indigne d'auoir quelque nom, & de tenir quelque rang parmi les Fideles. Dans cette veuë les Saints ont touſiours preferé les injures aux loüanges, & les occaſions du mépris à celles de l'honneur; ils ont fuy les dignitez auec la meſme ardeur que les ambitieux les pourſuiuent. Et parce qu'ils ont aymé non ſeulement l'humilité, mais encore l'abjection qui l'accompagne, ils ont choiſi la condition d'vne vie baſſe & inconnuë, afin d'eſtre mieux connus de Dieu, & de s'aquerir les grandeurs du Ciel par le mépris de celles de la terre. Suiuez donc cet exemple qui a tant de rapport aux incomparables abaiſſemens du Fils de Dieu, & qui n'a precedé que pour vous engager à ſon imitation: Deſpoüillez vous de ces ſecretes inclinations de vanité que l'Amour propre nourrit, & que l'orgueil fauoriſe: Attendez que Dieu vous appelle aux dignitez par vne vocation interieure, & propoſez ce mouuement aux Directeurs qui ſont les plus ſages & les moins intereſſez de voſtre païs: Prenez garde que l'amour de vous-meſmes ne vous dreſſe vn mauuais party, & qu'il ne jette le bandeau ſur

<small>Verus humilis, vilis vult reputari, non humilis, prædicari gaudet de contemptu ſui. D Bernard. ſerm. 16. in Cantic.</small>

vos yeux. Souuenez-vous, que si vous auiez vn seul degré de cet Amour Diuin qui transforme les hommes, & qui fait des Seraphins en terre; vous n'auriez plus de cœur ny d'attache, que pour les souueraines dignitez du Paradis, & pour les immenses éclats de gloire dont les Bien-heureux sont comblez dans le Ciel. Puis qu'il est vray, comme dit l'Apostre Saint Paul, que la Charité ne s'enfle point de superbe, ny ne prend point de part aux prosperitez du siecle: & que l'ambition de s'esleuer aux charges publiques, ne l'emporte jamais, parce qu'elle renonce aux loüanges mesmes qui luy sont deuës, & ne veut point souffrir qu'on luy paye ce juste tribut; comme si elle estoit insensible à ses propres interests.

Charitas non inflatur, non est ambitiosa, non quærit quæ sua sut. 1. Corinth. cap. 13.

 Or c'est icy la seconde maxime de pieté que j'auance, pour regler l'intention des personnes que Dieu appelle aux affaires publiques: car ce genereux refus des honneurs legitimes qu'on rend à l'eminence de la charge, ou bien au seul merite de celuy qui la possede; est l'effet d'vne ame qui ne perd point la veuë de ses deffauts, de ses foiblesses & de son neant originaire, parmi les faueurs d'vne nouuelle dignité: C'est vne marque asseurée, qu'elle a plus de modestie que d'insolence; qu'elle sçait vser de moderation dans la joüissance d'vn bien de fortune; & qu'vn changement de condition, ne change point la force de son esprit ny la constance

DE L'AMOVR PROPRE. 57

constance de ses resolutions. Il est vray, qu'il est bien difficile à vn sage Chrestien, d'estre esleué dans les premiers Offices d'vn Estat, & de perseuerer dans les termes de la modestie; d'estre partagé entre les deuoirs & les honneurs de la Prelature, pour aymer ceux-là, & mépriser ceux-cy; de voir fondre à ses pieds vn monde de peuple, & d'estre non plus esmeu de joye & de complaisance pendant ces acclamations, qu'vn rocher insensible qui est batu des vagues de la mer; de garder tousiours la mesme moderation, que le Roy Saül tesmoigna sur le cómencement de son Regne: lors qu'ayant retenu en ses mœurs vne innocéce semblable à celle d'vn enfant d'vn an, comme parle la Saincte Escriture, il receut d'vn égal visage les affrons & les louanges: Ou d'imiter le grand Theodose, qui au rapport de S. Augustin, auoit plus de complaisance d'estre membre du Corps Ecclesiastique en qualité de Fidelle, que d'estre nommé le souuerain chef de l'Estat, sous le glorieux titre d'Empereur.

Il est, dis-ie, fort malaisé de n'estre pas touché de quelque sentiment de vengeance dans les iniures d'vn insolent, ou trop satisfait de ses propres excellences, & trop eniuré de propre estime dans vne foule continuelle d'acceuils, & de complimens d'honneur. C'est pourquoy Sainct Bernard auoit raison de dire, que l'humilité estoit bien rare parmy les caresses, les loüanges & les applaudisse-

Plus in hoc mundo honor quàm despectio occupat. D. Greg. moral. lib. 5. cap. 1.

Lib. 1. Reg. cap. 10.

Theodosius se membrum esse Ecclesiæ magis quàm in terris regnare gaudebat. lib. 5. de Ciuit. Dei cap. 26.

Magna prorsus & rara virtus humilitas honorata.

2. Part. H

mens du monde; à cause de l'extreme fragilité qui se trouue dans le naturel de l'homme.

Il vous est possible neantmoins de remedier à cette delicatesse, & de vous garentir de ces diuers écueils, si vous considerez, que toute sorte de puissance vient de Dieu, comme dit l'Apostre Sainct Paul; que vous estes placé de sa main liberale dans vne grande charge, pour l'exercer pendant quelques années; que vous deuez respondre à ce choix par la sincerité de vos affections, & par l'exacte accomplissement des deuoirs qu'elle vous impose; que vous auez vne obligation indispensable de sçauoir en perfection toutes les choses qui sont necessaires & importantes à l'office qui vous est commis; que Dieu iugera vos iustices; qu'il vous demandera compte des fautes d'autruy; que vous auez sujet de craindre que vous ne soyez trouué vn respondant insoluable; que la prouidence Diuine vous a esleué à vne condition illustre, qui est tousiours plus aisée, ne vous ayant pas iugé capable de viure dans vne basse, comme estant plus difficile & plus disproportionnée à vos forces; & que la France n'est plus dans l'ancien erreur des Romains, qui iugeoient du merite par la dignité; & de la probité de la personne par l'eminence de ses employs, selon le rapport d'vn sage Prelat. Si vous laissez imprimer vostre esprit de la verité de ces penſées, ie m'aſſeure que bien que toutes les Nations de l'Vniuers pourroient s'aſſembler en ce lieu où vous preſidez pour honorer voſtre perſonne; & qu'en voſtre preſence elles ſe fondroient toutes en reſpects & en mille adorations ciuiles: que ce grand éclat n'éblouïroit point vos yeux, que ces honneurs extremes & ſouuerains ne vous feroient pas perdre vn ſeul degré de modeſtie, qu'elles ne gaigneroient point voſtre cœur, & ne ſeduiroient pas voſtre raiſon : Parce que desja vous auriez appris à n'eſtre iamais ſatisfait, que des ſeuls applaudiſſemens de voſtre propre conſcience.

Mais pour paſſer à vn troiſieſme principe de vertu, capable de dégager les ames de la paſſion qu'elles ont à gouſter pendant tout le cours de la vie la gloire & l'éclat d'vne haute eſtime, qu'elles affectent dans les nobles agitations de la vie ciuile : Ie me perſuade, que c'eſt aſſez de leur dire, qu'elles ſont aueugles, ſi elles ne conſiderent pas, que les grands bruits de la renommée paſſent comme les eaux d'vn torrent qui ſont ſuiuies d'vn grand ſilence ; que toutes les magnificences de la vie, ſont les dépoüilles & les victimes du temps ; que les deſſeins de la vanité periſſent comme les ſonges; & que tous les honneurs du monde ne meritent pas les ſoins d'vne ame immortelle, qui eſt née pour la gloire du Ciel, qui doit rapporter toutes ses actions à l'eternité, & regarder auec vn genereux mépris les faueurs humaines.

Que si les Offices & les charges que les hommes exercent sont pour quelques années, & ne peuuent durer iusques à la mort: Il y a bien en eux de l'Amour propre, d'auoir autant de regret à s'en defaire, apres que le terme du temps accomply enleue l'authorité de leurs mains, & la puissance de leur ministere, qu'ils estoient animez de ioye & de satisfaction par l'entrée, & le succez de ce nouuel honneur. Car l'vn n'est que l'effet & la suite naturelle de l'autre, comme dit sainct Augustin; & cette douleur fait assez paroistre que l'affection est criminelle, & bien contraire à celle de plusieurs Anciens Peres de l'Eglise, qui abandonnerent leurs dignitez (qu'ils pouuoient iustement posseder toute leur vie) comme s'ils eussent dépoüillé leur corps d'vn habit vieux, pesant & insupportable. Ainsi Sainct Gregoire de Nazianze quitta le Patriarchat de l'Eglise de Constantinople, Sainct Aldebert l'Euesché de Boheme, Sainct Bonet celuy de Clermont en Auuergne. Ainsi le Cardinal Pierre Damien se demit de l'Euesché d'Ostie, pour terminer ses iours dans vn Cloistre, & iustifia sa deposition volontaire par vn discours apologetique adressé au Pape Nicolas second: Et nostre glorieux Pere renonça à l'office de general de l'Ordre. Sans parler de mille autres sembla-

Non relinquitur sine dolore quod cum delectatione retinetur.
D. Ser Dom. in mont. cap. 5.

Opuscul. 19 & 20. cap. 5. & opuscul. 21. per totum multa & praeclara.

DE L'AMOVR PROPRE. 61

bles exemples que l'Histoire Ecclesiastique nous propose.

Ce qui deuroit suffire pour confondre ces Chrestiens politiques, & tous ces interessez de l'vn & l'autre Estat, qui veulent se perpetuer dans les charges, par des prolongations injustes & contraires *Vix contingit vt seruiat qui imperator est.* au bien commun; qui ne sont iamais contens, s'ils ne commandent aux autres; qui se fachent d'estre *Ennod. lib 3. epist. 1 §* reduits à la necessité d'obeyr, & de faire par contrainte, ce que les Saincts ont fait de volonté deliberée, & par principe de vertu; qui s'estiment accueillis d'vne mort ciuile, s'ils ne sont considerez par quelque employ d'honneur, qui serue d'entretien à leur vanité, & de sujet à l'estime qu'ils ont resolu de conseruer auec éclat jusqu'au tombeau: Comme ce Turanius qui fit porter le deüeil à toute sa famille, apres que Cæsar l'eut demis de ses offices à cause de sa vieillesse. Mais la Iustice diuine qui poursuit les orgueilleux à main armée, & *Seneci. lib. de Breuit. vita c. 26.* qui abat les superbes qui se glorifient seulement *Deus clarificat vt clarificetur. Nicol. de Cus. lib. 10. excit.* eux-mesmes contre le dessein de Dieu, exerce sur eux vne admirable vengeance; en ce qu'elle permet souuent qu'ils ayent des successeurs qui font vne farce de leur police, qui renuersent leurs ordres, qui font vn nouueau monde, qui establissent d'autres loix, d'autres conduites, d'autres entreprises, & qui suiuent de nouuelles façons de gouuerner, pour condamner, ou du moins pour décrediter

H 3

la memoire des premieres. Voylà le traitement qu'ils reçoiuent d'ordinaire, pour s'eſtre trop paſſionnez à tenir plus long temps qu'ils ne deuoient, vne eſpece d'empire ſur ceux, qui, peut eſtre, les ſurpaſſent en merite, en experience, en adreſſe & en vertu. De ſorte qu'en cecy il leur arriue, comme aux moindres eſtoilles, qui brillent ſous la voute azurée du Firmament ; en ce qu'ayans commencé de repandre leur foible clarté ſur les tenebres de la nuict pour les rendre moins obſcures, elles ſont auſſi toſt éclipſées par le retour de celles qui ſont de la premiere grandeur.

Cependant c'eſt dommage, dites-vous, que ces grands Genies, que ces ames genereuſes & toutes de feu, qui ſont capables des grandes actions, languiſent dans l'oyſiueté ; & que ces eſprits ſi éclairez & ſi intelligens, ne prennent point de part au gouuernement, & qu'ils n'agiſſent point dans les plus importantes affaires. Mais quoy ? Ne ſçauez-vous pas, que s'ils ſont poſſedez de ceſt amour ou eſprit mercenaire, dont parle ſainct Gregoire le Grand, ils ſont indignes d'eſtre eſleuez aux prelatures ; que s'ils ſont d'ailleurs trauaillez des violétes ſaillies d'vne cholere aduſte, ils ne ſçauent pas adoucir les rigueurs de l'authorité qu'ils exercent ſur les autres ; que dans leur conduite ils aigriſſent bien ſouuent le mal par vne precipitation de remedes ; que les impetuoſitez de la bile,

Eſt hæc natura ſideribus, vt parua & exilia validiorum exortus obſcuret. Plin. in Panegyr. Traian.

Mercenarius eſt qui locum quidem paſtoris tenet, ſed lucra animarum non quærit ; terrenis commodis inhiat ; honore prælationis gaudet, temporalibus lucris paſcitur, impenſa ſibi ab hominibus reuerẽtiâ lætatur. Homil. 14. in Euangel.

DE L'AMOVR PROPRE.

leur font perdre le bon fuccez des affaires, faute d'attendre les occafions ; qu'ils veulent expedier par force, ce qui dépend des remifes de la douceur, & qu'eftans incapables de reflexion, ils peuuent plus nuire que profiter dans le gouuernemēt: comme l'Hiftoire le fait voir en la perfonne de Caligula & de l'Empereur Valens. C'eft pourquoy ils doiuent fouffrir, qu'on leur confeille la retraite ; afin que dans la condition d'vne vie particuliere, leur humeur qui a trop d'action, ne faffe aucun rauage : comme les beftes feroces ne font point de mal eftans renfermées dans leurs cauernes, ny le feu de dégaft, lors qu'il eft retenu dans fa propre fphere. *Zonar. tom. 3.*

Et parce que tout ce qui fe trouue dans ce monde corrompû, côfifte ou en des voluptez corporelles, pour fatisfaire la concupifcence de la chair, comme dit l'Euangelifte S. Iean, ou en des chofes inutiles, pour flatter la conuoytife des yeux & la curiofité de l'efprit : ou enfin en des honneurs & grandeurs éclattantes, pour contenter la vanité, & nourrir la fuperbe. De là naiffent auffi trois diuers Amours ; à fçauoir l'Amour des richeffes, qu'on appelle Auarice ; l'Amour de la gloire, qu'on nomme Ambition ; & l'Amour des plaifirs du corps, qui porte le nom de Volupté. Or nous auons desja parlé des deux premiers vices ; & auons fait voir affez au long, que l'Amour propre eft la commune fource de l'vn & de l'autre, felon la doctrine de S. Thomas. C'eft *Epift. 1. Ioā cap. 2.* *1. 2. quæft. 77. art. 5.*

pourquoy nous deuons traiter en suite, que cet Amour déreglé réd encor l'homme criminel en son corps, apres l'auoir rendu coupable en ses biens.

Que l'Amour propre produit en l'homme des sentimens d'impieté par les voluptez criminelles.

CHAP. V.

Præponderant iucunda serijs & asperis mollia, & tristibus læta, & illæcebrosa rigidioribus. Lib. 1. Epist.

Tous les anciens Philosophes qui adorent les delices du corps, & qui estans du nombre de ceux dont parle S. Ambroise, se declarent les Partizás de la volupté qui flatte les sens; nous la figurent comme le seul lenitif des douleurs que nous souffrons en cette vie; comme la meilleure recompense que la nature puisse donner à nos trauaux, & comme le grand remede que la prouidence Celeste nous ait laissé, pour adoucir les miseres de nostre condition, & les rendre plus supportables. Mais les plus sages du Christianisme, qui font tousjours gloire de resister à ses appas, & de se deffendre de la force de ses charmes, forment des iugemens bien côtraires, lors qu'ils nous la font semblable à cette statuë de la Deesse Diane, qui estant adorée dans l'vne des villes de la Grece, monstroit d'abord des yeux rians à ceux qui entroient dans le Temple; & puis les empoisonnoit par la veuë, s'ils regardoient auec attention les traits de son visage.

Pausan. in Attic.

En effet, si nous considerons la volupté plustost en ses suites qu'en son essence; nous verrons qu'elle promet

DE L'AMOVR PROPRE.

promet à ses esclaues la satisfaction de leurs appetits, le renouuellement de leurs forces, & le remede de leurs tristesses : Neantmoins si nous passons plus auant, nous serons contraints d'aouër, que les funestes attraits de la mesme volupté sont des trahisons couuertes; que ses caresses sont des actes d'hostilité; que la joye qu'elle donne est vn poison preparé; & que les amorces qu'elle employe pour gaigner nos cœurs, sont les instrumens de sa premiere Tyrannie. Voyez s'il vous plait, ceux qui sont si passionnez pour l'vsage des plaisirs du corps, qu'ils n'en peuuent souffrir la priuation qu'auec des langueurs & des inquietudes : vous trouuez que leurs passions sont par tout déreglées, que leur cœur est assiegé de mille desirs; que leur concupiscence est toute en feu; que leur imagination est en desordre par la violence de son agitation : Et pour ne taire pas le principal déreglement, les delices des sens qui leur sont ordinaires, sont de cruels dégasts jusques dans le plus intime de l'ame, en luy ostant les lumieres de la raison, & laissant l'entendement enseuely dans des tenebres brutales, comme vn soleil qui est dans l'eclypse, pour parler auec le grand Saint Gregoire. *Carnalis delectatio mentem quam inficit obscurat. Lib. 4. dialog. cap. 36.*

Cependant il ne faut point dire, que ce n'est qu'à present, que les mauuais effets des plaisirs du corps qui sont si naturels à l'homme, ne sont plus raisonnables; & que les excez ou les abus n'en sont

2. Part.

en vsage, que depuis le temps deplorable où nous sômes. Car nous sçauons, que dans les premiers siecles du monde les voluptez furent si criminelles, qu'elles affoiblirent les corps, & perdirent l'esprit des anciens Habitans de l'Vniuers. C'est pourquoy Moyse raconte dans le sacré Genese, que Dieu voyant les inclinations de la nature corrompuë, qui desia commençoit de rendre l'homme dissolu en ses mœurs, & passionné en ses desirs pendant l'estat de la loy naturelle, porta vn arrest de condamnation contre luy quelque temps auant le deluge, & le prononça en ces termes. *Mon esprit ne demeurera point auec ces hommes, à cause qu'ils ne sont que chair & que sang.* Mais quelle est la source de ce mal-heureux desordre?

Non permanebit spiritus meus iu hominibus istis, quia caro sunt. Genes. c. 6. sic legit. Tertull. lib. de resurrec. carn. c. 10. Si non permanet spiritus haud dubiū quin excidat Charitas. Serm. 2. de resurrect.

Certes de ce mesme texte nous pouuons inferer apres Saint Bernard, que l'esprit de verité (qui est tousiours l'esprit de Dieu) ne demeure jamais en vne ame qui plie sous les passions de la chair, & qui sacrifie à ses vicieuses inclinations: & qu'en suite l'Amour de Dieu se sépare d'elle, pour faire place au proprietaire. Car c'est en effet le seul Amour interessé, qui pactise auec toutes les inclinations des sens, qui prefere les contentemens de l'appetit sensitif à ceux du raisonnable; qui triomphe dans les delicatesses de la chair, & qui flatte tousiours l'imagination de l'idée de mille plaisirs, pour corrompre auec plus d'adresse la force de l'esprit,

DE L'AMOVR PROPRE.

pour troubler la pureté des intentions, & les choquer dans tous les veritables sentimens de la Morale & de la Religion. De sorte qu'on peut dire par la loy des contraires, que le moindre consentement deliberé sur vn sujet illicite, ou que la complaisance volontaire dans vn objeƈt prophane & deffendu par la Loy de Dieu, est vn effet de l'Amour propre : puis que la resistance & le desadueu qu'on fait d'vne pensée impure qui flatte le corps, est vne marque asseurée de l'Amour de Dieu, dit le grand Saint Gregoire. Or comme il y a en diuerses Regions de ce grand Hemisphere des montagnes composées de Mercure & de souffre, qui poussent au dehors de vastes torrens de feu, ou de grosses nuées de cendre, dont la masse volante desrobe la clarté du jour aux peuples qui habitent les contrées voisines : De mesme la passion du propre interest, qui n'est qu'vne montaigne d'ardeur & de concupiscence, & qu'vn feu de souffre, comme dit vn sçauant Interprete de l'Escriture, produit en l'homme des épesses tenebres d'erreur, d'ignorance & de brutalité, qui luy empeschent la connoissance & l'amour des veritez eternelles; & qui luy faisant perdre de veuë les deuoirs de la Religion, le precipitent dans l'écueil de l'impieté.

Ille verè Deū amat cuius mentem deleƈtatio praua ex consensu non superat. Homil. 30. in Euang.

Rupert. lib. 5. in Apoc.

L'Ancien Clement Alexandrin, celuy qu'on appelle le grand Platonicien de l'Eglise, rapporte à ce propos, qu'il arriuoit de son temps à certains

Lib. 2. Padag.

esprits de la plus haute Region, de s'espaissir & de perdre l'estre intellectuel par vne estrange metamorphose ; si bien qu'apres auoir trop aymé les interests de leur personne, & joüi long temps des impures voluptez, ils degeneroient de leur noble condition, pour ne suiure que l'instinct naturel à l'imitation des bestes ; ou pour n'auoir qu'vne vie de plante, comme parle l'Autheur de la Theologie Egyptienne. Certes nous deuons dire le mesme de plusieurs libertins du siecle, qui s'attachent auidement aux basses inclinations de la nature, & qui recherchent auec tant de passion les delices de la gule & de l'impureté, qu'ils pratiquent par auance, ce que les impies executeront sur la fin du monde, comme dit l'Apostre S. Paul.

Voluptatū amatores magis quā Dei. 2. ad Timoth. c. 4.

De là vient, que ces ames perduës tombent dans vn extreme aueuglement: car comme dit Saint Iean Chrisostome, il n'est pas possible de se plonger dans les sales impuretez de la volupté, sans estre bien tost irresolu & chancellant dans la Foy qui nous propose les mysteres de la Religion. L'experience souscrit tous les jours à ce jugement, parce qu'il est vray, qu'vn Chrestien qui se rauale de la sorte, & qui se prostituë si lachement aux infames delices, n'a plus de loisir, plus de liberté, ny plus de disposition pour la contemplation des choses Diuines: sa raison se perd dans la graisse & se noye dans les fumées du vin, & son esprit se rend si pesant & si

Homil. in 2. Corinth. cap. 4.

DE L'AMOVR PROPRE. 69

aueugle, que les veritez Chrestiennes ne peuuent plus estre l'entretien de ses pensées parmi les diuertissemens, ou pour mieux dire, les empeschemens d'vne vie trop licencieuse.

L'Histoire Ecclesiastique sert d'appuy à cette conclusion par l'authorité d'vn fidele témoignage, lors qu'elle nous propose l'exemple celebre de Torquat, qui fut Romain de naissance & infidele par l'education de ses parens ; & qui estant auancé dans l'âge parfait, & se voyant pressé par les mouuemens de l'inspiration Diuine, s'esloigna du faux culte des idoles, & pria instament le Saint Pape Caïus de luy conferer le sacré Baptesme, & de le receuoir à l'Eglise, pour luy donner place parmi les Fideles qui viuoient alors dans Rome : Or comme il estoit de l'ordre de ceux dont parle Saint Paulin l'Ancien Euesque de Nole, il ne fut pas plustost admis au nombre des Chrestiens, qu'il fit quelques efforts pour dépoüiller ses mauuaises habitudes, qu'il auoit contractées dans la profession du Paganisme, & pour acquerir en suite les qualitez necessaires à vn nouueau Fidele de l'Eglise. Son zele neantmoins ne dura pas long temps dans la constance de ce beau dessein, & l'Amour propre, dont il estoit remply, fit bien tost paroistre, que Torquat auoit vn esprit autant lache en ses poursuites, qu'il auoit esté genereux dans ses premieres resolutions. D'ailleurs il estoit beaucoup deslié, pour couurir de

C. Baron. ann. 286. numer. 16. & seq.

Multi per itinera virtutum ire se simulãt, & per diuersa errorum diuerticula ad viam multitudinis reuertutur. Epist. 50.

quelque fpecieux pretexte la foibleffe de fon courage, affez accord pour s'accommoder au temps &
aux occafions ; & fort intelligent pour viure à fes
plaifirs & à fes interefts. C'eft pourquoy il fçeut
faire vne mal-heureufe aliance entre les mœurs d'vn
idolatre & la fainteté apparente d'vn Chreftien,
& joindre les vices de la fuperftition payenne, auec
les pratiques & les obferuations exterieures du S.
Euangile.

Il ayma donc le jeu, les feftins, les cheueux fri-
fez, la delicateffe des habits, & la compagnie des
femmes qui eftoient de mauuais renom, & qui faifoient trophée du luxe & de la def-honnefteté : Et
il eft auffi veritable, qu'il n'oublia pas d'affifter
quelque fois aux Diuins Offices, que les Fideles celebroient dans les Oratoires : de forte qu'après a-
uoir facrifié d'vn mefme efprit en Hierufalem & en
Babylone, aux appetits de la chair & au rayon de
la Foy, à Belial & à Iefus-Chrift ; le plus fort l'em-
porta fur le foible, & les lumieres qu'il recueillit des
inftructions qu'on luy auoit données, fe change-
rent en des brutales ignorances par les excez d'vne
vie diffoluë : Que s'il demeura éclairé de quelque
interualle de clarté, elle fut femblable à celle que la
Lune emprunte du Soleil, qui au lieu d'eftre fauora-
Lib. 4. de generat. A- nimal. ble à la vie, ne caufe, dit Ariftote, que de grandes
corruptions. Enfin pour acheuer de décrire la
cheute deplorable de ce mal-heureux Torquat, il

DE L'AMOVR PROPRE 71

tomba par ses delicatesses dans l'abysme de l'impieté, & se rendit l'Apostat de nostre Religion en presence du Saint Martyr Tiburce, & de Fabian Prefet de la ville de Rome. Et voylà comment l'Amour déreglé jetta les premieres semences d'infidelité & d'obstination dans le cœur de cet impie, par les abus des plaisirs du corps.

Sans rien feindre sur ce sujet, nous pouuons encore asseurer le mesme d'vn grand nombre de personnes errantes que la France souffre, & que les saintes Ames déplorent auec des larmes de compassion ; & il nous est permis d'appliquer icy le sens de cette pensée du Roy Iob qui porte, *Que Dieu a frappé les impies dans le lieu des voyans.* Car comme raisonne le grand Saint Gregoire, par les impies ce sage Prince entend les pecheurs qui s'abandonnent aux vices plus enormes ; & par le lieu des voyans, la Sainte Eglise, qui est le sacré Tabernacle d'où le Soleil de Iustice répand ses rayons, & communique ses clartez auec vn ordre si admirable; que comme il augmente les veuës des Ames justes par vn continuel progrez de grace & de lumiere; il permet aussi que celles qui sont esclaues du vice, perdent sensiblement les vrayes illustrations de la Foy, par vn secret jugement de son adorable prouidence. De sorte que sans estre menacées d'aucun supplice, sans estre poursuiuies par le fer d'vn superbe Tyran, & sans souffrir d'autre persecution que celle

Quasi impios percussit eos in loco videntium.
Iob. cap. 34.

Cum benè viuere negligunt ede leurs voluptez criminelles, elles perdent la foy, & ne croyent plus aux veritez du Saint Euangile. Apres cela, vous eſtonnez-vous de voir des ames Chreſtiennes eſtre bien toſt impies, puis qu'elles n'ont d'autre loy que celle du vice? & puis qu'elles rendent l'eſprit touſiours captif des appetits de la chair? De là vient, qu'elles meritent juſtement d'eſtre priuées des connoiſſances du Ciel, pour s'eſtre trop attachées aux delices de la terre. Celuy-là eſt indigne de ſçauoir les choſes Diuines, qui n'a des yeux ny de gouſt que pour les ſenſibles.

Mais c'eſt faillir, d'ouurir la playe, & de negliger ſa gueriſon; de découurir la ſource du mal, ſans la vouloir tarir par quelque bon remede: C'eſt pourquoy j'eſtime, que ie ne dois plus differer d'en appliquer quelqu'vn. Or l'vnique dans la Morale, & le plus important dans la Religion, c'eſt le retranchement des meſmes voluptez ſenſuelles qui fauoriſent ouuertement l'impieté, & qui ſelon le ſentiment d'vn Ancien Philoſophe, enleuent la Foy, Dieu, & la raiſon d'vne ame qui en eſt eſclaue. Pour eſtablir cette propoſition dans le dernier point de certitude, nous deuons ſuppoſer auec l'Angelique Docteur, que de toutes les voluptez du corps, celles-là ſont plus contraires aux fonctions legitimes de l'eſprit, & au ſalut de la conſcience, qui ſont plus baſſes, plus attachées à la matiere; & qui ont plus de rapport aux plaiſirs des beſtes.

Ce ſont

tiam perſequéte nullo vſque ad perfidiam ſeu incredulitatem dilabſitur. D. Greg. lib. 25. Moral. cap. 10.

Hierocles ex Greg. Venet. de Harm. mundi.

Vitia carnalia quò magis ſunt remota à mente, eò magis eius intentioné ad remotiora diſtrahunt. 2.2. quæſt. 15. art. 13.

DE L'AMOVR PROPRE. 73

Ce sont ces vices de chair & de sang qui jettent les semences de l'iniquité dans le fonds de l'ame, qui empeschent les éleuations de sa pensée, qui s'opposent à la liberté de sa raison, qui ne la rendent sçauante qu'à satisfaire les auiditez insatiables de la partie terrestre & animale. Ce sont ces veritables monstres qu'il faut combatre à force ouuerte, comme estans les ennemis jurez de nostre bonheur. Ce sont les trauaux qui doiuent occuper les impies, s'ils veulent gaigner le Ciel qu'ils ont perdu par le peché; & s'ils ont resolu de changer en Histoire, les victoires que la fable payenne attribuë à son Hercule. En vn mot, ces infames voluptez sont les instrumens du vice, que les Ames penitentes sont obligées de quitter par vn diuorce irreconciliable, si elles ont deliberé de suiure le chemin asseuré de la vertu & de la verité, sans vouloir s'égarer par des routes esloignées. C'est la pensée de Saint Augustin. *Errat quisquis putat se veritaté posse cognoscere cum adhuc nequiter viuat. De ago. Chris. cap. 13.*

Si vous auez de la peine à suiure ce jugement, jettez les yeux sur la face de l'Eglise naissante, pour admirer ses progrez & ses Triomphes. Là vous verrez vn grand nombre de celebres Platoniciens qui renoncent aux superstitions de l'Idolatrie, & qui embrassent les veritez du Christianisme, comme Saint Denis l'Aréopagite, Athenagoras, Iustin le Philosophe, Clement Alexandrin, & tant d'autres de la mesme secte. Mais aussi vous n'y remarquerez

2. Part. K

qu'vn petit nombre de Payens éleuez & nourris dans l'échole du brutal Epicure, qui abandonnent leurs erreurs, pour soubmettre leur jugement aux maximes de la Religion Chrestienne. Mais d'où vient cette inégalité si visible, & si notable dans les Annales Ecclesiastiques? C'est que les Disciples de Platon s'estans persuadez, selon la commune doctrine de leur Maistre, que le corps humain estoit la veritable prison de l'ame, ils regloient ses appetits, & ne luy accordoient de nourriture que dans les termes d'vne honneste frugalité. Ce qui les éloignoit des infames voluptez de la chair, & les rendoit plus propres à l'exercice de la Contemplation; & en suite plus capables de participer aux illustrations Diuines; mesme selon le sentiment de Mercure Trismegiste, qui conseille la vertu de temperance à ceux qui veulent entrer en commerce auec la Diuine Sagesse, & participer bien tost à ses familieres communications.

In Pyman. cap. 14.

Au contraire, les prophanes Sectateurs d'Epicure ayans constitué tout leur bon-heur souuerain dans les delices temporelles, & borné toutes leurs felicitez, leurs actions, leurs joyes, & leurs esperances dans la seule & paisible jouïssance des plaisirs de cette vie (parce qu'ils tenoient l'ame mortelle aussi bien que le corps) faisoient gloire de viure & de raisonner comme les Sardanapales, & n'estimoient veritables, que les seules connoissances

Nemo cùm animus ad corpus declinat corpus efficitur; sed tamen deffectiuo appetitu quodammodò corporascit Lib. contr. secund. in c. § I.

qui les tenoient attachez à la matiere. De là vient, qu'ils auoient plus de disposition à croire les prodiges de la nature, que les miracles de la grace; & plus d'inclination à ne reconnoistre d'autre Diuinité, que le plaisir brutal de leur ventre. Ce qui deuroit aujourd'huy suffire, pour obliger tous les libertins de nostre France, qui font gloire de suiure les appetits & les débordemens d'vne vie delicieuse, d'imiter plustost les Disciples de Platon que d'Epicure; & de moderer les desordres du lit & de la bouche, afin de remedier aux déreglemens de l'esprit, par le bon vsage & la temperance des voluptez du corps. Que s'ils font difficulté d'aller apres des Payens, ne sçauent ils pas, qu'ils peuuent profiter de l'Oracle de la Diuine Sagesse, qui promet de donner à l'homme chaste vne foy vigoureuse & eminente en recompense de sa pureté; comme il accorda autresfois le don de prophetie aux Sybilles en faueur de la mesme vertu, selon ce que dit S. Hierosme? Enfin n'ont-ils pas l'exemple de pieté, que le Roy Salomon leur a laissé depuis tant de siecles, apres s'estre abandonné assez long temps aux dissolutions de l'impureté?

Spado, qui non est operatus iniquit. &c. Dabitur enim illi fidei donum electum. Sapient. c. 3. Sic exponunt. D. Bonauent. Vatabl. & alij.

En effet, l'Histoire sacrée les asseure, que ce grand Prince ayant receu de Dieu vne capacité d'esprit plus vaste que l'estenduë de l'Vniuers; & vne plenitude de sagesse qui luy faisoit connoistre toutes les causes, les effets & les merueilleuses propriétez de la nature, s'abaissa jusques aux plaisirs illegitimes de la concupiscence, & se rendit le plus fou de tous les hommes, comme il l'auoüe luy-mesme; apres auoir merité de porter le nom du plus sage de tous les mortels, par l'Oracle du Saint Esprit. Ce beau Soleil tomba en eclypse, & perdit ses plus belles clartez par les tenebres du peché des-honneste; & ce grand Monarque, qui auoit tant d'obligation à aymer Dieu plus que soy-mesme, fut l'esclaue de la Tyrannie vniuerselle de l'Amour propre, comme dit Saint Gregoire de Nysse. Les infames voluptez furent donc le sujet de sa cheute, de sa stupidité & de cet extreme aueuglement, qui le porta au sacrifice & à l'adoration des Idoles. Car il n'est pas possible, dit vn grand Homme du dernier siecle, qu'elles s'accordent ensemble auec les lumieres interieures de la verité.

Mais comme l'homme pecheur a ce priuilege, d'estre receu à la penitence de ses pechez, si tost qu'il preste la fidelité de son concours aux graces que Dieu luy communique pour operer sa conuersion : Salomon estant touché de l'inspiration Diuine sur le declin de sa vieillesse, ouurit enfin les yeux, reconnut ses excez, & detesta les dereglemens de sa vie par les actes d'vn parfait Penitent; parce qu'il auoit plustost renoncé aux passions de l'Amour prophane, & desia méprisé les delices de la chair, pour faire place aux impressions de la grace,

Stultissimus sum virorum. Prouerb. c. 30.

In cap. 1. Ecclesiast.

Veritatis splendoré in caligine voluptatis quis non amittet? Ioann. Picus lib. de ente & vno.

DE L'AMOVR PROPRE. 77

& pour ne pas refifter aux puiffans attraits de l'Amour de Dieu. Ce qui eft conforme au fentiment de Saint Hierofme, de Saint Ambroife, de l'Angelique Docteur, & de plus de vingt autres celebres Autheurs, qui foufcriuent d'vn commun accord la conuerfion & la Penitence Heroïque de cet Ancien Monarque de la Iudée.

Reuenez donc à Dieu apres auoir donné la meilleure partie de voftre âge aux diffolutions ; & renoncez aux delectations fenfuelles, pour participer aux Diuines, qui leur font oppofées comme le feu à l'element de l'eau. Remettez-vous dans le fentier dont les vices de fang & de brutalité vous ont égaré depuis long temps, & approchez voftre cœur de glace, du Soleil de Iuftice : Car il faira paroiftre fa toute puiffance à le ramollir ; lors qu'il produira en fa faueur le plus haut point de fes mifericordes, en jettant au dedans les flammes facrées de la Charité, pour en bannir l'Amour propre : Et puis que vous auez imité Salomon en vos débauches & impuretez, fuiuez-le dans fes actions penitentes & fatisfactoires ; & vous fairez fur-abonder le merite, où les pechés ont abondé.

Quomodo ignis & aqua fimul effe non poffunt, fic carnales & fpirituales deliciæ in eodem fe non patiuntur. D. Bernard. epift. 2.

78 LA TYRANNIE

L'Amour passionné de nous-mesmes rend nos sens trop auides des plaisirs indifferens de la nature.

CHAP. VI.

Nihil magis neces-
sarium est,
nihilque
magis vo-
luntarium
quàm boni
incitamen-
tum. *Marsi.
Ficin. ex
Theolog.
Platon. lib.
3. cap. 5.*

A Theologie des Platoniciens nous asseure, que comme il n'est rien de si necessaire que le Bien; qu'il n'y a rien aussi de plus volontaire, que de ceder aux attraits de sa presence. Pour éclaircir cette proposition, qui semble eneloper de la difficulté dans les termes qu'elle auance, nous deuons supposer; que la Bonté estant l'estre & la perfection des choses, n'a pas moins d'estenduë que la verité, ny moins de rapport & de proportion à la volonté, dans la qualité d'aymable, que l'objet actuel & veritable a de conuenance auec l'entendement qui le connoit. Or comme la Masse supreme & generale de l'Estre se diuise en substances, en accidens, en natures viuantes ou sans ame, en genres, en especes & en indiuidus: la Bonté se partage aussi en autant de branches, & fait autant de ruisseaux differens dans la nature qu'il y a de Creatures diuerses. qui composent ce grand Vniuers.

De cette effusion generale naissent les biens de l'ame, du corps & de la fortune; comme sont ceux que nous appellons les vertus, les plaisirs, les ri-

DE L'AMOVR PROPRE. 79

cheffes & les honneurs. Or quoy qu'on puisse dire, que la volonté ne les ayme que dans le degré de la bonté essentielle, qui termine le mouuement de l'appetit; & bien qu'il faille publier auec Saint Augustin, que les attraits de cette mesme bonté estans bien connus, sont autant puissans en leur force, qu'ils sont capables d'imprimer le poids & l'inclination qui est necessaire pour nous porter à l'action: Nous deuons neantmoins nous persuader, que ces effets dépendent de nostre franc-arbitre; que nous sommes tousiours libres à les exclurre ou à les receuoir; que c'est nostre consentement qui leur fait la loy, & que le choix de ces diuers biens qui se presentent à nous côme aymables, nous rend coupables ou innocens. *Quòd amplius nos delectat secundum id operemur necesse est. Lib. de spir. & lit. c 35.*

Et parce qu'il n'est pas possible, que nostre volonté ne termine ses recherches & ses auiditez par la joüissance du bien particulier, que les Platoniciens appellent le centre de la nature raisonnable, & l'image du bien vniuersel qui est enfermé dans les idées de la premiere & souueraine intelligence: Ce n'est point aussi fort facile à vn homme qui est doüé de sens commun, de pouuoir estre en cette vie sans aucune satisfaction, & sans ressentir quelque plaisir naturel ou diuin, de l'esprit ou du corps, de la raison ou des sens, de la nature ou de la grace, de Dieu ou de la Creature. Il nous est impossible, dit le grand Saint Gregoire, de pouuoir viure & subsi- *Plotin. lib. de bono.*

Esse sine delectatione, anima

ster vn certain temps, sans joüir de quelque sorte de contentemens spirituels ou sensibles; car il faut par necessité de consequence, que les delices qui sont au dessus du corps charment nos puissances intellectuelles, en nous éleuant à la condition des Anges; ou que les voluptez qui sont affectées à la partie sensitiue & animale, contentent nos facultez organiques en nous faisant approche des bestes.

<small>numquam potest: nam aut infimis delectatur aut summis. *Lib.* 18. *Moral. c.* 8.</small>

Or comme il y a deux especes de voluptez, qui peuuent satisfaire l'appetit inferieur, dont les vnes sont infames & criminelles; parce qu'elles corrompent l'esprit, à mesure qu'elles flattent les sens; & les autres sont innocentes de leur nature, & n'ont rien de mauuais, si l'abus n'en prophane l'vsage. De là vient, qu'apres auoir condamné dans le chapitre precedant, ceux qui se font vne idole de tous plaisirs du corps, qui perdent la raison dans les vices d'vne vie brutale: Nous deuons examiner en celuy-cy l'inclination naturelle qui nous porte aux plaisirs indifferens, pour sçauoir si l'Amour propre n'est pas son guide, & s'il n'agit point en ces rencontres comme son premier mobile.

Il est certain, qu'il y a aujourd'huy en France vn grand nombre de Fideles trop laches & interessez, soit de l'vn ou l'autre Estat, qui ōt l'appetit déreglé pour des delices spirituelles, que le Saint Esprit répend sur les ames qui ont trauaillé lōg temps à crucifier leurs concupiscences, & à faire mourir en elles

elles le vieux Adam. C'est pourquoy il leur arriue bien souuent que n'ayans point d'accez aux suauitez interieures ; ou la source des ioyes du Ciel estant desia tarie dans l'vsage frequent des Sacremens & des prieres : ils se rendent tiedes & languissans, & se relachent bien tost des exercices de la pieté.

Imbecillitas humana citò solet sustinere fastidia Cassiod. variar. lib. 7. epist. 12.

En suitte, ils cherchent au dehors des consolations sensibles, mais toutefois licites parmi les obiects indifferens de la nature ; ils s'atachent à la terre au deffaut du ciel, & font succeder les delices humaines au refus des diuines. Ce qui fait assez voir le commun procedé de l'amour mercenaire qui cherche d'vn costé ses interests deslors qu'on le despouille de l'autre ; qui veut par tout ses auantages quelque party qu'on luy offre, & qui ne receuant pas de la main de Dieu ce qu'il pretend, se lie & s'vnit aussi tost à la Creature ; comme s'il vouloit reparer ses pertes par des nouueaux succez & soulager la priuation d'vn plus grand bien par la iouïssance d'vn moindre. C'est la pensée de nostre Seraphique Pere S. François.

Or pour donner plus de iour à cette verité, supposons auec tous les sages Professeurs de la Theologie mystique ; qu'il y a des sainctes voluptez, dont les sens interieurs sont capables ; comme sont les lumieres, les paroles, les odeurs, les gouts, & les sentimens spirituels : pour dire tout ce qui a du

Spiritu tepido necesse est sanguinem quæ sua sunt quærere : quid enim restat quando anima caret spiritualibus delitiis, nisi vt caro conuertatur ad suas? collat. 10. opusc. T. 3.

2. Part. L

rapport aux obiects qui frappent les sens externes. Confessons encore que tous ces effets sensibles & delicieux de la grace sont des faueurs dont la diuine bonté gratifie quelque fois par miracle les ames qui l'honorent en terre par vne exacte fidelité de seruice. Et parce qu'il est asseuré que le plaisir naturel est le principe du mouuement de l'ame, & comme le poids qui l'emporte & qui la conduit à la fin qu'elle pretend, selon le iugement de S. Augustin : *Delectatio quasi pondus est animæ : ordinat enim animam. lib. 6. de Music. cap. 11.* de là vient aussi que lors qu'elle se void priuée de l'vsage des biens sur-naturels qui font les ioyes & les festins des saincts, elle change d'obiect, & passe de l'esprit au corps, & de la grace à la nature pour continuer ses complaisances, & trouuer par tout de perpetuelles satisfactions.

De ce desordre d'appetit procede bien souuent la curieuse recherche des belles fleurs, des rares tableaux, & d'autres excellens ouurages, dont l'éclat & la beauté font paroistre tous les spectacles rauissans, & gaignent toutes les attentions de la veuë, soit par les attraits de l'art ou par les graces de la nature. C'est pourquoy dans l'estime de ces laches spirituels, les douces & agreables especes qui coulent dans ces obiects qui leur semblent si aymables, tiennent le lieu & le rang des visions sur-naturelles qu'ils ne reçoiuent plus. De là naissent aussi de fortes inclinations à captiuer l'oreille pour entendre des discours curieux, polis & prononcez auec grace, des voix harmonieuses, des diuerses melodies des oyseaux, des musiques de Chœur, & tout ce qui peut flatter l'ouye & charmer tout l'ennuy qu'on ressent dans la priuation des paroles interieures, qui durant les prosperitez de la grace, penetroyent le fonds du cœur, & qui luy faisoyent entendre doucement les secrets oracles de la volonté de Dieu. De cest excez d'affection, viennent encore ces desirs passionnez qui souspirent apres de nouueaux parfums, & qui affectent l'vsage des odeurs qui sont les plus exquises dans la nature; afin de les substituer aux suauitez precieuses que le diuin Espoux répendoit dans le conclaue interieur, lors qu'il y vouloit laisser des marques sensibles de sa presence. De ce mauuais principe sortent aussi d'autres semblables effets, qui se terminent à rencontrer des habits mols & des viandes delicates, pour les faire succeder aux gouts & aux saueurs spirituelles qui defaillent dans le chemin de perfection, comme la manne sur l'entrée de la Terre promise.

Or c'est ainsi que les fonctions naturelles des sens humains souffrent pour quelque temps, comme dit Tertulien, le change & le desordre : C'est ainsi que ces ames venales & seruiles, ayans perdu le sentiment des delices interieures, sortent au dehors pour se repandre sur celles qu'elles y dé-

Omnes sensus hominis euertuntur, vel circumueniuntur ad tempus. li. de anim. cap. 7.

couurent; & c'eſt ainſi encor vn coup qu'elles font tous leurs efforts pour retenir l'image de ces plaiſirs intellectuels par l'application des ſens externes, afin d'en recompenſer la priuation & de reparer ce deffaut par d'autres contentemens qui ont quelque proportion à ceux dont elles iouïſſoyent pendant que le Ciel faiſoit des careſſes à leur vertu.

Ie ſçay bien cependant qu'on peut dire, que ce diſcours porte trop de ſeuerité, & qu'on a quelque droit d'appeller de ſa cenſure; en ce qu'il condamne d'attache, d'excez, & de paſſion de propre intereſt les ames qui ſont esleuées dans la haute ſainteté. Car il ſemble qu'il n'approuue pas que les ſacrées amantes de Ieſus iouïſſent des biens indifferens que la nature leur offre pour les reſiouïr dans les termes de l'innocence : pour les delaſſer de leurs trauaux, pour accorder quelque relache à leur attention, & pour reparer les forces du corps & les vigueurs de l'eſprit par les douceurs de ces honneſtes diuertiſſemens.

Cùm animalis appetitus neceſſitatis articulum palliat, tūc ſenſus carnis conſcientiam format. Collat. 10.T.2. opuſcul.

Mais auſſi i'eſtime qu'il me ſera permis de reſpondre auec noſtre Seraphique Pere S. François, qu'il ſe peut faire que l'amour de conuoitiſe couure du nom ſpecieux de neceſſité les delices qu'il affecte: parce que ſon ignorance ou ſa malice ne iuſtifient que trop ſouuent le dereglement de l'appetit par vn faux principe que la prudence humaine pretend authoriser comme vne loy de conscience. En effet, il est à craindre que la pensée de ce grand sainct ne condamne vn million de personnes fidelles qui donnent trop à la concupiscence, & qui dans l'vsage des plaisirs innocents ne suiuent pas auec deference les ordres de la raison & les moderations de la vertu : Il est vray neantmoins que comme ie ne suis pas assez temeraire pour les condamner, ni assez complaisant pour les absoudre, i'ayme mieux examiner cette verité par des regles que ie crois fort asseurées dans le suiet que ie traitte.

La premiere est recueillie du grand Archeuesque de Cantorbie S. Anselme, qui écriuant à vn certain religieux nommé Heluin de l'ordre de S. Benoist pour éclairer son esprit sur les doutes & les grandes perplexitez qui le trauailloyent depuis long temps, quant aux delices qu'il deuoit permettre ou refuser à son corps, luy parle en ces termes. *Lors que vous n'aurez point de part aux voluptez indifferantes du siecle, ne les desirez pas; que s'il arriue que l'Eternelle bonté vous en accorde l'vsage, ny engagez pas vos affections.* Voilà le plus sage conseil qu'on puisse donner dans ces rencontres pour terminer les inquietudes de la conscience, & pour procurer du repos aux ames qui font profession de la vie spirituelle.

Cúm absunt sæcularia oblectamenta noli ad ea cor extendere: cùm adsunt noli cor apponere.
epist. 8.

C'est-pourquoy vous deuez examiner vostre cœur, pour voir s'il a des desirs violens & passionnez pour l'eclat des belles fleurs, pour la glace des viues fontaines, pour la pompe des superbes edifices, pour les traits des rares tableaux, pour d'autres mignardises de l'art, pour des prodiges de la nature, ou pour mille semblables obiects qui sont les amorces de la concupiscence, & les funestes appas de la volupté. Que si vous auez la iouyssance de ces mesmes plaisirs, n'oubliez pas de sçauoir si vous les aymez auec attache, si voſtre appetit les gouſte auec ardeur & par excez de complaisance, ou si voſtre raison les considere sans haine & sans amour: En vn mot, si vos yeux les côtemplent auec la mesme indifferance, qu'ils regardent la naiſſance & le couchant des Aſtres. Car si vous n'vſez point de cette genereuſe moderation, qui peut vous rendre libre & independant des choses exterieures ; & si au contraire la douceur de ces delices vous charme par ses attraits: aſſeurez-vous d'eſtre l'vn des eſclaues de l'amour propre, selon la pensée de sainct Augustin, quelque forte resolution que vous ayez de vous deffendre.

Capi non vis & viscum amas: nunquid non caperis ideo quia dulciter caperis. Serm. 105. de diuerſ.

La seconde regle de temperance que vous pouuez prattiquer auec innocence & sans attache criminelle, c'eſt d'vſer de ces plaiſirs sensibles comme d'vn remede familier que Dieu ordône pour reparer vos foibleſſes & soulager vos infirmitez : puis que c'eſt vne loy de neceſſité que sa sageſſe vous impose comme aux autres creatures, & puis que toute la nature ne subsiste que par cette viciſſitude. En effet, la terre se repose durant l'hyuer apres ses grandes feconditez, les oiseaux se delassent dans vne belle saison, apres la queste de leur nourriture; la mer a ses calmes qui succedent à la furie des tempestes, & les orages de l'air se terminent par des subites serenitez. Si nous voulons aduouër la foiblesse de nos corps & l'imbecillité de nos ames, nous deuons confesser en suitte, que le trauail continuel est insupportable à ceux-là; que l'estude & la contemplation sont impossibles à celles-cy pour vn long-temps; & qu'il faut necessairement de l'interualle qui renouuelle les forces du corps par la cessation du violent exercice, ou qui r'anime à l'action les facultez intellectuelles, par quelque agreable diuersion de pensée.

Incerta vita est eorū qui nimia fatigatione lassantur. Cassiod. lib. 5. variar. ep. 10.

Dans cette veuë ie confesse qu'il est permis à l'homme Chrestien d'accorder à son infirmité l'vsage de quelques menus plaisirs, comme sont le commerce des esbats, des promenades, des ieux innocens, & d'autres semblables diuertissemens qui sont communs aux personnes du siecle, qui ne sont dans le vice ni dans la vertu, qui peuuent d'ailleurs soulager l'esprit & delasser la partie sensitiue: & qui ne sont pas moins necessaires aux grandes actions de pieté, que les pauses à la musique, que les reposoirs à vn haut escalier, que les bonnes hostelleries dans vn grand voyage, & que les Isles fortunées apres vne longue nauigation. C'est ce que le

Ideo voluptuosa quærimus, vt per ipsa seria compleamus. variar. lib. 1. epist. 45.

Roy Theodoric écriuoit autresfois au sage Boëce.

Neātmoins il faut tousiours se ressouuenir de rapporter à Dieu toutes ces honnestes diuersions ou relaches, afin de les rendre saintes quoy qu'agreables & de ne commettre point d'abus dans cette fauorable licence. Il faut en iouyr auec des affections qui soyent tousiours iustes & regulieres; en sorte qu'elles n'interessent en rien la vertu de temperence, & qu'elles se terminent dans vn vsage sobre & moderé auec quelque proportion à la vie austere, frugale, & severe de Iesus Christ; de qui l'Euangile ayant rapporté les actions & les paroles, n'asseure point qu'il ait iamais relaché l'esprit par quelque liberté de ioye, selon la remarque de Saluian & de sainct Iean Chrisostome. En vn mot, c'est le deuoir d'vne ame Chrestienne de ne faire point vne fin derniere & principale de ces diuertissemens, mais bien plustost de les considerer comme des moyens conuenables que la nature a reseruez, comme nous auons dit, pour reparer ses foiblesses & renouueller ses forces. Que si elle neglige cette saincte prattique, pour fonder son principal bon-heur sur les plaisirs des sens, elle fait moins dans la Religion qu'vn Payen dans la vie morale; puis qu'il est vray que l'ancien Caton ne regarda iamais la volupté comme la fin de ses actions; si nous deuons croire ce que sainct Augustin a rapporté sous l'authorité d'vn Poëte prophane.

Cato quod non faciebat sine voluptate, nō faciebat propter voluptatem. lib. 5. cont. Iulian. c. 9.

En

DE L'AMOVR PROPRE. 89

Enfin pour passer à vn troisiéme reglement qui peut moderer les affections de ceux qui iouïssent des voluptez indifferantes de la nature, & les establir dans vne iuste retenüe : i'estime que c'est vn haut degré de perfection, de s'en seruir dans la mesme pensee qu'vn criminel peut auoir lors qu'il passe ses iours en presence de son iuge, de qui il attend la sentence decisiue de sa vie ou de sa mort. Car il ne prend que le necessaire, & se priue de l'agreable : comme d'vn bien qu'il estime n'estre point propre & conuenable, qu'à ceux qui sont deliurez des mains de la iustice, & dont la vie innocente les esloigne de la rigueur des loix qui vengent les crimes.

Pour mieux comprendre l'importance de cette prattique nous deuons supposer, que si la iustice humaine ordonne auec raison, que le Seigneur retire le fief des mains de son vassal, apres qu'il l'a conuaincu du crime de felonie : que le Bienfacteur reuoque les donations à cause de l'ingratitude de celuy qui les a receuës, & que les peres exheredent les enfans qui ont attenté sur leur vie par des infames parricides : Il est encore incomparablement plus iuste & plus equitable, que l'ame Chrestienne soit depouïllée de ses droits, & qu'elle perde l'vsage des Creatures qui deuoient estre le suiet de ses delices; puis qu'elle a si souuent abusé de cette fauorable per-

Quisquis illicita non commisit, huic iure conceditur vt licitis vtatur.
D. Gregor. hom. 20. in Euang.

M

miſſion. D'autant qu'ayant receu toutes choſes de l'infinie liberalité de Dieu, elle a negligé de le conſiderer comme ſon Souuerain bienfacteur, qui luy a donné tous les biens du corps & de l'eſprit, de grace & de nature. Que ne deuoit elle point faire? Et toutefois elle ne l'a point regardé comme ſon Seigneur legitime qui luy auoit concedé la liberté & la douceur du plaiſir dans l'vſage de toutes les choſes ſenſibles, à la charge de reconnoiſtre cette extreme obligation par vne pure fidelité de culte & de ſeruice. Au contraire, elle a payé ſes faueurs de mille ingratitudes; elle a irrité ſon courroux par toutes ſortes d'offenſes: & n'a point ſatisfait au moindre deſſein de ſes adorables volontez.

Apres tant de perfidies n'eſt-elle pas puniſſable de tout ce qu'il y a de ſeuere & de rigoureux dans les ſupplices? N'eſt-il pas raiſonnable qu'elle perde la vie, qui n'a coulé que pour abuſer des Creatures? Que ſi Dieu la laiſſe encore au monde pour luy donner le temps de ſatisfaire à ſa iuſtice par des actes de penitence, ne doit-elle pas eſtre priuée de toutes les commoditez delicieuſes qui luy eſtoyent permiſes auant ſon crime? I'aduoüe que la Diuine bonté ne l'en deſpouille point par ſa puiſſance infinie, puis qu'elle permet que les meſchans, auſſi bien que les bons, vſent des biens de ce monde: Mais auſſi ne ſça-

Si quis in aliquod crimen lapſus eſt, tanto à ſe licita debet abſcindere, quantò ſe meminit & illicita perpetraſſe. ib.

uez vous pas, que Dieu attend que le pecheur suiue le conseil du grand sainct Gregoire, qu'il face le procez à ses mauuaises actions, qu'il se iuge & condamne soy-mesme, pour preuenir le iugement & la sentence effroyable de sa souueraine Majesté: & qu'il s'éloigne autant des choses licites, qu'il a failly dans l'abus de celles qui luy estoyent defendues par la loy.

Cela supposé, vous qui lisez ces lignes estant tout chargé de pechez, pouuez vous pretendre aux mets delicats, aux molles senteurs, aux rauissantes harmonies, à la fraischeur des bains, & à mille autres attraits de la chair? Vous qui auez offensé la souueraine bonté par toutes sortes de pechez, & qui auez si souuent abusé de ses graces, osez-vous esperer en cette vie les mesmes auantages que le Ciel accorde à ceux qui ont tousiours vescu dans l'innocence, & dans les solides prattiques de la pieté? Vous dis-ie qui apres tant de cheutes deuez craindre les choses licites, qui deuez tousiours viure dans le sentiment de rebelle à la loy de Dieu, de perfide dans les promesses que vous luy auez faites si souuent, & de mal-heureux criminel qui auez cent fois merité de perir par le carreau de sa iustice: auez-vous assez de temerité pour attendre, ou pour demander des caresses & des faueurs qui sont reseruees aux sainctes ames? Changez donc d'affection, de sentiment

Facilius illicita timebit qui licita verebitur. Tertul. lib. de cultu fœmin. c. IX.

& de dessein; n'affectez plus l'vsage des choses agreables: & pour vous en dégager auec plus de succez, n'y portez plus la pensée. C'est assez que vous ayez de l'accez aux choses qui vous sont necessaires, afin de pouuoir durer dans tout le temps de salut, que la misericorde de Dieu vous octroye pour expier les pechez que vous auez commis; & pour perseuerer constamment dans les exercices d'vne continuelle penitence, qui est cette vraye iustice, dont parle sainct Augustin, que vous deuez cherir & embrasser de toute l'estendue de vostre cœur, comme estant vne heroique vertu qui peut vous charmer par ses delices, & vous obliger en suitte au retrenchement des choses qui vous sont permises.

Iustitia sic delectet, vt vincat c:ã licitas delectationes. *Serm.17.de Verb. Apost.*

Nous sçauons que les loix Romaines deffendoient à ceux qui portoient le dueil de se trouuer aux festins, de voir les Comedies, d'assister aux spectacles, & de prendre part aux ioyes publiques pendant le temps que leurs disgraces particulieres demandoyent des larmes & des regrets. Vous qui auez perdu le droit d'enfant d'adoption du Pere Eternel, qui auez banni souuent de vostre cœur le sainct Esprit par vos pechez & dissolutions, pouuez-vous encore suruiure à la mort de vostre conscience, sans celebrer ses funerailles par l'éloignement des passe-temps & des voluptez qui ont trahi vostre salut?

L'amour interessé de nous mesmes confond la necessité de vivre auec le plaisir dereglé de nos sens.

Chap. VII.

'Est vne verité appuyée de la raison, & iustifiée par l'experience, que l'homme estant plus sensible à la douleur que le reste des animaux, est aussi plus capable des attraits de la volupté, plus susceptible de ses douceurs, & plus esclaue de ses charmes. Car comme la force de l'imagination & la delicatesse de son temperament le rendent fort auide de delices, il les recherche auec ardeur, comme vn bien agreable, & les possede auec vne extreme complaisance, comme le terme de ses inclinations & la fin de ses poursuites. Le sage mesme, dit Tertulien, s'accorde tellement auec celuy qui ne l'est pas (quant aux plaisirs des sens) qu'ils n'ont point d'autres charmes en cette vie. De là vient que l'on ne void point de personnes doüées de raison, qui ayent du dessein sur quelque sorte de bonté apparente ou veritable, qu'elles n'agissent sous l'espoir d'en iouïr, & dont les desirs n'affectent d'y rencontrer ensemble les delices auec la commodité, & l'vtile heureusement confondu auec l'agreable.

Alia nō est stulto & sapienti vitæ gratia nisi voluptas. lib. de Spectac. cap. 2.

Admirons icy cependant, comme vn suiet de reflexion, les innocens artifices de la souueraine sagesse, qui par vn traict merueilleux a repandu plus de plaisir dans toutes les actions qui font l'entretien & la conseruation de nostre vie : & qui a voulu que les plus necessaires nous fussent les plus agreables, comme si elle eut pactisé auec nos souhaits. Considerons cette ineffable bonté qui pour nous rendre le manger plus familier & plus facile à l'appetit, nous y conuie aussi bien par les delices que nous esperons de gouster dans les viandes, que par les obligations que la necessité nous impose. Contemplons encore cette heureuse alliance de sommeil auec les charmes d'vne douceur profonde & tranquille, que la Diuine prouidence semble auoir ordonné en nos corps pour nous delasser, & pour nous rendre plus soupples à ceder à vn repos qui assoupit nos sens, & qui nous oste pour quelques heures de la nuict l'exercice de la raison. C'est ce qui nous oblige de confesser auec sainct Bernard, que Dieu nous a aymez iusques aux delices : en ce qu'il a rendu le plaisir des sens vtile & necessaire, & qu'il a mis le suiet de la ioye dans l'vsage de toutes les commoditez qui font subsister les principes & les fonctions de la vie sensitiue de nos corps.

Mais aussi ayons au contraire de l'auersion & de l'horreur de voir apres tant de faueurs, qu'on ne

Sensibilis vita non est nisi in lætitia. Nicol. de Cus. lib. 4. Excit.

DE L'AMOVR PROPRE. 95

sçauroit comprendre tant d'excez d'Amour propre qui rendent les contentemens dereglez, & qui leur font perdre le nom d'innocens & legitimes. Car la nature ne souhaite que les seuls biens dont elle ne se peut passer pour l'entretien du corps humain; & comme la necessité luy sert de loy & de mesure, elle fuit & abhorre les choses superfluës, & demeure satisfaite d'auoir seulement celles qui suffisent à ses besoins. Or il est vray, qu'il nous faut peu de chose, soit pour le plaisir, ou pour la subsistance de la vie; de sorte que sans beaucoup de peine nous pouuons exaucer ses demandes, & luy accorder ce qui peut remedier à ses pressantes auiditez. Et neantmoins il arriue que cette mesme nature estant seduite par l'opinion, & n'ayant point de bornes en ses desirs, s'eschappe en mille excés; car elle depeuple l'air d'oiseaux, rauage les forests, deserte la mer de poissons, desole la campagne, fait mille inuasions sur vn nombre infini d'animaux domestiques ou sauuages, & tient les elemens tributaires; pour satisfaire à l'appetit d'vne seule bouche, pour remplir la capacité d'vn ventre à qui du pain & de l'eau deuroyent suffire estans pris par mesure, & dans vne mediocre quantité. He! quels dereglemens de la chair & du sang! quelles brutales profusions de la concupiscence, qui ne dit iamais c'est assez!

Il est certain que chacun de nos sens reçoit du

Quod salu-ti corporis satis est de-lectationi parum est. D. August. li. 10. Confess. cap. 3.

plaisir à la rencontre de l'obiect qui luy est proportionné, comme les yeux à voir la lumiere & les couleurs, les oreilles à entendre des sons harmonieux, le nez à flairer des odeurs exquises, ainsi des autres: Aussi il y a des personnes qui ont des inclinations diuerses, & qui sont passionnées à donner à vn seul toutes les delices qui sont reseruées pour la satisfaction des autres sens. De là vient, dit Tertullien, qu'il y a dans l'vniuers autant d'arts qui trauaillent à multiplier les nouueautez dans le plaisir, qu'il y a d'affections differentes qui se rapportent par symphatie ou par opinion à l'obiect qui les rauit & qui les captiue.

Tot sunt artium venæ, quot hominum concupiscentiæ. lib. de Idololatr. ca. 8.

Dans cette vaste effusion de cupiditez qui vont iusques à l'infini chacun aime & embrasse ce qui luy semble plaisant & agreable, selon l'humeur qui predomine à sa constitution. Ceux qui suiuent les douces esmotions du sang, iustifient la maxime du sage qui porte, que l'œil ne se soule iamais de voir de beaux obiects, ni les oreilles d'entendre des airs, des chansons & des musiques. Les phlegmatiques s'abandonnent par excez aux frequens & longs assoupissemens du sommeil; les choleriques se plaisent dans l'abondance des parfuns qui flattent l'odorat : & ceux dont le temperament est melancholique, courent aux festins pour contenter cette humeur noire qui les tourmente, & sont faciles à boire beaucoup de vin, dit Aristote,

Ecclef. ca. 1.

DE L'AMOVR PROPRE. 97

stote, comme s'il estoit l'vnique remede de leur tristesse.

Il ne faut pas cependant auoir beaucoup de sens commun, pour se persuader que toutes ces violentes recherches, ou ces fortes attaches qu'ils ont aux plaisirs que la necessité leur offre, ne soyent les effects d'vn amour Tyrannique, puis que leur propre experience les rend eux-mesmes assez éclairez de cette verité. Car si tost qu'ils ont contracté l'habitude d'vne volupté qui se rapporte à l'vn des sens externes, ou à plusieurs ensemble; Ils se voyent sensiblement reduits à ne s'en pouuoir plus passer; la priuation les met dans l'inquietude; & ce dépouillement leur est si fascheux & si difficile, qu'il les iette dans des langueurs incroyables. Ce qui suffit (comme dit sainct Augustin) pour iuger du dereglement de leur affection, & pour luy attribuer plus de crime que d'innocence.

Non est in carendo difficultas nisi cum est in habendo cupiditas. lib 3. de doctrina Christiana c.18.

Mais quel moyen de rectifier les mouuemens de l'Amour propre? Quel remede pour moderer ces delices qui sont couuerts du specieux pretexte de la necessité? Quel antidote bien preparé peut arrester le cours de ce poison? Certes nous ne pouuons faillir d'auancer trois propositions recueillies de l'oracle des Docteurs S. Augustin dont la premiere porte, *que celuy-là n'est pas bien qui a le pouuoir d'estre mieux*. Mais il est ainsi qu'vn Chrestien qui se conforme aux habitudes des sens & qui suit

Tunc cuique bonò est bene, si melius esse potest. lib de vera Relig. c.41.

2. Part.   N

leurs inclinations comme vne loy de la nature corrompüe, se rend captif de ses officiers, & l'esclaue des passions brutales, s'attache à de la boüe & à des ordures, & se met au rang des bestes, pouuant viure comme des Anges, par le choix d'autres plaisirs qui sont plus solides & plus veritables. C'est pourquoy il faut conclurre, que son iugement s'abuse & que sa volonté le corrompt, lors qu'il prefere les sensibles aux spirituels.

Pour entrer plus auant dans ce suiet, il est certain que l'homme est vn milieu entre deux extremes, le nœud du monde corporel & de l'intelligible, l'orison des Creatures, & vn moyen qui comme vn centre vnit à soy les choses inferieures & qui dependent du temps, auec les autres qui sont superieures & qui releuent de l'Eternité. Ce qui nous fait assez connoistre qu'il a la liberté de s'esleuer ou de descendre, de participer à la condition des Intelligences, ou de s'abaisser iusques aux operations de la matiere, de viure selon les loix du ciel ou de la terre, & de suiure les inclinations du corps, ou les mouuemens de l'esprit. Or qui peut nier qu'il ne doiue plustost contenter la partie intellectuelle que l'animale? Qu'il ne soit plus obligé de soustenir la preferance de la maistresse sur l'esclaue? ou la superiorité de l'ame sur le corps? & de choisir plustost les contentemens de l'esprit, que les plaisirs des sens? Puis qu'il est

DE L'AMOVR PROPRE. 99

vray, comme dit sainct Augustin, qu'il ne peut suiure ceux-cy sans raualer sa condition, & sans degenerer en vn estat plus mauuais: ny aimer ceux là, sans se rendre meilleur & plus parfait en sa conduitte. Cette consequence doit passer sans replique. *Qui quod seipso est deterius sequitur, fit & ipse deterior. lib. de morib. Ecclef. cap. 20*

La seconde proposition que i'emprunte de ce mesme Docteur de l'Afrique, est aussi fondée sur vn autre principe de la moralle, qui n'est pas moins raisonnable lors qu'elle determine ; *que les choses du monde qui seruent de matiere aux plaisirs des sens, sont mieux dans le mespris que dans la recherche : parce qu'elles sont plus inutiles & superflues, que nous les croyons moins necessaires à nostre vie.* En effet, la priuation de tant de biens dont nous auons l'vsage, nous est plus salutaire pour l'entretien du corps, que la iouissance n'en est vtile & importante ; & celuy là est le plus sage & le plus heureux parmi les hommes qui s'en esloigne le plus, qui trouue le secret de s'en passer sans perdre les moyens de viure, qui est content de peu, & qui sçait moins employer de choses pour satisfaire le retour de ses pressantes necessitez. *Ista bona melius nolumus, quàm volumus: quia tunc melius nos habemus cùm ea necessaria non habemus. lib. de bono Coniug.*

Heureux ce siecle d'or, dont parle le Philosophe Stoïcien, où les logemens, les habits, les remedes, les viandes & toutes ces choses que nous cherchons auiourd'huy auec tant de soin, se rencontroyent du temps de nos peres auec facilité : où *Epist. 90.*

s'acqueroyent sans beaucoup d'industrie. La nature donnoit alors par vne effusion liberale de sa bonté tout ce qu'il falloit pour viure; elle tenoit toutes choses sous sa protection, car le moyen de ne rien garder auec crainte, c'estoit de ne rien posseder en propre. Les maisons estoient basties sans artifice; & les mains qui dressoyent les murailles faisoyent l'architecture. Les belles sources couloient sur la plaine & s'esgayoient auec liberté sans estre emprisonnées par les replis d'vn canal qui force leur nature: les rochers & les arbres faisoient ombre à leurs maistres. L'on ne connoissoit point d'autres parfums que celuy des fleurs, ni d'autre l'ambris azeuré que le firmament parsemé de diuerses estoiles. Le cristal des fontaines suffisoit pour oster la soif, & les fruits de la terre pour appaiser la faim. Ils s'endormoyent sans peine sur l'herbe molle, & les maladies estoyent la seule vieillesse des hommes & des animaux.

Mais à present la necessité n'est plus nostre mesure; & par ce que nous auons rendu le corps maistre de l'ame, nous voulons que tout le considere en ses appetits, qu'on le reuere en ses interests, & le serue comme vn grand Seigneur. Les plaisirs naturels qui sont communs à tous les hommes, ne sont plus agreables: Il faut inuenter de nouelles façons de charmer les sens, pour affoiblir les forces du corps, & abattre les plus rai-

DE L'AMOVR PROPRE.

sonnables saillies de l'esprit. Il faut destruire la nature par l'artifice, & prattiquer, selon sainct Bernardin, les ruses & les soupplesses de l'Amour propre, pour rendre plus delicieuses toutes les commoditez de la vie. En vn mot, il faut passer des choses necessaires aux superfluës, afin de satisfaire le goust, la veuë, ou l'oreille. Car c'est pour seruir les sens externes que nous oyons par les ruës, & dans les boutiques tout ce bruit qui nous importune; c'est pour eux que les Cuisiniers, les Orfevres trauaillent tous les iours; & c'est pour eux qu'on tient les écholes du Bal, de la Comedie, des musiques effeminees; & que toute l'industrie des artisans se fond & s'épuise pour faire vn nouueau monde de delices.

Priuatus amor versutis blanditiis satagit sibi procurare delectationes. Serm. 11. de extr. T. 3.

Or ie veux que l'opinion, que la fragilité, que la corruption des mœurs nous empéchent de faire cesser mille superfluitez qui nous assiegent. Ie veux que la coustume d'vn siécle si débauché comme le nostre, nous rende impuissans à bien reduire en prattique le sage conseil de sainct Augustin qui nous persuade, comme nous auons dit, de donner à nos corps que le seul necessaire; & de nous passer, s'il est possible, auec ce qui raisonnablement peut suffire aux besoins de la vie humaine. Il n'est pas impossible de profiter d'vne troisiéme verité que cest incomparable Docteur propose, lors qu'il dit, *que par l'amour ve-*

LA TYRANNIE

Per amorem creatoris benè quisque vtitur creaturis, & sine hoc amore nullus bene vtitur creaturis. lib. 4. cont. Iulian. cap. 3.

ritable & sincere que nous portons au Souuerain Createur de l'vniuers, nous pouuons faire vn sainct vsage des Creatures; & que sans cest Amour il ne peut estre que mauuais & pernicieux.

Comme cette proposition porte vn grand sens, qui est abregé dans peu de paroles, il est raisonnable d'en donner l'interpretation pour en faciliter l'intelligence. C'est pourquoy nous deuons supposer, qu'elle comprend tout ce que la Religion nous enseigne de l'vsage des Creatures. Car il est vray que l'amour diuin estant indifferent, libre, discret, equitable, & superieur en toutes choses, doit en suitte obliger le cœur humain à cherir chaque obiect selon son rang, son merite, & son excellence de nature, ou de perfection. C'est de cette charité que l'ame Chrestienne a droit de puiser la loy, & la mesure de ses legitimes affections. C'est de ce souuerain principe que sa volonté doit tirer la regle de ses resolutions, & l'ordre de ses mouuemens, pour ne commettre point d'excez ni d'abus en ses adherences. D'autant que la seule charité a le pouuoir de sanctifier nos intentions, & de rendre nos recherches inno-

Tract. 4. in 1. Can. Ioann.

centes. Aimez Dieu, dit le grand sainct Augustin, & puis faites tout ce que vous voudrez en cette vie.

L'Apostolique sainct Bernardin rapporte à ce propos vne autre raison, pour faire voir que ce-

DE L'AMOVR PROPRE.

luy qui est possedé de l'Amour de Dieu, ne peut faillir en celuy qu'il porte à la creature, & il l'auance en ces termes. *Plus vne ame gouste les choses de Dieu, moins elle ayme celles du monde, parce qu'à celuy qui a gousté vne fois les delices de l'esprit les attraits de la chair sont insipides.* De là nous pouuons inferer, qu'il suffit d'aymer Dieu par dessus toutes les creatures, pour n'estre point seduit ny corrompu par leur appas, & pour en iouïr dans les regles de la suffisance. Car comme celuy qui a moins de part aux habitudes de l'amour sacré, s'adonne aux plaisirs des sens auec plus de liberté, & prostituë facilement son corps à tout ce qui rauit & qui emporte auec plus d'effort ses naturelles inclinations : aussi nous pouuons asseurer par la loy des contraires, que les ames qui ont fait plus de progrez en la diuine dilection, & qui sont plus éleuees dans la prattique de cette incomparable vertu, sont moins capables d'intemperance dans le familier commerce qu'elles ont auec les creatures qui se rapportent à leurs besoins, & qui les accommodent par leurs bons offices : parce qu'estans possedées de cest amour elles ne veulent d'autre bien, & ne pretendent en ce monde d'autre satisfaction, que l'accomplissement de la volonté de Dieu dans l'vsage des choses sensibles.

Mais ce n'est pas assez d'auoir icy proposé la

Quantò plus anima gustat Deū tantò ampliùs despicit mūdum quia gustato spiritu desipit omnis caro. Serm. 21. de extr. T. 3.

doctrine de sainct Augustin, comme l'idee d'vne haute perfection où nous deuons atteindre par effet ou par desir: il faut encore que les actions succedent aux paroles, que l'exemple de cest oracle de l'Eglise serue de commentaire à ses discours, que sa vertu soit nostre guide pour nous découurir le secret de sa science, & que nous voyons, par la verité de ses humbles Confessions, combien sa charité a heureusement transporté en des suiets de merite, ce qui nourrit les vices d'autruy. C'est le moyen de profiter de ses instructions, & de suiure le chemin asseuré de la vie spirituelle, par l'imitation de la saincteté de ce grand homme.

lib. 10. Confess. cap. 31. 32. & seq.

Pour commencer par l'exercice qu'il faisoit de l'ouïe, qui est, selon quelques Autheurs, le premier sens necessaire à la conseruation de la vie, il confesse d'auoir fait ses delices de la Psalmodie des Eglises, & d'auoir repandu des larmes de tendresse & de complaisance sur le commencement de sa conuersion, lors qu'il prestoit l'oreille aux sons harmonieux des voix humaines, qui celebroient les loüanges de Dieu dans les solemnitez publiques. Puis il aduouë, que Dieu l'auoit deliuré de cest abus où imperfection qu'il commettoit en ces rencontres, & remercie son adorable bonté de luy auoir fait la grace de s'animer à la deuotion par le chant de l'Eglise: Mais comme il veut vser du plaisir

Reminiscor lacrymas meas quas fudi ad cantus Ecclesiæ tuæ in primordiis recuperatæ fidei meæ. idem ibid. cap. 33. Sed resoluisti me & liberasti nunc in sonis quos animant eloquia tua. ibid.

DE L'AMOVR PROPRE. 105

plaisir auec pureté d'Amour, il deplore son infirmité, qui le rend quelquefois plus attentif à l'harmonie, qu'au sens des sacrez Cantiques; & prefere d'estre priué de cette douceur, qui vsurpe sur sa raison, & qui l'attache plus-tost à la melodie qu'aux sentimens de pieté. Auez-vous cependant les mémes desirs, lors que vous commettez les mémes deffauts, prestant l'oreille aux Musiques de la Psalmodie?

Quant à sa veuë, ce diuin Docteur écrit, qu'elle auoit de l'inclination à regarder de belles fleurs, de differentes figures, & à contempler les couleurs qui sont plus viues, & qui sont plus d'éclat. Mais comme il n'ignoroit pas que les yeux sont toûjours les fauoris du peché, les solliciteurs de la concupiscence, les puissans conseillers de nos affections, & les premiers ministres de l'Amour des-honneste : il demeuroit immobile dans la force de cette genereuse resolution. Ie resiste, dit-il, à tous les attraits & faux appas que les obiects sensibles presentent à mes yeux; parce que ie sçay combien de pieges dressent ceux-cy chaque moment de ma vie, pour me surprendre; & le mauuais party qu'ils font sans cesse contre mon salut. l'esleue à Dieu les yeux de la foy, comme estant mon Astre, & mon vnique Lumiere, que ie dois regarder auec amour, pour ne me perdre point dans des routes égarées.

Sic esse cupio Resisto seductionibus oculorum ne implicentur pedes mei, & erigo ad te inuisibiles oculos, vt tu euellas de laqueo pedes meos. libro Confess. cap. 34.

2. Part.   O

Il pourſuit encore ce méme diſcours auec tant de marques de pieté, qu'il teſmoigne aſſez le ſage employ qu'il faiſoit de ſa veuë; auec quelle adreſſe il s'éloignoit des obiects qui pouuoient troubler les innocentes tranquillitez de ſon ame, par des prophanes repreſentations; quelle attention il auoit à bien conduire ſes yeux, pour oſter la matiere à des flammes impures; & quel profit il recueilloit à voir les liures ſacrez, à lancer de frequens regards ſur les deuotes peintures, & à contempler les beautez du monde, pour auoir ſuiet d'en adorer le Createur, & de loüer les inuentions de ſa ſageſſe, & les efforts de ſa puiſſance. Ce qu'il executoit ſelon les diuerſes occaſions qui ſollicitoient la fidelité de ſon amour, à ne manquer pas de reduire luy-meſme en prattique le deuot conſeil qu'il auoit déja preſcrit ailleurs, en faueur des ames qui aſpirent à la perfection. Si vous eſtes de ce nombre, n'abuſez pas de la liberté de vos yeux: mais pactiſez pluſtoſt auec eux de ne point voir ce qui n'eſt pas permis à vos deſirs; couurez-les de vos paupieres, afin de ne pas receuoir les eſpeces prophanes, que les obiects vous enuoyent par vn flux, autant imperceptible qu'il eſt veritable. Cette grande attention ſera l'effet de voſtre bonne conduite; & voſtre plaiſir ſera bien reglé, s'il eſt ſuſpendu par la crainte de déplaire à Dieu ſeul.

Si placent corpora, Deum ex illis lauda; & in artificem eorum reto, que amorem; ne in his quæ tibi placeét tu illi diſpliceas.
lib. 4. Conſeſſ. cap. 9.

DE L'AMOVR PROPRE. 107

En suitte, pour dire vn mot de l'vsage inno-cent que sainct Augustin faisoit de son odorat, il aduouë qu'il receuoit auec indifference les subtiles vapeurs ; & que comme il n'auoit pas assez de delicatesse pour aimer par excez les bonnes odeurs, qu'il n'estoit pas aussi leur ennemi de telle sorte, qu'il ne creut bien auoir la liberté de pouuoir prendre ce plaisir auec innocence. Ie n'ay point, dit-il, de passion pour les parfums : ie ne recherche point leurs attraits, lors que i'en suis priué : ie ne les reiette pas, si la nature me les offre : mais ie demeure toûjours preparé à ne point iouïr de ces agreables suauitez. Voila le langage d'vn grand cœur dégagé de ce plaisir naturel, que vous ne pouuez approuuer ny suiure auec generosité sans estre dans les moderations de la vertu.

De illecebra odorum non satago nimis. Cum absunt non requiro, cù adsunt nõ respuo, paratus etiam eis semper carere. lib.10. Cõfess. cap.32.

Mais, comme tous les iours nostre corps souffre vne continuelle dissipation de sa substance, par l'effort de la chaleur naturelle qui consume l'humide radical ; de mesme le feu deuore sa matiere, s'il est hors de sa region : De là vient aussi que les alimens nous sont necessaires, du moins deux fois par iour, pour reparer les forces, & preuenir ses defaillances. C'est pourquoy la nature nous presse & sollicite à cette action par les delices du goust, & par les importunes auiditez de la faim. Or c'est ici que sainct Augustin est sobre, & tellement moderé sous les regles de la temperance, qu'il prend

Hoc me docuisti, vt quemadmodum medicamẽta, sic alimẽta sumpturus accedam. ibid.cap.31.

O 2

les alimens comme vn remede, & nourrit son corps comme vn malade ; en habitude n'ayant point d'autre but que la santé, ny d'autre plaisir que celuy qui luy estoit necessaire pour la conseruation de sa vie. Iugez de là s'il se laissoit vaincre par les delices de la bouche, qu'on affecte auiourd'huy auec tant de passion ; & si la generosité de son esprit se rendoit captiue d'vne action tellement basse, qu'elle est toute propre au degré vegetable.

Ie ne sçay cependant, si vostre intemperance qui vous interdit l'imitation de sainct Augustin, ne commet point souuent des excez & des desordres, dans la nourriture que vous donnez à vostre corps : soit en la quantité des viandes, prenant au delà du necessaire, pour flatter l'auidité de l'appetit qui ne met point d'autres bornes que la capacité du ventre ; ou bien encore en la qualité de certains alimens, qu'vne malheureuse delicatesse voudroit rendre communs, quoy qu'ils soyent rares en la nature. Ce n'est pas que ie vueille vous persuader de souspirer auec Iob, ou de trembler auec sainct Hierosme, ou de pleurer auec Arsenius, chaque fois que la necessité vous oblige de manger pour viure : moins encore veux-ie vous donner le conseil d'aller au repas comme à vn supplice, ainsi que l'Histoire le rapporte de sainct Bernard. Il me suffit de vous donner aduis,

DE L'AMOVR PROPRE.

que si estant obligé de manger ou de boire pour nourrir vostre corps, vous auez resolu de satisfaire à ce deuoir par le motif d'vn pur Amour, qui se termine à la gloire de Dieu, selon l'instruction qu'en donne l'Apostre sainct Paul : vous deuez aussi vous deffendre d'vn secret plaisir qui accompagne toûjours le goust, lors que vous appaisez les douleurs de la faim. Car il est également agreable & dangereux ; & autant capable d'estre pernicieux dans la suitte, qu'il est innocent en sa naissance. Cette verité n'est contestée que par l'Amour propre ; à cause qu'il ne veut iamais souffrir aucune regle de vertu.

Mais examinons encore cette mesme necessité sous vn autre titre ; puis que c'est le grand écueil, où la troisiéme partie du Christianisme fait naufrage : puis que la matiere d'vne si haute consequence ne peut receuoir trop de iour & d'éclaircissement, pour faire cesser l'aueugle obstination de ceux qui aiment par excez les interrests du corps.

Siue manducatis, siue bibitis, in gloriam Dei facite. 1. Cor. cap. 31.

Cum salus corporis sit causa edendi & bibendi adiungit se tanquam pedissequa periculosa iucunditas. D. August. lib. 10. Confess. cap. 31.

Que nous auons trop de passion pour la santé du corps.

Chap. VIII.

LA foy & la raison nous enseignent que Dieu estant le souuerain principe de toutes choses, & ayant vne essence absoluë, necessaire, independante : est aussi le Roy des siécles, comme dit l'Apostre sainct Paul ; d'autant qu'il possede luy seul le droit & le vray titre d'immortalité. De là vient qu'on peut dire, qu'il est la vie eternelle & *naturelle* à soy-mesme. Par ce que son existence ne releue d'aucun agent, & la durée de son essence subsiste en vn si haut degré, que les atteintes de la mort n'ont aucun pouuoir sur sa nature. Or cette vie de Dieu qu'on nomme essentielle, & qui anime toutes les creatures de l'vniuers, est si parfaite & si communicable, que toutes les choses imparfaites qui n'ont point de vie, ou d'autres qui la perdent en elles mesmes apres l'auoir receuë, viuent dans son sein, sont toûjours dans le verbe, comme dit sainct Iean expliqué par sainct Ambroise, & ont dans le secret de ses idées vne vie sureminente. De sorte que par ce principe, non seulement nostre chair & nostre enfance participent en Dieu le

Naturale est quod aliunde nō sumitur. Hugo à S. Victor. lib. 9. in cap. 13. Cœlest. Hierarch.

Quod factum est in ipso vita erat. Ioann. c. 1. Caro facta est in ipso vita est, infantia facta est in ipso vita est, &c. in Psal. 36.

point immobile de son Eternité: Mais encore toutes les parties de nostre corps, & tous les degrez de nostre âge.

Il est vray, que nous viuons encor en nous mémes d'vne vie qui nous est propre & naturelle, puis que nous sommes dans le rang des creatures raisonnables, tirées des abysmes du neant, & produites dans le temps, pour estre au nombre des choses existentes: Mais c'est neanmoins auec cette grande difference, que nos ames estant des substances spirituelles, simples, degagées de la matiere, & sans aucun meslange des qualitez & des parties, qui tendent necessairement à la corruption, sont establies dans leur estre immortel, par l'influence de sa souueraine bonté; & sont subsistentes en leur propre nature par les appuis de sa puissance infinie, qui les empesche de retomber dans leur neant.

Quant à nos corps qui sont esclaues de la matiere, & formez pour se corrompre, nous pouuons dire que Dieu laisse durer leur estre, tout autant que les dispositions particulieres contribuent à leur conseruation; & qu'il permet aussi que leur composé deperisse & cesse d'estre au nombre des choses viuantes, sous l'action d'vne cause estrangere, qui est plus forte pour les destruire, que la vertu conseruatrice de leur propre nature n'est puissante pour les guarantir de leurs efforts, par des contraires resistences. De là vient l'obligation naturelle que nous auons à conseruer l'estat incertain & combatu de nostre santé, si nous voulons viure en ce monde. D'autant plus que le corps humain est assorti de quatre qualitez ennemies, qui fauorisent naturellement vne guerre domestique, pour troubler la iustice de son temperament. C'est pourquoy c'est à nous, de nous deffendre des accidens qui l'attaquent, ou de reparer les dégasts des agens contraires, qui travaillent à le destruire : Et c'est le seul bien que nous luy deuons procurer, dit sainct Bernard en l'vn de ses sermons.

Sanitas est omne & solum bonū quod corpori debeamus. Serm. de triplic. gener. bonor.

Mais il ne faut point auiourd'huy employer beaucoup de raisons, ni les animer d'vne forte eloquence, pour persuader aux hommes l'acquit de ce deuoir. Nous n'y sommes que trop poussez par deux principes, l'vn de la nature, & l'autre de la morale : car nous y trouuons de la facilité, à cause de cette extreme inclination naturelle, que nous auons à nous perpetuer par idée & par desir, dans la iouïssance d'vn bonheur que nous voulons estre immortel, comme raisonne sainct Augustin par vn Syllogisme formé selon les regles exactes de la Logique. Et d'ailleurs la prudence humaine nous sollicite souuent, & nous presse de contribuer nos forces & nos industries à nostre propre conseruation. Ce que nous pouuons

Omnes beati esse volunt atque ideo nolūt perire : nec nisi viuentes beati esse possunt, nolunt igitur perire quod viuunt. lib. 4. de Trinit. c. 2.

DE L'AMOVR PROPRE.

uons reconnoistre par le sentiment de cette tendre affection, qui nous fait cherir les habitudes de la santé, & qui nous oblige de les considerer auec beaucoup d'attention, de complaisance, & d'attache, comme l'ame de tous les plaisirs sensibles; comme le plus riche thresor qu'on puisse découurir entre les presens de la nature, & comme le souuerain bien du corps humain. De là vient aussi cest Axiome, qui n'est auiourd'huy que trop commun en la bouche des personnes du siecle, *que nous n'auons au monde rien de plus cher que la santé.*

Quoy? disent-elles, deuons-nous negliger le soin des choses qui nous sont necessaires pour éloigner de nous vne mort precipitée? Faut-il perir en mesprisant les moyens qui sont ordonnez pour viure? Ne sçauons-nous pas que Dieu nous a constituez les tuteurs de nos personnes, & les procureurs de nostre vie? Que si nous sommes en ce monde comme en vne espece de faction, deuons-nous abandonner les rangs, sans la disposition du Souuerain Seigneur de l'Vniuers, qui s'est reserué l'heure du trespas, aussi bien que le moment de nostre naissance? Prenons donc la resolution de remedier aux lassitudes de nostre corps, par les douceurs regulieres d'vn bon sommeil, & de restablir la continuelle dissipation de sa substance, par le secours de la nourriture que

Mutuum debitum est interse natiuitati cum mortalitate. Tertull. lib. de anim. c. 6.

nous pouuons prendre sans attache, & auec la moderation que sainct Augustin nous conseille.

Voilà le commun langage des Chrestiens, qui se figurent d'estre facilement dans l'exercice d'vne vertu, qui est l'épreuue des grandes ames. Voilà le sentiment de ceux, qui ayant proposé de belles idées de temperance, pour regler leur santé, fuient d'abord les rigueurs d'vne vie sobre & austere. Car deslors qu'ils vsent des choses bonnes & importantes à l'entretien du corps, il leur arriue qu'en passant par la volupté, qui est alliée à ce qui remedie aux necessitez indispensables de la nature, ils si arrestent de telle sorte, qu'ils agissent pour elle seule; Les auditez de la concupiscence, ayans plus de pouuoir sur leur raison, que les besoins ordinaires de leur corps.

Certes comme ils ont plus d'inclination à suiure les mouuemens de l'appetit, que les Regles communes de la frugalité: Ils tombent aussi plus souuent dans l'excez, que dans le deffaut: Ils ayment plustost s'abandonner au plaisir, que de se retrancher au deçà de la necessité: Ils mangent pour produire des cruditez, & des indigestions dans l'estomach, & non pas pour appaiser les cruautez de la faim, dans les termes de la suffisance: & ils trouuent plus de satisfaction à nourrir le corps, & à l'entretenir dans son embon-point, qu'à luy oster ce qui flatte les sens, & qui agrée

Vitæ huiusatque officiorum necessitatem quantum satis est vsurpet viéris modesta. lib. de morib. Eccles. cap. 20.

DE L'AMOVR PROPRE.

à leur appetit. Ce qui nous fait assez paroistre qu'ils vont au dessous de la nature, cõme dit sainct Bernard, au lieu de suiure ses loix, puis qu'ils rendent pluſtoſt leurs hommages aux amorces du plaiſir, qu'aux bonnes diſpoſitions de la ſanté, qu'ils doiuent entretenir auec diſcretion. *Si voluptati ſeruitur non ſanitati, iam hoc de naturâ non eſt ſed ſub natura. Serm. de triplic. gener. bon.*

Ie n'ignore pas la grande difficulté qu'il y a d'obſeruer en ce point vne exacte moderation: à cauſe du mouuement déreglé de l'amour propre, qui jette tant de nüages & d'eſpaiſſes vapeurs ſur l'entendement humain, qu'il l'empéche de découurir auec certitude le point doré de la mediocrité: ie veux dire, de bien iuger de ce qui ſuffit ou qui ne ſuffit pas à l'entretien, & ſi c'eſt la loy de la raiſon qui nous conduit dans l'vſage des choſes exterieures, où ſi les charmes de la volupté nous emportent au delà de ce qui nous accommode en faueur de la vie, pour nous faire arreſter ſur l'agreable & le delicieux. Mais auſſi il nous eſt aiſé de connoiſtre l'amour exceſſif que nous auons pour la conſeruation de nos perſonnes: Si nous conſiderons par reflexion de penſée qu'en la preſéce des biés, dõt nous deuõs vſer pour la ſanté, nous ſommes d'ordinaire ioyeux d'ignorer cette juſte meſure, ſelon la remarque iudicieuſe qu'en fait ſainct Auguſtin, afin d'auoir impunement la liberté de paſſer outre. Nous ne ſouffrons point de peine, de ne ſçauoir pas faire vn raiſonnable *Cùm incertum ſit, vtrum adhuc neceſſaria corporis cura ſubſidium petat, an voluptuoſa cupiditatis fallacia miniſterium ſuppetat; ad hoc incertum hilateſcit infelix anima, vt obtentu ſanitatis obũbret negotium voluptatis. lib. 10. Conféſſ. cap. 31.*

discernement, entre ce qu'il nous faut choisir & employer pour nostre corps, & ce que nous deuons fuir & rejetter comme inutil, ou superflu, ou pernicieux à la santé. Nous sommes, dis-je, bien-aises d'estre flotans dans les ambiguitez de cette incertitude : & cette espece d'ignorance est celle qui plait le plus à nostre Amour propre, parce qu'il affecte toûjours de ne voir pas les bornes qu'il veut passer, pour auoir l'occasion de satisfaire à la passion du plaisir pretendû, sous l'apparence specieuse de la seule necessité. Mais il est déja temps de trauailler à la guerison de son aueuglement par quelques bons remedes.

Le premier est de sainct Augustin, qui dit, *que les mouuemens de l'appetit raisonnable, sont toûjours iustes & bien ordonnez, lors qu'ils precedent, & ne suiuent iamais les attraits de la volupté qui fauorise les sens.* Cette verité suppose, que le plaisir consiste en la jouïssance d'vn bien qu'on reconnoist & iuge agreable ; en ce que par sa presence il contente les desirs de l'ame, & termine ses auiditez par la possession. En suitte, elle nous fait aussi comprendre, que c'est des appartenèces de la raison d'en regler l'vsage par son empire, & d'ordonner les mesures & les estenduës du méme plaisir. C'est à cette souueraine maistresse de seruir à l'hōme de guide & de flambeau en sa conduite ; c'est son deuoir de lascher ou de retenir par mesure l'in-

Voluntas bonæ animi sequentem ducit & non ducentem sequitur corporis voluptaté. lib. 1. de nupt. cap. 11.

DE L'AMOVR PROPRE. 117

clination des sens. En vn mot, c'est son principal office de tenir le gouuernail en main, afin de moderer les vagues appetits de la chair & du sang; & de faire la Loy à la concupiscence, pour l'empêcher qu'elle ne jouisse d'aucun sentiment de douceur & de plaisir, qu'auec vne espece de dependence semblable à celle d'vn seruiteur qui suit son maistre.

Entrez donc en iugement auec vous-mesmes, & penetrez les derniers replis de vostre interieur, pour apprendre si l'appetit precede la raison; si vous estes plus content de flatter le corps, que de le nourrir; & de satisfaire à ses desirs, que de pouruoir à ses besoins: Si lors que vous jouyssez des commoditez qui sont necessaires à la vie, vostre volonté est assuietie à la delectation naturelle qui les accompagne, rendant plustost hommage à la volupté qu'à la santé, comme dit S. Bernard: Ou bien au contraire, si elle la gouuerne & la domine auec authorité; Si vous estes plus persuadé de procurer à vostre chair l'agreable, que le necessaire: Mais parce qu'il n'est pas possible de luy donner l'vn sans l'autre; à cause de cette admirable alliance qui les rend inseparables: vsés de reflexion sur cette contrainte naturelle, qui vous fait passer par le plaisir, ny ayant point d'autre milieu pour contribuer à la nourriture de vostre corps, & pour arriuer à la joüissance de la santé; & voyez si cette obligation indispensable de

Si quis voluptati seruit non sanitati magistram constituit. voluptaté serm. de triplic. gen. bon.

P 3

manger durant le iour, & dormir pendant la nuict, est plus douce à vostre sentiment, qu'elle ne sçauroit luy estre importune. Car s'il est ainsi, croyez que l'appetit sensible se rebelle desja contre l'intellectuel pour tyranniser sa liberté ; que le desordre regne dans l'homme interieur, & que la passion de la volupté combat les moderations de la temperance, selon le iugement du grand Pape S. Gregoire.

Dum meti delectatio subrepit téperantia nostra marcessit. lib. 2. mo-ral. cap. 37.

Passons à vn second Antidotte, puisé du seraphique Docteur, qui consiste à n'attacher point toute l'affection du cœur aux choses qui sont également fauorables au sétimét & importátes à la santé: Mais plustost à sçauoir s'en seruir auec crainte; comme estans des biens exterieurs qui peuuent nuire à l'ame à proportion qu'ils fauorisent les souhaits de la chair. C'est pourquoy il importe de les receuoir auec respect, comme de la main de Dieu ; d'en rendre graces à ce souuerain bien-facteur, aussi-tost qu'il les donne, & de les luy offrir comme vn tribut à sa gloire ; puis d'en joüir en passant, auec la mesme sobrieté que les trois cens soldats de Gedeon, puiserent l'eau des fontaines auec le creux de la main, ou comme les chains d'Egypte qui ne s'approchét du Nil que pour boire auec vistesse quelques gouttes de ce grand fleuue, crainte du Crocodille.

Nunquam spiritalis homo ex toto figat animam in terrena cósolatione lib. 1. de profect. relig. cap. 37.

C'est illustre Religieux ne veut donc pas nous

DE L'AMOVR PROPRE.

perſuader d'exclure en effet le plaiſir des ſens, ou de le d'eſtruire par des prattiques contraires, comme noſtre père Seraphique, qui meſloit des cédres auec la viande qu'on luy ſeruoit, afin d'en corrompre le gouſt. Moins encore il conſeille d'y reſiſter dés-lors qu'il commence de ſatisfaire nos inclinations; Car c'eſt l'effet d'vne heroique vertû qui n'eſt propre qu'aux grandes ames, dit S. Paulin Eueſque de Nole; de renoncer aux premiers charmes de la volupté, & d'imiter ce ſaint Anachorete, dont parle Theodoret, qui s'eſtant couché ſous vn Amandier planté dans ſon Iardin le fit coupper auſſi-toſt, à cauſe qu'il auoit donné du plaiſir à ſes yeux par ſes feüilles, & de la fraiſcheur à ſon corps par ſon ombre. S. Bonauenture nous enſeigne ſeulement d'vſer des choſes qui conſeruent la ſanté du corps humain, par l'accord raiſonnable de la neceſſité auec le plaiſir: Mais toutesfois auec la méme deffiance que nous auons, lors que nous paſſons ſur la glace: Il nous permet bien de gouſter ce contentement; neantmoins ce n'eſt qu'à demy, & non pas dans toute l'eſtenduë de ſon amorce; Il ne nous deffend pas d'en faire noſtre profit, mais d'y engager nos libertez & nos affections; il conſent de l'admettre au dedans, mais de ne ſouffrir point qu'il occupe tout noſtre interieur; de luy accorder l'entrée chez nous, & de luy refuſer cependant vne partie

Magni hoc animi ſignum, & perfectæ virtutis judicium eſt, renunciare ſubito experte æ voluptati. epiſt 3. Hiſtor. SS. PP. cap. 20.

P 4

de noftre cœur ; En vn mot, de le reçeuoir dans la qualité d'vn hofte eftranger qui paffe fon chemin : Mais jamais dans la condition de maiftre abfolû fur nos puiffances.

En effect, il y auroit du danger que ceft amour naturel, qui nous oblige châque iour à fatisfaire nos neceffitez par vne exaction preffante ou importune, ne deuint violent & déreglé, s'il engageoit toute noftre liberté dans l'acquit de ce deuoir, quoy qu'innocent & raifonnable ; & il feroit à craindre que noftre efprit ne fe rendit efclaue de la fenfualité ; qu'il ne prit les accidens pour les fubftances & l'acceffoire pour le principal, s'il s'arreftoit long temps dans l'idée du plaifir, qui eft infeparable des chofes qui font fubfifter noftre vie. D'où vient que l'ame Chreftienne peut le confiderer comme vn moyen ordinaire, dont la nature l'a renduë indigente pour perfectionner les fonctions particulieres de chafque fens, comme dit Ariftote ; mais jamais le defirer, comme la fin principale & derniere qu'il puiffe ou doiue pretendre par fes recherches.

Si vous avez donc refolu de reduire en exercice ce confeil de pieté, & de profiter de l'inftru-
Perficit a- ction du grand Seraphin de l'Echole : vous de-
ctionem uez partager voftre affection entre la nature qui
voluptas, &
in omni veut fe conferuer, & la volupté qui fauorife fon
fenfu quæ-
dam dele- deffein ; entre la neceffité de viure qui vous preffe,
ctatio ver-
& les

DE L'AMOVR PROPRE.

& les delices qui la fuiuent comme l'ombre la lumiere. *Satur. lib. 10. Ethic.* Et comme il ne vous eſt pas poſſible de perſeuerer dans la joüiſſance de la ſanté, ſans vſer d'alimens, de ſommeil, & d'autres commoditez & appuys de la vie humaine ; & ſans gouſter en ſuite la douceur, que les ſens rencontrent par quelque ſecrette ſympatie dans le commerce familier de tout ce qui les accommode : il vous importe auſſi, de ne pretendre point toutes ces ſatisfactions, bien qu'elles ſoient honneſtes & legitimes ; de n'agir pas dans le deſſein de les obtenir ; de n'en faire point le ſeul but de vos intentions, & de ne contribuer aucun ſoin pour les conſeruer, ou pour les accroiſtre. Mais d'en joüyr ſans attache, & d'en ſouffrir la priuation ſans inquietude. *Sit homo paratus bona iſta habere cùm opus eſt, & amittere ac non habere paratior. D. Auguſt. lib. 1. de libero arbit. cap. 15.*

Et parce que nous ne ſommes que trop aueugles en ce qui regarde nos intereſts, de là vient que pour vn troiſieſme remede ie propoſe ce que ſainct Bernard nous conſeille de ſuiure, lors qu'il auance ; que comme l'Amour de nous meſmes nous porte touſjours dans l'excez, & n'eſt iamais content de ſe tenir retranché dans les ſeules bornes de la neceſſité (parce qu'il eſt ſemblable à vn torrent qui ſort furieux de ſon lict, & qui noye la campagne par l'inondation de ſes vagues) que la diuine ſageſſe a mis auſſi de fortes digues ou limites, pour le tenir captif, & pour arreſter les debordemés de l'intemperance, lors qu'elle a dit aux mortels, *Si cœperit amor quo homo diligit ſeipſum eſſe profuſior, & neceſſitatis alueo minime contentus cápos voluptatis exundet, ſtatim coërcetur cũ dicitur: diliges proximũ ſicut teipſum. Tract. de Deo dili-gend.*

2. Part. Q

Aymez voſtre prochain comme vous meſmes.

Mais quel rapport, dittes vous, entre l'vſage des choſes qui nous ſeruent, & la pratique de cette loy? entre les biens qui ſe rapportent à noſtre profit, & les deuoirs qui nous appliquent à la charité du prochain? Quel moyen de moderer les inclinations violentes que nous auons à exceder au delà des termes de la ſuffiſance, par l'obſeruation d'vn precepte qui nous oblige de conſiderer les autres comme nous meſmes? puis qu'il ſemble que nous deuons vſer de profuſion enuers eux, à cauſe que nous ſommes ſouuent prodigues enuers nous-meſmes, & quaſi iamais auares, lors qu'il nous faut procurer l'entretien ordinaire de noſtre corps.

Certes, quelque diſpute qu'on puiſſe former ſur ce ſujet, ſainct Bernard eſt tousjours grand & admirable, & ſon raiſonnement donne tant de iour à cette verité, qu'il faudroit eſtre ſtupide pour n'en comprendre pas la force, & pour faire refus de ceder à ſa puiſſante perſuaſion. Car il adjouſte, que l'homme qui agit par la lumiere de la raiſon, porte dans le fonds de ſa nature vne horreur ſecrette contre tous les excez de volupté qu'il remarque en autruy. Les Payens meſmes nous ont laiſſé l'exemple de cette belle verité: ainſi Socrate ne pouuoit ſouffrir la preſence d'Alcibiades, parce qu'il faiſoit profeſſion publique

Grauatur homo, fraternis non dico neceſſitatibus ſubuenire, ſed voluptatibus deſeruire. Caſtiget ergo ipſe ſuas, ſi non vult eſſe tranſgreſſor. Idem ibid.

d'vne vie trop delicieuse : ainsi Pythagore ayant vn iour contemplé d'vn œil d'auersion, les dissolutions d'vn certain ieune homme qui traitoit sa chair auec beaucoup de delicatesse, luy dit d'vn accent graue & seuere ; qu'il estoit bien miserable de se preparer vne plus rude prison : ainsi Polemon le Philosophe portoit vne haine naturelle à tous les débauchez qui venoient à son échole, pour y entendre des leçons de moralle : Ainsi Plotin ne receuoit aucun Disciple dans son Academie, s'il n'auoit plustost obserué les loix de la Temperance. C'est pourquoy nous deuons detester, dit le mesme sainct Bernard, & fuir en nous-mesmes, ce que nous ne pouuons aymer, ny approuuer, n'y peut estre souffrir en d'autres personnes : De sorte que s'il nous fasche de donner au prochain au delà du necessaire pour engraisser son corps ; & si nous auons de la peine à luy permettre, ou accorder le superflû, afin de contenter tous ses appetits : nous deuons aussi par les mesmes principes ressentir en nous la mesme difficulté ; & ne prendre d'habits ny de nourriture, qu'à proportion de ce que nostre sens commun iuge deuoir estre distribué à vn autre par vne dispensation égale & raisonnable ; puis que la loy diuine nous impose vne mesme obligation vniuerselle.

Supposé donc cette regle de verité, ceux-là peuuent ouurir les yeux qui ont l'intendance des Communautez, & des familles Religieuses, & qui cherchent vne loy de conscience, afin de moderer la dépense qu'il faut faire chaque iour, en faueur des personnes qui sont soubmises à leur conduite. Car s'ils veulent satisfaire à leurs deuoirs, qu'ils s'ajustent tousjours sous vne mesme mesure ; qu'ils iugent leur propre cause par les iustes interests de ceux qui leur commanderont à leur tour ; qu'ils se regardent en la personne de leurs inferieurs, comme en vn miroir qui ne flatte point; & qu'ils reconnoissent aussi par eux-mesmes, les besoins, les foiblesses, & les incommoditez de ceux qui leur obeyssent. C'est le moyen le plus aisé, & le moins faillible de les gouuerner sans excez & sans defaut, & de ne commettre point d'abus dans l'exercice de leurs charges. Quant à ceux qui ne professent pas les vœux de Religion, & qui viuent dans l'vn ou l'autre estat Seculier & Ecclesiastique, il se peut faire que la passion du propre interest, s'estant renduë la maistresse du cœur, se mesle souuent dans les pratiques de la Temperance; qu'elle corrompe l'integrité de cette noble vertu par l'impureté de ses intentions; & qu'elle fasse vn grand tresor d'espargne, du superflu qu'il refuse aux inclinations de l'appetit. Car nous voyons en effet des mal-heureux exemples de cette affection interessée, qui prefere les biens de fortune à ceux du corps, & qui combat la volupté par l'auarice. Mais le sainct

Quantùm vult sibi indulgeat: dum æquè & proximo tantumdem meminerit exhibendum. Ibid.

DE L'AMOVR PROPRE.

Abbé de Clair-vaux qui perseuere encor dans sa pensée, condamne ce retranchement de delices, qui flatte seulement des desirs interessez. Voulez-vous, dit-il, estre retenu, sobre & moderé dans l'vsage des moyens qui contribuënt à la bonne constitution de la santé, soyez charitable aux paures; & donnez à la necessité d'autruy, ce que vous ostez à la superfluité de vos plaisirs. Alors on aura sujet de croire, que vostre amour ne sera pas moins equitable & temperé, qu'il paroist affermy hors des recherches du propre interest.

Amor titus & temperans erit, & iustus, si quod propijs subtrahitur voluptatibus fraternis necessitatibus non negetur. D. Bern. ibid.

Les attaches de l'Amour propre font pretendre à plusieurs de sauuer l'Ame par le corps.

CHAP. IX.

Entre les fameux disciples de Platon qui ont suiuy auec plus de passion la doctrine de ce grand Philosophe, & qui ont combatu auec plus d'adresse la secte de l'ancien Epicure, dont l'erreur mesuroit la perfection de l'homme par les auantages du corps: Il y en a qui enseignent, que cette partie terrestre & fragile est vn sepulchre viuant, vne veritable prison, où l'ame gemit dans les fers d'vne cruelle seruitude; vn theatre de miseres, où les douleurs sont plus commu-

Plotin. lib. de pulchr.

nes que les voluptez; & vne essence si basse & si obscure, qu'elle ne sçauroit côstituer dans le temps vne parfaite alliance auec la substance spirituelle, qui fait la plus noble & la meilleure partie de nous-mesmes.

De sorte, que s'il faut suiure leurs sentimens, nous deuons soustenir, que le corps humain ne doit pas estre nommé la partie essentielle de l'homme, capable d'entrer en composition auec l'ame, & d'estre la matiere d'vne si bonne forme; parce que c'est l'ame seule qui constituë nostre estat, qui establit nos excellences, & qui fait toute la perfection de l'estre que nous possedons. C'est elle seule, disent-ils, qui donne la vie & le mouuement à nos sens, qui répend l'éclat de sa beauté sur l'exterieur de cette masse de chair qui l'enuironne; c'est elle qui est le temple de la Diuinité, où se traite le commerce du Ciel auec la terre; c'est elle en vn mot, qui marque vne capacité infinie, vne lumiere immortelle, vn rayon de Dieu, vn esprit independant de la matiere, vn monde intelligible, & vn estat souuerain; où la raison dresse ses Loix, & tient son Empire dans la possession de la verité, comme vn Soleil dans sa propre sphere, & comme l'intelligence dans son globe.

Intellectus qui est in veritate est in cœlo suo Nicol. de Cus. lib. 10. excit.

Mais ce n'est pas seulement dans les siecles passez qu'on a fait vn fauorable iugement des excellences de l'esprit, & vn mauuais des qualitez du corps humain, & qu'on a formé vne eſtime indigne de ſa noble condition, & injurieuſe au ſouuerain maiſtre qui l'a produit; puiſque nous voyons encore aujourd'huy vn grand nombre d'ames Chreſtiennes qui viuent dans l'Eſtat Seculier, ou Eccleſiaſtique, ou Regulier, qui ſe declarent en quelque façon les partizans de cette fauſſe opinion: en ce qu'elles expoſent la partie ſenſitiue à toutes ſortes d'incommoditez, pour ſatisfaire en tout la raiſonnable; & qu'elles ne rapportent aucun ſoin à procurer à celle-là les moyens de viure qui luy ſont neceſſaires, pour deferer toutes choſes à celle-cy. Ce deſordre, dit S. Bernardin, prend ſa naiſſance de l'amour exceſſif qu'elles ont pour les biens de l'ame, & de l'extreme meſpris qu'elles font de ceux du corps. De là vient, qu'elles pretendent de flatter l'vn, & deſtruire l'autre, d'éleuer les trophées de l'eſprit ſur les ruines de la chair, & de ſauuer la partie raiſonnable par les ſouffrances volontaires de l'inferieure & animale. *Serm. 3. de inſpir. diſcret. Tom. 3.*

Dans ce rang nous pouuons mettre les Superſticieux, qui ſont infectez des erreurs d'vne triſte & noire deuotion, laquelle les rend les cruels ennemis de la moytié d'eux-meſmes. Car comme ils ſont dominez par les vapeurs d'vne humeur chagrine & melancolique, qui trouble leur imagination, & qui remplit leur cerueau de mille reueries; ils offenſent vne ſouueraine bonté par vne fauſſe eſtime de ſes rigueurs; & ſeruent Dieu par vne *Superſtitio amandos timet, quos colit vio. lat. Senec. Epiſt. 124.*

crainte autant seruile, qu'ils sont obligez de l'aymer auec pureté de dilection. Quel excez d'imagination! de voir des personnes lâchement timides, qui se figurent dans la Diuinité vne iustice qui est inexorable: Vne Majesté souueraine qui exige de nos corps tout ce qu'ils peuuent agir ou patir pour son seruice: Vne equité inflexible qui demande des peines exterieures sans compassion, & sans estre temperée d'vn seul degré de misericorde; & qui ayant surpris les mortels dans les plaisirs de la vie, les condamne sans aucune grace? Quelle crainte d'esclaue!

Tunc Deo vera obsequia reddimus, cùm propter amoris fiduciam non timemus D. Greg. lib. 9. moral. c. 32.

De cette mal-heureuse aprehension qui rend imparfait le Diuin seruice, comme dit sainct Gregoire, naissent des resolutions extrauagantes sous pretexte de pieté; des austeritez effroyables, mais toûjours mal conduites, puis qu'elles ne sont pas reglées par l'auis de quelque sage Directeur; des jeusnes qui passent la rigueur des anciens Anachoretes; des longues fusées d'oraisons vocales, qui font vn démeslé de deuotion, qui ne finit à chaque heure du iour, que pour recommencer; des penitences indiscrettes qui assomment le corps, qui épuisent ses forces, & qui le rendent incapable d'estre l'instrument des fonctions legitimes de l'esprit: Comme s'ils vouloient imiter les Prestres de la fausse Deesse Berecinthia, qui au rapport de sainct Augustin, se dechiroient & tailloient la chair en pieces

Lib. de ciuitate Dei. Incidebant se iuxta ri-

pendant

pendant leurs sacrifices; ou ceux qui adoroient l'idole Baâl, lesquels selõ les loix de leur superstition se meurtrissoient aussi à coups de rasoirs & de lancettes, comme il est raconté dans l'Histoire Saincte: parce qu'ils se persuadoient, qu'ils seroient plus agreables à leur imaginaire Diuinité, s'ils la reclamoient, ayãs desia le corps tout couuert de sang, comme dit le sçauant Tostat. Ou bien, peut estre, que ces ames supersticieuses affectent de se rendre semblables à ces peuples Idolatres de l'Orient, qui se chargent de chaisnes de fer pour opprimer les forces corporelles, qui se roulent en plein midy sur les sables ardens; qui recitent chaque iour vn nombre infiny de prieres; qui découpent la peau & la chair de leur corps auec la pointe des cousteaux bien affilez, pour appaiser la cholere du demon qui les tourmente, ou qui les menace; qui se font écraser les membres sous les rouës des chariots chargez du pesant fardeau de leurs Idoles; qui par des homicides volontaires se rendent eux-mesmes les victimes de leurs faux Dieux; comme s'ils pouuoient les contenter par l'offre de leur sang, & par la perte de leur propre vie.

tum à sum cultris & lanceolis donec perfunderentur sanguine. 3. Reg. c. 18 Abulens. q. 27. in hunc loc. Tom. 7.

Mais sans nous arrester aux exemples du dernier temps, nous en auons dans les siecles passez de plus exprés & de plus considerables en la personne des Pharisiens, qui au rapport de sainct

Panar. lib. 1 cap. 16.

2. Part. R

Epiphane Euefque de Cypre, affligeoiét le corps iour & nuict par des exercices, des veilles, des rigueurs & des peines affommantes qui femblent incroyables. Car il y en auoit qui couchoient fur des ais dreffez de telle forte, qu'ils ne pouuoient dormir deffus, fans tomber auffi toft fur le carreau : Ce qu'ils faifoient à deffein de pouuoir s'éueiller par la cheute, & de reprendre le fil de leurs oraifons vocales. D'autres eftendoient le corps fur vn tas de petits cailloux pointus & inegaux, afin de s'empefcher de dormir pendant les heures qui leur eftoient données pour fe delaffer par quelque forte de repos. Et pour paffer des fouffrances de la nuict, aux grandes aufteritez qu'ils pratiquoient chaque iour, ils ne viuoient que de fruicts & de racines : encor en vfoient ils auec vne extreme frugalité. Le ieufne continuel leur eftoit vne loy ordinaire : & pour n'eftre iamais fans quelque forte de douleur, ils portoient des efpines attachées aux franges de leurs robes, afin d'en reffentir par tout les fanglantes picqueures. Iufques icy fainct Epiphane.

Il faut neantmoins auoüer, qu'auec tout ce bel éclat de deuotió, auec tout ce grand equipage de penitence & d'aufterité, ils faifoient regner dans l'interieur le defordre & l'impieté. Leur cœur eftoit tyrannifé de mille diuerfes paffions; leur efprit eftoit remply d'vn monde de penfées d'or-

DE L'AMOVR PROPRE. 131

gueil, de presomption, & d'hypocrisie. Ils se laissoiét dominer aux insatiables auiditez de l'auarice: & pour ne taire pas ce qui est encor plus lasche & plus honteux, ils exerçoient des rigueurs & des cruautez contre le prochain, qui estoient du tout insupportables. C'est pourquoy l'on pouuoit leur adresser ces paroles, que Dieu faisoit prononcer autrefois par la bouche de sō Prophete Isaye. *Est-ce le ieusne que ie demande de vous ; de s'affliger soy-mesme, en s'abstenant de manger tous les iours ? croyez-vous qu'auec cela ce soit assez de baisser la teste, de s'encliner à terre, & de plier le corps côme vn cercle ? de prendre le sac, de porter le cilice, & de coucher sur la cendre ? appelez vous cela ieusner, & faire seulement au dehors ce grand appareil de pieté ? & pensez vous que les iours ausquels vous pratiquez toutes ces deuotions contrefaites me soient agreables ?*

Mais cōme l'esprit de Dieu est le vray Medecin des ames, il ordōne le remede apres auoir découuert la playe, lors qu'il adiouste à l'oracle de ses paroles la teneur de ce diuin cōseil. *Ie veux cependāt vous apprēdre vne nouuelle façō de ieusner, qui a plus de rapport à ma gloire, & à vostre salut: Rōpez les cōtraēts de mauuaise foy, & déchirez les paquets de tant d'obligatiōs iniustes que vous auez passees auec vos debiteurs: rendez les cedules à ceux dont vous tenez engagez les biés & les personnes, & laissez aller en liberté ces pauures miserables, qui n'ont pas dequoy vous satisfaire, & qui sont*

Nunquid tale est ieiuniū quod elegi, per diem affligere hominem animam suam? Nunquid contorquere quasi circulum caput suum & saccum & cinerem sternere? cap. 58. Nonne hoc est magis ieiunium quod elegi? dissolue colligationes impietatis? solue fasciculos deprimentes, & dimitte eos qui contraēti sunt liberes? &c. ibid.

R 2

chargez de toutes sortes d'oppressions à cause de leurs debtes. Distribuez vne partie de vostre pain aux fameliques, & logez dans vostre maison les pauures qui sont errans & vagabonds. Quand vous verrez vn homme nud, donnez luy dequoy se vestir, & ne dédaignez pas de couurir la chair de vostre prochain, cōme estant vostre semblable, & celuy que vous deuez aymer comme vous mesme.

Certes nous pouuōs encor vser du mesme langage contre ces Penités déguisez, ou pour mieux dire contre ces martyrs du diable, qui pretendent de sauuer l'ame par le corps, & qui accablent celui-cy de rigueurs & d'austeritez indiscretes, pendant que l'autre demeure gastée & corrōpuë par l'habitude de plusieurs vices. C'est chose deplorable de voir & de dire, qu'ils sont sensibles aux moindres mépris qu'ō puisse faire de leurs actiōs, qu'vne seule parole les met en feu, & que la plus innocente raillerie les fait échaper en des cruelles inuectiues ; qu'ils reuerent leurs imaginations & leurs caprices comme des oracles; & que les plus habiles de tous les Directeurs n'ont pas assez de lumiere pour les conduire. C'est bien plus, ils se dispensent souuēt des plus fortes obligations de la nature & de la morale, & des plus importans deuoirs de la Religion, pour ne manquer pas à quelques legeres obseruatiōs, ou ceremonies, ou mortifications qu'ils se sont prescrites. Et c'est ainsi qu'ils sont du nombre de ceux, dont parle le

Homo propter abstinentiam cadit aliquando in iracūdiam, vanam gloriam, & huiusmodi. D. Thom. lect. 2. in 1. Epist. ad Timoth. c. 4. Sunt qui totum bonum non obtinendo facilè quod obtinent

DE L'AMOVR PROPRE. 133

graue Affricain en l'vn de ses Traitez.

Mais quoy ? race de Pharisiens, malheureuses victimes de l'impieté, n'ouurirez-vous iamais les yeux pour lire vostre condamnation dans les paroles du sainct Euangile ? Car c'est l'à, où le Fils de Dieu declare à ses Disciples, que si leur Iustice n'est pas plus entiere, ny leur vertu plus pure, ny leur saincteté plus parfaite que celle des Scribes & des Pharisiens, qu'ils n'entreront iamais au Royaume du Ciel. Vous qui les imitez en leur mauuais procedé: vous, dis-je, qui laissez l'ame toute viue dans ses passions, pendant que vostre corps est attaché aux Croix, aux ieusnes, & continuelles penitences ; n'auez vous pas sujet de craindre, que l'Arrest de cete effroyable sentence ne soit vn iour executée contre vous-mesmes ?

malo permiscent. Tertull. lib. de cultu faminæ cap. 2.

Corporalis exercitatio quæ est in ieunis, & vigilijs, & labore manuum, ad modicum vtilis est respectu pietatis, quia omni bono studet in cap. 4 Ep. ad Timoth.

Au reste, sçauez vous bien ce qu'en écrit S. Anselme? & ne croyez vous pas que s'il falloit mesurer la perfectiō spirituelle par les souffrances corporelles: les soldats qui suiuēt les armées, les criminels qui languissent dans les prisons, les forçats qui rament dans les galeres, les pauures qui vieillissent dans l'Hospital, & les malades qui endurent long-temps sur vn lit des douleurs aiguës, sont esleuez dans vn plus haut degré de saincteté.

Passons cependant à vne autre sorte de Chrestiens, qui sont criminels du mesme excez que nous condamnons dans le present Chapitre, &

R 3

qui se persuadent de pouuoir bien faire le salut de l'ame, par la seule mortificatiō des appetits du corps. Ce sont ces rusez qui se piquent en apparence d'vne forte generosité, & qui semblent se jetter tous hors d'eux-mesmes, pour couurir leur dessein auec plus d'artifice, & pour agir auec plus d'asseurance, lors qu'ils tournent le dos au port qu'ils veulent aborder. Car nous sçauons qu'il y a des personnes éleuées dans la pieté, sēblables à celles que S. Bernardin propose, qui presument d'autant plus hardiment de pouuoir establir toutes les puissances spirituelles de l'ame dans la joye interieure, qu'elles desolent auec effort toutes les parties du corps par des austeritez afflictiues. Ce qui nous fait assez connoistre qu'il n'y a point de difference de leur cōduite d'auec celle des superstitieux, si ce n'est, qu'elle est plus couuerte en ses souplesses, & plus rusée dans les moyens qu'elle éploye pour atteindre son but: en ce qu'ils retournent sur eux par vn sentier dérobé, & agissēt auec adresse pour leurs chers interests, par vne reflexiō imperceptible. Comme ce Cacus de la fable, qui pour couurir son larcin, fit entrer à contre-pied dans le creux de sa cauerne, les brebis qu'il auoit subtilement desrobées au grand Hercule.

Pour mieux juger de leur lascheté, il faut plustost supposer, que comme dans l'ordre de la nature, Dieu a fait l'heureux mariage de la neces-

Sunt plærique qui sespsos violentant ad lachrimas & feruores, & pet quosdam exteriores actus od delectamenta spiritualia elaborant. Serm. 1. de inspirat. discret. Tom. 3.

fit éauec le plaisir, cõme nous l'auons veu cy-desfus ; que dans l'estat de la grace il a aussi rendû la douleur souuent inseparable de la ioye spirituelle, par vn effet de son admirable sagesse. Car ayāt respandu sur les esprits bien-heureux qui sont dans le Paradis, les plaisirs & les ioyes toutes pures, sans aucun meslange de peine, ny de regret, ny de tristesse ; & ordonne au contraire les tourmens aux damnez sans relache, & sans consolation : Il semble aussi, qu'il estoit conuenable que sous sa conduite il y eut en cette vie des souffrances, & des delices en vne mesme personne : Car comme vn milieu participe la nature des deux extremes ; aussi doit elle porter en quelque façon l'image du Paradis & de l'Enfer, pour auoir également le moyen d'abattre sa presomption, & de releuer ses esperances. C'est le commun sentiment des Saincts Peres apres sainct Augustin.

Hæc duo sen-per æquatur in hac vita exterior, scilicet tribulatio, & interior consolatio. D. Aelred. in Compell. specul. Charit. c. 54.

Paucos annos laboras ; & in ipsis non deest consolatio. non desunt gaudia quotidiana &c. In Psalm. 93.

Ie sçay bien que les Impies & les Libertins auront de la peine de souscrire à cette verité, puis qu'ils sont tousiours en possession des delices du corps (ce qui les rend incapables de iouyr, ou de connoistre celles de l'esprit) & qu'ils n'endurēt iamais de douleur naturelle que par la violence de la necessité, ou estrangere que par les rigueurs ineuitables de la contrainte. Mais aussi ie n'ignore pas, que les ames Chrestiénes qui sont en grace, & qui s'abandonnent aux peines & aux affli-

Quò magis anima a Deo affligitur eò maiorem diuinæ dulcedinis gratiam experitur. D. Aelred. vbi supra.

ctions corporelles dans la seule veuë de plaire à Dieu par ce sanglant sacrifice, ne goustent de rares & celestes douceurs dans le secret de l'interieur, qui leur sont données par faueur, comme vn sacré lenitif de leurs trauaux, ou comme vn puissant moyen qui les separe d'elles-mesmes, pour les vnir à l'infinie bonté par des attraits ra-

Tormenta nos cōjunctissimos Deo reddunt. Georg. venet. de harmon mūdi.

uissans, selō la pensée d'vn Sage Docteur; pendant que la chair est lāguissante dans ses infirmitez, ou qu'elle est affligée par des seueres penitences.

Hé! cōment voulez-vous cōmettre tant d'abus dans ces excez? comment osez-vous charger en venin vn si bon antidote? La mortification exterieure est vn chemin Royal pour arriuer à la saincteté, & vous auez deliberé d'ē faire vn precipice? Car c'est là où vous allez fondre, lors que vous chargez le corps d'austeritez, pour meriter l'accroissement des delices interieures, ou pour les

Diogen. Laert. de vita Philosoph.

gouster auec plus de satisfaction, faisant de cette saincte faueur vne derniere fin. Quoy? auez vous resolu d'affecter dās la grace, ce que les Payēs ont recherché dans la nature, & de suiure de prez le Philosophe Zenon, & les disciples d'Epicure qui souffroient long-tēps les cruautez de la faim, afin d'auoir plus de volupté dans l'vsage des viandes, & de iouyr de la pointe du plaisir, qu'ils appelloient le souuerain bien? Certes i'estime que dās voftre procedé il y a plus de crime, quoy qu'il y ait

DE L'AMOVR PROPRE. 137

ait moins de brutalité; puis que vous n'aymez le trauail que pour la recompense, ny les espines que pour les roses, ny les souffrances du caluaire, que pour iouyr des consolations du Thabor.

Nous lisons dans l'Histoire qui rapporte la vie de nostre Seraphique Pere sainct François, que ce grand Patriarche des pauures volontaires apres auoir extenüé son corps de veilles & de ieusnes, maceré de disciplines, abbatu de longues penitences, & mortifié en toutes ses parties; il receuoit souuent des celestes visites, qui combloient son ame de rauissemens, de suspensions & d'extases, & qui éleuoient ses puissances au dessus des actiuitez de la nature. Et nous sçauons neantmoins qu'il estoit si dégagé de toutes ces faueurs spirituelles, qu'il n'en faisoit vsage que sous le bon plaisir de Dieu, s'estimant vn larron des Tresors du Ciel, & vn injuste vsurpateur des graces diuines par vn profond sentiment d'humilité. Rougissez donc, & ayez honte, vous qui respirez aux delices de l'esprit par les ruines du corps, & qui ne crucifiez l'vn, que pour mettre l'autre dans vn Paradis de sacrées douceurs. Moderez les excez de cette affection interessée, & suiuez l'exemple de ce grand Sainct, si Dieu par sa misericorde, & sans aucun vostre merite, console & resjoüyt vostre esprit, à mesure que vostre chair sera affligée par necessité de maladie ou par élection de peine. Croyez, que l'vnique moyen

Tom. 1. Annal. fratr. Minor.

Hanc consolationem quam de cœlo mihi misisti Domine, tuæ committo custodiæ, quia Thesauri tui me sentio esse latronem. D. Bonnauent. in eius vita. c. 10.

de sauuer l'vn & l'autre dans l'eternité, c'est de receuoir en ce monde les ioyes & les delices sur-naturelles, sans les rechercher par les tourmens du corps (car ce seroit vser de violence sur les graces du sainct Esprit, comme dit sainct Bernard) & d'en souffrir la priuation sans peine & sans regret: puis qu'il est vray, selon la doctrine de sainct Augustin, que le haut point de cette indifference, est la regle asseurée du bon vsage qu'on peut faire des choses spirituelles.

Serm. 2. de inspir. Tom. 3. Nemo rebus bene vtitur, nisi qui & non vti potest. lib. de bono Conjug. cap. 21.

Mais il y a encore vn troisiesme ordre de ceux qui presument de pouuoir sauuer l'ame par le corps; à sçauoir les personnes fidelles de l'Eglise, qui sont esclaues & tyrannisées de diuerses scrupules; car elles font en idée des pechez & des sacrileges sur les plus innocentes satisfactions de la vie, & par leurs deuotions mal conduites elles ne se iugent auancées dans la pieté, qu'à proportion qu'elles se rendent miserables. Elles font vn crime de l'vsage des choses indifferentes ; elles s'offensent de tout ce qui plait d'abord à leur humeur, & le moindre plaisir qu'elles goustent est vn deffaut de fidelité au diuin seruice. De là vient, qu'elles affligent le corps auec vne extreme seuerité, iusques à donner la gehenne à tous les sens, pour ne faire iamais rencontre d'aucun object qui leur soit agreable : Et par ce qu'elles se persuadent d'auoir donné de mauuais consentemens dans

DE L'AMOVR PROPRE. 139

l'vsage des seules commoditez necessaires à l'entretien; elles espuisent leurs forces par des continuelles mortifications, pour en venger la simple complaisance. Ce qui fait assez paroistre, qu'ils sont animez de cet esprit malin qui seruoit autrefois de Directeur à plusieurs Religieux du Monastere de Clair-Vaux, lesquels estoient éleuez sous la conduite de sainct Bernard, selon le rapport qu'il en fait en l'vn de ses Sermons.

Quoties suggessit Sathanas anticipare vigilias, quoad solemnia fratrum illuderet dormitanti? quoties produci ieiunia, & diuinis obsequijs cò inutilem reddidit quò imbecillem? Serm. 33 in Cantic.

Certes sans rien feindre sur le present sujet nous pouuons raisonner, que comme la discretion n'est pas tant vne particuliere vertu que la guide & la maistresse des autres, qu'elle se change aussi en vice, si elle n'ordonne point les pauses & les relaches dans le chemin de la perfection. Car la pieté n'estant pas bien conduite, peut se charger d'vn fardeau de pratiques insupportables, & tomber dans l'impuissance par vn faux zele; que si elle ne se precipite point tout à coup dans l'excez, elle est capable de ruiner les forces du corps auant le temps, par des violences de caprice, & de les abbatre sans misericorde.

Or pour empescher ce desordre, qui n'est que trop familier aux ames scrupuleuses, il me semble qu'il suffit de leur representer, qu'elles sont en ce monde chargées d'vn corps terrestre & pesant, qui les empesche d'imiter la vie pure & innocente des Bien-heureux; & qu'elles perdent par des lon-

S 2

gues rigueurs, les bonnes dispositions de la santé, se rendant insupportables aux autres & à elles-mesmes ; qu'elles souffrent la condition qui les tient également partagées entre l'appetit & la necessité; puis que l'vn & l'autre sont les deux voyes cómunes & publiques des enfans d'Adam, comme dit Sainct Bernard; & qu'elles se resouuienent, qu'il est iuste de soulager les infirmitez du corps, afin qu'il soit plus preparé de rendre à l'ame du seruice, & à concourir auec elle dans mille actiós de pieté.

Viæ filiorum Adam in necessitate & cupiditate versantur. S rm 11. in psalm. 90.

D'ailleurs, elles ne sçauroient faillir de croire, que ce qu'il y a d'agreable dans le plaisir leur est vtile & necessaire ; que c'est l'assaisonnement des actions corporelles ; & que les sens externes ne peuuent s'appliquer à vn object conuenable, sans rencontrer des delices d'autant plus grandes, que le mesme object a plus de sympathye auec les puissances qui les reçoiuent. Il est vray, que comme il leur est impossible d'vser des biens qui entretiennent le corps, sans y trouuer de la satisfaction : aussi il ne leur est pas difficile d'en diminuer le sentimét; si elles, dit Tertulien, n'en poursuiuent la jouyssance par des affections anticipées.

Vbi cessat adfectus nulla est voluptas. lib. de spect. c. 15.

S'il arriue neantmoins, qu'apres toutes ces moderations les esprits timides & trauaillez de diuerses scrupules, ne sachent pas exterminer toutes les amorces du plaisir, ny ruiner entierement tous ses appas, lors qu'ils sont obligez de defendre le corps du froid, du chaud, de la maladie; il ne faut pas qu'ils entrent en des grandes apprehensions s'ils remedient à leurs besoins selon le dessein de la nature, qui n'a d'autre fin que sa propre conseruation: & leur raison ne doit pas faire des crimes de l'vsage des choses qui sont indifferentes, qui ne sont pas contraires à leur salut, qui ne sont dans le vice ny dans la vertu, & dont les Docteurs ne condamnent point la jouyssance. *D. Thom. 12. q. 34. artic. 1. & 2.*

Mais y vous trouuez, dites vous, du goust & de la douceur, quelques resistences que vostre volonté puisse faire par des abnegations interieures. A cela ie responds, que ce n'est pas commettre vn peché de receuoir du contentement dans l'acquit de ce deuoir; n'y corrompre l'integrité de la conscience, d'employer en faueur du corps, ce qui luy conserue la vie. C'est assez de s'en seruir, parce que Dieu le veut, sans s'arrester à connoistre par des reflexions pointilleuses, si l'on s'est échapé dans quelque complaisance volontaire. En effet, comme l'on ne doit pas interrompre vn grand voyage pour vn faux pas; ny craindre le naufrage dans vn verre d'eau, ny rendre les armes à l'ennemy apres des legeres esgratigneures: de mesme, il ne faut pas disputer sur des petits incidens, lors qu'on est dans l'occasion de pratiquer de grandes vertus, ny s'amuser à conter des atomes, & à former des difficultez iusques à l'infiny, quand on peut faire des actions belles &

142   LA TYRANNIE

heroyques pour l'eternité. Celuy, dit Salomon, qui obserue trop les diuers vens ne seme iamais, & qui considere curieusement les nuës enflées de vapeurs, s'expose au danger de ne recueillir point de moisson.

Qui obseruat ventum non seminat, & qui considerat nubes nunquam metet.
Eccles. cap. 2.

La passion du propre interest fait presumer à vn nombre infiny de Chrestiens de pouuoir sauuer le corps par l'esprit.

CHAP. X.

LES plus celebres Stoiciens de l'antiquité, n'ont pas approché de cette sagesse dont parle sainct Bernard, lors qu'ils ont enseigné que le corps de l'homme, est plus imparfait que celuy de plusieurs animaux : parce qu'ils sont doüez de quelques perfections auantageuses, dont la nature semble auoir gratifié leur espece. Car, quoy que les oyseaux ayent le vol, les Elephans les forces, l'Aigle la veuë, le Cerf la course, les Chiens l'odorat, & ainsi des autres: Il faut neantmoins auoüer, que le corps humain est assorty d'vn temperament plus égal, qu'il joüit d'vne vertu assimilatiue plus genereuse ; que dans son composé il tempere le meslange de qualitez elementaires sous vne plus

Da mihi hominem cui quæq; res reuerà sapiunt prout sunt; & ego audacter illù sapientem prænuncio. Serm. 50. in Cantic.

grande iuftesse ; que la substance de ses organes
est plus exquise ; que les esprits qui seruent à ses
phantosmes, sont plus purs & plus estincellans ;
que l'heureux meslange de la chaleur auec l'humide est admirable, lors qu'il fait la douce
polisseure de sa peau, & l'agreable teint de son
visage; que la taille droite est plus noble, & luy
fait respirer vn air plus pur; que les planetes president à ses parties vitales; qu'il a vne chaleur qui
tient plus du Ciel, que de la condition des elemens ; & qu'il a du rapport auec toutes les choses sensibles du monde, qui sont destinées à ses
vsages : Parce qu'il est comme vn extrait qui contient toutes leurs vertus & perfectiõs par eminence. D'où vient, dit vn celebre Docteur, que toutes
les creatures sensibles ont de fortes inclinations pour le seruice de l'homme.

Mais comme l'on estime les Loix Romaines
equitables, quand elles ordonnent que la femme tienne son rang & son lustre de la dignité de
son mary : Aussi il n'est pas moins raisonnable, que
le corps participe les excellences de l'ame, & qu'il
prenne part à ses prerogatiues par vn droict de
societé, qui fait de leurs biens vn commerce reciproque. C'est pourquoy nous sommes obligez de preferer toûjours la partie la plus noble
à celle qui est la moindre, & d'accorder la preseance de la forme sur la matiere, de la raison

Non mirũ videri debet amari hominem ab hominibus in quo omnia suũ aliquid agnoscunt. Ioann. Picus. lib. 5. Heptapl. cap. 7.

sur les sens, & de l'esprit sur nostre corps; si nous ne voulons imiter ces peuples idolatres de la Scythie, qui donnoient des couronnes & des sceptres aux plus robustes de leur nation; & qui estans peu sensibles aux auantages de leur nature, deferoient tout aux forces corporelles, sans rien attribuer à la sage conduite du iugement.

Il est vray, que ces pauures abusez viuoient alors dans cette profonde ignorance, parce qu'ils ne sçauoient pas, que le corps fut le vassal de l'ame, ou l'organe de ses puissances, & l'instrument de ses actions : Mais les Chrestiens de nostre siecle qui ne peuuent ignorer vne verité publique, que Tertulien a couchée par écrit, comment peuuent-ils cherir en eux mesmes l'accessoire separement du principal, qui luy donne le mouuement & la vie? Et auoir plus d'amour pour la terre que pour le Ciel, pour le ruisseau que pour la source, pour l'esclaue que pour le maistre. En vn mot, pour les excellences du corps humain, que pour les incomparables beautez de l'ame, qui font la vraye image des perfections diuines, & qui sont au dedans de l'homme, le principe effectif de tout ce qu'il produit au dehors d'agreable & de rauissant?

C'est neantmoins aujourd'huy le grand abus du Christianisme de la France, qui ne s'éloigne pas beaucoup des mœurs corrompuës de l'ancien

Nihil amari potest si ne eo. per quod est id quod est. lib. de carne Christi. c. 4.

DE L'AMOVR PROPRE.

Paganisme ; c'est le commun dereglement des mauuais fidelles du Royaume, qui croyent vn Dieu par la vigueur de Foy, & qui le nient par la foiblesse de leurs œuures ; qui suiuent la loy, mais non pas l'exemple de Iesus-Christ ; qui sous pretexte de quelques lumieres interieures lachent la bride à leurs appetits ; qui se declarent les ennemis de sa Croix, & qui se font vn Dieu de leur ventre, comme parle l'Apostre S. Paul. Car ils font tout pour vn corps qui doit perir, se corrompre, & estre la victime des vers ; & rien pour le salut d'vne ame, qui est immortelle, & qui participe la nature des Anges. C'est en effet pour cette masse de chair qu'ils ont tant de soins, qu'ils font tant de depences, qu'ils affectent le luxe & la mode de tant d'habits, & qu'ils inuentent tant de delicatesses. C'est pour ce sepulchre viuant qu'ils épuisent toutes les forces, les industries, les adresses, & les artifices de l'esprit ; c'est pour seruir ses appetits, & pour les plonger dans les delices, qu'ils font de folles profusions, qu'ils remuent toutes choses, qu'ils courent sur la terre, qu'ils voguent sur la mer, & qu'ils ruinent quasi toute la nature : comme s'ils auoient entrepris de remettre les Sirennes à ces *Temples de la volupté*, dont parle le Prophe Isaye, en procurant à leur corps tous les contentemens imaginables, si d'ailleurs ils leur sont possibles ; & comme s'ils n'auoient d'autre but, que la satisfa-

Vitiosum est vb. que quod nimium est. Senec lib. de Tranquill. vita c. 9.

Et Sirenes in delubris voluptatis. Isaiæ cap. 13.

2. Part.   T

ction generale de tous les sens, & la seruitude aux plus infames concupiscences de la chair.

Nous lisons dans l'Histoire des Roys, qu'apres que Ieroboam eut debauché du diuin seruice les dix Tribus d'Israël, & qu'il les eut portées à l'idolatrie, leur faisant adorer le Veau d'or, qu'il auoit erigé en Bethel : Dieu luy fit predire par son Prophete, les hautes vengeances que sa justice exerceroit bien tost contre son peché ; iusques là qu'il feroit mourir ses enfans, & finiroit sa race en sa personne. Mais comme les iugemens de Dieu sont tousiours equitables en leur procedé, l'oracle diuin prononça ses crimes, auant de minuter l'Arrest de condamnation, & plustost que d'assigner les peines à proportion des demerites de ce Prince Idolatre. Or entre les seueres reproches qu'il fut obligé d'entendre, le dernier fut, *qu'il auoit rejetté Dieu apres son corps* : c'est à dire, qu'il auoit moins consideré les interests du diuin seruice, que ceux de son propre corps ; puis qu'il auoit diuerti du culte de la vraye religion, les sujets de son Royaume, pour mieux s'establir dans la possession d'vne couronne que le Ciel luy auoit donnée. Ce qu'il n'auoit point fait enuers les moindres Officiers de sa maison, qui trauailloient pour l'entretien de sa personne ; les ayant obligez de perseuerer dans ce ministere, pour seruir sa Table auec delicatesse & abondance de toutes

Vt me ad iracundiam prouocares projecisti me post corpus tuū. lib. 3. Reg. cap. 14.

fortes de mets estrangers ou domestiques.

Croyez vous bien, mon cher Lecteur, que la France ne porte point de semblables Monstres? & qu'on ne voye pas quelques imitateurs de cétte brutale impieté? Ce n'est pas qu'ils persuadent aux autres l'Idolatrie, comme cét ancien Monarque des Hebreux : mais c'est, qu'ils sont eux-mesmes Idolatres de leur propre corps dans tous les seruices, & assiduitez qu'ils luy rendent; c'est que l'amour de tous les interests de la chair & du sang, est si puissant & si tyrannique sur leur esprit, qu'il en fait vn rebelle contre Dieu, comme parle S. Bernardin, & vn esclaue des delices des sens, iusques au mespris des loix de sa diuine Majesté; faisant perdre à celles-cy la preference quelles deuoient emporter sur les mouuemens déreglez de leur concupiscence.

Mais comme la conuersion de ces Impies dépend plustost de l'effort de la grace, que de la force de mon discours: Ie m'arreste seulement à deduire icy la fausse persuasion d'vn grand nombre d'ames Chrestiennes, qui sans rien feindre ayment plus l'ame que le corps : mais qui presument neanmoins de sauuer heureusement celuy-cy, par les seules occupations interieures de celle-là: sans qu'il faille, disent-elles, employer d'autres mortifications, qui sont sensibles, & qui éclatent au dehors, pour les faire concourir dans le mesme

Amor priuatus in carne præualens eam sic contra spiritum roborat, vt qui Deo nõ obediat propter amoré sui, de necessitate carni obediat vsque ad contemptum Dei. serm. 22. de extra. art 3. cap. 3.

dessein. Or j'en decouure de trois sortes ; les vnes sont *Indifferentes*, les autres *Curieuses*, & les troisiémes sont *Affectiues*. Suiuons cet ordre.

Pour commencer par les Indifferentes, ie confesse d'abord qu'il y a des fidelles de l'vn & de l'autre sexe qui portent vne ame actiue, dont l'essence est de la nature du feu, ou de la condition du Ciel, comme parlent les Platoniciens. D'où vient qu'ils ne sont iamais sans employ, & sans estre occupez apres quelque object, qui sert de matiere à leur exercice ; & comme leur humeur est ouuertement l'ennemye de l'oysiueté, ils ont autant d'auersion pour le repos du corps, qu'ils ont d'amour pour les actions de l'esprit. Ce n'est pas que ie propose ces hommes composez des ardeurs du feu & de la bile, qui cherchent par tout des matieres qui leur donnent de l'employ ; qui se portent d'vn grand cœur dans les combats, & dans tous les perils de la guerre ; qui s'eschauffent dans toutes les occasions où ils peuuent déployer leur genereuse actiuité ; qui se plaisent dans le tumulte, & dans l'intrigue des affaires du monde ; qui ne demandent que des Theatres de gloire, pour faire vn continuel éclat, & pour employer le courage & la force que Dieu leur donne, afin de se faire iour à trauers toutes les difficultez ; qui veulent pour leur dernier effort exercer sur les hommes le mesme empire, que le feu qui leur domine

Crescit cū amplitudine rerum vis ingenij.
Tacit. in dialog. de orat.

emporte fur les autres élemens.

 Ie ne parle point en ce lieu de ces perfonnes du fiecle, qui ont tant de chaleur & tant d'action, pour facrifier à la vanité, mais feulement de celles qui font profeffion de la pieté, & qui pour fe defendre de l'oyfiueté, la fource des vices, imitent pluftoft dans leurs douces occupations la démarche paifible des grands fleuues, que le cours rapide des torrens. Car fi elles paffent leur vie particuliere parmy les innocentes delices de la campagne, apres auoir reglé les affaires de leur maifon, elles font mille reflexions fur toutes fortes d'objets. La elles s'employent au iardinage, à cultiuer de rares fleurs, à faire couler des fontaines, à recueillir & à conferuer les fruicts que les Arbres exquis portent en leur faifon, à produire des ouurages de la mechanique, à trauailler à la peinture, à contempler des Cartes de Geographie, à faire chafque iour de longues promenades, pour renouueller les forces de la fanté, & pour receuoir du diuertiffement, & de l'inftruction dans les plus beaux fpectacles de la nature.

 Ou bien encore fi ces mefmes perfonnes font leur demeure dans les villes, fi toft qu'elles ont expedié les Saincts deuoirs de la deuotion qui leur eft ordinaire, & qu'elles ont donné le temps aux affaires domeftiques, à la neceffité du corps, & à l'entretien des compagnies, ce que la raifon les

Humanæ confuetudinis eft, v̄s

T 3

oblige de rendre : elles agiſſent dans l'agreable diuerſité des employs de l'eſprit qui ont plus de rapport à leur humeur. Maintenant elles vont aux Academies de la Philoſophie, ou de la moralle ; apres elles s'occupent à lire des Hiſtoires ſacrées, ou prophanes ; à paſſer quelques heures dans l'exercice de la muſique, du ieu, de la diſpute ſur les vulgaires difficultez qui trauaillent aujourd'huy tous les hommes de lettres, qui s'appliquent aux arts ou aux ſciences ; ou à couler enfin leur vie en d'autres ſemblables actions qui captiuent les puiſſances ſpirituelles de l'ame, & qui ne mortifient quaſi jamais les mauuaiſes inclinations du corps. C'eſt ainſi cependant qu'elles font vn mauuais vſage d'vne verité qui fut autrefois publiée par l'ancien Docteur de Carthage.

De ſorte, que ces ames laſches ſe figurent qu'elles peuuent s'aſſeurer du propre ſalut, ſi elles occupent l'eſprit en des objets indifferens ; & ſi elles ſçauent par ces honneſtes amuſemens ſe garentir de l'idée du mal, & s'eſloigner par diuerſion de penſée des objets illicites. Or ce procedé leur agrée d'autant plus, qu'elles trouuent dans l'Hiſtoire du Paganiſme des Philoſophes qui l'ont ſuiuy, pour éuiter les occaſions du vice ; comme les plus ſeueres Stoïciens, & pluſieurs celebres diſciples de Platon qui en ont approché ; & parce qu'elles voyent que la pieté des perſonnes

variata plus ſapiat. Caſſiod. lib. 3. variar. epiſt. 21.

Potiora ſunt quæ intellectu attingūtur, vt ſpiritalia quàm quæ ſenſu vt corporalia. Tertull. lib. de anim cap. 17.

DE L'AMOVR PROPRE.

qui sont dans l'vn & l'autre Estat conserue quelquefois sa vigueur, & se defend des attaques du peché, par l'attention qu'elle rend à ce qui tient l'entendement en haleine & en exercice: de là vient aussi qu'elles ont de la facilité à suiure tousiours cét exemple pour changer en coustume vn nouueau passe-droict. Adjoustez encor à cecy, qu'elles ne font rencontre que de trop de Directeurs interessez & complaisans, qui approuuent cette conduite; à cause de leur vie & de leur Institut, qui les rend semblables dans l'vsage des mémes attentions : Ce qui nous fait assez paroistre, ou leur insolence ou leur lacheté ; car quoy qu'il fut possible à leur entendement d'estre informé de toutes les especes, de mesme que la cire molle, de tous les characteres elles seroient tousiours exposées aux occasions du peché, dautant que le dedans de l'homme n'est pas moins susceptible de mauuaises impressions, que le dehors : puisque l'vn & l'autre, dit Tertulien, sont vne mesme nature corrompuë & dereglée par le peché.

Sunt qui spiritualé dulcediné in carnis suauitate cóstituunt afferentes corporis afflictioné cótrariam esse spiritui. D. AElred. de compēd. specul. charit. c. 52.

Anima nostra est quasi cera intellectualis. Nicol. de Cusa lib. 10. excit. Eadem natura foris, quæ & intus. lib. de veland. virginib. c. 13.

Mais pour faire succeder à l'indifference de ces esprits, la curiosité de plusieurs autres qui sont de la premiere region, nous pouuons dire, qu'ils s'eniurent de mille vaines speculations; & que pendant que le corps demeure en vn parfait repos, ils goutent toutes les douceurs apparentes qu'on sçauroit recueillir des contéplations hautes & vniuerselles, soit de la nature, ou de la grace; parce qu'ils se persuadent aisément qu'il y a plus d'innocence, & plus de perfection, plus de merite, & plus de sagesse de faire agir les puissances spirituelles de l'ame, que de s'occuper au dehors par l'operation des sens.

Or pour bien cognoistre l'abus de ces ames qui s'aueuglent par excez de lumiere; il faut pluftost adnoüer que l'inquietude qui les domine estant vn violent desir de connoistre tout ce qu'elles ignorent; quoy qu'il leur soit impossible d'en faire les espreuues : ce qui les fait enfin resoudre à sçauoir seulement les choses sacrées qui se rapportent à la Religion; à cause de quelque secrete inclination qu'elles ont, peut estre, à suiure le conseil du Sage, dont l'authorité modere cette vague recherche qui se repend sur plusieurs choses inutiles.

In pluribus operibus Dei ne fueris curiosus. Ecclef. cap. 3.

Il arriue neantmoins, que comme dans les sciences humaines les esprits temeraires qui r'affinent leur pointe, & leur subtilité par la reuerie, forment tous les jours de nouuelles Thezes, & se donnent la liberté d'establir dans la Philosophie des principes contraires à la commune doctrine d'Aristote. Car les vns admettent la matiere dans l'estre naturel, d'autres la seule forme. Ceux-cy ne font qu'vn seul accident qui s'appuye sur la substance, & en multiplient les genres & les differences par des realitez diuisées en effet, ou di-
ftinctes

DE L'AMOVR PROPRE. 153

ſtinctes en idée ſous les diuerſes formalitez du concept: De meſme nos curieux contemplatifs font gloire de n'auoir pour entretié que de fortes eleuations de penſée, afin de rencontrer de nouuelles eſtoiles dans le firmament de la Theologie myſtique; & c'eſt le ſeul profit qu'ils pretendent par les vains employs de cét eſtude. D'où vous pouuez inferer, combien eſt raiſonnable le iugement d'vn grand Archeueſque d'Angleterre, lors qu'il appelle cette inutile curioſité vn effet de l'Amour propre.

<small>Propria voluntas eſt in curioſitate perſcrutandi ea quæ ſcire nulla eſt vtilitas D. Anſelm. Lib. de ſimilitud.</small>

Car qui pourroit donner quelque approbation à cét exercice ſpirituel qui s'eſchappe hors des communes limites de la ſageſſe? Et qui ſçauroit ſouffrir cét excez de paſſion qui tient l'eſprit occupé dans vn continuel commerce auec les liures, où les perſonnes qui traittent des plus delicates notions de l'vn & l'autre myſtere de la Trinité où de l'Incarnation? En effet, qu'elle ſatisfaction doit on attendre de paſſer le meilleur de la vie en des contemplations d'éſclat ſur tout ce qu'il y a de plus ſublime dans ces deux vaſtes abyſmes de la Religion. Quoy? faut-il s'attacher obſtinement à ces hautes ſpeculations pour introduire les lumieres du propre iugement dans les enigmes les plus obſcures de la foy? Faut-il en vn mot, affecter le ſeul extaze de l'entendement à l'imitation de Trifmegifte, de Platon, de Socrate, de Pithagore & de Plotin, pour contenter l'ambition naturelle de la raifon, pour fe perdre fouuent dans vn labyrinthe d'abftractions fur-eminentes, où pour rencontrer des charmes dans la nouueauté de quelques vagues idées.

Que s'il y a des impuretez dans la contemplation de Dieu, lors qu'elle tire fa naiffance de la curiofité, comme dit S. Bernardin, quels deffauts ne verrons nous point dans vne infinité d'autres veües & notions vniuerfelles qui font de moindre perfection ? & qui rempliffent également l'efprit d'erreur, & le cœur de vanité ? Certes nous deuons condamner la prefomption de ces ames qui font des faillies au delà des chofes poffibles, & qui deffaillent par lacheté de courage aux actions de pieté dont la prattique eft plus douce & plus facile. Nous croyons auec S. Zenon que ces curieufes attentions enfantent plus de criminels que de fçauans, & nous fuiurons l'opinion des plus fages directeurs qui tiennent d'vn commun accord, que ceux qui veulent fauuer le corps en cette vie par les feules eleuations de l'efprit, s'expofent au danger de perdre l'vn & l'autre dans l'Eternité : par ce qu'ils ne combattent que d'vne main, & ne cultiuent qu'vne partie

Delectatio quæ ex fola curiofitate procedit in prima veritate non eft dubium quin maculata fit. Serm. de infpirat. tom. 2.

Curiofitas zeu n facit & non pe ritū erm. de 5 de.

DE L'AMOVR PROPRE. 155

d'eux mesmes, laissant l'autre sterile par le mespris qu'ils font de mortifier les sens.

Mais passons des lumieres de l'intellect aux tendresses affectiues de la volonté, puis que celles-cy n'apportent pas moins de desordre dans l'interieur de quelques ames qui se picquent d'vne haute pieté, & qui d'ailleurs ayant vn corps tout composé de sang & de phlegme par la constitution naturelle du temperament ont vn cœur mol, delicat, & affectif. Pour mieux comprendre cette verité, il faut plustost supposer qu'il y a deux sortes d'extaze, comme dit S. Bernard, l'vne d'entendement qui se fait par la contemplation intellectiue, & l'autre qui releue de la volonté & qui porte le nom de contemplation affectiue: l'vne est produite par l'excez de la connoissance, & l'autre vient de l'excez de l'amour. L'vne depend de la lumiere, & l'autre de la chaleur; celle-là est fondée sur l'intelligence, & celle-cy sur l'affection. Mais toutes deux s'accordent en ce point, qu'il y a souuent de l'abus dans la prattique.

De sorte que comme nous auons desia condamné d'illusion l'extaze intellectuel en la personne de ceux qui negligent la mortification de la chair, & qui luy accordent au contraire l'vsage des delices indifferentes qui leur sont cômunes &

Duo sunt beatæ contemplationis excessus in intellectu vnus & alter in affectu; vnus in lumine, & alter in feruore; vnus in cognitione, & alter in deuotione. Serm 49. in Cantic.

V 2

familiers : afin, difent-ils, de ne troubler les viſions de l'eſprit qui leur ſemblent rauiſſantes & merueilleuſes: De meſme nous ne deuons pas approuuer cette ſorte d'amour qui réd le contéplatif vain, delicat, complaiſant, auide des conſolations ſenſibles, & ennemy des croix & des afflictions corporelles. Il eſt vray, qu'on ne ſçauroit donner aſſez de loüange & d'approbation aux ſainctes ames, qui eſtant remplies de ce feu de deuotion, & de cette admirable charité dont parle le meſme S. Bernard, paſſent les heures entieres à gouſter la bonté de leur diuin eſpoux par des tranſports & des rauiſſemens ineffables, & de qui les effets forment en elles vne extaze d'operation, & de vie ſpirituelle touſiours attachée à Dieu ſeul, par l'heureux accord de la douceur interieure auec les actions d'auſterité; par l'alliance de la ſimplicité de cœur, auec le reglemét des inclinations des ſens; & de la haine d'elles-meſmes, auec la compaſſion des miſeres du prochain.

Contemplationis alter exceſſus pius, eſt ſanè affectus; & pectus amore calens, & ſanctæ deuotionis infuſio. Ibid.

He! qui pourroit cependant fauoriſer le commerce des meditations affectiues qui font pretendre à vne infinité de fidelles, ſoit de l'vn où de l'autre ſexe de ſauuer le corps ſans l'expoſer aux rigueurs, & ſans le faire paſſer par les ſouffrances ? Qui voudroit ſouſtenir l'opinion de ces faux ſpirituels qui enſeignent les moyens de ſeruir à deux maiſtres, d'adorer d'vn meſme cœur Belial & Iesus-Chrift, de careffer la chair, & de faire goufter à l'efprit les douceurs de la deuotion, de confoler en mefme temps l'vn & l'autre appetit, & de contenter les inclinations de deux grands ennemys domeftiques qui partagent la nature de l'homme? Qui oferoit foufcrire au iugement corrompû de ces fuperbes Directeurs de l'vn & l'autre eftat, qui fous le pretexte fpecieux d'atteindre à vne plus haute perfection oftent à la vertu les efpines qui luy conferuent les rofes; qui la defarment de fes deffenfes, & qui la defpouillent de fes plus fainctes feueritez pour la rendre plus agreable; qui luy enleuent fes meilleurs appuys (fans confiderer qu'elle en fera plus foible & plus expofée aux attaques de l'Efprit malin, aux attraits de la chair, & aux illufions du monde) & qui font fatisfaits de la feule prattique de quelques actes interieurs, comme s'ils auoient efpoufé les fentimens de ces laches Chreftiens que Tertulien a fait parler en fes œuures. Enfin qui feroit l'homme fi deftitué de raifon & de confcience qui donneroit des applaudiffemens à vne nouuelle doctrine qui fait iniure à la vie pauure & neceffiteufe de Iefus-Chrift, à l'aufterité des Apoftres, à la fouffrance des Martyrs, à la penitence des Anachoretes, & à la mortification des Vierges, pour de-

Satis eft Deum habere, fi corde & animo fufcipiatur licet actu minus fiat. Lib. de Pœnit. c. 5.

ferer tout le merite & toute la perfection Chreſtienne aux charmes d'vn certain amour affectif qui s'arreſte au repos & aux ſteriles oyſiuetez d'vne vie ſpirituelle. Mais c'eſt les combattre auec des armes dorées de raiſonner en ces termes: & il importe d'agir auec plus de force & plus d'eſtenduë, vous faiſant comprendre,

---

Les mal-heureuſes conſequences de cette fauſſe doctrine qui pretend de ſauuer le corps par l'eſprit.

CHAP. XI.

Natura eſt humani animi vt deffendat in altero quod ſe cognouerit admiſiſſe. Caſſiod. lib. 6. Variar. Epiſt. 81.

C'Eſt vn effet du mauuais naturel des hommes qui ſont aueuglez d'amour propre de faire vne confeſſion trop libre des diſgraces qui ſont ordinaires à la nature humaine; n'ayans d'autre deſſein dans ce lache procedé que de mettre à couuert leur foibleſſe; Et c'eſt vn deffaut de generoſité qui n'eſt que trop ſenſible, de faire paſſer les vices qui ſont attachez à la perſonne comme des ſuittes & des appennages de cette condition mortelle: d'appeller neceſſaire ce qui eſt cōtingēt, d'attribuer à l'eſpece ce qui n'eſt propre qu'au ſeul indiuidu, & d'excuſer ou iuſtifier les crimes perſonnels en les reiettant ſur le cōmun eſtat de la nature raiſonnable.

DE L'AMOVR PROPRE.

Or dans ce rang nous pouuons mettre tous ces partifans de la chair qui permettent la liberté des fens : Ces ennemys publics de la penitence qui oſtent à la deuotion les ieufnes & les auſteritez; d'autant qu'ils fe perfuadent que les infirmitez, où pour mieux dire les lachetez qui leur font propres, font communes & ineuitables à tous les hommes. De là vient qu'ils font fi fouuent vn tacite mefpris de toutes les regles de mortification que les Saincts ont eſtablies dans le bon-heur des fiecles paſſez, & qu'ils renuerſent les meilleures maximes de leur fageſſe. Qu'elle infolence ! de dire à chaque Chreſtien qui fe foubmet à leur conduite les mefmes parolles qu'vn ancien Cardinal mit autrefois en la bouche d'vn libertin. *Viuez, difent-ils, en ce monde parmy les autres viuans, puis que Dieu vous a donné l'vfage de la vie, & n'oubliez pas de reparer les forces du corps par des bonnes nourritures, afin qu'il ne foit accablé fous le faix de tant de trauaux qui l'exercent chaque iour, & qu'il ne deffaille tout à coup au milieu de fa courfe.*

<small>Viue dum viuis, recrea corpus edulus, ne tot oppreſſa laboribus caro fragilis mox ſuccumbat. P. Damiar. Lib. 2. Epiſt. 12.</small>

Ie fçay bien qu'il y a des corps humains dont la conſtitution eſt foible & infirme. Ie fçay que les longues attentions de l'eſtude font des delices de l'ame les fupplices du corps, & qu'elles confomment où efpuifent les forces de celuy-cy, a proportion qu'elles fatisfont aux inclinations de l'autre, comme ces fortes liqueurs qui agiffent contre leurs propres vafes, & qui les rongent les faifant perir par vne vieilleffe anticipée. Ie fçay encor vn coup que les continuelles eleuations de la contemplation eminente affoibliffent la partie fenfitiue à mefure qu'elles fortifient la raifonnable. Mais auffi ie n'ignore pas que les incidens ne font iamais vne loy, que les priuileges ne paffent point pour des difpenfes generales, & que les infirmitez de quelques vns ne fondent pas vn paffe-droit en faueur de ceux qui iouyffent d'vne vigoureufe fanté. Et cependant il fe trouue toufjours des efprits mal-faits qui perdent la pieté & la religion fous ombre d'en purifier les fentimens, & d'en former des idées plus delicates par des regles de confcience qui regardent quelques ames, & qui ne peuuent paffer dans tous le corps du Chriftianifme pour des principes de falut. L'on void auiourd'huy quantité de Directeurs dont les vns font infirmes, les autres font profeffion d'vn grand eftude, & les troifiémes fe picquent d'oraifon fublime, & tous enfeignent d'vn commun accord à ceux qui viuent fous leur conduite. *Que c'eft affez pour l'affeurance de leur falut d'eftre tousjours dans quelque occupation interieure, & d'auoir l'efprit tousjours agiffant fur des chofes bonnes où indifferantes; fans eftre obligez*

DE L'AMOVR PROPRE. 161

obligez de chastier l'insolence des sens par des peynes volontaires. Voyla comment ces mauuais medecins tuënt leurs malades. Pour parler auec vn sage esprit de l'antiquité, lors mesme qu'on se persuade qu'ils les guerissent de leurs blessures: ce qui fait assez paroistre l'excez de leur cruauté.

Vltrà omnes impietates est, necare læsos, qui sanare creditur vulneratos. Cassiod. lib. 8. Variar. Epist. 20.

Certes quand ie considere cette fause maxime de pieté qui exclud l'vsage de la mortification exterieure, il me semble que ceux qui en sont les Autheurs où les Partisans, font plus de rauage & de dégat dans le Christianisme, que s'ils auoiét empoisonné toutes les fontaines publicques de l'Europe, & desolé la mer & la terre par vne tempeste generalle. En effet, combien de grands courages débauchent-ils du chemin de la saincteté, lors qu'ils donnent du credit & de la vogue à cette nouuelle opinion? Combien de racines couppent-ils aux plus solides vertus, pour empecher en suitte que la posterité n'en recueille les fruicts? Dire que la mortification du corps est inutile? Qu'elle interdit les actions libres & genereuses de l'esprit? Que cette conduitte est cruelle & assommante? Et que la vie Chrestienne doit estre seulement interieure, s'approchant de celle des Anges où de Dieu mesme, s'il est possible. 1. C'est combattre la verité des sainctes Ecritures & la commune doctrine des

2. Part.   X

SS. Peres. 2. C'eſt offenſer la vie & l'exemple des SS. & meſme de Ieſus-Chriſt qui eſt le parfait modelle de la ſainéteté. 3. C'eſt acquerir par auance vn grand nombre d'eſclaues à l'Antechriſt. 4. C'eſt ruyner entierement les ceremonies & tout le culte exterieur de la Religion. 5. C'eſt fermer la porte à la penitence qu'il nous faut faire de tant de pechez que nous auons commis. 6. C'eſt expoſer les ames au danger de ſe perdre par les violentes attaques de la tentation. 7. C'eſt enfin rendre les perſonnes trop ſenſibles dans les maladies qui affligent le corps. Ce ſont les principales conſequences qui naiſſent de cette noire & deteſtable doétrine, qui embraſſe le party de la chair pour la ſauuer par les ſeules occupations de l'eſprit.

Premiere conſequence. Il eſt donc aſſeuré que la premiere conſiſte en vn tacite dementy qu'on donne à pluſieurs textes Sacrez, lors qu'on improuue l'vſage des mortifications corporelles; car il n'eſt rien de ſi familier dans les ſainétes Lettres que ces diuins conſeils ; Qu'il faut mourir tout entier à ſoy-meſme pour renaiſtre ; Que nous deuons deſpouiller le vieux Adam, pour nous reueſtir du nouueau ; Qu'il faut que le grain de froment ſoit jetté en terre, & qu'il ſe corrompe, pour germer vne nouuelle plante ; Qu'il vaut mieux s'arracher les yeux, les pieds & les mains s'ils font preiudice à nostre salut, que d'exposer tout le corps à souffrir les flammes eternelles ; Que nous deuons mortifier le dereglement de nos membres qui rempent sur la terre, & qui ne sont composez que de la mesme matiere ; Que c'est vne espece de mort d'estre sages selon les inclinations de la chair ; Que ceux-là qui sont vrays seruiteurs & Disciples de Iesus-Christ ont desia crucifié la partie terrestre & animale auec ses vices & concupiscences. Pour taire mille autres semblables passages que le S. Esprit à dictez aux hommes pour iustifier la necessité que nous auons de mortifier les appetits de la chair par des peynes qui la rendent soupple & obeyssante à l'esprit.

Mortificate membra vestra quæ sunt super terram. ad Colos. cap. 3. Qui sunt Christi carnem suam crucifixerunt cum vitiis & concupiscentiis. ad Galat. cap. 5.

En suitte c'est mespriser les saints Oracles de l'Eglise, qui ont si dignement écrit sur le mesme suiet ; comme S. Augustin sur les Psalmes, en ses traittez sur S. Iean, & en ses Sermons ; S. Hierosme en ses Epistres, Cassian en ses Collations, S. Gregoire en ses Morales, le Cardinal Pierre Damian en ses diuerses Opuscules ; nostre B. Pere S. François en ses OEuures qui font vn iuste Volume, S. Bernard en ses Epistres, & dans les rares Sermons qu'il à composez sur les sacrez Cantiques, le Seraphique Docteur en plusieurs traittez de deuotion qui sont digues de sa suffisance & de son zele : sans parler de cent autres dont les ouurages persuadent tousiours aux esprits dociles la mortification des sens, comme tres-necessaire pour tenir en bride les violentes inclinations de la nature corrompuë. Par ce que ces grands hommes n'ignorent pas cette sage sentence de S. Iustin Martyr qui porte, *que ce n'est pas viure en Chrestien de contenter tous les appetits du corps.*

Que s'il est ainsi, pourquoy voulez-vous dresser de nouuelles loix pour fauoriser les mouuemens de la concupiscence? Pourquoy osez-vous opposer vostre foible iugement aux organes du S. Esprit, & au commun sentiment des plus sages testes de la sacrée Antiquité? Quoy? auez-vous assez de temerité pour resister à cette genereuse trouppe du Dieu des Armées? Et pouuez-vous aller de front contre le fil de ce torrent, sans estre semblable à vne grenoüille qui s'arrestant sur l'entrée de l'Ocean voudroit suspendre son courant, & interdire le flux regulier de ses vagues? Croyez plustost auec Tertulien, que ce qui est concerté par les saincts Peres, & terminé d'vn commun accord, n'est pas vn erreur, mais vne sainte Tradition, qui vous oblige d'en reuerer le sens, & d'en aymer la prattique.

Quod apud multos vnum inuenitur non est erratum sed traditum. de Præscrip. cap. 18.

Or pour passer encor plus auant ie décou-

DE L'AMOVR PROPRE. 185

ure vne autre suitte plus fatale & plus infortunée, en ce que la vie exemplaire de tous les Saints, & mesme de Iesus-Christ qui en est le parfait modelle, est reiettée & condamnée par l'exclusion de la mortification exterieure. Car en effet c'est se mocquer des sauterelles, de la peau de Chameau, de l'Abstinence du vin, & de la Terre qui seruoit de lit au grand S. Iean Baptiste, & raisonner auec l'Heretique Iouinian, comme dit S. Hierosme. C'est faire outrage au cilice & à la cellule de S. Hilarion; aux ieusnes & aux veilles de l'Abbé S. Anthoine; aux larmes & à la solitude d'Arsenius; à la nudité des pieds, au vieil habit, & à la viande couuerte de cendres de nostre Seraphique Pere S. François. C'est enfin ne faire aucun estat des continuelles austeritez de mille autres Saincts, & sur tout de l'Apostre S. Paul, lequel apres tous ses rauissemens, & ses extazes qui l'auoient esleué iusqu'au troisiesme Ciel, confesse qu'il chastioit son corps, & qu'il le reduisoit en seruitude; de peur qu'en preschant aux autres la perfection, il ne tombat luy-mesme dans la reprobation éternelle, & qu'il ne perdit ses graces & ses couronnes. Quoy? cét Ange incarné, ce vaisseau d'élection, cét homme tout Apostolique, qui en toutes ses actions estoit tousiours animé de l'esprit de Dieu; chastie neantmoins

Seconde consequence.

Abstinentia à vino vel à carnibus pro amore castigandi corporis nihil credere meriti accrescere, non Christiani sed Iouiniani est lib. de Eccles. dogm.

les insolences de son corps & luy refuse les delicatesses. Et vous qui n'estes qu'vn nouueau Chrestien, qu'vn demi-conuerty, qui nauez rien perdu de vos mauuaises habitudes, ny acquis encor vn seul degré de quelque solide vertu: croyez vous bien estre possedé d'vne deuotion si sublime que vous ne soyez plus touché des mouuemens de la concupiscence ? & pouuez vous presumer d'estre du tout affranchi des loix communes qui attachent les autres à la mortification des sens ? Certes i'ayme mieux croire auec S. Bernardin, qu'vn esprit sensuel & animé de libertinage vous domine pour vous ietter dans le precipice.

Multi decepti ab erroribus spiritu libertatis labores crucis fugiunt atque horrent eũ non sint perfectiores Apostolo Paulo. Serm. 3. de Insp. discretæ tom. 3.

Et parce que le seul exemple du fils de Dieu est plus considerable, que les plus grandes actions Heroïques de tous les autres saincts, Voyez s'il à prattiqué les plus riantes douceurs de la vie, où s'il à passé par les plus grandes rigueurs. Or ie veux qu'il y ait des contraires sentimens sur le genre de vie qu'il a professée en terre, & que ces disputes (qui ne sont pas tousjours innocentes) ayant commencé dans l'Eglise naissante, ainsi qu'il est rapporté par S. Luc aux actes des Apostres, soient encore en vsage: Neantmoins il est fort asseuré de dire, que bien que le precieux corps du Sauueur du monde fût d'vn si iuste temperament, qu'il ne fournis-

Facta est in illo tempore turbatio non minima de via Domini. Act. cap. 19.

soit point les matieres qui allument nos passions, il a vescu dans la prattique continuelle de mille rigueurs & austeritez, ayant trauaillé son corps par les ieusnes, les veilles, les oraisons, les voyages, les solitudes & tant d'autres fatigues, & incommoditez qui accompagnent necessairement vn homme despoüillé de toutes sortes de possessions, & qui passe ses iours en vne extreme pauureté. Enfin pendant sa vie ses actions l'ont fait patir, comme dit S. Bernard, & en sa mort ses souffrances l'ont fait agir sur l'arbre de la Croix.

Christus in vita passiuam habuit actionem in morte passionem actiuam. Serm. 2. de pass.

Insensible! de quel front osez-vous regarder ce Verbe incarné, qui meurt comme vn criminel sur le Caluaire? Qu'elle est vostre posture, deuant ce Dieu crucifié pour l'amour de vous, qui est chargé de cloux, & couuert de mille playes! où sont les marques d'vn membre qui appartient à vn chef couronné d'Espines! He! comment portez vous en vostre corps les marques sanglantes de la mortification de Iesus, afin de manifester sur vous mesmes ses douleurs & ses extremes souffrances selon le conseil de l'Apostre S. Paul, puis qu'à iuger de sa vie par vos actions, il semble que nous ayons vn Sauueur plongé dans les delices, & couronné de Roses.

Semper mortificationē Iesu in corpore nostro circumferentes vt & vita Iesu manifestetur in corporibus nostris. 2. Corinth. cap. 4.

Mais ce n'est pas assez de donner dans cette *Troisiēme consequence.*

damnable extremité, par les eleuations d'vne fausse spiritualité qui dispense l'ame de ressentir les peynes du corps, il faut encor preparer des precurseurs où des suiuans à l'Antechrist. Car les professeurs de la deuotion delicate ne sçauroient nier, que lors qu'ils flattent les sens, & qu'ils leur accordent les delices qui leur sont permises, ils perdent aussi beaucoup de leur courage, & se relachent sensiblement de cette premiere vigueur qui tient les ames fermes & immobiles dans la confession publique de la foy. De-là vient, qu'ils se disposent enfin à manquer de cœur & de force dans les plus grandes violences de la persecution, & qu'apres auoir abandonné le party de l'Eglise, ils seront tous preparez à suiure, & à professer les impietez de l'Antechrist, s'il vient au monde dans le mesme siecle ; Car comme dit Tertulien, la vertu s'affermit, par l'austerité, & se r'amollit par la delicatesse ; d'où s'ensuit que les moindres atteintes de la douleur leur semblent cruelles & insuportables, & que les charmes de la vie qu'ils passent auec tant de douceur & de satisfaction, leur paroissent si pretieux, qu'ils les preferent aux interests de la conscience, estans resolus de conseruer la santé du corps dans vn estat fort esloigné des peynes.

Virtus duritiâ extruitur, mollitiâ verò destruitur. Tertull. lib. ad Martyr. cap. 3.

Mais supposons que vous ne soyez point exposé

exposé aux occasions du Martyre pour la deffense de la Religion, & que la Sagesse eternelle ayant preueu voſtre lacheté vous ayt fait naiſtre en vn temps, où l'Egliſe n'eſt point combattuë par les armes d'aucun Tyran qui l'opprime, & où les moyens de voſtre ſalut eſtans plus doux, vous ſont auſſi plus fauorables. Pourquoy cependant publiez vous par la langue où par la plume, que la ſeule mortification interieure eſt neceſſaire au Chreſtien ? Et qu'il ne faut point chaſtier par des haires & des diſciplines les rebellions du corps : Mais pluſtoſt aller à la ſource & conſulter la raiſon, afin que tenant vn empire abſolu ſur tous les mouuemens de la partie inferieure, il n'y ait point de deſordre, n'y de reuolte contre l'intellectuelle.

Mal-heureux aduocat de la chair & du ſang ! Partizan de l'Enfer ! Infame diſciple d'Epicure ! Si l'eſprit malin auoit pactiſé auecque vous, & preſenté des gages pour vous obliger de ſouſtenir par auance le party de l'Antechriſt, & d'eſtre le precurſeur & le trompete de cette derniere impieté, qui acheuera d'infecter & de perdre le genre humain, vous ne ſçauriez luy rendre plus de ſeruice, n'y fauoriſer plus ouuertement ſes deſſeins. D'autant qu'il eſt vray de dire, que comme les maximes qui ſont plus auantageuſes à la pieté & à la Religion ſont des bien-

Non cœleſti ſed terreno regi militant, qui pro Deo perpeti aſpera fugiunt, & præſentis vitæ mollitiem quærunt.
Greg. homil. 6. in E-uang.

2. Part. Y

faits eternels, pour parler selon les termes d'vn Ancien politique: si elles sont establies en faueur de la posterité: De mesme que la fondation d'vn Hospital pour l'entretien des filles orphelines, où d'vn College pour instruire la ieunesse par les seuls liures Chrestiens. Aussi les propositions qui relachent de la seuerité qui accompagne la vertu, & qui permet beaucoup aux vagues inclinations de l'appetit sensitif, sont des maux dont la contagion se respand iusques à l'infini, où pour mieux dire sont des semences de malice, qui faisant chaque iour du progrez, disposent aux Apostazies les ames du Christianisme.

D'où ie veux inferer que le discours qui vous fait décrier la seuere conduite des sens, & la condamner comme inutile, infectera de son erreur ceux qui presteront l'oreille pour l'entendre, à cause qu'ils vous tiennent dans quelque estime de probité, & que d'ailleurs le renom de vostre suffisance à gaigné desia du credit sur leur esprit. En suitte, cette mesme persuasion receuë de plusieurs comme agreable à leur idée, & conforme aux desirs de la nature corrompuë, gaignera encore de la creance dans l'esprit de leurs descendans; comme vn membre qui estant pourry de gangrene infecte les autres. Ceux-cy encores ayans reçeu par traditiõ vostre doctrine, infecteront les suiuans; & enfin la propagation en sera

Æternum est beneficium quod posteritatis fauorè fuerit collatum. Cassiod. lib. 7. var. Epist. 40.

DE L'AMOVR PROPRE. 171

ſi grande & ſi vniuerſelle dans l'vn & l'autre eſtat, qu'on ne parlera plus en aucun lieu de mortifier le corps; & peut-eſtre que dans le dernier ſiecle la delicateſſe ſera auſſi commune au milieu des ſolitudes du Cloiſtre, que parmy les pompes & les vanitez de la Cour. Or s'il arriue que pendant cette generalle diſſolution de vie & de mœurs, l'infame Antechriſt declare la guerre aux fidelles pour les ranger à ſon party, où pour en faire autant de victimes à ſa rage : ne croyez vous pas que le plus grand nombre adorera ce monſtre d'impieté, & luy offrira des vœux & des ſacrifices. Car il faut bien croire qu'en ce temps infortuné, il aduiendra le meſme que Tertulien deploroit en ſon ſiecle, lors qu'il écriuoit; que la crainte de perdre les plaiſirs du corps rauiſſoit plus de Diſciples à Ieſus-Chriſt, que l'aprehenſion de perdre la vie par les douleurs du martyre.

Plures inueniamus quos magis periculum voluptatis quàm vitæ auocet ab hac ſecta. lib. de ſpect, cap. 2.

Mais auſſi apres cela ie vous demande qui de tous les mortels aura plus contribué à cette generalle Apoſtaſie? Qui aura donné la premiere impulſion à cette deplorable cheute? Certes s'il faut remonter iuſqu'à la ſource, ce ſera vous meſmes, qui débauchez maintenant tant de bons courages de la profeſſion d'vne ſolide vertu, qui iettez les premieres diſpoſitions par le poiſon d'vne infame complaiſance; & qui diſpoſez ſenſiblement le Chriſtianiſme à vn mal-heur qui rendra funeste la fin de tous les siecles. Par ce que vous le poussez de loing par les secrets ressorts d'vne lache conduitte, iusques dans l'abysme de l'infidelité. Miserable Directeur pourrez vous alors satisfaire à la perte de cent milles ames à qui vous aurez ouuert la premiere porte de la volupté, & applany auant le temps le grand chemin de l'Enfer par les souppleffes d'vne doctrine trop molle & trop indulgente, dont vous flattez auiourd'huy ceux qui vous ont pour guide dans le chemin de la vie spirituelle.

I'aduoüe, qu'il vous est permis de dire qu'àlors dieu assistera de ses graces & faueurs, ceux qui seront exposez à la Tyrannie de l'Anthechrist, à fin qu'ils perseuerent dans la confession publique de Iesus-Christ: mais aussi il est aisé de vous respondre, qu'ils n'auront pas plus de zele ny plus de constance (quelque secours ordinaire que le Ciel leur donne pour asseurer leur salut) que ce grand Osius Euesque de Cordouë qui fût Catechiste & Docteur de la Foy de l'Empereur Constantin, qui fit de si glorieuses ambassades en faueur de l'Eglise Catholique, qui assista aux Conciles d'Eliberin, d'Arles, de Nëocesarée, de Gangres, d'Alexandrie,& aux deux Oecumeniques de Nicée & de Sardaigne; qui cependant estant presé, emprisonné, chargé de fers, & menacé d'vne cruelle mort, comme dit sainct

DE L'AMOVR PROPRE. 173

Athanase, s'il ne signoit les actes du faux Concile de Sirme, tenû par les Heretiques Arriens: se declara enfin le Partizan de cette mal'heureuse secte, apres quelques molles resistances. Parce que, dit sainct Hilaire, il aymoit trop les aises de son sepulchre viuant & mobile; les interests de son corps, ayant desja trahy ceux de son ame. Que s'il est ainsi, n'auons nous pas vn iuste sujet de craindre, que ceux qui viuront dans les dernieres années du monde, seront vaincus sans doute par la rigueur des tourmens, s'ils negligent l'vsage de la mortification du corps; puis qu'ils n'auront pas moins de passion pour les basses inclinations de la chair, que cét infortuné Prelat, dont nous auons icy rapporté la cause de sa deplorable cheute, selon la fidelité de l'histoire.

Cecidit Osius eò quod sepulchri sui nimium amás fuerit. Ex Synod. Apud. C. Baron. Ann. 357, num. 15.

Mais sans faire des courses d'esprit sur le temps qui est desia passé, pour en faire quelque rapport auec celuy qui est à venir, arrestons nous sur le presant, & reuenons à la supposition qui n'est pas impossible. Si la Religion Chrestienne souffre en vos jours la derniere persecution, dont l'Escriture menace l'Eglise, & si vostre Foy est pressée par les cruels edits de l'Antechrist, ne perdrés vous point l'ame pour sauuer le corps, puis que vous l'aymez auec tant de tendresse? & puis que les moindres austeritez qui l'affligent, passent dans vostre estime pour vne cruelle mort. Comment donc pourrez vous eschapper la violence d'vne tempeste, qui mettra vostre salut dans les plus perilleux accez, selon la pensée de sainct Augustin. Aurez-vous l'asseurance de contempler les feux, les gesnes, les roües, & les tortures, & mille autres instrumens qui seront inuentez par les Demons de l'Enfer? & de quelle force & grãdeur de courage rendrez vous du combat, si la cruauté des bourreaux employe le fer & le feu pour vous faire sentir toutes les effroyables rigueurs d'vn supplice qui donne le coup de la mort. Vn Ancien Docteur de l'Eglise craignoit qu'vn col entouré d'vn rang de perles, ne fût pas bien disposé a receuoir & a souffrir le tranchant d'vne espée, dans les fauorables occasions du martyre. Et moy ie crains pour vous : & i'entre dãs les iustes deffiãces de vostre salut, s'il arriue que vostre Foy soit mise à l'espreuue, par les tourmens qu'vn fier Tyran peut appliquer à vostre corps ; & ie ne sçay si dans le fonds de vostre ame, il y aura plus de constance que de lacheté, & plus de zele que de perfidie: parce que ie voy que vostre fausse pieté, presume d'entrer chaque iour en alliance, auec les delicatesses du corps ; qu'elle pretend vnir d'vn lien de paix, l'vsage des bons repas, & des continuëls festins, auec la pratique familiere de l'o-

Ventura Antichristi persecutione nihil periculosius. In psal. n. 9.

Timeo colli circundatum margaritis ne spathis locum det. lib. de cul. tu mulieb. cap. 13.

DE L'AMOVR PROPRE. 175
raison mentale; & qu'elle ambitionne, en vn mot, de faire regner ensemble, le luxe & la pompe des habits à la mode, auec la modestie Chrestienne; la curiosité des plus rares fleurs, tableaux, & pierreries, auec les deuotes & frequentes contemplations d'vn Crucifix; & la foule des visites, auec le recueillement interieur. Certes disputez tout autant qu'il vous plaira contre ce discours, & combattez mes sentimens par des raisonnemens contraires, ie seray tousiours de l'aduis du grand Cassiodore.

Sensus pœ-
narum ex-
cludit dul-
cissimæ sa-
lutis affe-
ctum. *lib. 5.
Variar.
epist. 22.*

---

*Suitte du mesme sujet, pour iustifier encore vn coup,
la necessité de la mortification exterieure.*

CHAP. XII.

SI les esprits & les corps doiuent ensemble rapporter leurs forces & leurs actiuitez à l'honneur du premier principe qui les a produits: Il faut que l'homme, dit sainct Thomas, s'acquitte de cette obligation, puis que les loix de la nature, de la Moralle, & de la Religion, luy en prescriuent l'exercice; & parce qu'il est composé de l'vne & l'autre nature, intellectuelle & sensible, il les doit employer également. Ie veux dire, qu'il est obligé d'exercer le corps aussi bien

2.2. *quæst.*
84. *art.* 2.

que l'ame dans le culte religieux. Car comme le corps humain iouyra dans le Ciel de quatre precieuses qualitez, par les excés & les inondations d'vne gloire interieure, qui comblera de ioye & de delices, toutes les puissances de l'amé: il importe qu'il soit maintenant associé auec elle dans le trauail, puis qu'il doit vn iour participer à ses felicitez eternelles.

Non separentur in pœna nec à mercede anima & .ato. Tertul. lib. de Resurrect. cap. 15.
Quatriesme consequence.

Ceux-là neantmoins s'opposent ouuertement à ce pieux dessein, qui se figurent & qui veulent persuader aux autres, qu'on peut sauuer le corps par l'esprit. Parce qu'ils inferent de ce mauuais principe, que toute la perfection du diuin seruice, peut subsister dans les seuls actes du culte interieur, & que c'est assez pour adorer Dieu en verité, de l'adorer en esprit. Ils enseignent qu'il leur suffit de s'occuper au dedans par l'employ des puissances intellectuelles, de recueillir leurs veües & contenter toutes leurs vigueurs & facultez, pour les rapporter a vn obiect infini; de les establir dans la saincteté d'vn exercice qui a de la conformité auec le repos agissant des bien-heureux, de s'entretenir en l'amitié de Dieu par des vnions intimes où par des affections extatiques, de l'adorer en secret dans la solitude du cœur, dans le silence des passions humaines, & de n'appliquer point d'autres oreilles qu'vne fidelle attention pour découurir les ordres & les

desseins

desseins que Dieu veut obseruer sur eux ; n'y d'autres yeux que le rayon de la foy pour croire ce qu'il leur propose par son Eglise, n'y faire d'autres prostrations qu'vn humble abaissement de tout l'Homme Interieur, qu'il faut aneantir en idée deuant son infinie & adorable presence.

Or c'est ainsi que ces faux spirituels ne font estat que des seuls employs de la vie interieure, & qu'ils negligent d'honnorer Dieu de toute l'integrité de leurs forces, & de luy rendre hommage de toute l'estenduë de leur estre: quoy que les plus sages docteurs leur conseillent des prattiques contraires, & quoy que l'Augustin de nostre France les asseure, que la deuotion qu'on exerce au dedans par des actes spirituels n'est que comme l'ame où le principe effectif du diuin seruice, & que l'action exterieure & sensible est comme le corps qui doit concourir au parfait culte de la Religon, afin que son infinie Maiesté soit reconnuë & reuerée par vn estat de souueraine & entiere dependance du corps, aussi bien que de l'esprit.

D. Thom. 22. q. 81, art. 7.

Visibilis actio est quoddam corpus, deuotio verò quasi spiritus eius. Hug. à S. Victor. de Claust. anim.

Mais comme cette mal-heureuse nature dont nous sommes composez, est infectée & corrompuë depuis le peché d'Adam, elle coule tousiours d'vn moindre mal à vn plus énorme : elle fait refus de mortifier les sens, & puis elle se dispense impunement de l'obseruance des ceremonies de

2. Part. Z

la Religion. Car elle a tant de passion pour tous les interests du corps, où tant d'auersion contre tout ce qui trouble ses aises, où qui luy donne du trauail, où qui luy cause de l'incommodité, où qui blesse sa delicatesse, où qui luy imprime quelque sentiment de douleur, qu'elle ne peut souffrir qu'on le captiue par des habitudes & des postures qui le tiennent dans le contraire. C'est pourquoy vous voyez des personnes qui publiét par impieté ce que les Platoniciens ont soustenu par zele; qui trouuent mille difficultez a seruir Dieu par le culte exterieur, & qui en produisent lâchement des actes; d'autant qu'il leur semble que leurs sens y sont choquez & combattus par les peynes qui les accompagnent en effet, où dās les seules apparences. Delà vient qu'elles les fuyent auec horreur, les considerant comme des gesnes & des contraintes; & qu'elles s'en dispensent facilement sous le beau pretexte d'vne impuissance pretenduë, où d'vne plus genereuse liberté: comme si elles vouloient renouueller l'erreur de cés anciens Heretiques dont parle S. Epiphane, qui reiettoient l'vsage des ceremonies dans l'acquit du diuin seruice.

S. Iean Chrisostome ne fait point difficulté de dire sur ce propos, que comme la chair d'vn hōme qui prattique les solides actions de l'innocence & de la sainèteté prend sensiblement les

Religio humanis est inimica corporibus Ex Marsil. Ficin. l. 14. Theolog. Platonic. cap. 10.

Lib. 2. Hæres. 60.

Homil. 13. in Epist. ad Romanos.

proprietez de l'esprit : que l'ame d'vn homme sensuel se rend aussi brutal, & se trasforme toute en la nature de chair, lors qu'elle suit ses appetits qui sentent la beste. Or s'il faut appuyer cette verité par l'authorité familiere de l'exemple, côtemplez seulement vne Dame qui professe ouuertement les deuoirs d'vne vraye & solide pieté, & qui par les habitudes d'vne continuelle mortification, s'est renduë maistresse de cette partie animale qui obeyt si peu aux ames mondaines : Elle commande à son corps auec authorité, elle tient sur ses appetits vn empire absolû; & tire de cét esclaue tout le seruice qu'on peut desirer. Elle le fait demeurer dans les Eglises tout prosterré, où de bout, où à genoux, où en d'autres devotes postures, tout autant de temps que son zele l'emporte, où que la loy du culte Religieux l'oblige de satisfaire parfaitement à ce deuoir par des preuues sensibles.

Vous attendez peut-estre, de voir la prattique des mesmes actions de vertu en des personnes de l'vn & l'autre sexe, qui ont la santé du corps assez forte, & la dispositiô assez vigoureuse pour faire de longues prieres dans l'oratoire, où dans vne Eglise sous vne posture fort humble & exemplaire. Certes vous serez trompé dans vos attentes ; car comme elles n'ont iamais affligé le corps par quelques austeritez, n'y permis qu'il ait ressenty des peines violentes, elles ne l'ont en suitte iamais formé dans l'habitude de se pouuoir tenir plié & flechy en la presence de Dieu: Soit pour auoir esté trop sensibles aux moindres incõmoditez qu'il souffroit, où parce qu'elles ont tousiours euité le trauail où la douleur qu'il y a d'estre à genoux pendant quelques heures, auec vn maintien deuot & bien reglé par la modestie. Apres cela vous estonnez-vous de leur entendre dire que la Messe dure trop, si elles y assistent auec humilité de cœur & de corps, & que le Sermon est trop long, s'il le faut oüyr? C'est neantmoins le commun langage de ces ames laches, qui ont tousiours en bouche cette fausse maxime, dont le sens est si bien approuué des enfans du siecle. *Que la courte priere penetre les Cieux.* Voyla donc la source du desordre, du peu de respect, des insolences & des prophanations qu'on commet dans les Eglises. Voyla comment le culte de Religion cesse en public dans les lieux sacrez, par le mespris qu'on fait de la mortification, qui façonne, plie & dispose le corps à ces fonctions Chrestiennes.

Si les Directeurs des ames du siecle qui font gloire d'applanir le chemin du Paradis, & de n'y laisser aucune espine, auoiét vsé de reflexiõ sur ce sujet; ie veux croire qu'ils seroient moins indulgens à ceux qui releuent de leur Cõduite: & i'ose

DE L'AMOVR PROPRE. 181

dire de plus, qu'ils auroient obserué iusques icy vne sainte seuerité, s'ils auoient bien consideré, que c'est exterminer les trois parties du Sacremēt de Penitence, de persuader aux fidelles que la mortification du corps n'est pas vn moyen necessaire pour s'aduancer à la perfection. Car ils ne sçauroient nier que cét abus ne procede de ce mauuais principe, & que la consequence n'en soit ineuitable, s'ils veulent souffrir que ie trauaille a iustifier le sens de cette proposition par la voye du denombrement. *Cinquiesme consequence.*

Et pour commencer par la Contrition, il faut qu'ils aduoüent apres S. Iean Chrisostome, qu'elle ne se peut former dans vn cœur ennemy de la mortification & attaché aux delices, cōme il est impossible que l'eau & le feu s'accordēt enseble, pour ne faire qu'vne seule demeure dās la capacité d'vn mesme lieu. Pour preuue de cette verité, cōsultez s'il vous plaist voſtre experience, & cōsiderez quel est voſtre cœur au sortir d'vn festin. *Sicut impossibile est ignem manere in aqua, sic compunctionem vigere in deliciis. lib. 2. de Compunct. cord.*

Quant à la Confession des pechez nous deuōs encor conclure auec Philon le Iuif, que celuy qui n'a pas moins d'auersion contre les douleurs qui persecutent le corps, que d'amour pour les voluptez qui le flattent, n'est pas bien disposé pour reconnoiſtre ses deffauts, n'y capable de declarer ses offenses dans le mesme degré de malice qu'il les a commises. Par ce qu'ayant vne ame toute *Lib. de Cain.*

Z 3

enseuelie dans la matiere elle tient beaucoup de ses obscuritez & de ses langueurs, les mouuemés de l'appetit diuisent ses attentions, affoiblissent sa raison, & l'emportent hors des veuës tranquilles d'elle-mesme par vn grand esloignement de pensée. Delà naissent les difficultez extremes à trouuer du temps bien à propos pour examiner sa conscience, & puis la honte naturelle à dire ses pechez en presence d'vn Confesseur. O qu'il y a bien de la difference, dit vn S. Prelat de nostre siecle, qui s'est assis souuent sur le Sacré Tribunal de la Penitence, entre la Confession d'vn Chrestien nourry dans la volupté, & celle d'vn autre qui suit vne vie austere. Celuy-là d'ordinaire n'a que des excuses où de molles declarations en bouche, & l'on ne void en celuy-cy que de naïfues accusations.

Confessio-nem debet comitari myrrha & thus, id est mortificatio carnis. Serm. 60. de paruis.

Mais par ce que la Satisfaction est la piece la plus difficile, comme estant cette myrrhe dont parle S. Bernard, qui doit mortifier les sentimens de la chair : Voyons s'il n'est pas veritable, que nostre corps est vn Tyran, qui préd tous les iours de nos deferences l'occasion d'acroistre ses exactions. De sorte que si on le caresse & traitte delicatement, les choses cómunes luy sont à dégoust, & les plus legeres incommoditez sont insupportables à son insolence. Iusques là que plusieurs aymét pluftost mourir, que d'estre priuez de leurs

DE L'AMOVR PROPRE. 183

delices accoustumées, & perdre pluftoft la vie naturelle que la fatisfaction des fens. C'eft la raifon pourquoy l'on void au iourd'huy beaucoup plus de foldats que de Religieux, & plus de perfonnes qui s'expofent hardiment à mourir dans vn fanglant combat, que d'autres qui faffent refolution de renoncer aux voluptez, pour faire penitence dans quelque fainte folitude. Car la crainte qu'elles ont de fouffrir les douleurs lentes & tardiues de la mortification, eft plus puiffante fur leur efprit, que l'aprehenfion naturelle de tomber dans les perils de la mort parmy les funeftes occafions de la guerre: Ce qui eft conforme au fentiment de Tertulien.

Metus mortis non eft tantus quantus tormentorum. ad Mart. cap. 4.

Mais d'où vient cependant que cet homme defefperé qui ne fait que fortir des furieufes récontres d'vn düel, n'a point tremblé voyant les éclairs & les luifans de mille coups d'efpée qu'on à pointez contre fa poictrine? Et qu'il s'effraye neantmoins, quand on luy prefente les branches d'vne difcipline, où lors qu'õ luy fait toucher du bout du doit le poil heriffé d'vn cilice? D'où viét dif-je, ce defordre? C'eft qu'il n'ofe pas entreprendre ce qu'il n'a jamais bien appris. C'eft que dés fon enfance ayant nourry le corps dans les delicateffes par l'efloignement des peynes & des douleurs, il en a fait vn feruiteur rebelle felon l'ancienne maxime du fage, & vn mauuais exe-

Qui delicatè nutrit à pueritia feruū suum poftea fentiet eum contumacem. Prouerb. cap. 19.

cuteurs des pieuses intentions de l'ame ; & pour n'oublier ce qui est plus cóforme à mon propos, c'est que vous mesme qui auez souuent entendû ses Confessions sacramentales ne luy auez point imposé d'autres Penitences, ny ordonné d'autres austeritez pour satisfaire à la diuine Iustice, que le recit de quelques prieres vocales. Mais donnons plus de iour & plus d'estenduë à cette pensée.

 Vous sçauez bien qu'il y a des poissons qui estans nays dans les plaines salées de l'Ocean, recherchét neantmoins les eaux douces, & quittent la mer, qui est le premier lieu de leur nourriture, pour rencótrer des viues sources, en poussant cótre le courant de nos fleuues. Certes il en est de mesme de plusieurs Chrestiens ; en ce que par le premier Baptesme ils naissent spirituellement dans les eaux benites & sacrées, auec du sel, comme autant de poissons mysterieux, selon l'Allegorie de Tertulien, & si tost qu'ils ont acquis l'vsage de la raison, ils sont iettez dans les eaux ameres de la Penitence, qui est vn second Baptesme, afin d'y rencontrer vne nouuelle vie. Apres cela que font-ils ? Ils fuyent les rigueurs & biaysent aux amertumes, à cause de l'auersion extreme qu'ils ont conceuë contre toutes les aspretez qui persecutent le corps : & leur inclination naturelle les porte à commencer vne vie spirituelle toute animée d'attraits, de douceur,
         d'amour,

Lib. de Baptism.

DE L'AMOVR PROPRE. 185

d'amour, & de repos. Delà vient qu'ils cherchent des Directeurs courtois, affables, & complaisans; où des Confesseurs qui soient agreables en leur entretien, & faciles dans leur abord; qui diminuent leurs pechez, & qui par vne lache condescendence les esloignent des espines & des Croix du Caluaire. Que s'ils sont tels en effet, qu'ils les souhaitent par desir, il ne faut plus parler de ieusnes, de longues prieres, ny de Cilices, ny d'autres semblables instrumens qui mortifient les appetits déreglez du corps humain ; parce qu'on leur persuade que leur foiblesse les dispense de ces prattiques. Et c'est ainsi qu'ils ne font iamais de penitences satisfactoires en cette vie, pour preuenir en l'autre les iugemens diuins.

C'est bien plus, les pernicieux effets de cette opinion, qui estime inutiles où peu necessaires les mortifications exterieures, passent bien si auât qu'ils ostent aux ames le moyen de se garentir des perils de la tentation. Car l'on doit confesser que les veilles, les ieusnes, & les rigueurs, d'vne pauureté volontaire, sont des armes qui font trembler les Demons de l'Enfer, selon la commune doctrine des saincts professeurs de la Theologie mystique, apres le tesmoignage du grand S. Anthoine. Ces mesmes austeritez corporelles sont encore des remedes fort asseurez pour resister aux flammes impures de la concupiscence : comme

Sixiéme consequence.

Mihi credite fratres pertimescit Satanas piorum vigilias, ieiunia, voluntariā paupertaté &c. Ex D. Hieronim. in eius vita.

2. Part. A a

nous en pouuons eſtablir les preuues par le commun procedé de la nature, d'ont la choſe contenuë eſt ordinairement plus foible, que celle qui l'enuironne.

En effet, ne voyez vous pas que le cerueau à la ſolidité du crane pour ſa forterreſſe? qu'en la compoſition de l'œil, les muſcles, les tuniques, les nerfs, enueloppent l'humeur criſtalline qui eſt la partie la plus molle & la plus alterable? que les coſtes ſont neceſſaires pour parer le chocq & les rencontres qui pourroient offenſer la delicate complexion des parties vitales? que les arbres ont leur écorce, & les grains de blé leur eſpy? que les animaux ont la peau & la corne, & les poiſſons les eſcailles. Cela ſuppoſé, il n'eſt pas moins neceſſaire que l'homme qui eſt logé au milieu de ſes ennemys, dont les vns ſont en veuë, & les autres ſont inuiſibles, ſoit fortifié & armé pour attaquer où pour ſe deffendre des violentes tentations. Sa vie eſtant vn continuel combat contre les ruſes de Sathan, les vanitez du monde, & les mauuaiſes inclinations de la chair, doit-il demeurer foible, impuiſſant, ſans ſecours, & ſans aucun moyen de les vaincre. Certes outre l'inſtinct, la raiſon, & la grace: Dieu luy à mis en main la mortification des ſens pour eſtre ſa deffenſe, ſon fort, & ſon auant-garde, afin qu'il puiſſe euiter les perilleux accez du peché.

Ce n'est pas qu'il faille que les ames Chrestiennes suiuent dans cette milice spirituelle les loix communes de la guerre qui desole les Estats d'vn Prince. Car elles veulent que l'on campe les soldats en vn lieu d'où ils puissent voir les ennemys, & leur donner souuent quelques escharmouches, pour les accoustumer à n'auoir point de peur, lors qu'il faudra se presenter au combat & iouer des armes : Mais les fidelles ne doiuent pas s'exposer en veuë du mal où du plaisir qui menace de les vaincre, n'y se presenter de front à la tentation qu'il faut combatre, si elles ne veulent chercher auec temerité les occasions de se perdre, & si elles n'ont resolû de brauer l'ennemy en marchant sur le bord d'vn precipice. *Veget. de re milit. lib. 3. cap. 12.*

C'est pourquoy il suffit de se preparer par auance, de se fortifier, & de s'affermir contre l'ennemy ; & d'estre disposé à resister à ses efforts. Ie veux dire auec les plus sages Docteurs de la vie spirituelle, qu'il est necessaire de former le corps sous des rigueurs & des mortifications qui ne finissent que pour recommencer, afin qu'estant accablé par le trauail, & abattu par les violentes souffrances, il ne serue point d'instrument aux artifices de la rage qui anime les Demons à nous perdre. C'est le conseil que S. Augustin donnoit autrefois aux bons Chrestiens de son siecle & de son Diocese ; & la prattique en à tousiours reüssi *Hoc est opus vestrum in hac vita, actiones carnis spiritu mortificare, quotidie affligere, minuere, fraenare, interimere. Serm. 13. de Verb. Apost.*

si heureusement à plusieurs saincts dont l'Eglise reuere la vertu, Sans cette rigeur ils n'auroient, peut estre, iamais triomphé des ennemys qui trauersoient leur repos & leur salut. Car il est bien croyable que si les austeritez les plus fascheuses au sentiment naturel n'eussent esté communes & familieres à S. Benoist, à S. Martinien & à nostre seraphique pere S. François, iamais le premier ne se fût ietté tout nud sur vn fagot despines, n'y le second sur vn ardent brasier, n'y le troisiéme dans la nege ; & en suitte ils fussent demeurez vaincus par les embrasemens de la concupiscence sans l'employ de ce violent remede. Ces ames heroïques auoient donc appriuoisé depuis long-temps cette partie animale qui faisoit la moitié d'eux-mesmes auec la faim, le froid, la nudité, les ieusnes, & mille autres saintes cruautez. Delà vient qu'ils trouuerent assez de facilité & d'habitudes à s'abandõner aux picqueures des espines, aux ardeurs du feu, & aux glaces de la nege: Comme les habiles medecins sçauent appliquer les derniers remedes aux maladies aiguës, apres s'estre long-temps exercez à dispenser bien a propos les ordinaires.

Allez cependant persuader le mesme à vn million de fidelles de l'vn & de l'autre estat, qui sont beaucoup trauaillez de pensées impures & deshonnestes : ils vous respondront, que ce n'est plus le temps de porter, d'estendre, & de glorifier de la sorte la Croix de Iesus; qu'il y a trop de rigueur dans ces belles prattiques, & que leurs Directeurs ordinaires ne leur persuadent pas d'agir auec des seueritez si extremes; que ce n'est plus la mode n'y la saison de mortifier la chair par des instrumens de peyne & de douleur, & qu'il suffit pour l'asseurance du propre salut, de faire vn deuot & familier vsage des Sacremens. Voylà le commun langage de ceux qui sont conduits & gouuernez par les ennemys domestiques de l'Eglise; à qui neantmoins ie demande. D'où vient que dans les villes où l'on frequente assez souuent les Sacremens de Penitence & de l'Eucharistie, il y a tant de subites & deplorables cheutes? tant de naufrages de chasteté que nous voyons tous les iours en la personne de plusieurs ieusnes hommes, & d'vn grand nombre de filles; dont ceux-la sembloient estre vn parfait modelle d'honnesteté, & celles-cy autant de miroirs animez d'vne rare vertu?

Si ces mauuais guides ont accoustumé de s'effrayer aussi-tost qu'on leur fait le recit de ces tristes nouuelles, ie vous asseure, mon cher Lecteur, que i'en demeure plus confirmé dans mes pensées. Et que lors que ie considere ces astres qui tombent dans le puits de l'abysme, ces estoilles qui s'eclipsent, ces hauts Cedres du Liban qui sōt renuersez par terre, ie ne m'en estonne non plus que si l'on m'auoit rapporté qu'vne ville demantelée à esté emportée d'assaut, & que les soldats l'ont ruynée par le fer & par le feu, n'estant point fortifiée pour se deffendre: ou qu'vn Nauire estât sorty du port sans voyle, sans cordages, & sans gouuernail, s'est perdu dans la mer Oceane, estant acueilly par les flots & les vens d'vne furieuse tempeste. Il ne faut point s'effrayer d'auantage, si l'on apprend que des ames esleuées tombent tout à coup dans l'abysme du peché mortel, pour n'auoir pas suiuy le conseil d'vn sçauant Cardinal, & pour auoir negligé la mortification des sens sous la conduitte d'vn Directeur également seuere & raisonnable. Car quel moyen de vaincre, si l'on n'est pas seulement instruit à combattre.

Catni quæ tentatur spiritus quasi desuper intentet virgam, & rigidi terroris adhibeat disciplinâ. Petr. Dasmian.opusc. 32.

Ie concluds auec ce mot de l'Histoire qui rapporte que Xerxez Roy de Perse ruyna l'Estat des Babyloniens, en leur conseillant de quitter les armes, & de s'adonner aux delices & aux passetemps: & que Cyrus fit le mesme aux Lidiens, lors qu'il leur accorda vne paix delicieuse & plōgeé dans les voluptez. Nous pouuons dire à mesme proportion que les faux Docteurs de la pieté ne font pas moins de dégat dās le Christianisme, lors qu'ils publient par la lāgue où par la plume, qu'il ne faut plus affliger le corps par des austeritez, & qu'il importe que sa constitution excede plus en vigueur pour agir, qu'en foibleffe pour tomber dans l'impuiffance. Car c'eft le perdre en luy faifant trop de careffes.

Mais pour preffer encore le mefme argument par vne autre confequence qui n'eft pas moins confiderable, ie veux fouftenir, que celuy-là ne doit pas afpirer aux graces & faueurs des diuins entretiens, qui ne modere les déreglemens du corps par des chaftimens volontaires. Pour éclaircir cette verité iufques dans fa fource, nous deuós fuppofer auec S. Auguftin que c'eft vne chofe bien dágereufe à l'Ange, de viure felon fa propre nature. Parce que la feule vie de Dieu doit eftre la regle de toutes les vies. Delà vient que fi Lucifer s'eft perdu, ç'a efté feulement pour auoir de la fatisfaction à viure dans foy-mefme felon la regle de fes propres idées : Ce qui le fit tomber dans l'erreur, & l'efloigna du chemin de la verité qu'il deuoit tenir, fans s'arrefter à la cóplaifance de fes perfections. De ce principe ie veux inferer, que s'il a efté neceffaire que la nature Angelique quoy qu'excellente fortit hors d'elle-mefme pour regler fa vie fpirituelle par la vie effentielle de Dieu, comme eftant fon parfait exemplaire : ne faut-il pas conclure, felon la doctrine du mefme S. Auguftin, que l'homme fe perd auffi bien que l'Ange Apoftat, s'il veut viure felon la nature de l'homme ?

Septiefme confequence.

Nec Angelo fecundum Angelum viuendum fuit vt ftaret in veritate. lib. 14. de Ciuit. Dei. cap. 4.

Cum viuit homo fecundum hominem non fecundum Deum tunc eft fimilis Diabolo. idem ibid.

Or quel moyen que celuy qui s'attache aux plaisirs des sens, & qui ne les tient pas pour ennemys où pour suspects, puisse s'approcher de la saincteté de Dieu? comment donc peut-il la choisir & la prendre pour son prototype s'il luy est entierement opposé en viuant selon ses inclinations? Et quel rapport ou commerce veut-il auoir auec la vie parfaite & essentielle de Dieu qui est vn pur esprit, puis qu'il se moque des austeritez & des Penitences exterieures, qui pouuoient luy donner des approches à ce souuerain exemplaire, & le rendre capable, selon l'axiome du grand S. Gregoire, d'entrer en commerce auec Dieu par les sacrées familiaritez de l'oraison, en luy faisant perdre la vie de la chair & du sang, qui est la seule approuuée dans le monde?

Nemo valet apprehendere quod supra ipsum est, qui nescit mactare quod est. Homil. 32. in Euang.

J'aduoüe, que les ames qui se proposent la perfection Chrestiéne y rencontrent des charmes & des delices surnaturelles; & que la diuine bonté qui les oblige de l'acquerir, tempere d'abord ce qu'il y a d'amer & de difficile dans ce trauail par l'attrait des consolations du Ciel; afin de les attirer aux employs de la pieté, & de les engager à son seruice sous les effets sensibles de la grace. Mais aussi l'on ne sçauroit nier, que côme leur extreme lâcheté les fait bien tost relacher de cette genereuse entreprise, & que d'ailleurs elles negligent l'vsage des moyens qui conseruent ces douceurs,

douceurs, ces charmes, ces suauitez Celestes qui rauissent les puissances de l'ame; elles ne retôbent de la vie de l'esprit à celle des sens, & ne passent des éleuations de la grace aux corruptions de la nature, par vn erreur de iugement qui n'a point trouué d'exemple parmy des Payens. Car nous sçauons que les Gymnosophistes des Indes, & que les Prestres d'Isis en Egypte estoient en leur viure extremement sobres; qu'ils s'abstenoient d'animaux, qu'ils ne prenoient que des fruits pour leur nourriture, & qu'ils exerçoient le corps en d'autres semblables rigueurs. Par ce qu'ils se figuroient que c'estoit autant de dispositions necessaires pour participer à la familiere communication auec les diuines Intelligences.

Porphir. lib. de Abstinent. Antiq.

Et neantmoins nous voyons auiourd'huy vn nombre infiny de Chrestiens qui se dispensent des loix exactes du ieusne, qui s'interessent pour les plaisirs indifferens qui satisfont le corps, qui esloignent de cette partie animale toutes les peynes, qui blessent son appetit à cause qu'elles leur semblent facheuses & insupportables; & qui l'ayant affranchie de toute sorte de douleur, en font vn Theatre de volupté, où vne masse de chair lourde & pesante dans le chemin du Ciel, par la raison qu'en donne Tertulien. Et cependant ils ont bien la temerité d'aspirer aux inondations sur-naturelles de la grace, & de pretendre

Opimitas sapientiam impedit, exilitas expedit. lib. de Anim. c. 20.

2. Part.   B b

aux consolations du Thabor, sans auoir demeuré quelque temps parmy les Croix & les souffrances du Caluaire ! Ils demandent des passe-droits, & ils sçauent que Dieu ne s'approche iamais d'vn Chrestien delicat; qu'il ne découure point sa face qu'à ceux qui sçauent manier les espines; que la sagesse eternelle ne fait pas sa demeure dans les personnes qui ayment auec trop de passion les douceurs de la vie presente; & qu'elle ne communique le don d'Oraison, de Prophetie, où d'autres semblables, qu'à ceux qui sont morts aux plaisirs du corps, & qui par les macerations ont desia tüé en ses membres les imperfections de la nature & ses appetits déreglez: puis que l'oracle diuin nous asseure, que l'homme ne iouyra des familiaritez diuines sans perdre la vie animale, & sans mourir plustost à ses propres passions par les aspretez de la mortification corporelle, pour raisonner selon le Commentaire que S. Gregoire de Nysse à donné au texte sacré de l'Exode.

Mais côme l'aueuglement extreme occupe l'esprit de tant de personnes qui viuent dãs le Christianisme, elles ne goustent point cette verité; & bien esloignées d'en venir iusques à l'experiéce, elles ne veulent pas se persuader, que Dieu ait autrefois concedé à Moyse, à Elie, à S. Iean Baptiste & à mille autres SS. des graces & des faueurs particulieres en veüe des veilles, des abstinences,

Sapientia nec inuenitur in terra suauiter viuentium. Iob. cap. 18.

Non videbit me homo & viuet. Exod. c. 33. Homil. 9. in Cantic.

DE L'AMOVR PROPRE.

des solitudes, des iesunes continuels, & d'autres semblables seueritez qu'ils auoient fait souffrir à la partie inferieure, auāt de receuoir les celestes consolations qui deuoient inonder l'intellectuelle. C'est pourquoy ie leur propose d'autres consequences, qui gaigneront peut estre plus d'approbation dans leur iugement: à sçauoir, que par le mespris de la mortification du corps l'homme se réd moins capable de supporter les peynes & les miseres du monde; que son esprit est moins disposé à la douceur & à la patience, la chair n'ayant point ressenty les picqueures de quelque douleur; que par la mesme raison il est moins sensible aux diuers maux qui affligent son prochain, & n'est point touché de quelque compassion pour n'auoir bien connû les mal-heurs, & les disgraces de la vie humaine par les essays de la souffrance qui combat la delicatesse ; qu'il se dispose à viure plustost en brutal qu'en homme raisonnable, ne chastiant pas les rebellions de l'Appetit concupiscible, & preferāt l'opinion des Libertins qui decreditent les austeritez corporelles ; & qu'enfin les infirmitez & les langueurs d'vne longue maladie luy sont insupportables, par ce qu'il n'a point vsé de mortification actiue pour se preparer à souffrir les passiues. Il me seroit aisé de dresser icy vn discours sur chacune de ces propositions pour en iustifier le sens: Mais la crainte

Autres diuerses consequences.

d'vne longueur importune m'empeche la poursuite de ce dessein. D'ailleurs vne mediocre connoissance de la morale suffit, pour faire aduoüer
que ie n'aduance rien qui ne soit conforme à la
verité. Ie m'arreste seulement à vous faire voir
ce que i'estime le plus important sur le present
sujet, & à vous persuader, s'il m'est possible,

CHAP. XIII.

Que l'Amour propre rend les personnes trop sensibles dans les diuerses maladies qui affligent le corps.

Auth. Theolog. Aegypti. li. 6. c. 1.

S'Il est ainsi, que les causes superieures sont en ce monde comme des Ministres d'Estat qui President, dit vn Ancien, sur la grande republique de l'Vniuers, d'autāt qu'elles sont employées pour rendre plus parfaites les productions de la nature; si les corps celestes fauorisent de leurs effets les mixtes & les elemens; si les Astres & les Estoilles ont vne extreme complaisance à concourir par la vertu secrete de leurs influences, & à prester le secours necessaire pour la generation des corps dont la forme est vegetante: D'où viēt qu'il y a souuent des prodiges & des monstres dans la generalité de tous ces estres? D'où procede vn si grand nombre de productions défectu-

DE L'AMOVR PROPRE. 197
eufes? D'où naiſſent tant d'auortons, qui font iniure à la parfaite nature des plantes & des arbres? En vn mot, quel eſt le principe effectif de mille indiuidus, qui ſont imparfaits, en ce qu'ils degenerent de la loy commune de leur eſpece, par l'excez où le deffaut de la matiere?

Certes ſi dãs la Philoſophie l'on à quelque droit de former ſouuent cette queſtion, il eſt encore plus raiſonnable de demander dans les appartemens de la moralle Chreſtienne, D'où procedent tant de deſordres qui regnent dans le cœur des perſonnes malades, & qui démentent en quelque façon la ſentence du Sage? D'où vient auiourd'huy, que bié que toutes choſes contribuẽt à la gueriſon de leurs corps, & à la ſanctification de leurs ames, elles ſont neantmoins eſclaues de mille pechez? & ſe rendent plus criminelles, lors meſme qu'elles ſont dans vne heureuſe impuiſſance de gouſter les attraits de la volupté, & quand elles ſont eſloignées de la veüe & de l'occaſion de commettre le mal, & hors le commerce des vices qui ſont ordinaires à la vie ciuile? Comment ſe peut-il faire que quoy qu'on n'oublie aucun remede, ny dans la nature ny dans la grace, elles s'eſchappent en de continuelles impatiences, & font des ſaillies irregulieres dans le temps qu'elles ont mille occaſions de prattiquer de grandes vertus, & d'eſtre dans l'exercice des

Infirmitas grauis ſobriam animam facit. Eccleſ. c. 32.

Bb 3

SS. Martyrs, sans endurer la persecution des Tyrans? Qu'elle cause infortunée fauorise la malice qui succede de si pres à la douleur? Et pourquoy l'ame Chrestienne agit autant par la violence de ses propres passions, que le corps patit par l'accez de la fieure qui le trauaille? N'est-ce pas, dit Saluian, vne espece de nouueau monstre de voir des malades qui sont desia aux portes de la mort, & qui forment neantmoins des vices dans le cœur, n'ayant pas la puissance où la hardiesse de les produire au dehors?

Nouum hoc monstri genus est, aliquos esse in morte vitiosos. lib. 7. de Gubernat.

Or comme les Philosophes enseignent auec S. Thomas que les monstres sont des effets qui dependent des agens particuliers, dont la fecondité où la foiblesse ne suit pas le cours des causes celestes, mais de leur propre vertu, pour faire des productions imparfaites, comme sont celles de tant de fruicts qu'on appelle les pechez visibles de la nature: De mesme dit le grand S. Paulin Euesque de Nole, il y a des vices qui tirent leur naissance du cœur de l'homme, & qui sont d'vne difformité si prodigieuse, qu'on peut les appeller les veritables monstres du Christianisme. Pour mieux comprendre cette verité selon les idées de mon dessein, figurez-vous vn malade couché dans vn lit qui commet par ses discours où par ses pensées les mesmes déreglemens, qui sont communs à ceux qui iouyssent de la santé; & con-

1.2. q. 21. art. 1. Arist. 2. Physic. c. 2. Text. 8.

Qualia in frugibus accedunt vitia monstrorum: talia in cordibus exurgunt monstra vitiorum. Epist. 30.

DE L'AMOVR PROPRE.

cluez hardiment que ce sont des prodiges, & autant de monstres qui publient en sa personne, combien l'inclination de la nature corrompuë est puissante sur la raison, pour la rendre esclaue du peché par les viues atteintes de la douleur.

Mais qu'elle est la source de ce desordre? Certes c'est le seul esloignemēt des peynes & des macerations du corps pendant l'estat de la santé. Car la chair qu'on à nourrye sans rigueur & sans austerité, contracte vn sentiment si delicat, qu'elle deuient lâche à souffrir, & se monstre plus rebelle & plus insolente contre les moindres douleurs que la maladie luy fait ressentir. C'est pourquoy vous voyez si souuent tant de petites ames qui se picquent de quelques exercices spirituels prattiquez dans l'eminence, & qui dans les premieres attaques d'vne fieure font voir à découuert & comme en triomphe l'Amour propre qui les possede. Car d'abord la constance de leur courage les abandonne, & l'impatience succede dans tous les degrez de violence qu'on sçauroit s'imaginer, comme nous pouuons le iustifier par la deduction de cette matiere.

Et pour commencer par le degré d'impatience qui occupe plustost l'esprit d'vn malade, nous pouuons dire selon l'adueu de sa propre confession, qu'il est fondé sur les douleurs aiguës qui affligent l'esprit, comme estant les premieres qui

Premier degré d'impatience.

Dolet anima cum corpore cum eo

cō dolet vbi laditur corpus. lib. 21. de Ciuit. cap. 3.

le remplissent de chagrin & d'inquietude. D'autant que l'ame, dit S. Augustin, est tellement associée auec le corps, qu'elle participe à tous les maux qu'il endure, & s'atriste selon la qualité de la douleur qui presse la partie corporelle. Car comme elle se resiouit, lors que les sens reçoiuent les especes des obiects qui les flattent & qui sont conformes à leur inclination: De mesme elle s'afflige, quand ils sont trauaillez de quelque mal, & qu'ils souffrent de la violence par vne oppression contraire à l'estat de leur temperament, & à l'idée de leur imaginatiue. Que si le corps humain est d'vne constitution delicate, où si iamais il ne s'est exercé dans les souffrances, l'esprit est aussitost abbatu, & sa constance qui paroissoit Heroique pendant les douces satisfactions de la santé, se change en lacheté & en foiblesse dans les viues attaques de la maladie.

De là vient, qu'il y a tant de personnes infirmes & languissantes, qui sçauent si peu faire vn saint vsage des maux que le Ciel leur enuoye, qui les endurent de si mauuaise grace, & qui paroissent si sensibles à toutes les indispositions & infirmitez qui les acueillent chaque iour, qu'il n'est pas possible d'aborder leur lit sans y remarquer des grands effets de la passion de cholere qui les anime & les emporte. Les vns crient que la cholique leur déchire les entrailles ; les autres pleurent

pleurent de quoy la goutte leur nouë les membres. Ceux-là publient hautement, que des vlceres malins leur rongent les entrailles, & ceux-cy s'empressent à tesmoigner qu'ils sont dans des chaleurs aussi cuisantes que les ardeurs d'vne fournaise. De sorte que s'il falloit iuger de la violence de leurs passions par l'éclat de leur voix entrecoupée de quelques parolles de plaintes & de depit, l'on auroit suiet de croire, que ce sont des larrons où des homicides que l'on applique aux violences de la gesne, pour apprendre la verité de leurs crimes par la confession publique de leur bouche. Car ils ne souffrent pas dans cét esprit de Christianisme, que S. Pierre nous recommande, & dont S. Paul nous marque le degré de perfection par son exemple, lors qu'il se glorifie dans ses infirmitez.

Nemo vestrum patiatur vt fur aut homicida. 1. *Epist. c. 4.*

Gloriabor in infirmitatibus meis. 2. *Corinth. c. 12.*

Ce n'est pas qu'on condamne comme des crimes ces plaintes cõmunes qui sortent de la bouche d'vn pauure malade ; ny qu'on deffende les souspirs & les gemissemens qui peuuent soulager quelquefois sa douleur, & seruir de relâche dans le sentiment du mal qui l'accable. Ces *helas* sont innocens qui flattent l'imagination par diuersion de pensée, comme dit vn ancien ; & qui esloignent son idée de la presence de l'obiet qui la fasche & qui l'importune. Mais aussi l'on ne sçauroit approuuer les hauts cris qui prennent leur

Læsus animus vociferatione pascitur. Cassiod. lib 2. Variar. Epist. 25.

2. Part.

acroiſſement des ſaillies d'vne mauuaiſe humeur, ny donner des loüanges aux plaintes exceſſiues retraiſnées en langueur, qui naiſſent d'vne inquietude de cœur & d'vne raiſon débauchée; qui ne finiſſent à chaque moment que pour recommencer; & qui durent autant que le mal meſme.

Certes il ſemble que la nature n'approuue point ce procedé comme equitable; puis qu'elle fait des bruits de peu de durée quãd elle déploye ſes efforts pour s'oppoſer à la violence des qualitez qui luy ſont ennemyes, & qu'elle combat pour conſeruer les intereſts d'vn indiuidû. En effet, ce n'eſt qu'en paſſant que les exhalaiſons grondẽt en l'air, & qu'elles eclattent en tonerres pour s'eſchapper du froid qui les empriſonne; ſi le fer chaud petille auſſi toſt qu'on luy iette de l'eau deſſus, il eſt certain que ſes gemiſſemens ceſſent pluſtoſt que ſa chaleur; & ſi les beſtes font des efforts de voix lors qu'elles ſont dans les ſouffrances, c'eſt dans la grande preſſe du mal qui les tourmente, pour teſmoigner pendant quelques minutes de temps l'antipatie où l'auerſion naturelle qu'elles ont des viues impreſſions de la douleur qui les accable. Et nous entendons neantmoins des crieries eternelles qui ſortent d'vne bouche Chreſtienne, tout autant que le corps eſt attaqué & combattû de maladie. He! n'eſt-ce pas vne extreme delicateſſe. Que les parens & les amis

DE L'AMOVR PROPRE.

déployent auec adresse les figures les plus puissantes de leur Rethorique naturelle où acquise, pour luy persuader la patience, pour charmer ses ennuys, & pour faire cesser les agitations du corps, apres auoir appaisé les inquietudes de l'esprit : ils perdront leur peyne; & les plus sages discours qu'ils luy feront pendant le cours de leurs visites, seront iugez dans sa pensée où importuns où desraisonnables. Que les Ecclesiastiques & les Religieux s'approchent encore du lit ; qu'ils fassent pour elle des prieres, & qu'ils prononcent en sa faueur quelque sacrée parolle du Royal Prophete : cette infortunée sera si peu satisfaite, qu'elle n'aura de pensée ny d'attention n'y de langue que pour presser auec instance tous les domestiques de sa maison, de luy faire venir au plustost son Medecin. *Dominus opem ferat illi super lectum doloris eius. Psalm. 40.*

Voylà le second effet de son impatience qui suppose en elle de la foiblesse, & non pas vn degré de cette force genereuse dont parle S. Augustin, qui souffre auec indifferance tout ce qui la blesse par le pur motif de l'amour de Dieu. Voylà la Tyrannie de cét amour propre qui fait souhaiter à vn malade, de commencer plustost les ordres de sa guerison par l'industrie des hommes que par les adresses de la bonté de Dieu; qui donne la preference au secours humain par dessus le diuin ; qui considere plustost la santé du *Second degré. Fortitudo est amor omnia propter Deum facile perferens. lib. de morib. Eccles.*

corps que la sainteté de l'ame, qui persuade d'implorer sans delay l'art de la main d'vn maistre operateur plustost que la grace du S. Esprit; & qui tesmoigne d'ordinaire plus de confiance aux remedes naturels, qu'a ceux qui sont ordonnez par la Sagesse eternelle, puis qu'il fait qu'on découure les indispositions du corps au Medecin, auant de communiquer celles de l'ame au pere Confesseur.

Ce que ie trouue encore plus deplorable, c'est que ce mal-heureux languissant n'a point d'oreilles pour écouter ceux qui trauaillent à luy persuader, qu'il doit esperer vn plus prompt secours du Ciel que de la terre, & plus attendre de Dieu que des hommes. Car il s'offense d'abord qu'on luy represente auec S. Bernardin, que les deffauts, les crimes & les desordres de l'ame sont bien souuét la cause principale des langueurs & des infirmitez du corps; que l'absolution sacramentale fait cesser celles-cy, apres auoir destruit ceux-là par l'infusion de la grace; que la sainte Eucharistie estant ce pretieux Elixir qui nous est diuinement ordonné, pour nourrir & fortifier tout l'estat de l'homme interieur, qu'il est aussi raisonnable qu'elle precede toutes les potions medicinales, & qu'elle serue d'aliment à la partie la plus noble. D'autant que c'est vne espece de felicité, comme dit vn grand homme d'Estat, de rencon-

Causa infirmitatum sæpius sunt crimina & peccata quibus per veram cófessionem cessantibus cessat effectus.
Serm. 13. Tom. 1.

érer la parfaite guerison du corps par l'vsage des biens qui comblent pluſtoſt les puiſſances de l'ame, qui luy donne vne plenitude de satisfaction.

Felicitatis genus eſt inde curari vnde libés animo æger poſſit expleri. Caſſiod. Variar. lib. II. Epiſt. 10.

Mais c'eſt chanter la Muſique deuant les tigres que d'adreſſer de telles repliques à noſtre malade; par ce qu'il eſtime que c'eſt hazarder l'eſtat de ſa ſanté de s'adreſſer pluſtoſt à l'Egliſe qu'à la medecine; & qu'il doit s'aſſeurer de ce qu'il iuge luy eſtre plus proche & plus certain. De là vient qu'il attend plus de diligence & plus de ſecours de l'amour mercenaire d'vn Medecin, que de la pure charité d'vn Preſtre. En effet, eſtant fort empreſſé a deffendre ſa vie des diuers accidens qui l'oppriment, il appelle vn habille Profeſſeur; & comme il eſt amoureux & paſſioné de viure long-temps, il en employe d'autres pour les obliger de conſulter tous enſemble, & de parler Grec & Latin ſur vn leger incident qui redouble ſa crainte. Que ſi l'ancien Hyppocrate pouuoit reſſuſciter il ſeroit encor appellé, quand bien il faudroit prodiguer la moitié de ſes richeſſes pour le faire venir du bout du monde.

Or apres cela vous eſtonnerez vous, de voir naiſtre deux pernicieux effets, où ſuittes de cette precipitation d'eſprit qui ſe paſſione pour les remedes de l'art & de la nature? L'vn eſt, que le malade ne reçoit point les Sacremens qui ſont ordonnez pour effacer les taches de sa conscience que dans l'extremité : C'est à dire, lors qu'il n'a point la memoire assez forte pour se ressouuenir des pechez commis qui sont la veritable fieure de l'ame, selon S. Augustin : & lors qu'il n'a plus de sentimens raisonnables sur les mysteres de la Religion, & que son iugement estant tombé en éclipse, il n'est plus capable de receuoir auec cônoissance, amour, & respect les tresors de grace qu'on luy presente : Ce qui ne fait pas moins desesperer de son salut eternel, que de l'estat de sa santé. Le second effet consiste, en ce que Dieu punit souuent les personnes languissantes de la mort temporelle, quelques remedes qu'on leur applique pour leur conseruer la vie. Par ce que son infinie iustice veut venger cét excez de confiance, qui les fait appuyer en la creature plustost qu'en la souueraine bonté du Createur. Ainsi Dieu permit autrefois que le Roy Asa mourût d'vne extreme douleur de pieds ; parce qu'il s'estoit adressé plustost à l'industrie des Medecins qu'à la puissance infinie de sa misericorde.

Ie ne sçay si Dieu punit encore auiourd'huy quantité de malades du Royaume d'vn semblable chastiment, lors qu'ils se promettent plus de secours de l'employ de quelques remedes humains, que de l'assistance miraculeuse des surnaturels : Mais i'ose bien soustenir, que si la loy du

Peccata tua febres sunt animæ tuæ. lib. de 10. Chord.

Nihilabsq; Dei misericordia ars medendi valet. D. Hieron. in c. 26. Isai.

Lib. 2. Paralip. c. 16.

Magistrat estoit iointe à celle du sacré Canon, l'on traitteroit plustost l'ame que le corps d'vn malade; & l'on obserueroit la sage maxime d'vn ancien Prelat de Lyon par la sainteté d'vne pratique, qui seroit exactement obseruée dans toute l'estenduë de cette grande Monarchie, à l'imitation de quelques nations estrangeres où domine encore le zele & la pieté du Christianisme. En suitte, l'on verroit par tout que la maladie augmenteroit la gloire de Dieu, à proportion qu'elle abattroit les forces du corps; qu'elle seroit aux fidelles vn temps de salut & vne pretieuse moisson de merite; qu'elle leur seruiroit d'occasion fauorable pour recueillir de grands biens spirituels, par la souffrance volontaire de leurs infirmitez; & qu'elle leur paroistroit comme vn Theatre de vertû, d'où ils pourroient remporter mille riches Couronnes.

Mais comme nous sçauons que nostre malade se mocque de ce discours, & qu'il se passione pour les interests du corps auec des attaches si violentes, qu'il prefere tousiours les operations de la nature à celles de la grace, voyons cependãt si apres auoir obtenû la visite du Medecin, il est soupple à subir sa loy, lors qu'elle luy regle la qualité des viandes, l'heure du repas, le temps du sommeil, & la prise de quelques remedes. Certes c'est dans ces rencõtres que sa cholere s'eschaufe

In Decretal. Titul. de pœnit. & remiss. cap. cum infirm.

Summas apud nos curas quæ prima habentur obtineant.

D. Eucher. in Paranetic.

Troisiéme degré. auec plus d'ardeur, & qu'elle s'esleue à vn troisiéme degré de malice. Car il ne peut souffrir le retranchement de ce qui flatte son appetit; & l'vsage des choses qui choquent & violentent son goust luy sont vn supplice insupportable, il entre en auersion contre tout ce qui peut fauoriser le retour de sa santé, & n'ayme que ce qui luy peut nuire, & augmenter son mal. Il s'irrite contre les Medecines;& s'offense également de leur douceur où de leur amertume.

Il est vray, que pour soulager sa douleur par quelque agreable diuersion de pensée, il se persuade bien souuent qu'il se trouue dans des festins delicieux ; où qu'il boit à longs traits l'eau claire d'vne viue source ; où qu'il se promene dans vn parterre parsemé de mille rares fleurs; où qu'il est dans l'entretien auec ses meilleurs amis, & qu'il leur fait des discours d'eloquence sur les biens & les auantages de la santé, puis qu'il *Languentes cùm vacent à sanitate, de bonis eius tacere non norunt. lib. de Patient. cap.1.* n'est pas possible aux malades de se taire sur ce sujet, s'il faut ioindre à l'experience l'authorité de l'ancien Docteur de Carthage : il arriue neantmoins que toutes ces belles idées augmentent les peynes de nostre mal-heureux languissant, au lieu de luy seruir de lenitif;& qu'elles luy sont vn nouueau tourment, deslors qu'il se trouue en effet esloigné de la iouyssance de tous ces biens, & dãs la priuation de tous ces plaisirs imaginaires.

Ce

DE L'AMOVR PROPRE.

Ce n'est pas assez à sa mauuaise humeur de luy faire conceuoir mille regrets, comme s'il estoit le plus infortuné des hommes: elle l'emporte si auant, qu'elle le precipite au plus noir de tous les vices, qui n'est autre que l'enuie. Car il s'aflige d'autant plus, qu'il void que tous ceux qui le visitent possedent vne meilleure santé, & ont vne vie exempte de douleur, & vne pleine liberté de iouyr de toutes sortes de delices. Au lieu qu'il deuroit plustost considerer, qu'vn Chrestien est desia trauaillé d'vne maladie bien dágereuse, s'il laisse ramollir son cœur par les amorces de la volupté, comme dit le grand Pape S. Leon ;

Fidelis graui morbo vrgetur, si carnis voluptate mollitur. Serm 9. quadrages.

Iugez cependant des foiblesses & des desordres de son ame; & voyez combien elle est esloignée de la prattique dõt S. Paulin écriuoit autrefois à son bon amy Seuere, lors qu'il l'asseuroit; que les maladies corporelles operent vn double profit dans les ames saintes, qui les recoiuent auec soubmission au bon plaisir de Dieu, & qui sçauent faire de ce mal de nature vn bien de grace. Le premier, dit-il, c'est qu'elles s'exercent dans la vertu de patience, & se forment sensiblement sous les acquets de plus fortes habitudes, afin d'estre mieux preparées à souffrir les croix & les afflictions dans vn degré de courage & de generosité Heroïque. La seconde vtilité qu'elles en rapportent, c'est qu'elles apprenent de ne

Duplicem operatur vtilitatem Sanctorum carnalis infirmitas; vt & ipsorum spiritualis virtus exerceatur, & qui prosperatur in via sua, nõ audeat sibi de corporea felicitate blandiri. epist. 18.

2. Part.   D d

plus presumer des forces de leur embon-point; ny de plus s'appuyer sur la constitution vigoureuse de leur temperament, puis qu'elle est si fragile, qu'on ne peut la conseruer long-temps dans son integrité, quelque fauorable disposition qui l'accompagne.

Nostre malade est certes trop imparfait pour souffrir auec tant de succez & de merite: il ayme mieux satisfaire à ses violentes inclinations, que de se façonner dans les actions de douceur & de pieté. C'est pourquoy apres auoir autant tesmoigné son deffaut dans les accez de la douleur, que dans la priuation des plaisirs ordinaires, dont la santé luy permettoit l'vsage, il entre encore dans les noires aprehensions de la mort ; comme estant persecuté de trois maux qui accompagnent la maladie, selon le iugement du Philosophe Stoicien, & qui la rendent fascheuse au sentiment naturel, si la raison n'en addoucit les amertumes.

Tria in morbo grauia sūt: dolor corporis, intermissio voluptatū, metus mortis. Senec. epist. 78.

Quatriesme degré.

Or ces craintes excessiues qu'on peut auoir de perdre la vie, font vn nouueau surcroist d'inquietudes dans l'ame d'vn lâche Chrestien qui languit dans vn lit. Car elles luy figurent la mort comme le bourreau de son corps, & comme la plus puissante ennemye de son bon-heur. Elles la luy representent sous vne face hideuse, dont le corps est semblable à vn squelete, composé d'vne ordonnance d'offemens, & luy perfuadent qu'elle n'a point d'yeux pour regarder ceux qu'elle frape, ny de leures pour couurir ſes dens, & les empefcher de mordre les corps viuans qu'elle rencontre, n'y d'entrailles qui rempliſſent le vuide de ſes coſtes : Par ce que ſon ventre eſt vn abyſme qui engloutit tout le genre humain. Or comme tous ces triſtes phantoſmes qui tiennent du caprice, & qui ne ſont que des maſques, pour effrayer les petits enfans, ſeruent à noſtre languiſſant de quelque pretexte apparent pour iuſtifier l'aprehenſion naturelle de la mort, qui luy fait voir auec horreur l'ouuerture de ſon tombeau, & qui luy marque deſia l'heure d'vn funeſte treſpas, s'il ne preuient au pluſtoſt les trahiſons de la maladie : Delà vient auſſi que par vn nouueau changement il ne fait plus le difficile à prendre des remedes, & ſa grande delicateſſe ne s'offenſe plus de l'amertume des potions medecinales, quelques faſcheux ingrediãs qui les compoſent. C'eſt alors qu'il approuue la rigueur d'vn charitable Medecin, quand il luy enleue tout ce qui eſt conforme à l'extrauagance de ſes appetits, mais contraire à la foibleſſe de ſon eſtomac. De ſorte qu'eſtant interrogé s'il demeure ſatisfait de cette grande ſeuerité, il prend plaiſir de reſpōdre aux aſſiſtãs par vne ſentẽce de Tertulien, & la pronõce dans l'accẽt que ſa terminaiſon demãde.

Medici omne contrarium vitali, ſalutari, auxiliari extra cardines naturæ *eleguant. lib. de A- nim. cap 43*

C'est bien plus, tout le monde s'occupe au seruice de son corps, & rien n'est oublié de ce qui est necessaire pour le retour de sa santé. Les vns s'empressent pour le nourrir de consommez & de gelées, & les autres s'empressent à côtenter ses humeurs. Ceux-là luy procurent l'agreable, & ceux-cy l'vtile. Et l'on void neantmoins qu'apres mille seruices & mille complaisances rien ne peut effaçer de sa memoire les frayeurs & les espouuantes de la mort. Son imagination est desia si blessée, qu'elle reuient tousiours à ce point, & c'est le commun centre de toutes les pensées de son esprit. C'est pourquoy le desir m'emporte de m'approcher de cét homme affligé & de luy parler en ces termes.

Pauure malade! Ie voy bien que l'excez de la fieure vous presse, & qu'il faudroit estre insensible, pour n'auoir de la compassion de vos douleurs pendant ce fâcheux accez. Vous desirez de vous seruir de tous les remedes qui sont necessaires, pour obtenir bien-tost la guerison de vostre mal, & ie trouue que vostre souhait est fort iuste & tout conforme aux loix cōmunes de la nature, qui met dans tous les estres de puissantes inclinations à se conseruer, & à se deffendre des agens contraires qui menaçent de les destruire, en les despoüillant de leurs meilleures qualitez. C'est elle donc qui vous à imprimé l'extrême appetit

DE L'AMOVR PROPRE. 213

que vous auez de viure touſiours, ſi touſiours il vous eſtoit poſſible, & de reſiſter à tous les accidens qui vous menacent. En ſuitte, ie ne ſçaurois condamner le ſoin & la diligence de tant de perſonnes qui trauaillent à voſtre gueriſon; n'y deſapprouuer l'vſage de tãt de moyés qu'on employe en voſtre faueur; puis que la Moralle & la Religion conſentent qu'on vous applique tous les remedes qui ſont neceſſaires à l'expulſion du mal, & à la conſeruation de la vie.

Mais auſſi ſouffrez s'il vous plaiſt, que ie vous prie de vous reſſouuenir, que vous auez aſſez veſcû dans le monde pour ſçauoir par vos propres experiences, que nous ſommes ſujets à vn nombre infiny d'accidens qui trauerſent le cours de cette vie mortelle. Car il eſt vray qu'vne ſeule humeur qui s'eſchappe & qui ſort au delà de ſes iuſtes limites, à le pouuoir de broüiller toutes les autres, & de les affoiblir, les tirant de leur propre lieu pour faire vn deſordre general dans le temperament. Il eſt certain que nous pouuons mourir par trop de trauail où d'oyſiueté, & qu'on ne void que trop ſouuent que la chaleur vitale eſt auſſi bien eſteinte, par le deffaut & la priuation, que par l'abondance & la repletion; puis que la faim & la ſoif ſont autant à craindre, cõme dit S. Auguſtin, qu'vne maladie mortelle, ſi les Cuiſiniers qui ſont en ces rencontres les Mede-

Fames & ſitis enecant, niſi alimento.

rum Medicina succurat. l. 10. Confess. cap. 3.

cins n'y remedient, en nous donnant vne ou deux fois le iour les alimens necessaires pour appaiser les cruelles auiditez de la faim.

Mais ie ne voy point d'argument plus fort & plus capable d'inferer la necessité ineuitable que nous auons de mourir, que l'impuissance absolüe que nous auons de nous conseruer tousjours dans les bonnes dispositions de la santé. Car outre que tous les Elemens ont des forces pour la combattre, & pour nous en r'auir l'vsage; la Terre ayāt le moyen de nous empoisonner par ses venins, l'Air de nous infecter par ses corruptions, le Feu de nous consommer par ses flammes, & l'Eau de nous submerger par ses inondations; outre, dis-ie, que le Ciel nous peut faire perir par ses influences malignes, & les animaux par les forces & les armes que la nature leur donne, sans parler de mille autres funestes rencontres qui ont le moyen de nous faire mourir, venant du dehors par la violente actiuité & impression des causes estrangeres. Nous auons au dedans les semences de la corruption, & les principes de la deffaillance, qui nous permettent pas de perseuerer long-temps sous vne mesme constitution, non plus qu'aux bestes & aux plantes. Nous auons en nous mesmes des parties si differantes qui nous composent, qu'elles sont la source d'vne continuelle sedition. Delà vient, que quoy que

DE L'AMOVR PROPRE. 215

la santé du corps humain soit fondée sur vne merueilleuse harmonie, qui le fait subsister par le concert des actions differantes ; sur vn nœud parfait de la nature qui allie des choses contraires; sur vne certaine moderation qui se fait entre le chaud & l'humide, comme parle S. Isidore ; où pour mieux dire sur l'admirable complexion des quatre premieres qualitez élementaires, qui composent nostre temperamét, & qui entretiennent en paix les maistresses humeurs qui nous font viure: il faut enfin qu'apres des combats & des mutuelles resistances le party foible cede au plus fort, & que la querelle se termine par le trespas. D'autant que nos corps ne sont pas de la matiere des Astres, mais des élemens, comme desia nous auons dit, pour estre affranchis des loix de la corruption ; n'y mesme n'ont pas vne fragilité égale à celle du verre, puis qu'il est possible de conseruer vn verre de cristal des siecles entiers sans qu'on doiue craindre qu'il d'effaille par la vieillesse où par la maladie, & neantmoins l'on ne peut procurer au corps de l'homme vne égale durée par l'employ des seules forces de la nature, à cause de l'humide radical qui peut deffaillir, où de la chaleur naturelle qui peut s'esteindre.

Sanitas est integritas & temperantia naturæ ex calido & humido. lib. 4 Etymolog.

Si vitrei essemus minus casus timeremus. D. August. Serm. 1. de verb. Domin.

Aprez cela osez-vous chanceler dans la resolution que vous deuez prendre ? & voulez vous paroiſtre touſiours attaché aux douceurs de cette vie? Si la neceſſité de mourir vous eſt ineuitable pourquoy auez-vous des paſſions ſi violentes, pour obtenir quelques delays ou remiſes? Pourquoy ne laiſſez-vous auec choix & par motif de vertu, ce qu'il faudra bien toſt abandonner par vne infame contrainte? Quoy? ſerez-vous le ſeul de tous les hommes qui pretendrez d'empecher que la moindre partie de vous-meſme, ne s'altere & ne ſe corrompe; où preſumez-vous de rompre l'ordre de ces loix de la nature, qui ſont autant immobiles, que le deſtin inexorable des anciens, dont les Dieux meſmes ne pouuoient rendre la ſentence flexible? En vn mot, ne ſçauez-vous pas auſſi bien qu'vn excellent Philoſophe, que vous mourréz vn iour, non point comme malade, mais comme ayant veſcû?

Morieris non quia ægrotas ſed quia viuis. Senec. epiſt. 78.

Or vous croyez, peut eſtre, qu'il y a plus de generoſité à deſirer la vie, & plus de lâcheté à ſouhaiter la mort, & qu'vn bon cœur eſt moins touché de paſſion à rechercher la precipitation des années, qu'à procurer la prolongation de ſes iours par des voyes legitimes. Certes il y a du deſordre & de l'abus dans cette penſée, & vos ſentimens ſont eſloignez de la raiſon, ſi vous approuuez l'idée d'vne ſi fauſſe perſuaſion. En effet, vous ne pouuez ignorer, que noſtre vie ne ſoit importune à toute la nature, & qu'il faudroit faire vn Edit de mourir, comme dit l'ancien Legiflateur Zaleucus, fi Dieu n'en auoit fait vne neceffité. D'ailleurs, vous fçauez bien que la vie eft affez longue à celuy qui en fçait faire vn bon vfage ; & qu'il eft a defirer de ne vieillir pas, à caufe qu'vne longue vie eft ordinairement vne longue corruption de bonnes mœurs ; & que Dieu punit fouuent en fes fidelles feruiteurs le trop grand amour qu'ils ont de viure beaucoup d'années en ce monde. Car quoy que cette inclination femble innocente, elle paffe neantmoins deuant le diuin Tribunal comme criminelle, en ce que l'amour de cette vie mortelle enferme vn tacite mefpris de celle dont nous deuõs iouyr dans l'eternité, & nous empéche de conceuoir vne eftime auantageufe du fouuerain Bien. Adiouftez encore à cecy que les plus zelez du Chriftianifme, font paroiftre qu'ils ayment vne vie qui leur eft commune auec les pecheurs, & qu'ils font attachez d'vn mefme lien d'affection, lors qu'ils paffionnent de viure long-temps. Delà vient, dit S. Auguftin qu'ils font tributaires à la Iuftice de Dieu, & qu'elle les chaftie fouuent en ce monde comme coupables.

Cum malis flagellantur boni, non quia fimul agũt malam vitam, fed quia fimul amant temporalem viram. Lib. 1. de Ciuit. Dei, cap. 9.

Ie fçay bien que ce difcours vous eft importun, fi vous confultez les fentimens de l'amour propre ; & que les tendres affections qu'il vous imprime pour l'vfage de la vie du corps, vous

2. Part.   E e

font trouuer de la peyne à subir la rigueur de la loy, qui vous assuietit au trespas, & de la facilité dans la recherche de tous les moyens, qui contribuent à la conseruation de vostre personne. Pendant que nostre ame est reuestuë d'un corps mortel elle *souspire & gemit* (dit l'Apostre S. Paul, lors qu'il fait parler la passion du propre interest) *comme un esclaue qui est chargé de fers. Ce n'est pas qu'elle desire a'en estre du tout despouillée, mais d'adiouster seulement la robe d'immortalité à ce qu'il y a en l'homme de corruptible; afin que la vie eternelle consomme, & fasse perir en luy tout ce qu'il a de mortel & de terrestre.* l'aduance cette paraphraze selon le Commentaire que S. Anselme à dressé sur le texte sacré de l'Apostre, pour vous faire mieux comprendre combien l'inclination naturelle, que nous auons pour la longue iouyssance de cette vie, est puissante su nostre esprit, & quelles difficultez nous ressentons dans les dangers qui la trauersent, & qu nous menaçent de nous en oster l'vsage.

Mais aussi ie n'ignore pas, que comme l'amou interessé vous fait cherir le corps tout malad & languissant qu'il est ; & vous oblige par le violentes vsurpations de l'habitude & de l'as sociation que vostre esprit à depuis long-temp auec luy à souhaiter qu'il viue encore en ce mô plusieurs années : De mesme, si par les flamme du pur amour vous voulez vous transformer

Qui sumus in hoc tabernaculo ingemiscimus grauati : eò quod nolumus expoliari, sed superuestiri Vt absorbeatur quod mortale est à vita. 2. Corinth. cap 5. Nos ingemiscimus nolentes spoliari corpore sed immortale corpus habere. sic. D. Anselm. in hunc locum.

Amat homo corpus suum vi consuetudinis : sed cùm se amore totú in Deum

DE L'AMOVR PROPRE.

Dieu, selon le Conseil de S. Augustin, vous serez éclairé d'vne nouuelle lumiere de grace, qui dissipera tous les nüages de vos lâches apprehensions, & qui vous ouurira les yeux pour vous faire regarder la mort, comme l'obiet de vostre mespris où de vos desirs : Et ie m'asseure qu'elle ne sera plus le sujet de vos inquietudes. Mais il est desia temps de passer du corps à l'esprit, & de iustifier en suitte.

conuerterit, mortem non modò contemnet, verùm etiam desiderabit. Lib. de morib. Ecclef. cap. 21.

CHAP. XIV.
Que l'amour propre exerce sa plus grande Tyrannie dans la partie raisonnable de l'homme.

S'Il est vray, que ce n'est pas assez à l'homme d'auoir l'idée generalle du Bien, & de connoistre ses effusions & ses vastes estenduës, si d'ailleurs il ignore le iuste discernement qu'il en doit faire, d'auec le mal qui luy est opposé, comme les tenebres à la lumiere : Il est encore plus asseuré de dire, que l'homme n'a point vne parfaite connoissance des auantages qui font les droits de sa propre nature, si lors qu'il se regarde, & qu'il s'entretient auec soy-mesme par vne serieuse reflexion de pensée, il ne sçait pas separer auec adresse les mesmes biens qu'il possede, d'auec les maux & les vices qu'il est capable de commettre : De mesme qu'vn Astro-

Bonum perfectè nemo nouit, nisi qui scit illud à malo discernere. D. Anselm. lib Cur Deus homo.

logue passe pour ignorant du nombre des estoilles fixes, qui ne peut pas les diuiser des parties du Ciel qui sont vuides de Constellations; où comme vn maistre Pilote est iugé de n'auoir pas bien compris toute les variations de l'Air, qui n'a point l'adresse de les reduire à trente-deux vents marquez dessus sa Boussole, pour les separer des autres agitations irregulieres.

I'aduance ce discours pour inferer, qu'il y a de l'ignorance & de la vanité en la doctrine des Stoiciens, lors qu'ils enseignent que nostre ame est capable de toute sorte de biens, & que par ses propres forces elle peut viure dans vn estat esloigné de toute sorte de maux. Delà vient, que selon les idées de cette sotte Philosophie, ils font de leur sage imaginaire vn Demon d'orgueil, sous le prexte specieux qu'il ne deuienne vne Beste. Car ils le mettent au dessus de la rigueur du destin, & des inconstances de la fortune, & le constituent l'Autheur de sa propre felicité, iusques à l'estimer plus heureux que le Iupiter qu'il adore; d'autant qu'il trouue son contentement dans la iouyssance des thresors de son esprit, & dans la contemplation de ses belles idées.

Dicebat Stoicus mihi frumente mea bonū est D. August. Serm. 13. de verb. Apost.

Nous voyons cependant que ces anciens Philosophes n'ont auiourd'huy que trop de suiuans; puis qu'il y a des Docteurs Chrestiens qui semblent toufiours plaider pour les beautez innocentes de l'esprit, pour animer les fidelles à ne combattre que les seules inclinations de l'appetit sensitif, & à ne traitter celuy-cy qu'auec des mespris inciuils & iniurieux à sa condition, afin desleuer à celuy-là de plus grands trophées de vanité & d'insolence : Comme s'ils auoient entrepris de causer vn plus grand mal en guerissant vn moindre, de tarir vn ruisseau pour ouurir le passage à vn torrent, & de fermer vne legere playe pour en faire vne plus large & plus profonde. Ie veux dire, de chasser l'amour propre de la partie sensitiue, pour le faire regner auec plus de pompe & plus d'éclat dans la plus haute Region de l'intellectuelle. C'est la pensée de S. Hierosme.

Carnis amor spiritus amore superatur, & quidquid inde minuitur huic crescit. epist. 22

Neantmoins il faut aduoüer, que s'il y a trop de presomption & d'orgueil, d'establir auec les Philosophes Soticiens l'essence de la perfection humaine, dans les ioyes & les tranquillitez que la vertu fait gouster a l'ame du sage dãs les diuers rencontres de la vie : qu'il y a aussi des foiblesses iusques a l'excez & des lâchetez criminelles, de vouloir accorder l'innocence auec la volupté, & de se persuader auec les Disciples d'Epicure, que l'homme ne sçauroit faillir en l'amour qu'il porte à son corps, lors qu'il luy permet l'vsage des delices qui sont conformes à son appetit, &

Ee 3

proportionnées à l'inclination essentielle de sa nature.

C'est pourquoy nous deuons euiter les écueils de ces deux sectes, & choisir vn milieu temperé & raisonnable, qui soit également esloigné des extrémes, comme la vertu l'est du vice : puis que les mal-heureux Professeurs de l'vn & de l'autre party, tombent dans les pieges de l'amour propre ; en ce que les Stoiciens deferent tout à l'esprit, & les partizans d'Epicure tout au corps, par les erreurs d'vn sentiment contraire : & tous ensemble s'accordent en ce point, qu'ils ne reglent iamais leur vie, selon la Doctrine de Iesus-Christ, qui nous commande de faire vn entier renoncement de nous mesmes ; de nous détacher de tout ce que nous sommes, & de sacrifier à son seruice la raison aussi bien que les sens, afin de ne viure & de ne respirer que sous la conduite du pur Amour.

Philosophi fuerunt Epicurei & Stoici : illi secundum carnem, isti secundum animam viuentes : sed nec isti nec illi secundum Deum viuentes. D. August. ibid.

Or ayant traitté iusques icy de l'amour excessif que nous auons pour toutes les satisfactions du corps, comme estant le plus grossier & le plus sensible en ses effets : nous deuons iustifier en suitte, que le mesme amour dereglé & Tyrannique s'estant rendu plus delicat, & plus dangereux dãs l'homme interieur, exerce sa cruelle domination sur la partie intellectuelle. De sorte qu'on peut dire que depuis les desordres du peché, qui à corroupu toute la nature humaine : les puiſſances ſpirituelles de l'ame ne ſont plus innocentes, n'y moins infectées de ce poiſon que celles du corps. I'ay trois raiſons pour eſtablir les preuues de cette propoſition, & pour vous faire voir qu'il y peut auoir de l'excez en l'affection qu'on conçoit pour les biens de l'ame.

La premiere eſt fondée ſur vn grand principe de verité, que S. Auguſtin nous propoſe, lors qu'il aſſeure, que la volonté d'vne creature qui eſt capable de liberté, & qui s'eſloigne du ſouuerain Bien, pour s'attacher par intereſt au bien particulier de la nature, que ſon aueuglement luy propoſe & que l'opinion luy fait ſuiure, ſe rend criminelle, ſoit au dedans ſoit au dehors d'elle meſme. Cette penſée nous oblige de prendre l'eſſor iuſques dans le ſein de la ſacrée Theologie, pour raiſonner ſelon ſes communs fondemens, & pour vous dire, que lors qu'il plût à Dieu de tirer l'homme des abyſmes du rien, par ſa puiſſance infinie, pour le rendre dans le temps vn nouuel habitant de la terre, & dans l'eternité le Citoyen du Ciel : il donna à ſon ame la lumiere d'intelligence, & à ſa volonté le franc arbitre, & enrichit l'eſtre de ſa nature du diuin Threſor de la grace, afin qu'il fût touſiours vni a ſon ſouuerain Createur par les deux beaux liens de la connoiſſance & de l'amour.

Premiere raiſon.

Voluntas auerſa ab incommutabili bono & conuerſa ad proprium bonorum, aut ad exterius aut ad interius peccat. Lib. 2 de lib. Arbitr. cap. 14.

Mais comme son iugement n'estoit pas éclairé de cette pretieuse lumiere de gloire, qui tient attahé l'esprit des biens-heureux à vn obiect infini, & qui les rend pleinement iouyssans de la claire vision de Dieu : il ne demeura pas long-temps affermi dans l'estat de cette felicité ; Car ce premier homme abusant de sa liberté deuint aueugle, iusques à vn tel excez de stupidité & d'oubly de son deuoir, qu'il se rendit compagnon dans le crime de celle qui estoit sa chere compagne dans sa vie, & dans son bon-heur: De sorte qu'il transgressa auec elle le commandement diuin, en mangeant du fruit qui luy estoit deffendû. Voylâ comment le mal-heureux Adam tomba dans le peché, soit au dehors par la curiosité des sens, soit au dedans par les effets de cét Amour propre, dit S. Augustin, qui luy fit quitter le bien Souuerain & immüable (qu'il deuoit aymer plus que soy-mesme) pour l'attacher à l'estime des biens spirituels de son ame, & pour l'obliger de les cherir auec passion, à l'imitation de Lucifer, ce Prince des esprits rebelles qui s'estoit desia esbloüy, & perdu par l'amour excessif de ses propres excellences.

Prima hominis perditio fuit amor sui. Serm. 47. de diuers. cap. 2.

Ie propose la verité de cét exemple, à cause qu'il y a de grands rapports entre le Premier des Anges, & le Pere de tous les hommes, & que la cheute de l'vn est la mesure & l'ouuerture pour l'intelligence

DE L'AMOVR PROPRE.

l'intelligence de l'infortune de l'autre. Car si nous considerons cét Ange qui fût le grãd chef-d'œuure de la puissance de Dieu, nous verrons qu'ayant cõmencé de s'aperceuoir des auantages de son bon-heur, & de reconnoistre la grandeur des perfections naturelles dont il l'auoit enrichy, & l'abondance des graces qu'il auoit receuës pour meriter la Beatitude, il se regarda auec tant de complaisance, & fût si charmé des attraits de son incomparable beauté, qu'il conçût vne estime excessiue & déreglée de ses propres excellences. De sorte, que se rendant l'obiect de ses idées, & destournant la veüe de Dieu, pour l'arrester toute sur soy-mesme, il refusa de reconnoistre son souuerain bien-facteur, & n'estant point touché d'vn sentiment de gratitude, il ne fit pas remonter le ruisseau de tant de dons vers la source de la diuine bonté d'où ils estoient sortis. Au contraire, il abusa tellement de ses incomparables faueurs, qu'il aspira à vne entiere independéce. Se détachant dõc de son Autheur, il ne voulût plus estre ny viure qu'à soy-mesme, pour s'estimer & se croire comme le principe de son propre bon-heur, comme la regle de ses actions, comme la source de ses rares & hautes connoissances, & comme le terme où l'vnique centre de toutes ses affections.

Delà vint aussi-tost, la cheute effroyable de ce

Prince des Anges reuoltez, & le mal-heur du premier Apostat de l'vniuers, que le Prophete Ezechiel deplore auec des transports extatiques; lors qu'apres auoir rapporté que Lucifer le Roy des orgueilleux estoit tombé du Ciel, il adiouste; qu'il auoit perdû sa raison, & sa sagesse par vn déreglement d'amour fondé sur l'Eclat de ses éminentes beautez. Car s'estant reflechi sur soy par ce mal-heureux retour qu'on appelle le poison des grands esprits, il s'ayma par preferance à son souuerain Createur: Et c'est la pensée de S. Bernard, suiuy du Docteur subtil, & d'autres celebres Professeurs de la Theologie Scholastique.

Or ce desordre d'affection, qui fût le seul monstre qui mit la guerre dans le Ciel, & qui défigura le plus grand & le plus parfait des ouurages de Dieu, nous fait comprendre, que le mauuais vsage de la mesme liberté, esloigna l'homme du souuerain bien, & le rendit vn esclaue de l'amour propre dans l'interieur de son cœur, pour l'attacher au bien fini & limité de la creature. En effet, ayant entendu ces fausses promesses du serpent, *Dés le iour que vous mangerez de ce fruit vos yeux seront ouuerts, & vous connoistrez le bien & le mal: Vous serez comme des Dieux.* Il deuint aussi-tost curieux & superbe; il voulût n'estre plus gouuerné que par sa propre authorité, au lieu d'obeyr & de receuoir la loy de celuy qui luy

Perdidisti sapient.am in decore tuo. Ezec. cap. 18.

Perdidit Angelus sapientiam cùm fecit suam proprietas in causa est Serm. 74. in Cantic.

Scot. 2. sent. dist. 6. q. 2.

Genes. c. 2.

DE L'AMOVR PROPRE. 227

auoit donné l'estre naturel, & qui l'auoit embelly de tant de graces. De sorte, qu'apres auoir deliberé de s'esleuer contre l'ordre de la nature & de la raison, il voulût gouster du fruit deffendû pour auoir la science du bien & du mal, afin de se rendre semblable à Dieu, & d'approcher de sa science, de sa grandeur, de sa gloire, & de sa felicité, par vne imitation déreglée; où pour mieux dire par vne emulation insolente & temeraire, qui fût causée par l'Amour propre. Car comme dit S. Augustin, cét ancien Pere de tout le Genre Humain, fit assez paroistre qu'il auoit plus d'affection, & plus d'attache à ses propres interests qu'au souuerain bien; puis que deslors qu'il eut desobey au diuin commandement, il commença de se flatter dans son estat quoy que pauure & miserable; & se cachâ sous les feuilles d'vn Figuier; comme s'il eût peu s'esloigner de la presence de Dieu, pour n'auoir de veüe ny d'amour que pour soy-mesme.

Adam se abscondit à conspectu Dei, quia deserto ipso incipit iam amare quod suum est. lib. 1. de Genes. contr. Manich. c 16.

L'Autheur de la Theologie Ægyptienne approche de cette verité par vne erreur, lors qu'il écrit; que les ames raisonnables estant créees dés l'eternité toutes ensemble, pour iouyr de la gloire, de la lumiere, & du bon-heur eternel, & pour s'vnir au principe de toutes choses, par le neud d'vn parfait amour, sont descenduës du Ciel, & sont entrées dans les corps qu'elles in-

Animus relicta æternorum possessione ad fruendū hoc sensibili mūdo ignorat se à charitate perfectaseparatum, amorem debilem induisse. lib 7. c. 10.

forment comme dans vne obscure prison, pour vser des biens de ce monde par les attaches d'vn amour foible & languissant: qui est celuy dôt elles sont reuestuës pendât le cours de cette vie mortelle, mais qui n'est autre que le proprietaire, selon le commun sentiment des meilleurs interpretes de cette Doctrine Symbolique & Mysterieuse.

Pour conclusion de ce discours nous pouuons dire, que les fidelles de la sainte Eglise sont capables des vices spirituels, par le desordre d'vne affection interessée, & qu'ils peuuêt former dans le secret du cœur vne forte passion, pour tout ce qui a du rapport à eux mesmes: sans que le corps participe & entre en communication auec ce dereglement interieur, qui tire sa naissance de l'abus du franc arbitre; puis que l'Ange Apostat qui n'a point de corps, & qui est tout degagé de la matiere, est tombé dans le precipice du peché, en s'aymant par excez; comme nous venons de dire; & puis que nous auons veu, que le premier homme s'est rendu esclaue d'vn desir passioné de gouter la felicité interieure, dans le fonds de son ame, auant mesmes d'estre sensuel par l'experience d'vn plaisir deffendu.

Seconde raison. Mais il y a vne autre raison, qui n'est pas moins pressante pour establir la mesme verité; en ce qu'elle porte, que comme l'eau trouble d'vn ruis-

DE L'AMOUR PROPRE.

seau suppose l'impureté dans sa source, & cóme le fruit gasté marque la corruption de la branche qui la produit: De mesme, que la malice exterieure fait iuger de celle qui est cachée dans le secret du cœur, & que les vices qui éclattent au dehors sont des effets visibles, qui rédent tesmoignage des semences de l'iniquité qui reside dans l'ame. Par ce que tous les pechez qui se produisent aux yeux par des actions criminelles, ne sont que des suittes & des marques asseurées du poisó, qui a plustost infecté l'interieur & noircy la conscience. La volóté, dit S. Augustin, est la cause principale, où la premiere source du peché; si bien qu'il perd ce nom s'il n'est pas volontaire.

_{Voluntas est quâ peccatur. lib. I. retract. cap. 9e}

C'est pourquoy S. Thomas enseigne, que toutes les œuures mauuaises qui rendent l'homme criminel & tributaire à la diuine Iustice, sont des productions infortunées qui assiegent & corrompent les sens, & qui n'ont point d'autre principe & origine, qui trauaille à leur formation, & qui concoure à leur naissance, que le funeste consentement du franc arbitre. Ce S. Docteur veut dire par cette Theze generalle, que les deffauts & les déreglemens de l'homme exterieur sont les effets des pensées de l'ame, & les premiers acquiescemens au mal, que la raison accepte de propos deliberé. D'où vient, que la pureté du cœur en est plustost troublée & corrom-

_{1. 2. q 2. art. 1. & 2.}

puë, comme dit le sçauant Toſtat, eſtant fondé sur le Texte Sacré de l'Euangile, & deuant luy le deuot S. Bernard.

De corde exeunt cogitationes malæ, &c. Matth. c. 15. q. 54.

De corde exit peſtiferum virus; ac deinceps corpus occupat vniuerſum. Serm. de sex tribulat.

Ie ſçay bien que les Philoſophes Stoïciens, & que Galien l'vn des Oracles de la medecine, n'ont pas raiſonné de la ſorte, lors qu'ils ſe ſont perſuadez que l'ame tire ſes deffauts & ſes deſordres des imperfections du corps; à cauſe que tous les vices que l'homme produit viennent de ce que durant l'enfance, il n'a qu'vne vie animale où les mouuemens ſenſitifs regnent ſans contredit; & que l'âge ayant meury les forces, & perfectionné les organes, il s'abandonne à des plaiſirs criminels, laiſſant errer ſon iugement, & permettant à ſa volonté de s'engager à des vains obiects, par des attaches illicites pour ſe rendre eſclaue de l'appetit inferieur, iuſques à preferer les choſes ſenſibles à celles qui tiennent de l'eſprit, & qui ſont dégagées de la matiere.

Neantmoins, il eſt aiſé de voir qu'il y a de l'erreur en leur raiſonnement; puis qu'ils nous aſſignent ſeulement les effets, & non pas les cauſes du mal qui nous trauaille, & puis qu'ils nous en découurent les ſeuls complices & non pas les Autheurs. En quoy certes ils imitent ceux qui font de la fontaine vne viue ſource, qui prennent le tronc de l'arbre pour la racine qui le tient attaché à la terre; qui conſiderent les accidens d'vn

DE L'AMOVR PROPRE. 231

corps naturel comme sa substance, & qui s'arrestent au milieu de la course, comme s'il estoit le principe, où le terme du mouuement local. C'est pourquoy i'estime que Zoroastre & tous ceux de sa secte, sont moins esloignez de la verité lors qu'ils enseignent, selon le rapport d'vn sage Platonicien, que tous les maux du corps naissent de ceux de l'ame; que celuy-là souffre des infirmitez par la malice de celle-cy; & qu'en ces rencontres le vassal suit les disgraces du Seigneur, & participe à ses infortunes, comme dit Platon en son Timée.

Marsil. ficin. de Christ. Relig. cap. 19.

Delà vient qu'on peut soustenir, que comme en la personne d'vn malade la nature donne tousiours quelques signes exterieurs, qui sont autant de preuues sensibles, qui marquent l'origine du mal qui persecute le corps, & qui fait au dedans des rauages: Car s'il procede de la melancholie la partie affligée & dolente paroist toute liuide & plombée; si le phlegme y contribuë, elle se monstre pasle; s'il vient d'vne effusion de bile elle est iaunastre, & s'il procede de l'abondance du sang on la void rouge & enflammée. Enfin l'excez du dehors découure l'indisposition, & la maladie qui regne dans les parties vitales, par le desordre du temperament: De la mesme façon les déreglemens des sens, marquent ceux de l'esprit. De sorte qu'il nous est permis de iuger de la malice, & du venin de l'Amour dereglé qui reside dans la partie raisonnable, par les effets de celuy qui flatte le corps: comme en l'art de la peinture l'on iuge des deffauts de l'original, par les imperfections qu'on remarque dans la coppie, si d'ailleurs elle est expresse & naïfue dans son imitation.

Enfin pour acheuer de produire les preuues, qui concluent contre l'homme interieur, & qui le font voir tout infecté d'Amour propre, aussi-bien en la plus noble, qu'en la plus basse partie de son humanité, il suffit de dire, que la Doctrine Sacrée de Iesus-Christ ne choque pas moins les satisfactions, les attaches & les complaisances criminelles de l'esprit, que les interests de la chair: puis qu'elle exige de nostre liberté, qu'elle fasse vn entier renoncement de l'vn & de l'autre appetit sensitif & raisonnable, & qu'elle en dégage également ses affections, si nous voulons le suiure, & porter la Croix apres luy, pour estre mis au rang de ses Disciples. Ce qui nous oblige de croire, que l'ame & le corps participent à vne mesme corruption; qu'ils sont esclaues d'vn mesme Tyran, & qu'ils languissent par la cõmunication d'vne mesme maladie. Il est vray dit Tertulien, qu'il y a cette difference, que l'ame est frappée d'vn mal contagieux pour l'auoir aymé & suiuy par sa propre election, & le corps

Non enim caro siue anima cõcupiscit: quamuis caro concupiscere dicatur. D. August. lib. de perfect. homin.

Troisiéme raison.

Vtrumque inter se communicant reatũ spiritus & caro; spiritus ob imperium caro ob ministerium.

pour

DE L'AMOVR PROPRE. 233

pour auoir seruy d'instrument à ce pernicieux dessein. *Tertull. lib. de Baptism. cap. 4.*

Or nous auons déclaré iusques icy dans la suitte de plusieurs Chapitres, que la vie parfaite d'vn Chrestien ne peut subsister que par la mortification des sens ; que les austeritez corporelles sont necessaires à l'ame qui s'aduance à grand pas vers la perfection ; & nous auons d'autant plus trauaillé à establir cette doctrine, que les communes maximes du S. Euangile combattent pour sa deffense, & font vn precepte & non pas vn simple conseil de la necessité que nous auôs d'en aymer l'vsage, & d'en approuuer la côtinuelle prattique. De sorte que ce seroit entreprendre vn discours inutile, de traitter encore le mesme argument, & d'adiouster à ce Tableau d'autres couleurs, apres l'auoir assorti des perfections qui luy sont conuenables.

Toute la difficulté consiste à vous faire voir seulement, que le sainct Euangile nous oblige en termes expres de renoncer aux biens de l'esprit, de mortifier ses actiuitez, de regler les puissances intellectuelles, de faire abnegation des propres lumieres de l'entendement, & de rompre les liens & les attaches de la volonté; en vn mot, de changer l'amour passionné que nous auons pour les excellêces, & les grâdeurs de nostre ame en vne sainte auersion, iusques à la perdre pour

2. Part.   Gg

la sauuer, comme le Texte Sacré de l'Euangile nous l'apprend, & nous le conseille sous l'enigme de ce rare Paradoxe. *Celuy qui veut sauuer son ame la perdra, & qui l'aura perdüe pour l'amour de Dieu, se la conseruera pour l'eternité.*

Qui volue-rit animam suam saluā facere perdet eam, & qui perdiderit animam suam propter me inueniet eam. Math. c. 16.

De cés diuines parolles nous deuons recueillir vn puissant argument, pour combatre la meilleure partie de nous mesmes, & pour agir contre les fortes attaches que nous auons, à toutes les qualitez interieures & spirituelles de nostre ame: Puis que l'intention expresse du fils de Dieu nous oblige d'y renoncer, & d'en dégager absolument nos affections. Car comme dans la moralle les biens du corps doiuent ceder à ceux de l'esprit, lors qu'ils entrent en concurrence de choix & de merite. Aussi selon les Principes de la Religion Chrestienne qui ordonne de bien regler les affections du cœur, & de preferer aux autres celle qui prefere Dieu seul à toutes choses, selon le Conseil de l'ancien Cassiodore: Nous deuōs faire moins d'estime des interests de l'ame, que de ceux de la gloire de Dieu, puis que toutes choses ont esté creées pour estre rapportées vniquement, & en dernier ressort à cette fin vniuerselle.

Hæc regula in affectibus observetur, vt ille quo mens humana excitatur in Deum, cæteris omnibus præponatur. Lib. de Amicit.

Mais quoy qu'il faille absolument reformer l'homme interieur, pour le bien soubmettre à Dieu, aussi bien que l'exterieur pour l'assujetir à

DE L'AMOVR PROPRE. 235

la raison; & que l'vne & l'autre mortification luy soient necessaires, afin de se perfectionner par tous les degrez de la sainteté : il faut neantmoins aduoüer que ceux qui ayment par excez les excellences de l'entendement, les fidelitez de la memoire, & libertés de la volonté, ne sont pas bien d'accord auec nous, quant à cette commune & importante verité. Car il leur fâche de consentir qu'on publie, que comme la pieté prend sa naissance au dedans de l'ame, qu'il soit aussi fort necessaire d'en purifier la source par des actes interieurs, pour en faire le seiour & le sanctuaire de la diuinité. Par ce qu'ils ont de l'inclination à imiter les Turlequays de la Thrace, & les Iongues des Indes Orientales qui estans chargez de vices, & ayans la conscience noircie des pechez qu'on estime les plus enormes, croyent s'approcher de la perfection spirituelle, à proportion qu'ils meurtrissent la chair, & qu'ils la découppent par de sanglantes incisions.

Homines mente corrupti 2. ad Thimoth. c. 3.

Certes comme les choses diuines sont superieures aux humaines, en ordre d'excellence, de bonté & de perfection; & comme les corps Celestes sont esleuez au dessus de ce monde inferieur : De mesme la mortification spirituelle est tousiours preferable à celle des sens. Et par ce qu'elle est la premiere en merite, elle est digne de nos premiers soins, & demande nos plus grandes affections, pour parler selon les termes d'vn S. Euesque de Lion. En effet, quelle conduite d'abatre le corps, & de laisser l'esprit tout entier & tout vif dans ses insolences naturelles? De faire de l'appetit intellectuel vn sujet rebelle à Dieu, parce que le sensitif est obeyssant à la raison? De permettre que celuy-là abuse de sa liberté, à cause de l'exacte seruitude de celuy-cy? D'estre enfin d'autant plus déreglé en la partie spirituelle, que la chair est soupple & mortifiée en ses sentimens? Quel profit, dit à ce propos Tertulien, de voir le corps voguer heureusement, & acheuer la course & la nauigation de cette vie temporelle, pendant que l'ame qui est son Maistre Pilote, fait naufrage de son salut, & se perd par la violence & la tempeste generalle de ses propres passions.

Mais comme c'est effleurer seulement les matieres d'en former des vagues notions: Ie passe des idées d'vne Theze generalle aux differances particulieres de l'Hypoteze, & m'arreste en premier lieu à iustifier,

Summas apud nos curas quæ prima habentur obtinent. D. Eucher. in paranetic. ad Valerian.

Quid refert integram abire corporis nauem dû animus euertitur? lib. de Anim.

CHAP. XV.

Que l'Amour dereglé de nous mesmes nous porte bien souuent à faire vn mauuais vsage de la memoire.

Comme la memoire est l'vne des plus delicates, & des plus fragiles puissances de l'ame, selon le iugement d'vn ancien Orateur, il ne faut pas s'estonner s'il y a si peu de personnes, qui puissent imiter le Roy Cyrus, qui sçauoit le nom de tous les soldats de son armée, & de tous les Citoyens de Babylone; où suiure Fabius Maximus, qui pouuoit rapporter les Histoires de toutes les Nations de l'Vniuers, auec toutes les suittes & les circonstances dont elles estoient alors reuestuës; où égaler l'exemple du Roy Mitridate qui parloit les Langues de vingt-deux peuples; où bien encore du Retheur Seneque qui redisoit deux mille mots, apres les auoir oüys prononcer vne seule fois.

Cés memoires prodigieuses qui gardent fidelement en depost toutes les images des choses qu'on leur confie, ne sont plus communes à toute la nature humaine, depuis le temps que le peché de nos premiers peres la troublée, & cor-

Memoria res est ex omnibus partibus animi maxime delicata & fragilis. Senec. lib. I. contr.

Cum labore discimus; sine labore inertes sumus. Nonne hinc apparet in quid v·lut pon-dere suo procliuis fit vitiosa natura? lib. 22. de Ciuit, c. 22.

rompuë dans sa source. Nous enflons la memoire, dit à ces propos S. Augustin, de mille especes, & nous eslargissons sa capacité, auec beaucoup de trauail : Mais elle nous sert d'ordinaire auec si peu de fidelité, que nous retombons dans l'ignorance des choses passées, aussitost que nous cessons de cultiuer ses aquets par vn continuel exercice. Ce qui nous fait assez paroistre, poursuit le mesme S. Docteur, la foiblesse & le deffaut où tend la nature de l'homme, emportée par le poids d'vne mauuaise inclination.

Or comme il nous est pas possible d'auoir vne parfaite connoissance de toutes les bigarrures des couleurs ny de toutes les diuersitez des sons, ny de toutes refractions de la lumiere : De mesme il nous est autant difficile de nombrer où de prescrire tous les mauuais vsages, que nous faisons chaque iour de la memoire. C'est pourquoy il nous doit suffire, de suiure en ces rencontres, le sentiment de S. Bernard, qui nous enseigne, que depuis le peché du premier homme, nostre memoire s'est renduë esclaue de trois sortes de pensées qui la trauaillent auec mille importunitez. Les premieres font languir l'ame dans vn estat d'oysiueté, les secondes la tourmentent par des imaginations impures, & les troisiémes la portent auec violéce à la recherche

Serm. de triplici gener. cogit.

DE L'AMOVR PROPRE.

des choses necessaires. Voylà l'ordre que nous allons obseruer dans le progrez du presant Chapitre, afin d'apprendre à bien regler l'vsage de la memoire sous les adresses du pur amour, & de preuenir les abus qu'elle peut commettre par les ruses, & les souppleßes de l'amour propre.

Pour commencer la deduction de ce sujet, par les pensées qui naissent de l'oysiueté, & qui ne sont que des images inutiles : Il est certain qu'il y a des personnes qui n'ont point de but, ny d'autre dessein dans la conduitte de leur vie que la perte du temps ; Car ils sont comme des Archers qui tirent sans cesse pour s'esgayer par ce diuertissement ; & qui n'ayans point de blanc perdent autant de fleches qu'ils en déchargent dans le vuide de l'Air ; où comme des Nauires qui voguent sur mer, à la mercy des flots & à la discretion des vés, sans obseruer de pole, & sans se proposer aucun port pour y moüiller l'ancre. Combien en effet voyons-nous de fidelles de l'vn & de l'autre sexe, qui occupent la memoire en des vains amusemens ? Qui perdent le temps present par des friuolles idées du passé ? Qui s'oublient de leurs deuoirs, pour rappeller la pensée des choses superfluës ? Et qui s'esloignent autant, dit S. Gregoire, de ce qui leur est necessaire, qu'ils s'employent à réuer long temps sur tout ce qui leur est inutile.

1. Pensées oysiues :

Tantò longius mens à necessariis cessat, quantò inania latius cogitat. *lib. 2. moral, c. 26.*

Cependant il ne faut point dire, qu'il n'y a que les seuls vieillards qui se répandent sur les choses, que l'experience leur à fait connoistre sur les personnes & les lieux qu'ils ont frequentez, & sur les actions où les diuers exemples qui ont seruy de matiere à leur merite, où d'exercice à leur vertu: Il ne faut pas aussi se persuader qu'il n'y a que les solitaires, qui se perdent par excez d'oysiueté dans vn continuel labyrinthe de réueries, fondées sur les accidens du temps passé. Enfin l'on ne doit pas s'imaginer que c'est seulement à ceux-là qui sont de la lie du peuple d'agir sans rien faire; où bien aux personnes du sexe de vaguer & de courir par imagination, apres les curiositez qui ont autrefois rauy leur esprit; de s'entretenir dans le secret de l'interieur, d'vne couleur, d'vne Iuppe, d'vne dantelle; de passer les heures entieres à se representer vn collet à la mode, vn diamant de grand prix qu'on leur à fait voir par rareté, vne belle fleur qui vient de naistre dans leurs parterres; où de rappeller l'idée de semblables gentillesses, qui sont des inuentions de l'Art, où des saillies de la nature. Par ce que nous voyons maintenant que les pensées d'oysiueté & de negligence, ne fûrent iamais si cõmunes & si familieres à tout âge, à tout sexe, à toute cõditiõ, & à toutes sortes d'esprits, qui viuent sous la foy du Christianisme. l'aduoüe,

Et populi meditati sunt inania. Psalm. 2.

DE L'AMOVR PROPRE.

J'aduoüe, qu'il fe peut faire que l'artifice de l'efprit malin foit le premier agent de ce defordre, afin de diuertir les fidelles de quelques faints entretiens ou pieufes meditations. Cét Ange de tenebres n'ayant pas moins de cruauté contre leur bon-heur & leur profit, que ce fuperbe Tyran de l'Egypte qui occupoit les pauures Ifraëlites à des employs qui leur eftoient inutiles, afin de leur ofter le temps, & le loyfir de penfer auy moyens neceffaires pour recouurer leur liberté, & qui leur faifoit conter des thuyles & ramaffer des pailles, pour les empécher d'aller au defert d'Arabie pour facrifier au Dieu viuant: De mefme, il eft croyable que le Démon eftant le commun ennemy de leur falut, fe fert de la malice de leur inclination, afin de deftourner leur efprit des entretiens qui font vtiles, & les amufer en des fujets fuperflus.

Exod. 5.3.

Neantmoins il faut confeffer, que l'amour propre ne fe rend que trop fauorable à ce mauuais deffein, comme eftant le premier complice du peché. Car il s'attache pluftoft à des niaiferies, qu'à des obiects ferieux & profitables : Il ayme plus les apparences que les veritez ; Il eft plus fatisfait à ne rien faire, que de s'employer à quelque chofe honnefte & loüable ; & comme le trauail luy eft importun, l'oyfiueté eft fon meilleur paffe-temps. Delà vient qu'on le compare

2. Part. H h.

fort à propos à l'Idole Beelzebub, qui fût autrefois honnorée d'vne profane adoration par les habitans d'Acaron, comme il est rapporté dans les Saintes lettres. Car ce nom barbare & effroyable de *Beelzebub*, signifie le Dieu des mouches, ou celuy qui deuore les mouches. Ce qui a bien du rapport à l'amour propre, qui s'amuse à chasser, à prendre, à embrocher des mouches, comme cét Empereur Romain ; à réuer sur des Chimeres, à se repaistre d'vn monde de vaines idées, & à passer les iours entiers en des langueurs & des souhaits impuissans.

He ! quel moyen cependant de dégager la memoire de cés mal-heureuses oysiuetez, qui peuuent dégenerer en corruption, & se changer, comme dit S. Bernard, en des pensées impures & des-honnestes ? Certes i'estime que pour preuenir ce desordre, où pour arrester son progrez par quelque bon remede, ce n'est pas assez à vne ame Chrestienne de s'abstenir des actions & des parolles oysiues, si elle ne fait encore vn eternel diuorce auec les pensées inutiles. Car comme elle doit vn iour rendre conte des vains discours, qu'elle aura tenus en compagnie, il faut en suitte qu'elle renonce aux meditations friuolles & inutiles ; puis que le seul moyen de ne rien dire qui ne soit digne d'vn Chrestien, c'est de ne rien penser qui ne soit honneste & conforme à

Lib. 4. Hist. Reg. cap. 1.

Eutrop. l. 9 de D. mitian.

Dum otiosa tamquā minima spernimus ad turpia atque inhonesta dilabimur. Serm. de triplic. gener. cogit.

DE L'AMOVR PROPRE. 243

la raison. Par ce que c'est la source qui communique sa pureté au ruisseau qui en découle, & c'est la brache de l'arbre qui répand sa force & sa vigueur, sur le rameau verd qu'elle pousse au dehors par extension de fecondité. D'autant que les productions d'vn agent sont tousiours conformes à leurs principes, & les effets suiuent regulierement le naturel de leurs causes. Delà ie veux inferer, que nous deuons prendre garde, que nostre memoire ne s'occupe, & ne se remplisse de rien, qui soit superflû où inutile, si nous voulons que nostre langue ne produise que des choses profitables & necessaires.

C'est en effet, le diuin conseil que nous donne l'Apostre S. Paul, lors qu'il écrit aux Philippiens, & qu'il leur parle en cés termes. *Ayez soin mes freres d'auoir pour entretien ordinaire de vos pensées, tout ce qui est veritable & esloigné du mensonge; tout ce qui porte l'image de la pudeur où l'ombre de l'honnesteté; tout ce qu'il y a d'équitable en la iustice; toutes les choses qui marquent de la sainteté, où celles qui sont aymables en elles mesmes par vne pureté d'affection; où d'autres qui peuuent acquerir & conseruer la bonne renommée, où qui fauorisent la vertu, où qui rendent enfin loüables & d'vne haute recommandation les obseruations de la pieté.*

Voylà vn souuerain remede dicté par le S. Esprit, qui estant bien prattiqué, peut regler

Hh 2

De cætero fratres quæcumque pudica, quæcumque iusta, quæcumque sancta, quæcumque amabilia, quæcumque bonæ famæ; si qua virtus, si qua laus disciplinæ: hæc cogitate. ad Philippens. cap. 4.

l'vſage de la memoire, & la dégager des penſées oyſiues. Mais ie veux croire que l'execution n'en ſera iamais facile, ſi vous n'agiſſez par ce pur amour qui regarde Dieu, où qui vous applique au prochain. Car comme la charité, dit Richard de S. Victor, qui eſt forte & agiſſante, ne permet pas que l'ame ſoit occupée, que de l'obiet qu'elle cherit : Voſtre memoire n'aura point alors d'autres eſpeces que celles qui naiſtront de mille ardeurs de cette diuine vertu.

Tract. de gradib. violent. charitat.

Mais paſſons à d'autres penſées qui aſſiegent la memoire, par le concours de l'imagination, & qui font dans l'ame des impreſſions plus ſales, que celles des limaçons qui rempent ſur les belles fleurs, & qui gaſtent leur pourpre par les replis argentez de leur écume. Ce ſont ces idées impures qui portent, comme dit S. Bernard, à la des-honneſteté, à la vaine gloire, & à d'autres vices deteſtables. Et parce que celles là qui combattent la chaſteté ſont plus malignes, & font plus de rauage dans le ſecret de la conſcience, nous les propoſerons en ce lieu pour faire voir le poiſon ſubtil & déguiſé de leur malice, par l'exemple d'vn mal-heureux amant, qui s'eſtant produit dans la compagnie de quelques Dames, contemple vn viſage où il ſe figure d'abord de rauiſſantes beautez. Là il découure ſelon les foibleſſes & les extrauagances

2. Les penſées impures.

de son caprice, mille lumieres qui l'esbloüissent, mille attraits qui le charment. Apres auoir quitté ce beau spectacle il deuient pasle, morne & pensif; & pour s'entretenir auec plus de liberté sur les qualitez, & les incomparables merites de cét object que sa passion adore, il se retire dans la solitude. Or c'est là qu'il se ressouuient d'vn regard, d'vn souris, d'vn geste, d'vne parolle. C'est là où sa memoire pactise auec ses prophanes desirs, & qu'elle luy represente cette creature comme vne petite diuinité, à qui son cœur sert de victime, & à laquelle il rend ses vœux comme Idole secrette de ses affections; parce que la honte ne luy permet pas de faire en public, le superstitieux & l'idolatre.

Omnis turpis cogitatio quæ in animo fingitur, sculptile est abscondi-tum, quod pudor vetat in medium proferri. Nil. in Ascetic.

Je ne pousse pas plus auant le fil de ce discours, qui n'appartient qu'à ceux qui composent des Romans spirituels, & qui ne sçauent faire que des ouurages moins vtiles, de ce qu'ils les rendent trop agreables. Il me suffit de dire, que les pensées impures qui les trauaillent, & qui les precipitent au vice, naissent autant de la mauuaise conduite de la memoire, que du déreglement de l'imagination, & que celuy-là auroit bien tost trouué le secret de remedier à ce desordre, qui sçauroit l'art d'oublier tout le mal, qu'il à desia appris par des funestes experiences.

Il est vray, qu'il y a de la raison & du merite

d'instruire ceux qui font vanité, par vn aueuglement deplorable, d'accorder l'entrée à toutes les images vitieuses qui salissent leur interieur; il est vray, qu'il est iuste de representer à ceux qui affectent la souuenance des sales obiects, & qui en ayment les prophanes idées : Qu'il y a du peché mortel, comme dit S. Augustin, auec tous les autres Docteurs de la sacrée Theologie, d'auoir vne complaisance volontaire pour vn suiet illicite, & deffendu par les loix du S. Euangile : Il est vray encor vn coup, que c'est vn sage procedé pour persuader bien-tost l'horreur du vice d'impureté, de soustenir apres S. Basile, que les consentemens qu'on donne aux pensées infames, noircissent la conscience, & impriment dans le fond de l'ame certaines taches qui dureront apres la mort, & qui paroistront comme autant de characteres d'infamie : comme l'on void les defformitez & les taches du corps humain, apres qu'il est despoüillé & mis à nud. Enfin c'est raisonner auec S. Bernard, de dire, qu'on ne sçauroit faillir de repousser le mal par le bien, de combattre vn contraire par vn autre, de destruire vne illusion impure par vne pensée chaste & honneste, & d'opposer auec adresse à la memoire d'vn infame plaisir, la souuenance des ioyes éternelles du Paradis.

Lib. 12. de Trinit. c. 12

Lib. de Virginit.

Recordatio Cœlestis patriæ potest prauum desiderium quasi cuneus cuneum expellere. Serm. de triplici iudicio.

DE L'AMOVR PROPRE.

Mais aussi i'ose dire que l'vsage du pur amour de Dieu, est dans ces rencontres le plus puissant remede, entre plusieurs qu'on peut choisir dans l'ordre de la grace pour triompher des attaques de l'enfer, & pour vaincre bien-tost cés images impures que la memoire fait renaistre, & que l'opinion veut faire accepter à la raison humaine. Car s'il est ainsi que tous les vices sont domptez, & abbatus par les efforts de cét amour sacré, selon la pensée de S. Augustin, si d'ailleurs il est effectif, & si la force surnaturelle de son empire, ne se termine pas à produire seulement de simples souhaits, où des affections languissantes, comme nous auons dit dans la premiere Partie. Nous deuons croire, que la seule prattique de cette sainte Charité, suffit encore pour bien regler l'vsage de la memoire, lors qu'elle s'échappe à rappeller l'idée des obiets qui blessent l'honnesteté, & qui corrompent l'innocence. Car comme celuy-là, dit S. Basile, dont l'esprit est captif & profondement occupé dans l'entretien d'vne haute pensée, par les fortes attentions de la resuerie, tient le regard fixe & arresté, laisse le corps tout immobile, & a tous les sens suspendus, & quasi dans l'interdit de leurs fonctions ordinaires, pendant qu'il demeure dans cés premiers essays de l'extaze:

Tunc victa vitia deputanda sunt, cùm Dei amore vincuntur. lib. 21. de ciuit. c. 16.

Si in animis nostris vigeat diuinus amor, omnis de libidinibus abibit à nobis cogitatio. Constitut. monastic. cap. 5.

De mesme vne ame Chrestienne qui est heureusement possedée de l'amour diuin, est tellement attachée à son espoux immortel, qu'elle n'a plus de ioye, ny d'employ, ny de pensée, qu'en cét vnique obiet de son ardeur. Tous les autres luy sont importuns. Ce qui luy donne vne extreme facilité à ne se point ressouuenir des choses qui penuent troubler par leur impureté l'integrité de son ame.

3. Les pensées affectiues, où passionnées.

Mais passons de cés pensées prophanes qui sollicitent la raison, pour la rendre esclaue du peché, aux pensées affectiues que l'esprit enfante, que la memoire reçoit, & que S. Bernard condamne, comme autant de recherches du propre interest. I'aduoüe que ce S. Docteur leur donne pour obiect l'vsage passionné des commoditez, qui se rapportent à la conseruation de la vie temporelle: Mais aussi ne puis-ie pas les appliquer à la vie spirituelle? D'autant plus qu'il est vray que dans l'Eglise il y a vn nombre infiny de fidelles, qui dans la souuenance d'auoir receu de grandes & continuelles faueurs de la grace diuine, deferent tout à sa force & à son secours, sans rien operer de leur part, & sans la seconder par le fidelle concours de leur franc arbitre. Ce qui nous fait voir l'extreme passion qui les attache aux thresors celestes, & qui les fait trop appuyer sur

l'assistance

DE L'AMOVR PROPRE.

l'assistance des moyens surnaturels ; comme s'ils vouloient abuser d'vn texte sacré de l'Apostre S. Paul, sans y vouloir adiouster d'autre Commentaire que la pensée d'vn Autheur prophane.

Deus operatur in vobis & velle & perficere. Ad Philippens.c.2.

De ce faux principe ils tirent de mal-heureuses consequences. Car ils se persuadent, que la grace que Dieu leur communique estant assez suffisante pour produire son effet, est aussi assez puissante pour vaincre les rebellions de leur cœur, pour s'assuietir les mauuaises inclinations de leur nature, pour triompher elle seule des violens efforts de leurs passions, & pour retenir dans les termes du deuoir des humeurs qui d'elles-mesmes s'eschappent, qui ayment la liberté des sens, & qui sont capables d'vn deluge de crimes.

Opera quæcumque bona sunt à solo primo agente talia sunt. Author. Theolog. Ægiptior. lib. 1. cap. 6.

De sorte, que comme la main toute puissante de Dieu, tira autrefois de l'eau d'vne pierre dure, & fit naistre des fleurs d'vn baston sec ; comme elle ramassa les eaux de la mer dans les abysmes de la terre ; & opera mille autres prodiges par la vertu miraculeuse de sa parolle, qui en tout temps peut forcer les inclinations naturelles de chaque creature : Ainsi, disent-ils, vne forte impulsion de cette mesme main, vne pretieuse goutte de ce grand Ocean, vn rayon de ce beau

Soleil, où pour mieux dire l'assistance secrette & & particuliere de cette diuine grace, qu'on appelle l'emanation de la souueraine bonté, leur doit donner en vn moment des forces abondantes pour vaincre le vice, des agilités à faire le bien, & des impressions qui les establiront dans les habitudes de la sainteté.

Et par ce qu'ils n'ont pas encore perdû la memoire de quelques succez fauorables dont le Ciel les a autrefois gratifiez; & qu'ils se souuiennent que par l'infusion & le secours des dons surnaturels, ils ont fait par bon-heur quelque progrez en la vertu; où se sont despouillés d'vne mauuaise habitude, où bien encore ont triomphé d'vne violente tentation par vn surcroist de graces: ils veulent fonder vne loy sur vn priuilege; & faire d'vn passe-droit vn moyen immuable; osans bien se promettre, qu'il sera à l'aduenir tousiours égal & constant, par vne profusion qu'ils se figurent magnifique & inespuisable en leur faueur. Enfin n'ayans pas bien compris le sens d'vne verité, dans les termes qu'vn ancien Pere de l'Eglise la publiée, ils changent vn rare Thresor en vn fonds de despence commune & ordinaire. En suitte, ils se dispensent de bien-faire à cause de cette fausse persuasion, qui leur fait croire que Dieu seul opere leur salut;

Largis meatibus cœlestium munerum vnda procurrit. Vena est quæ maciē nescit & deffectus abiurat Ennod. l. 3. epist. 12.

& qu'ils ny peuuent rien contribuer par leurs adresses où leurs forces : De sorte qu'ils croisent les bras, & refusent de concourir par leurs propres actiuitez.

Apres celà, vous estonnez-vous de voir des ames Chrestiennes, qui perdent le soin de corriger leurs deffauts ? Qui négligent d'agir d'elles mesmes en veüe de la gloire de Dieu ? Qui sont contentes d'estre ce qu'elles sont, sans auoir iamais dessein ny mesme le desir de se rendre meilleures ? Qui ne font en vn mot aucune sorte de bien, par ce qu'elles se promettent tout de la diuine bonté, & qu'elles attendent que Dieu seul les pousse & les anime à la pieté par les efforts de sa grace, qu'il renouuelle leur interieur, qu'il appaise les mouuemens de l'appetit sensible, qu'il regle l'vsage des puissances intellectuelles, qu'il fortifie leur foiblesse, qu'il aiuste & rectifie leurs intentions, & qu'il commence & acheue tout l'Ouurage de leur salut, & de leur Perfection spirituelle.

Pour remedier cependant à cette mal-heureuse & lâche complaisance, qui s'attache par amour propre aux faueurs du Ciel, qui vsurpe sur les dons de Dieu, par vn extreme aueuglement, & qui s'appuye trop sur le secours de la grace, en ce qu'elle exclud la cooperation de nostre franc Arbitre : Il suffit de dire, que Dieu ayant mis l'homme au monde, pour meriter le Paradis par les libres affections de sa volonté, n'a point le dessein de violenter ses inclinations à suiure le bien, comme l'on presse les Cheuaux à rouler vn Carroce, où les frenetiques à prendre de la nourriture ; que les attraits diuins nous laissent dans la liberté de les repousser où de les suiure ; que nous sommes attirez à Dieu par des liens de Charité, comme parle le Prophete Osée, qui n'ont de force que dans la douceur ; qu'il nous faut contenter des graces suffisantes, sans aspirer aux abondantes ou excessiues, qui transforment tout à coup les ames, & qui font en vn moment d'vne pecheresse vne penitente, & d'vn publicain vn Apostre ; qu'il ne faut plus attendre ny demander de semblables miracles ; & que tout ainsi qu'il y a des biens spirituels, que la souueraine liberalité de Dieu produit en nous : Mais toutesfois sans nous, comme sont les inspirations & les graces preuenantes : Qu'il y en a aussi, comme dit Tertulien, qui releuent de nostre concours, & qui se font en nous & auec nous, par les mouuemens de nostre volonté.

Ce n'est pas qu'il faille se persuader, que comme nous pouuons manquer à la grace,

Factum est vt multi gratia priuarentur in qua priuatim exultare voluerant. Serm 74. D. Bernard in Cantic.

Bona quædam sunt diuinæ liberalitatis quædam nostræ operationis. Lib. 1. ad vxorem. cap. 8.

DE L'AMOVR PROPRE.

que la grace aussi doyue manquer par proportion à nos besoins; Car la bonté souueraine qui nous preuient par les excez de son amour, & qui nous assiste de ses faueurs, nous tend tousiours la main, nous regarde sans cesse d'vn œil fauorable, & nous offre en tout temps tous les moyens necessaires, pour meriter le Ciel par nos bonnes œuures. C'est bien plus, Dieu est si liberal, & vse enuers nous de tant de profusion, qu'il ne mesure iamais le degré du secours sur-humain, qu'il nous communique, au point de la perfection que nous deuons acquerir: Mais il passe & excede plustost au delà, pour iustifier que l'esprit de grace, qui est tousiours l'esprit de Dieu, porte plus loing, que nos forces naturelles ne s'estendent par l'actiuité de leurs emplois ordinaires.

Non enim ad mensuram dat Deus spiritum. Ioann. c. 3.

I'aduoüe, pour applanir la difficulté proposée, que S. Augustin attribuë aux aydes puissantes du Ciel, l'accroissement spirituel de son ame, & non pas à ses propres actions. Ce sentiment neantmoins ne fauorise pas la lâcheté de ces ames Chrestiennes qui s'arrestent, comme desia nous auons dit, au milieu du chemin sans s'aduancer d'vn seul pas, attendans que Dieu les pousse, qu'il les presse, & les esleue à la sainteté, par les moyens surnaturels de sa grace: Sans qu'elles soient obli-

Perfectionem de qua Dominus locutus est vehementer adamaui, & nō meis viribus sed gratia ipsius adiuuante sic feci. Epist. 89. ad Hilar.

gées d'agir, & de s'employer de leur costé, par la fidelité de leur operation. Seulement l'on peut dire, que ce S. Docteur imite sur ce sujet le langage de l'Apostre S. Paul, qui écriuant aux Corinthiens les asseure, *qu'il a plus trauaillé que les autres Apostres, non pas luy seul, mais la grace de Dieu auec luy.* Il est vray encore que le mesme S. Augustin écriuant contre les Pelagiens, releue de beaucoup les excellences & les forces de la grace, au dessus de celles du franc Arbitre, & qu'il semble destruire en apparence celuy-cy, pour establir en effet celle-là. Mais aussi il faut estre peu versé en la Doctrine de ce grand Oracle, pour ne penetrer pas son dessein, & pour ne point approuuer l'adresse qu'il y employe; afin d'affermir vne verité qui de son temps estoit fort affoiblie, pour auoir esté trop contestée. Car il fait dans ces perilleux accez comme vn habile Iardinier, qui voulant redresser le penchant d'vne plante, & luy faire perdre son mauuais ply, la flechit souuent par d'autres contraires postures, afin de la forcer à prendre vne taille droitte.

Abundantius illis omnibus laboraui, non ego autem sed gratia Dei mecum. 1. Corinth. cap. 15.

Si vostre esprit n'est pas bien satisfait de cette responce, iettez vous mesme les yeux sur les ouurages de cét incomparable Docteur de l'Esglise, & là vous remarquerez qu'il en-

Aguntur vt agant, non vt ipsi nihil agant. Lib. de Correp. & grat. c. 2.

seigne bien au long, comment les ames qui sont preuenües des Sacrés mouuemens du S. Esprit, sont esmuës & poussées au bien, afin que de leur part elles agissent, & qu'elles prestent leur concours, sans demeurer oysiues & languissantes, comme le Paralitique de l'Euangile au bord de la piscine. Vous y verrez encore comment ce S. Pere vous apprend, qu'il ne se fait en nous nulle sorte de bien, sans le libre consentement de nostre volonté; Enfin si vous lisez le Traitté qu'il à composé sur les auantages du franc Arbitre, vous serez si éclairé de la verité, que vous ne viurez plus esclaue de cette mal-heureuse ignorance, dont les tenebres vous ont tenû si long-temps dans l'interdit de vostre deuoir.

Opus bonum non sine nostra voluntate sit. lib. de spirit. & litt. cap. 9.

Mais ô foiblesse! ô inconstance! ô amour Tyrannique! qui s'attache tantost auec trop d'auidité aux seuls appuys des dons celestes, pour y auoir autrefois senti des attraits tous puissants, où qui conserue auec tant d'attention l'idée de cés pretieuses qualitez, qu'elles luy font oublier de concourir ensemble pour l'acquit du diuin seruice; & qui bientost apres ayant reconnu que la grace est moins nostre, que la nature; qu'elle nous est estrangere, que nous y auons moins de droit, & que l'abus en suitte en est plus criminel, & l'appropriation plus infolente & plus temeraire: fe precipite dans l'autre extremité, & s'appuye fur fes propres forces.

Suitte du mefme fujet.

CHAP. XVI.

Nous voyons tous les iours qu'il y a des fidelles, de l'vn & de l'autre fexe, qui n'ofent pas efperer ce qu'ils veulent de la grace de Dieu, n'y fe promettre tous les bons fuccez que la paffion du propre intereft leur fait pretendre. De là vient qu'ils perdent la memoire, & la reconnoiffance des dons qu'ils reçoiuent de Dieu, & qu'ils ne fe reffouuiennent que des feules actions, qu'ils ont produites en faueur de la pieté. C'eft pourquoy ils prefument, mais auec beaucoup de crime, de leur adreffe, de leur conduite, & de leurs bonnes habitudes, au delà de leur capacité où fuffifance; d'autant plus qu'ils fe croyent fçauans dans la prattique des actes interieurs de la foy, de l'efperance, de la charité, & d'autres femblables. Et parce qu'ils fe font quelque temps exercez en la foubmiffion de leur entendement aux diuines lumieres, de leur

Præfumptio habet rationem peccati, quia per eam tendit homo ad

DE L'AMOVR PROPRE. 257

leur volonté à celle de Dieu, & de toutes leurs forces naturelles aux impreſſions actiues de la grace, ils ſe figurent d'auoir heureuſement rencontré les trois rapports neceſſaires à vne ame, qui veut agir dans l'ordre ſurhumain, & ſous la conduite du S. Eſprit ; ils croyent d'auoir trouué la Clef du Paradis, & découuert le ſecret du myſtere pour acquerir bien toſt le haut point de la perfection ; & ils ſe perſuadent d'eſtre deſia fort attachez à Dieu par ce triple lien ; ſans conſiderer qu'il eſt facile à leur fragilité de le rompre, & de retomber dans le precipice, ſi la diuine protection les abandonne.

ea quæ eius poteſtatem excedunt.
D. Bonauent. de ſpecul. anim.

Si diuina protectio deſerat anima ibi repente obruitur vbi ſe ſtare gloriabatur.
D. Greg. moral. l. 23. c. 19.

Si voſtre curioſité deſire de connoiſtre les principaux characteres, de cette orgueilleuſe preſomption, conſiderez les perſonnes qui en ſont infectées, & iugez de ces arbres par leurs fruicts. Il vous eſt facile de les remarquer en compagnie, où elles ſe font voir aſſez ſouuent. Regardez leur port, leurs yeux, & leur habit qui ſont en apparence vn modelle de modeſtie ; & puis entrez auec elles dans des diſcours & des conferances de pieté : elles vous parleront des myſteres d'vne vie cachée ; leurs bouches formeront ſouuent des plaintes contre les abus du ſiecle, où exhaleront de frequens ſouſpirs lancez vers le Ciel,

2. Part.   K k

pour tefmoigner quelles font dans l'eminent degré de la vie Vnitiue ; elles fe publieront cependant fort imparfaites & toufiours miferables ; elles protefteront qu'elles ne font rien pour la gloire de Dieu qui foit confiderable, & neantmoins elles adioufteront que les plus chers de leurs interefts, n'ont iamais d'autre fin que le progrez du Diuin feruice. Enfin fi vous paffez plus auant vous verrez des ames attachées à elles mefmes, toutes remplies de propre eftime, & qui au bout de leurs difcours ne font pas beaucoup efloignées du fentiment des Pelagiens, qui prefumoient toutes chofes des feules forces, & induftries de la nature; fans rien deferer au fecours fur-naturel de la grace ; & qui vfoient de ce langage, au rapport de S. Auguftin: *C'eft Dieu qui m'a fait homme, & c'eft à moy de me rendre iufte.*

Or il ne faut point employer icy des longues confultations, pour découurir la fource de ce defordre, par ce que l'Amour propre produit & augment, en l'homme, vn fi malheureux déreglement, dit S. Thomas, apres auoir affuieti fa raifon naturelle aux loix de l'opinion. C'eft luy qui fauorife fa temerité, & qui nourrit fa prefomption par le vain fentiment d'vne haute fuffifance. C'eft pour-

Impié gaudientes Pelagiani & de fuis viribus præfumentes dicunt, Deus me hominem fecit, iuftum ipfe me facio. Serm. 36. de verb. Domin. 2.2. quæft. 21. art. 1.

quoy nous pouuons dire, que s'il eſt facile de connoiſtre la cauſe du mal, il n'eſt pas moins difficile d'y appliquer les remedes : Car quel moyen de guerir vn malade qui ſe croit en bonne ſanté, & de traitter vn letargique qui ne ſe iuge point indiſpoſé, quelque profond aſſoupiſſement qui le tüe ? Dieu dit autrefois à ſon peuple par l'vn de ſes Prophetes, qu'ils eſtoient criminels en toutes façons, qu'ils auoient contracté des habitudes ſecrettes & malignes; que leurs vices auoient vieilly auec leurs mœurs ; & que parmy tant de maux, pas vn d'eux ne vouloit ſouffrir des remedes. Par ce que leur aueugle preſomption leur perſuadoit qu'ils eſtoient innocens, & que leur interieur n'eſtoit pas infecté, & noircy des taches d'aucun crime : Ce qui les rendoit ſemblables à vn malade affligé de playes & de contuſions, qui neglige de mettre quelque appareil ſur la partie qui ſouffre, & qui l'abandonne à la pourriture, au lieu de la fomenter d'huile où de quelque autre lenitif. Pluſieurs languiſſent dans leur foibleſſe, dit à ce propos S. Auguſtin, à cauſe qu'ils s'imaginent d'auoir aſſez de force & de vigueur pour ſubſiſter dans vne bonne diſpoſition de conſcience.

Cependant c'eſt déplorable de voir des

Totum caput in labore, totū cor in triſtitia. Vulnus, liuor, plaga tumens; non eſt malagma imponere neque oleū neque alligaturas. Iuxtâ 70. Iſaïa. c. 1.

Multos impedit à firmitate præſumptio firmitatis. Nemo erit adeò firmus, niſi qui ſe à ſe ipſo ſentit infirmum. D. Auguſt. Serm. 13. de verb. Dom.

ames Chrestiennes, qui trauaillent à se perdre par les charmes de cette fausse persuasion, & qui estant enflées de l'estime de leur propre suffisance, se desrobent à elles-mesmes, & ne conseruent point la veuë de leurs propres deffauts: Ce qui les fait en suitte sortir hors des termes de la vertu, pour les porter dans des routes esgarées & dangereuses. Car comme l'on augure vne mauuaise issuë de la nourriture, & de l'education des enfans à qui les parens remplissent l'esprit de folles vanitez, & de l'idée de quelques grandeurs imaginaires: De mesme, l'on fait vn sinistre iugement de la conduite interieure des personnes, lors que la delicatesse de l'Amour interessé les nourrit de lumieres d'esclat, & de pensées de sainteté desia acquise; esloignant de leur memoire la souuenance de leurs pechez, & de leurs miseres, afin de les enyurer de l'excessiue opinion de leur propre merite. Et c'est ainsi que ces aueugles tombent dans le precipice.

Qui de ipsa iustitia tamquā sua præsumit, cadit. D. Augustin. Psalm. 58.

Mais aussi il me semble qu'il n'est pas impossible de les guerir, & d'abattre ces fumées d'orgueil & d'extréme confiance en elles-mesmes, si elles veulent opposer le pur amour à son contraire, & vaincre par la charité la passion du propre interest, qui enfle les voyles de leur presomption. C'est le sage

Conseil que l'Ange donna autrefois à l'Euesque de Laödicée, ors qu'il luy parla, termes. *Ie suis riche en bonnes œuures* dittes-vous, *& i'abonde tellement en la iouyssance de cés pretieux acquests, que ie n'ay plus besoin d'aller aux emprunts, ny de mandier le secours de personnes & neantmoins vous ne prenez pas garde que vous estes chetif, & miserable, pauure, nud & aueugle. Si vous voulez cependant suiure mon aduis, ie vous conseille d'acheter de moy de l'Or fin, & espuré par le feu, afin de deuenir bien tost riche.* Tous les Interpretes de ce passage entendent par cét Or r'affiné la Charité, d'autant qu'elle a cela de propre, dit S. Paul, d'imprimer des sentimens d'humilité & d'abaissement, dans le cœur de ceux qui la possedent, si d'ailleurs elle est sincere & veritable : Mais il est ainsi, que ceux qui sont plus humbles sont moins presomptueux, & ont plus de deffiance de leurs merites & saintes œuures, comme dit le Seraphin de l'Eschole; ayez donc la charité, pour descendre iusqu'au mespris de vous mesme, & vous prattiquerez en effet ce que S. Bernard a couché par écrit : Vous serez, dis-ie, humble de cœur, & aurez dans la veüe de vos actions, quoy que Chrestiennes & faites en grace, plus de regret que d'affection, & plus de honte que de complaisance.

Dicis quòd diues sum & locupletatus, & nullius egeo ; & nescis quia tu es miser & miserabilis ; & pauper, & cæcus, & nudus: suadeo tibi emere à me aurum ignitum. *Apocal. c. 3.*

Quantò quisque humilior tantò minus confidit de propriis meritis. *lib. 3. sent. dist. 26. art. 2. q. 2.*

Serm. 58. in Cantic.

Certes il n'en eſt pas de meſme des ames qui agiſſent par raiſon, & des beſtes qui ſe conduiſent par la force de l'inſtinct ; Car l'Autheur de la nature leur ayant donné des qualitez, & des puiſſances à proportion de ce qu'elles doiuent faire pour la vie, & pour l'entretien de l'eſpece ; leur à auſſi imprimé vne ſecrette impulſion qui les pouſſe, & qui les aſſeure du bon ſuccez de leurs actions. Ainſi le Dauphin s'eſlance hardiment dans la furie des tempeſtes de l'Ocean, par ce qu'il à les aiſlerons aſſez roides, pour fendre les vagues, en ſe iouänt de leur violence : Ainſi les Aigles oſent fondre d'vn plein vol au milieu des orages de l'Air, à cauſe qu'ils preſument d'auoir aſſez de cœur & de force, pour tenir ferme contre la pointe des éclairs, le bruit du Tonnerre, le ſouffle des Vents, & les inondations de la Plüye : Ainſi le Taureau s'expoſe ſeul à combattre vn Lyon, s'aſſeurant qu'il peut l'attaquer auec de l'auantage, où du moins ſe deffendre d'vn ſi puiſſant ennemy. Mais l'homme ne doit iamais auoir

Qui ſe exiſtimat aliquid eſſe, cùm nihil ſit ſeipſum ſeducit. Galat. c. 6.

des ſentimens ſenſibles de ſes qualitez, puis que toute ſa ſuffiſance vient du Ciel, puis que luy-meſme il n'eſt point capable de former ſeulement vne bonne penſée, pour auancer ſon ſalut ; & puis que celuy-là ſe

DE L'AMOVR PROPRE.

trompe, selon le iugement de S. Paul, qui a l'opinion d'estre desia quelque chose. Car tout ce que nous auons de merite & de perfection en nos œuures, depend de la grace de Dieu, comme de son principe, & en releue comme la matiere de la forme, & comme le rayon qui nous éclaire, du globe du Soleil qui le produit. De sorte que l'homme ne peut bien viure, ny faire ses actions auec integrité & innocence, sans estre assisté du Diuin secours. De mesme que les yeux, dit S. Augustin, ne sçauroient voir vn object sensible, s'ils ne sont pluftost éclairez de quelque lumiere qui reside dans leurs organes, pour actüer leur puissance.

Sicut oculus nisi candore aduuetur non potest cernere: sic nec homo nisi diuinitus aduuetur rectè non potest viu're. lib. de nat. & grat. cap. 16.

Il est certain que la raison naturelle est fort puissante, pour gouuerner la volonté; pour la pousser au bien, où l'esloigner du mal: D'autant plus qu'elle est vn rayon de la diuinité, & vn extrait de la sagesse eternelle: Mais certes elle est trop foible pour operer vn bon reglement en l'homme, par les seules idées de sa lumiere; & sa conduite n'est pas assez genereuse pour vaincre, où pour retenir captiues les passions de l'appetit inferieur. Delà vient que l'ame Chrestienne doit implorer necessairement le secours du Ciel, pour faire cesser les rebellions de la chair, & triompher de ses insolences. Car, comme dit S. Augustin, si

Si natura humana absque Dei gratia salutem non potuit custodire quam accepit: quomodo sine Dei gratia posset recuperare quam perdidit? lib. de vera innocent.

l'homme n'a peu se conseruer autrefois dans l'estat de sa premiere pureté, & sainteté originelle, sans le concours particulier de la grace, comment pourroit-il operer encore son salut, apres la cheute & la corruption de sa nature, sans estre fauorisé des mesmes moyens qui passent les termes ordinaires de sa suffisance. C'est ce que l'Apostre S. Paul nous enseigne, par des termes bien exprez, lors qu'il confesse; qu'il sent en ses membres vne loy d'iniustice, qui s'oppose à celle de son esprit, qui resiste à son iugement, & qui le captiue sous la Tyrannie du peché: Mais auec tant de violence, qu'elle luy fait souhaitter la mort comme vne faueur, afin de se deffendre de ses attaques,

Rom. cap. 7. & d'éuiter son importunité. *Miserable, dit-il, que ie suis: He! qui me deliurera de l'honteuse seruitude, que ie souffre dans la prison de ce corps mortel.* Puis il conclud, *ce sera la grace de Dieu, par les merites infinis de Iesus-Christ.* D'où vous pouuez inferer, que c'est la seule grace qui a le moyen de regler les excez de l'appetit sensitif, & de moderer ses conuoytises: & que cét elle seule, & non la force & l'authorité de la raison humaine, qui peut gagner des Victoires sans combat, & imposer des loix sans vser de violence.

Cela supposé comme l'vne des premieres
veritez

DE L'AMOVR PROPRE.

veritez de la sacrée Theologie, pouuez-vous presumer beaucoup de vos bonnes œuures? croyez-vous que vous y deuiez prendre bonne part, Dieu en estant le principe, le milieu, & la fin? Et osez-vous bien vous en attribuer de la gloire, sans craindre d'vsurper sur les faueurs, & les dons du S. Esprit, qui vous anime lors que vous agissez par le seul motif de luy plaire? N'est-ce pas imiter l'insolence d'vn ingrat Courtisan, qui apres auoir receu de la main de son Prince vne grosse somme de deniers, pour l'achat d'vn office, voudroit soustenir de l'auoir acquis à ses despens, où de l'auoir gaigné par ses propres merites? Quoy? la cognée voudra peut-estre se glorifier, pour parler selon les termes du Prophete Isaye, contre le Bucheron qui la manie à discretion par la force de son bras, & qui se sert d'elle comme d'vn instrument necessaire pour abatre les Arbres? Et quoy? la Scie osera se vanter par dessus l'adresse du Maistre Artisan, qui regle ses mouuemens, & qui conduit le tranchant dentelé de son fer, afin de luy faire mordre le bois où la pierre, & de l'enfoncer par mesure? He! n'est-il pas vray que vous n'estes que l'instrument des graces Diuines? Que ce sont elles qui donnent le prix & la valeur à vos actions? Que sans leur assistance & leur

Nunquid gloriabitur securis cōtra eum qui secat in ea? Aut exaltabitur serra contra eū à quo trahitur? cap. 10.

2. Part.

operation, rien n'est de mise dans le sanctuaire des iugemens de Dieu ? Et que sa Iustice distributiue couronne ses faueurs, quand elle recompense vos merites ? Pourquoy donc auez vous tant de complaisance en vos exercices de pieté ? Comment vous laissez-vous flatter par l'estime immoderée de vos propres forces? Ouurez donc les yeux, & confessez vostre foiblesse, vostre erreur, & vostre neant qui vous met dans vne impuissance vniuerselle.

Quisquis tibi enumerat merita sua, quid tibi enumerat nisi munera tua? D. August. lib. 9 Confess. cap. 13.

Mais ie voy bien que le mauuais vsage de la memoire, est la commune source de vostre detestable presomption, & que la souuenance de quelques œuures faites en estat de grace, vous enyure de complaisance, & vous entretient dans ces fausses idées : Ce qui vous precipite, comme dit S. Iean Chrisostome, dans deux écueils; à sçauoir, dans l'orgueil d'auoir bien fait, & dans la negligence de mieux faire. Car il n'en est pas de la milice spirituelle, comme de celle du siecle; puis que selon l'opinion d'vn ancien Pere, le seul moyen de reüssir dās les batailles rangées, & d'emporter la Victoire sur des ennemys visibles, c'est de se ressouuenir tousiours des heureux succez & des auantages, qu'on à obtenus autrefois par la force des armes & par la grandeur du courage. Mais dans vn combat interieur & spi-

Homil. 11. in epist. ad Philippens.

Sola via est qua ad præliandū crescat intētio, quoties bene gesta non delet obliuio. Ennod. l. 4. epist. 1.

DE L'AMOVR PROPRE.

rituel, qui confiste à bien dompter nos passions, & à nous vaincre entierement nous mesmes : l'oubly des bonnes œuures qu'on a faites par le passé, dispose l'ame à rendre les autres meilleures & plus acheuées, & la violente heureusement à n'auoir point d'autres pensées, que le seul desir de s'aduancer chaque iour dans le chemin de la perfection : à l'imitation de S. Paul, qui écriuant aux Philipiens les asseure, que sa memoire auoit oublié les actions de la vie passée, & qu'elle les laissoit en arriere pour n'auoir d'esprit ny des yeux œuuerts, qu'à l'accroissement d'autres nouueaux degrez de merite ; faisant tous ses efforts pour s'aduancer vers le but où il vouloit atteindre. C'est le Commentaire, que le grand Archeuesque de Cantorbie à donné sur ce Texte sacré de l'Apostre.

Quæ retrò sunt obliuiscens, ad ea quæ sunt priora extendens meipsum, ad destinatum persequor. Philippens. cap. 3.

Si vous voulez regler l'vsage de vostre memoire par l'idée d'vn si bel exemple, oubliez tout le bien que vous auez fait, & n'ayez point d'autre dessein ny entretien interieur, que pour celuy que vous deuez operer dans le temps à venir. Que s'il vous est impossible de n'auoir pas quelque fois la souuenance des œuures, que vous auez faites par le secours de la grace, ne permettez point que l'Amour propre vous bande les yeux, & qu'il vous empeche d'en

Præterita merita mea obliuiscens, & quasi pro nihilo ducens : ad futura merita me extendo, semper addens aliquid. sic D. Anselm. in hunc loc.

voir le deffaut. Au contraire, souuenez-vous que voſtre courage a parû souuent fragile, ou abbatu, ou inconſtant dans les prattiques de la vertu; que vos plus ſaintes actions n'ont pas encor égalé vos demerites; & que dans la conduite de voſtre vie ſpirituelle vous auez, peut-eſtre, cent fois chaque iour ſouffert des cheutes apres des efforts; & trempé dans des langueurs qui ont triomphé de vos petites generoſitez. Souuenez-vous que vous n'auez fait du bien que par interualles; Que vos reſolutions ont eſté par tout inégales, vos ingratitudes frequentes, vos intentions impures & meſlées de propre intereſt ſur le commencement, où le milieu, où la fin de chaque œuure de pieté; & que le deſordre qui a ſouuent regné dans l'vn & l'autre Appetit, a rendu voſtre raiſon plus eſclaue que maiſtreſſe de la concupiſcence. Souuenez-vous encor vn coup, que quand bien vous auriez fait pour la gloire de Dieu, toutes les œuures de grace qui ſont imaginables, vous n'en deuriez point faire vn ſujet de vanité, mais pluſtoſt de crainte: par ce qu'aprés tous cés auantages, vous ne ſçauriez pas déterminer par vne certitude infaillible, ſi vous ſeriez digne de haine où d'amour; ſi les lumieres de voſtre eſprit n'auroient pas plus participé de l'opinion que de la

Væ etiam laudabili vitæ hominum ſi remota miſericordia diſcutias eam.
D. Aug. l. 9. Confeſſ. cap. 13.

verité, ou procedé moins de la foy que de la nature ; & si le chemin où vous passez est tres asseuré pour le salut de vostre ame.

Voylà des entretiens dignes de vostre memoire ; Voylà des sujets qui peuuent l'occuper auec innocence, sans qu'il faille craindre d'excez, en luy permettant d'y faire de grandes diuersions. C'est l'vnique moyen d'euiter les precipices, dont la presomption est tousiours suiuie, comme dit Tertulien. En vn mot, c'est le meilleur conseil que vous pouuez choisir, pour faire naistre dans vostre cœur vne parfaite confiance en la seule misericorde de Dieu, & vne humble deffiance de vos bonnes œuures. Mais voyons en suitte les déreglemens de la seconde puissance intellectuelle.

Qui præsumit, minus veretur, præcauet, plus periclitatur. lib. de cultu fœmin.

CHAP. XVII.

L'Amour passionné de nous mesmes nous fait connoistre les choses inutiles, & ignorer les necessaires par le mauuais vsage de l'entendement.

C'Est vn erreur de dire auec les Platoniciens, que l'ame raisonnable vient dans le corps humain bien instruite des cônoissances necessaires, toute éclairée de l'idée des Arts

Liberaux, & pleinement informée des principes de toutes les sciences naturelles. Ce priuilege n'a esté accordé qu'aux esprits Angeliques, par vn effet de la souueraine bonté : Dieu leur ayant imprimé dés le moment de leur creation les especes de toutes choses, afin qu'ils eussent les cónoissances, les notions & les veües distinctes des moindres parties de chaque object, & qu'ils fussent en suitte les viues Images du Verbe Eternel, & les Copies les plus expresses de ce parfait Original.

Mais aussi c'est vne verité receüe de tous les sages, que nostre esprit n'a point d'autres limites que des estendües & des capacitez immenses ; qu'il peut acquerir la connoissance d'vne infinité d'objects, qu'il a assez de chaleur & de pointe pour penetrer les principes, les progrez & les suittes d'vn suiet; que d'vne seule verité bien connuë, il a le moyen d'en tirer des consequences assurées iusques à l'infini ; & qu'il a assez d'adresse pour descendre de la cause à l'effet, de l'espece à l'indiuidû, de la quantité au point, de l'eternité au temps, & de remonter par les mesmes degrez & sous les mesmes veües, iusques à ces premieres sources sans iamais violer les regles du raisonnement. Et pour n'estendre pas plus loing cette induction, il suffit de dire apres le seraphique Do-

DE L'AMOVR PROPRE. 271

&teur, que nostre ame est en quelque façon, *vn estre vniuersel*; à cause qu'elle a du rapport à l'idée de toutes choses, & que la perfection de son intelligence luy donne la liberté de former sur toutes sortes de sujets, des pensées vniuerselles, separées du temps & des lieux, & esleuées au dessus de la matiere.

Anima est quodāmodo omnia per assimilationem, quia nata est cognoscere omnia. D. Bonauent. 1. sent. dist. 3. q 1. articul. 1.

De cette vaste capacité, qui fait que l'ame raisonnable est la plus excellente de toutes les formes, vient l'ambition naturelle qui l'a porté à sçauoir toutes choses, & à faire mille découuertes sur tous les estres de la nature, par vn progrez qui se termine dans l'infini. Car comme elle est vn rayon de la diuinité, elle veut imiter son eminente sagesse, faisant par ses idées vne assemblée de tous les temps, vne souueraine & singuliere vnité de tous les nombres, vn seul object intelligible de toutes les creatures qui frappent les sens, & de ses hautes contemplations vn nouueau monde de connoissances & de lumieres.

Neantmoins ces extremes auiditez trouuent par tout des resistances; & nos estudes ont des limites qui terminent leurs recherches, à cause qu'il n'est pas permis à nostre entendement, de se remplir des especes & des notions generales, & particulieres de chaque suiet; puis qu'il est vray, comme dit vn sça-

Deus ita fecit omnia & omniū entium veritatem occultam, vt nihil vti est, scire valeamus.
Nicol. de Cusa lib.4.excit.

uant Cardinal, que nous n'auons pas le moyen de penetrer & d'auoir la veüe des choses, tout autant qu'elles sont connoissables de leur part, dans tout le fonds de leur nature.

C'est pourquoy nous pouuons dire, que comme la condition ciuile dans laquelle nous sommes nays, est vn premier estat partagé entre la Royauté & l'esclauage, entre le repos & les employs ; entre les richesses & l'indigence : De mesme, que nostre vie particuliere nous laisse dans vne constitution où temperament d'esprit, qui tient le milieu entre l'opinion & la science, & qui participe de l'erreur & de la verité, où pour mieux dire, de la Doctrine & de l'ignorance. Car la nature ne se découure pas à nous toute entiere, & ne se met pas en euidence pour se faire voir sans nüages, & sans enigmes. Au contraire, elle nous monstre vne partie de chaque obiect pour nous cacher le reste ; elle porte deux visages lors qu'elle se presente à nous pour estre aperceüe ; l'vn est produit ouuertement à nos yeux, & l'autre est couuert d'vn voyle d'obscurité : Ie veux dire, qu'elle nous laisse autant où plus a deuiner, qu'elle nous donne à connoistre. Or c'est vne disgrace qui est commune à tous les hommes ; quoy que la prophane Antiquité nous represente, que Vulcan graua
autrefois

DE L'AMOVR PROPRE. 273

autrefois sur le Bouclier d'Achille tout ce grand monde visible, les Cieux, la Terre, les Mers, l'Air, les Plantes, les Animaux : pour signifier que ce Prince idolatre auoit vne science vniuerselle. Le sens de cette fable, qui n'est pas la moindre de celles d'Homere, est condamné par la moralle de Platon, & par la Philosophie naturelle de l'vn de ses Disciples. *Lib. 5. de legib. Procl. de anim. & amore.*

Cettes depuis le peché du premier homme, l'entendement est enueloppé des tenebres d'vne triple ignorance, comme dit S. Bernard, à sçauoir du vray & du faux, du bien & du mal, de ce qui luy est vtile ou pernicieux. Delà vient qu'il nous est impossible de dissiper entierement tous les diuers nüages qui assiegent nostre esprit; & de le mettre en possession de toutes les verités qui sont capables de l'eclairer sur tous les points & difficultez qui trauaillent la raison humaine. Mais pour ne taire pas ce qui est encore plus deplorable, l'Amour passionné de nous mesmes nous presse d'aspirer au cercle de toutes les sciences, & flatte nostre auidité pour l'amuser dans la recherche de mille veritez, dont la connoissance est vaine, & l'espreuue inutile. C'est en effet, cette aueugle affection qui veut tout apprendre par des voyes qui ont plus de facilité, plus d'éclat & plus de charmes. C'est *Ratio humana cecidit in triplicem ignorantiam boni & mali, veri & falsi, commodi & incommodi. Serm. 1. de paruis.*

2. Part.   M m

elle encor vn coup qui fait que l'ame qui s'ayme par excez, se laisse emporter lâchement aux mouuemens de cette curiosité volage & indiscrette, qui apres auoir mis le siege de son empire dans l'esprit, employe les organes des sens pour acquerir des sciences curieuses, & qui n'apportent aucun auantage à ceux qui les possedent.

Cependant il ne faut point dire, qu'en vn Chrestien ce vain desir de sçauoir sans moderation, n'a pour objet que les choses qui luy sont agreables : puis qu'il se porte vers celles-là qui gesnent ses attentions, & qui sont d'vn acquest fort difficile ; & puis qu'il s'obstine d'ailleurs à tenter des precipices, à suiure des routes esgarées, & à se perdre dans des Abysmes de Doctrine. Ce n'est pas assez à vn grand nombre d'esprits orgueilleux, d'estre instruits & informez des sciences communes, ils veulent encor auoir le renom de connoistre celles qui sont rares, & qui font de l'esclat, pour gagner quelque estime dans l'opinion du vulgaire ignorant, comme dit le grand Saint Gregoire.

Mais puis qu'il importe à vn sage écriuain, d'euiter le reproche d'auoir découuert vn mal sans auoir proposé tous les remedes, qui sont conuenables pour s'opposer à son pro-

Communem scientiam habere refugiunt, ne cæteris æstimentur æquales : occulta vel moua semper exquirunt ; quæ dum alij nesciunt apud imperitorum mentes ipsi de scientiæ singularitate gloriantur. D. Greg. l. 5. moral. c. 19.

grez : il me semble que pour commencer de concourir à ce dessein, ie puis bien dire apres S. Bernard, que c'est vne sotte curio- *Serm. 3⁰. in Cantic.* sité d'estudier des choses inutiles, pour le seul plaisir qu'on reçoit d'estre sçauant : que c'est vne vanité bien honteuse de se remplir de sciences humaines, afin que l'estime publique y donne quelque approbation pour les auoir apprises : & que c'est vn sale commerce de ne connoistre les bonnes lettres, que pour les rendre venales & mercenaires.

En suitte, il m'est permis de dire, que comme il est necessaire au soldat de sçauoir quelques maximes qui regardent l'Art Militaire, afin d'asseurer son courage par les diuers accidens de guerre, & d'en ignorer d'autres pour ne s'abbattre point dans les perils euidens qui le menacent de la mort, ainsi qu'il est rapporté dans la derniere Harangue de l'Empereur Othon : qu'il est aussi fort conuenable à l'eminente profession d'vn Chrestien, d'estre bien instruit de plusieurs causes, effets, ou suittes de la nature, & d'estre priué à proportion de la connoissance d'autres principes, afin d'esloigner de son entendement les tenebres, & la curiosité dans vne égale distance; & de le tenir tousiours retranché dans la possession d'vne science sobre & moderée, à l'i-

Tam nesci- re quædam milites quàm scire oportet. Tacit. hi- stor.lib.1.

mitation de ce sage Philosophe, que Platon nous propose en idée.

Lib. 5. de legib.

C'est bien plus, comme l'Amour propre est la source de cette mal-heureuse auidité, qui ne souffre point de bornes dans ses estudes, c'est à l'homme prudent & bien discret de leur en assigner, afin qu'il ne sache que ce qui est necessaire, & qu'il ignore le superflu. C'est au sage, dit Cassiodore, de n'aymer que ce qui est vtile & auantageux a plusieurs; Voilà la fin vnique & legitime de toutes ses recherches. Or quel profit sçauroit-il recueillir de lire & d'apprendre tous les Romans, & toutes les Tragi-Comedies qui ont amusé depuis vingt ans, où enuiron, la troisiéme partie des habitans du Royaume, & qui sont encor les estudes ordinaires des garçons qui aspirent a se rendre honnestes hommes, & des filles qui veulent estre vn iour honnestes femmes? Comme si cette Academie prophane auoit plus de pouuoir que la Chrestienne, pour regler leurs mœurs & sanctifier leur vie, & comme si les tenebres deuoient enfanter la lumiere.

Sapientis est amare quod expedit multis.

Variar. l. 7. epist. 43.

D'ailleurs, qu'elle instruction importante pour vn Chrestien, de dresser des Horoscopes, de trafiquer en Cilindres & en Astrolabes; d'estre occupé iour & nuict, comme vn autre Tycho Bráé grand Seigneur d Dannemarc;

DE L'AMOVR PROPRE.

à fupputer quelques minutes qui difputent la caufe d'vn mefme effet ; a connoiftre les influences particulieres des Eftoilles de la fixiefme grandeur, & à determiner leurs qualitez dans les tierces où quartes où quintes, &c. minute du Zodiaque ? Et c'eft neantmoins le commun employ de plufieurs hommes, foit Religieux où Ecclefiaftiques. Delà vient, qu'ils s'appliquent auec plus d'attention à l'eftude des Mathematiques, qu'à la lecture des SS. lettres qu'ils manient plus fouuent le compas, pour faire des demonftrations par des figures fenfibles, que l'Hiftoire du S. Euangile, pour s'inftruire des veritez de la foy ; qu'ils ayment plus fçauoir les elemens d'Euclide, que les Epiftres de S. Paul ; & qu'ils font plus d'eftat de l'échelle altimettre où d'vn carton gradüé, pour mefurer la iufte diftance des lieux qu'ils peuuent découurir dans toute l'eftendüe de l'Orifon, que de l'eftude des S.S. Peres & des Canons Ecclefiaftiques : fans confiderer le grand preiudice qu'ils en recoiuent, felon la veritable remarque, du plus fçauant homme du dernier fiecle.

Enfin quelle vtilité peut promettre cette infatiable curiofité, qui follicite l'efprit d'apprendre des fciences fi fteriles, qu'elles font ingrates à ceux-là mefmes qui les cultiuent?

Nihil tam noxium Theologo quam jacumbere Mathematicis difciplinis. Joann. Pic. Mirand. in conclufi.

& si difficiles qu'elles ne font connoistre que peu de choses en beaucoup de temps ? Quel auantage à celuy-cy qui estudie tous les volages meteores, qui se forment dans les diuerses Regions de l'Air ? Qu'elle satisfaction d'esprit a celuy-là qui souffle incessamment au charbon, comme les Vierges Vestales pour entretenir le feu de leur temple, & qui consomme son corps, ses biens, & son esprit par les subtiles vapeurs de l'Alchimie. He ! quel succez fauorable peuuent auoir les estudes, qui font connoistre les vertus, inutiles des pierreries où des mineraux ; où qui découurent les proprietez des plantes & les inclinations des animaux ? Ie veux qu'on en rapporte la recompense que Tertulien propose ; il faut neantmoins que l'on aduoüe, que c'est tousiours iustifier le dire du Sage, qui nous apprend, que Dieu ayant creé l'homme dans la saincteté originelle, establit autrefois son entendement dans la rectitude, luy ayant donné la connoissance des choses necessaires ; & que depuis s'estant aueuglé par le peché, il s'est embroüillé luy mesme, dans vn Labirinthe d'erreurs, de curiositez, & de questions friuoles qui vont iusques a l'infiny.

Exercitatio in curiositate consistit, habens gloriam solam de peritiæ studio. Tertull. lib. de prescrip. c. 14.

Eccles. c. 7.

Mais apres toutes cés raisons, qui semblent assez puissantes pour combattre les abus, &

destruire les déreglemens que l'Amour d'vne propre & passionnée volonté, fait commettre à plusieurs, comme dit S. Anselme, il me semble que c'est assez pour regler l'vsage, & pour prescrire la bonne conduitte de l'esprit, d'adiouster icy vne verité que S. Paul écrit en ces termes. *Encore que i'eusse connoissance des choses futures ; quoy que tous les mysteres de l'ancienne & nouuelle loy me fussent découuerts, & qu'il ne manquat aucun degré de veüe & de lumiere, à la perfection de ma science : Ie ne suis considerable deuant Dieu que comme vn veritable neant.* Certes si nous auons des yeux Chrestiens, pour voir le sens de ces diuines paroles de l'Apostre, nous trouuerons qu'elles passent condamnation contre ces esprits orgueilleux de nostre siecle, qui veulent tousiours estudier pour apprendre des subtilitez d'éclat & de renom, ou pour flatter les humeurs & les libertez de leur caprice. Car si les sciences qu'on estime les meilleures & les plus importantes, sont inutiles & ne seruent de rien, si elles ne sont alliées & vnies auec la Charité, quel iugement deuons nous faire de celles qui sont steriles, qui ne sont inuentées que pour contenter la seule curiosité, & qui ne sont acquises ny prattiquées que par les motifs lâches, & corrompus de l'Amour propre.

Propriæ voluntas est in curiositate scrutandi ea quæ scire nulla est vtilitas. lib. de similitud.

Si habuero prophetiam, & nouerim mysteria omnia & omnem scientiam nihil sum. 1. Corinth. cap. 13.

Le seul exemple de S. Augustin est tout puissant, pour donner à ce suiet vn dernier & parfait éclaircissement ; puis que ce grand Oracle de l'Eglise, ayant esté esleué à la connoissance des lettres humaines, tesmoigna dés son bas âge qu'il auoit des vastes capacitez, pour toutes sortes de sciences : Sa curiosité faisant par tout des saillies d'esprit assez temeraires, sans luy permettre d'obseruer quelque moderation dans ses estudes. Or comme le progrez de ce grand homme fût admirable dans la découuerte des veritez naturelles, il se rendit bien tost l'admiration de son siecle par la subtilité de ses raisonnemens. Mais estant esleué dans vn monde de lumieres il fut si éclairé, qu'apres auoir long-temps roulé dans les écholes pour penetrer les principes de toutes les sectes : il reconnût enfin que son trauail auoit esté sans succez & sans profit, & que sa Doctrine luy estoit d'autant moins vtile, qu'elle auoit tousiours esté trop affectée. C'est ainsi qu'il l'aduoüa depuis dans ses propres Confessions, lors qu'il parla à Dieu en ses termes. *La facilité à comprendre toutes choses, & la viuacité à bien desmesler vne longue fusée de difficultez par la chaleur de la dispute, estoient vn present, ô Seigneur, que i'auois reçeu de vostre main. Mais i'en faisois vn continuel sacrifice aux interests*

Celeritas intelligendi, & acumen disputandi donum tuum est; sed inde non sacrificabam

de

DE L'AMOVR PROPRE.

de mon Amour propre, au lieu de les faire ceder à ceux de vostre gloire; & il m'estoit plus pernicieux que fauorable de iouyr de ces precieuses qualitez. Car quel auantage pouuoit m'apporter vne bonne chose qui estoit si souuent prophanée par vn mauuais vsage?

Or quoy que la liberté de ce genereux aueu doiue faire de grandes impressions, sur vn esprit docile & qui defere à la raison : Il faut neantmoins aduoüer dans vn sens plus temperé & plus adoucy, qu'entre tous les vices qui passent dans l'excez, il y en a de plus pardonnables que leurs contraires, qui languissent dans l'autre extremité, & qui tiennent les puissances de l'ame tousiours esclaues par le deffaut. Par ce que les excez vitieux sont plus approchans de la vertu, selon le commun sentiment des Platoniciens, & sont plus conformes à nostre nature, qui doit tousiours s'esloigner d'elle-mesme pour déployer ses principales actiuitez en des choses releuées, & qui sont au dessus de sa mortelle côdition. Cette pure Doctrine n'est pas contraire au iugement d'Aristote, puis qu'il enseigne, que la temerité est moins criminelle que la coüardise, & que l'auarice est plus infame & plus honteuse que la prodigalité. En suitte, nous auons droit de soustenir à mesme proportiô, que la curiosité de trop sçauoir, mesmes des choses inutiles, marque plus de vanité que de malice, quoy

tibi Itaque mihi non ad vsum sed ad perniciem magis valebat. Nam quid mihi proderat bonæ naræ non vteti benè. Lib 4. Confess. cap. vltim.

Arist. lib. 4. Ethic.

2. Part. Nn

282 LA TYRANNIE

Plus scire velle | quâ sit satis, intemperantiæ genus est. Senec. epist. 88.

qu'elle tombe dans vn excez qu'vn ancien Philosophe à nommé vne espece d'intemperance, & que si nous l'auons condamnée iusques icy, nous deuons encore donner plus de blasme aux pesanteurs d'vne paresse morne & languissante, qui fait ignorer à vn million d'ames Chrestiennes les veritez qui les peuuent rendre meilleures, & qui leur importent du salut eternel; & c'est ce que nous allons voir dans la seconde partie du present discours.

Negligentia mihi videtur, si postquam confirmati sumus in fide, non studemus quod credimus intelligere. lib. Cur Deus homo cap. 2.

Car il est vray qu'on ne sçauroit assez blasmer cette lâche oysiueté, que S. Anselme nomme negligence, qui condamne d'erreur ou de réuerie les plus raisonnables contemplations des veritez de la foy; qui estime la prattique de l'Oraison mentale vn trauail trop lassant dans sa longueur, & trop importun en ses recherches; en ce qu'il luy semble trauerser les plaisirs du corps, & captiuer la liberté de l'esprit; qui n'approuue pas les acquests des sciences diuines; qui s'oppose au parfait éclaircissemét que nous sommes obligez d'auoir de tous les principes sur-naturels, qui ont fondé le Christianisme; qui trouble les plus nettes connoissances que nous deuons acquerir par les limites de la foy & les thresors de la grace; & qui en vn mot, vsurpe sur la raison auec tant d'empire, qu'elle ne luy permet qu'en passant la veüe d'vn sujet: que si elle y fait quelque arrest,

DE L'AMOVR PROPRE. 283

ses premieres aprehensions durent moins que les efforts d'vn Leopard, qui poursuit sa proye dans les deserts de l'Affrique. <small>Pardus tertio saltu nec vltrà præ'am insequitur. *Ælian. in Hist.*</small>

He! quel aueuglement déplorable? Entrez auiourd'huy en commerce auec le grand monde, & vous y ferez rencontre d'vn nombre infiny de François, qui croyent en Dieu & en son Eglise, & qui neantmoins ignorent autant où plus les choses diuines, qu'ils sont sçauans és lettres payennes. Vous y verrez des Docteurs du Sacré Canon, qui sçauent interpreter auec adresse les textes ambigus des Decretales, & qui peut estre, n'ont iamais ietté les yeux sur vne seule Epistre de l'Apostre S. Paul, pour en auoir l'intelligence. Vous y remarquerez encore des Professeurs du Droit Ciuil, qui feront paroistre vn effort de memoire à rapporter auec ordre, toutes les loix du Code de Theodose, & qui n'auront iamais bien appris par cœur tous les diuins preceptes du Decalogue; qui feront de beaux Commentaires sur les ordonnances humaines, & qui ne sçauront pas dresser vne nette explication sur les articles du Sacré Symbole. Cét abus cependant n'est-il pas digne d'estre censuré, par les propres termes de S. Isidore?

Certes ie ne croy pas offenser le iuste party de la verité, si i'aduance qu'il y a dans le Royaume vne infinité de Dames, qui sont plus in- <small>Quid prodest in mundanis Doctrinis proficere</small>

struites des loix exactes & ponctuelles de la ciuilité, de la mode des habits, des menus complimens de la Cour, & des artifices qu'il leur faut employer pour farder auec grace le visage; qu'elles n'ont de veuë & d'intelligence sur tout ce qui leur est necessaire, pour se tenir dans l'obseruance inuiolable des preceptes de l'Eglise? I'estime encore que ie ne tombe point dans l'excez de l'Hyperbole, quand ie publie qu'il y a des Ecclesiastiques & mesme des Religieux, qui font vanité de mieux connoistre les choses inutiles que les necessaires, d'estre plus éclairés des intrigues de l'humaine prudence, qui suit les inclinations de la chair, & qui attache ses interests aux biens de la fortune, que d'estre bien informés de cette sagesse Euangelique, qui nous découure les Thresors du Ciel. Il y en a dis-je, qui sçauent plus de Moralle que de Religion, plus de maximes de police, que de principes qui formét la conscience, plus d'affaires d'estat que de l'Eglise, & plus d'erreurs & de superstitions de l'ancienne idolatrie, que de communes veritez du Christianisme. Enfin, l'on void dans l'estat seculier quantité de personnes, qui passent leur vie parmy les espaisses tenebres d'vne ignorance volontaire & affectée ; où qui n'ont de science ny de sagesse que pour faire du mal, comme parle le Prophete Hieremie, & iamais assez de lu,

& inane s-cere in diuinis ? Caduca sequi figmenta, & Cœlestia fastidire mysteria. lib. 3. senten.

Sapientes sunt vt faciāt mala: bene auté facere nesciunt. c. 4

miere pour s'engager auec ardeur, dans la pra- *Paufan. in Attic.*
tique d'vn bien qui les peut asseurer d'vn éter-
nelle felicité.

Mais quel opprobre! nous sçauons que les *Iamblic. de Myster.*
Atheniens ne souffroient point d'ignorãce particuliere, quãt aux Ceremonies de leur fausse Religion, & que le moindre habitãt de cette grãde
Cité, estoit plus intelligent en fait du culte des
Idoles, que les plus celebres Sacrificateurs des
Parthes & des Scythes; que nos anciens Gaulois,
au rapport de Iule Cæsar, estoient pleinemẽt informez du respect & de l'hõmage qu'ils estimoiẽt
deuoir estre rendus à leurs imaginaires Diuinitez; que les nations de la Perse, de la Caldée, &
de l'Egypte estoient sçauantes sur le mesme sujet, comme nous l'apprend vn celebre disciple
de Platon; que les Romains & les Lacedemo- *De Ciuit. Dei.*
niens, dit S. Augustin, auoient vne exacte connoissance de tous les exercices de leur prophane
superstition; & que les Turcs qui vont aux
Mosquées, & les Iuifs qui frequentent les Sy-
nagogues, ne sont quasi iamais ignorans des
moindres actions, qu'ils y doiuent prattiquer,
selon qu'ils sont plus ou moins persuadez de
l'illusion, & du mensonge qui compose leur
sotte Creance.

He! qu'elle leçon cependant pour tous les fidelles de l'Esglise Romaine, qui sont si aueugles;

qui errent si souuent en ce point ; qui font refus de se faire instruire sur tout ce qui regarde le culte diuin ; & qui negligent d'auoir vn entier éclaircissement des principes de Foy que la Religion nous propose, de l'obligation des loix qu'elle nous oblige d'obseruer, des Sacremens qu'elle nous communique, des ceremonies qu'elle obserue, & des Sacrez mysteres qu'elle reuere. N'auons nous pas donc suiet de leur dire auec Tertulien, que les Infidelles les confondent par leur exemple ? En ce qu'ils tesmoignent plus d'ardeur & plus de zele dans les fausses sectes qu'ils embrassent, se faisant mieux instruire des regles & des obseruations de leur superstition prophane & impie, que les Chrestiens des deuoirs & des preceptes qui les attachent au vray & souuerain culte de sa Diuine Majesté. Mais qu'elle est la source de cét aueuglement volontaire ?

O melior fides gentium in suam sectã quã Christianorum. lib. de idololat. c.14.

Si nous consultons sur ce suiet le S. Prophete Hieremie, il nous respondra d'abord, que la cause principale & vniuerselle qui tient les hommes dans l'ignorance de Dieu, & des choses qui se rapportent à son seruice, c'est la negligence qu'ils ont de rechercher les moyens conuenables pour s'en rendre plus instruits & plus sçauans. Mais s'il faut passer de l'Escriture aux SS. Peres, pour nous arrester au iugement de S. Ber-

Dominum non quæsierũt, propterea non intellexerunt. cap. 10.

DE L'AMOVR PROPRE. 287

hard, nous apprendrons que plusieurs veritez importantes sont ignorées, par ce qu'on ne veut pas y rapporter tout le soin qui est necessaire; où bien à cause qu'vne certaine langueur & paresse ne permet pas qu'on les estudie, & qu'on y preste de l'attention pour les bien sçauoir; où c'est enfin la honte naturelle qu'on peut auoir d'estre reduit à la necessité de les apprendre, laquelle s'oppose à cette heureuse execution.

Multa profecto scienda nesciitur, aut sciendi incuria, aut discendi desidia, aut verecundia inquirendi. epist. 77.

Voila trois ordres de lasches Chrestiens, qui affectent également l'ignorance, quoy que les motifs en soyent dissemblables: Car pour parler des premiers, il est certain qu'ils sont bien criminels, en ce qu'ils s'esloignent des occasions de faire le bien, par le refus qu'ils font de le connoistre. D'autant qu'ils se figurent que l'ignorance mesme affectée, les peut mettre à couuert de l'obligation qu'ils ont à faire des bonnes œuures: Comme cét Impie dont parle le Royal Prophete, qui auoit de la complaisance à ne point connoistre les attraits de la vertu, pour auoir plus de liberté à s'abandonner au vice.

Noluit intelligere, vt bene ageret. psalm. 35.

Le second rang est composé de ces esprits du siecle, qui sont si lasches & si delicats, qu'il leur fasche, comme déja nous auons dit, d'apprendre vne bonne fois, ce qu'ils sont obligez de prattiquer tout le cours de leur vie. De sorte qu'on peut dire, qu'ils font au milieu du Chriſtianiſme, comme vn voyageur alteré & languiſſant, qui eſtant proche d'vne viue ſource refuſe de boire pour appaiſer ſa ſoif, par ce qu'il trouue qu'il y a trop de peyne à plier ſon corps, & à eſtendre ſa main pour puiſer de l'eau à diuerſes repriſes, dans le ſein de la fontaine,

Et pour n'oublier pas ceux qui font vn troiſiéme eſtage, nous pouuons aſſurer qu'il y a encore vn plus grand nombre de fidelles à qui la ſuperbe imprime de la honte, & les empeſche de s'humilier ſous les enſeignemens d'vn autre Chreſtien qui a plus de capacité, & plus de lumiere. C'eſt donc c'eſt orgueil, comme dit Sainct Gregoire, qui diuertit l'ame, qui ne luy permet pas de connoiſtre tous les deuoirs qui ſe rapportent à la ſainteté de ſa profeſſion : & de là vient qu'elle eſt expoſée aux tenebres de l'ignorance, & de l'erreur, n'ayant d'autres qualitez en elle-meſme que celles qui la menacent d'vne mort eternelle.

Neſcire, ignorantia eſt, ſcire noluiſſe ſuperbia. Moral. l. 11. c. 11.

Nous pouuons cependant reſpondre aux vaines excuſes que ceux du premier ordre nous alleguent, lors qu'ils ſe couurent du titre d'vne diſpenſe pretenduë, parce qu'ils ignorent, diſent ils, le nombre & la qualité de leurs obligations. Nous deuons, dis-je, leur ſatisfaire par les paroles de S. Bernard, qui dit, que c'eſt en vain que

Fruſtra ſibi de infirmitate gloriantur.

les

les fidelles de l'Eglise se glorifient de leur igno- *qui vt li-*
rance, comme d'vne infirmité naturelle, s'ils *berius pec-*
affectent d'ailleurs vne plus grande liberté pour *rant.*
en commettre des crimes, puis que les deuoirs *Tract. de*
de la Religion ne souffrent point de dispense, *milit.*
là où le point de conscience demeure enfermé
dans les termes d'vne possible, mais raisonnable
execution. En suitte, il nous est permis de
dire aux seconds, qu'ils doiuent craindre les menaces de l'Apostre S. Paul, lequel declare aux *Si quis*
Citoyens de Corinthe, que celuy-là sera ignoré *ignorat*
& mis deuant Dieu comme en oubly, qui aura *tur.*
refusé de s'instruire de la fin & des moyens qui *1. Corinth.*
le rapportent à Dieu. C'est le commun senti- *cap. 14.*
ment des Interpretes, lors qu'ils s'arrestent sur
ce Texte Sacré. Quant aux autres, à qui le
respect humain fait ignorer auec démerite ce
qu'ils ne peuuent apprendre sans vertu, il semble que c'est assez de les faire ressouuenir, que les
habitans de Sammarie furent deuorez par des *Lib. 4 Reg.*
Lyons; par ce que, dit l'Histoire Sacrée, ils n'a- *cap. 17.*
uoient pas appris l'vsage du Culte legitime qu'ils
deuoient rendre à Dieu.

2. Part.   O o

Suitte du mesme sujet.

CHAP. XVIII.

MAis sans mentir, c'est combattre l'obstination auec trop de douceur ; c'est agir contre le grand abus du Christianisme, par des raisons qui marquent plus d'éclat que de force ; c'est en vn mot presenter des foibles lumieres à des ignorans. Delà vient, que ie presse encore le mesme argument par des preuues qui sont plus fortes & plus expresses pour establir cette verité, & pour faire voir la necessité indispensable qui oblige tous les Fidelles d'estre bien informez des veritez Chrestiennes.

Lib.11.ff.de his qui no-rant.infan:o
Pour commencer la deduction de cette matiere ie puis dire, que si les ordonnances humaines sont fondées dans le Droit, quand elles font vn crime des fautes qui procedent de l'ignorance d'vne vacation, qui regarde la santé du corps humain : Que les loix diuines ne sont pas moins équitables, lors qu'elles condamnent de peché ceux qui par negligence volontaire, se dispensent de connoistre les principes de la Religion, pour estre moins obligez à les croire où à les deffendre contre les impies, qui trauail-

DE L'AMOVR PROPRE.

lent à les exterminer par les artifices d'vne fausse doctrine. C'est ouurir en effet la porte à l'erreur, si l'on ne veut point soustenir le party de l'Eglise, à cause qu'il y a de la peyne à sçauoir ses estats, son pouuoir, ses offices, & sa saincteté. C'est imiter les premiers fidelles, qui apres auoir negligé de se faire bien instruire des Misteres du Verbe Incarné, & de la grace des Sacremens n'eurent que trop de facilité, & de malheureuse disposition à receuoir les Heresies de Bion & de Cerinthus. C'est s'approcher de l'ignorance criminelle des peuples, qui dans le second siecle de l'Eglise naissante, fauoriserent les erreurs de Marcion, d'Hermogene, de Basilides & d'autres Heresiarques. C'est enfin, suiure l'exemple des Nations de l'Orient, qui se laisserent infecter par les Arriens, pour auoir vescu trop long temps dans la grossiere simplicité de la foy Chrestienne, sans auoir acquis vne nette explication, où mediocre intelligence des mysteres de la Trinité & de l'Incarnation.

S. Epiphan. Hæres 28. & 51.

Il me seroit aisé de iustifier la mesme proposition par le denombrement des Heresies qui ont corrompu l'esprit des fidelles, d'autant plus qu'il est vray, que dans tous les siecles de l'Eglise, elles n'ont esté receües ordinairement que par la porte de l'ignorance. Mais c'est assez de vous demander, si vous n'auez point sujet de craindre, que les tenebres de voſtre eſprit ne ſeruent d'entrée aux erreurs ? & qu'elles ne diſpoſent voſtre ame à receuoir des hereſies, pour des principes de verité ? puis que vous viuez dans vn ſiecle qui eſt fecond en Athées, en libertins, & en heretiques ; & puis que vous voyez tous les iours des hommes, qui pour couurir de quelque voyle de verité, leurs extrauagances en fait de Religion, veulent vous rendre les partizans de leurs fauſſes idées, & les compagnons de leur malheur par vn dereglement d'Amour propre, pour raiſonner ſur ce ſujet apres S. Auguſtin.

Nimis perverſe ſeipſum amat qui & alios vult errare vt error ſuus lateat. epiſt. 7.

C'eſt donc à vous ô ame Chreſtienne, ô myſtique Hieruſalem, comme porte l'Allegorie du grand Origene, de profiter de l'aduis du S. Prophete Hieremie, & d'aſſurer voſtre ſalut contre les violentes ſurpriſes que l'Enfer inuente, pour tromper voſtre raiſon qui n'eſt pas aſſez eſclairée. Et c'eſt à vous de reduire en prattique le ſage conſeil de l'Apoſtre S. Pierre, qui nous exhorte d'eſtre touſiours bien inſtruits des veritez principales de noſtre Religion, afin d'en rendre raiſon à ceux qui nous la diſputent, & qui pretendent d'entrer en conferance, pour corrompre le iugement de tous les ignorans : s'ils ont d'ailleurs de la curioſité à les entendre raiſonner, où pour mieux dire blaſphemer inſolamment ſur nos Myſteres.

Erudire Hieruſalé ne forte recedat anima mea à te. cap. 6.

Parati ſemper ad ſatisfactionem omni poſcenti rationem de ea quæ in vobis eſt fide & ſpe. 1. epiſt. c. 3.

DE L'AMOVR PROPRE.

Mais ie veux que voſtre foy ſoit immobile; ou qu'elle ne doiue pas rencontrer d'ennemys, ou qu'elle ſoit aſſes vigoureuſe pour eſtre à couuert des ſophiſmes d'vn Athée, & des extrauagances d'vn Libertin: Ne ſçauez-vous pas, que la meſme loy qui vous commande d'aymer le prochain comme vous meſmes, vous oblige en ſuite de luy donner du ſecours en ſes neceſſitez ſpirituelles, de l'aſſiſter de vos conſeils, de l'éclairer de vos lumieres, & de le fortifier de vos charitables enſeignemens? He! ne renoncez-vous pas cependant à ce commun deuoir de Religion? n'abandonnez-vous point les intereſts de ſon ſalut par vn deffaut de zele & de Charité, lors que vous refuſez de ſçauoir les choſes qui le pourroient informer des conditions de ſon deuoir, & le releuer des abus de ſon ignorance; & quand vous negligez de faire vn bon vſage de la doctrine de l'Apoſtre S. Paul, qui écriuant aux Romains, approuue qu'ils ſoient remplis de toutes ſortes de bonnes ſciences, afin qu'ils ayent le moyen de s'entreayder par des inſtructions reciproques. Apres cela pouuez-vous auoir peu de ſoin d'apprendre des veritez, qui ſont d'vne ſi haute conſequence?

En ſecond lieu, ſi la pareſſe ſe ioint à la negligence, & ſi voſtre lâcheté s'accorde auec cette baſſe eſtime que vous auez conceüe des Elemens

Repleti omni ſcientia ita vt poſſitis alterutrum monere. Rom. c. 15.

& des Principes de la Doctrine Chrestienne, iusques à vous en interdire la veüe & l'estude : n'auez vous pas de grandes raisons pour la vaincre par des actes contraires, si vous voulez croire le bien aymé Disciple de Iesus, qui dit en son Euangile, que le grand chemin pour aller à la vie eternelle, c'est de connoistre Dieu le Pere & son fils Iesus-Christ, qui a esté enuoyé icy bas pour sauuer le monde. C'est de sçauoir les œuures principales que le Verbe Incarné a operées pour nostre salut. Car c'est l'vnique centre où doit se terminer tout ce que vous pouuez produire de seruice Religieux ; & c'est le but de toutes vos affections & fidelitez possibles, si vous allez à Dieu par vn raisonnable procedé.

Hæc est vita æterna vt cognoscam te solum verum Deum, & quem misisti Iesum Christum. Ioann. c. 17. v. 3.

En effet, quel moyen d'aymer le fils de Dieu sans plustost le connoistre ? puis que la connoissance est la cause de l'Amour, selon le cours ordinaire de la nature ; & puis que l'euenement du contraire est aussi rare qu'vn miracle. Comment pouuons nous admirer l'excez de sa bonté, si nous ignorons les Sacremens qu'il a instituez, les Mysteres qu'il a accõplis en faueur de nostre redemption, & les Victoires qu'il a gaignées au prix de son sang, pour nous mettre dans la liberté dont nous iouyssons ? Qu'elle disposition pouuons nous auoir à suiure la sainteté de ses exemples, & à profiter de la sagesse de ses instructions,

Cui contigit ante placere quàm inspici : rarò notitiam præcessit affectus. Ennod. l. 4. epist. 2.

si nostre esprit n'en est point éclairé? En vn mot, deuons nous croire que nous ayons le moyen d'imiter les vertus incomparables de Iesus-Christ, si elles nous sont inconnües? ny d'obeyr aux loix qu'il a publiées, sans en auoir appris le nombre, la qualité & les differences ; ny nous declarer genereusement de son party, si nous n'auons pas des raisons acquises, pour les opposer à ces esprits prophanes & impies qui blasment ses actions & ses Miracles?

Conclüez donc de ce discours, que vous ne sçauriez negliger l'acquisition des connoissances si vtiles, si necessaires, si pretieuses & si dignes de la qualité d'vn Chrestien, sans estre plus animé de la passion du propre interest que de ce pur Amour, dont parle S. Gregoire le Grand, qui estant solide & sincere presse tousiours l'ame qui en est possedée, & l'oblige à des continuelles recherches, pour l'informer pleinement des perfections de son bien Aymé, afin de faire passer ses connoissances en des fidelles seruices. Vous ne pouuez, dis-ie, auoir des affections indifferantes pour toutes ces veritez de la foy, sans auoir plus de rapport à cét insensé, qui marche dans les espaisses tenebres, comme dit Salomon, qu'au sage qui porte les yeux en sa teste. D'autant que l'homme sage, dit S. Gregoire de Nysse, dans le Commentaire qu'il a fait sur ce

Vis amoris intentionum multiplicat inquisitionis.
Homil. 25. in Euangel.

Stultus in tenebris ambulat: sapientis oculi in capite eius.
Ecclef. c.2.
Homil. 5. in Eccles.
Omnis viri caput Christus est.
1. Corinth. cap. 11.

Texte Sacré, applique sa vcüe, c'est à dire ses desseins & ses pensées à la personne du Sauueur du monde, qui est sa Teste selon le langage de S. Paul, pendant que le fol s'arreste à voir seulement les choses basses & inferieures, que la nature abbat à ses pieds, pour les sacrifier à la santé du corps.

Heureuses sont les ames qui estiment auec l'Apostre, toutes les sciences humaines des vains amusemens, & autant de viandes creuses pour l'entretien de l'esprit ; où pour mieux dire, des veritables empeschemens, par rapport à la science sur-eminente de la Sagesse Incarnée, & qui se contentent de ne sçauoir en ce monde, que Iesus-Christ Crucifié pour le salut de tous les hommes. Là elles estudient dans ce grand Liure de vie, les veritez de la nature, de la grace, & de la gloire. Là elles découurent chaque iour les Tresors de la sagesse eternelle ; & là elles se perdent heureusement dans vn abysme de lumieres infinies, apres auoir prattiqué le conseil de l'Apostre S. Pierre, qui nous exhorte d'imiter Iesus-Christ.

Enfin, pour destruire par vne troisiesme raison l'obstination de plusieurs, à qui la hôte a interdit depuis long-temps la liberté de s'approcher des Docteurs Chrestiens, pour les auoir pour guides dans le chemin de la perfection :

Il faut aduoüer qu'il y a de la stupidité, ou de l'orgueil dans leur procedé, de ne vouloir point sortir hors des espaisses obscuritez de l'ignorance qui leur est naturelle. Car c'est manquer de sens commun, de languir dans les inquietudes du doute, pour ne vouloir pas apprendre ce qu'il faut rendre à Dieu d'honneur & de seruice. Ou bien l'on peut dire, qu'il y a des excez de superbe & d'insolence, de laisser la conscience mal-heureusement partagée, entre la deffiance & l'erreur, qui sont, comme dit S. Bernard, deux filles legitimes de l'ignorance, aussi mauuaises que leur commune mere, parce qu'on ne veut point deferer à la suffisance de quelque sage Directeur, & qu'on refuse de faire paroistre l'extreme necessité que l'on a d'estre mieux informé, soit de la fin ou des moyens qu'il faut suiure pour satisfaire aux deuoirs d'vn Chrestien, dans l'exercice du culte de Religion.

Pessimę matris ignorantiæ pessimæ filiæ duæ sunt falsitas & dubietas. Serm. 17. super cantic.

S'il faut donner encore plus de lumiere, & plus de force à cette pensée, nous deuons accorder apres vn ancien Euesque de Paris, que la nature & la foy nous inspirent des sentimens de vertu, si releuez & si sublimes, que nos entendemens s'aduoüent trop foibles pour en comprendre les grandeurs, & nos volontés trop impuissantes pour les aymer, selon toute l'estendüe de leur merite. Cette belle & notable idée

Guilielm. Parisiens. Tract. de legib. c. 13.

iette d'abord l'esbloüissement dans nostre esprit, & confond les veües éclattantes de nostre raison, iusques à luy faire voir ses foiblesses & ses deffaillances, afin de la mettre dans la deffiance de sa propre conduite. C'est pourquoy elle est bien aise de rencontrer vn phare qui l'éclaire, vne main qui l'appuye, vn modelle qui regle ses actions, & vne compagnie qui tienne la mesme route. Car côme vn Pelerin souffre des inquietudes, lors qu'il n'est pas bien asseuré de son chemin, & se plaint de tous les pas qu'il fait dans son voyage, s'il s'esgare du sentier qu'il deuoit tenir, & s'il ne void personne qui le puisse remettre sur ses premiers pas : De mesme, vne ame qui est docile & traittable, & qui a desia sacrifié ses propres lumieres à celles de sa foy, n'a point de repos si elle n'a point de Maistre qui l'enseigne; parce qu'elle est tousiours disposée à receuoir la Doctrine d'vn autre qui luy sert de flambeau, & à la suiure par vn humble acquiescement de sa raison, si d'ailleurs elle fait vn grand iour dans le conclaue interieur de sa conscience.

Mais aussi si elle affecte des dispositions contraires, si elle presume beaucoup de la force & de l'adresse de son esprit, si elle s'attache à son propre iugement, & si la honte de publier son ignorance luy fait perdre l'occasion d'apprendre

DE L'AMOVR PROPRE.

ses deuoirs, elle s'esgare & se perd dans vn labyrinthe de mille erreurs; elle commence d'estre rebelle aux diuines illustrations, elle se plaist dans les tenebres comme les Hyboux, & son humeur est plus disposée à choquer par insolence, qu'à receuoir auec souplesse les instructions familieres & deuotes d'vn parfait Catechisme : Dieu permettant que le mauuais Chrestien ferme les yeux à la lumiere, & qu'il se precipite dans vn grand aueuglement, pour chastier son deffaut de pieté par cette seuere & vengeresse misericorde, dont parle le Prophete Isaye.

Misereamur impio & non discet facere, institiam cap. 26.

Que si par mal-heur, vous languissez dans cét estat déplorable, n'ayant pas assez d'humilité pour aduoüer vostre ignorance en fait de Religion, & pour vous soubmettre aux enseignemens d'vn homme également sage & sçauant : Ayez du moins de la honte de voir, que les Payens mesmes vous condamnent par l'authorité de leur exemple. Contemplez vn Cratez natif de Thebes, qui iette ses richesses dans la mer, qui se rend pauure volontaire, & qui souffre tous des mespris qui accompagnent vne vie necessiteuse & mendiante, pour s'enrichir des plus precieux Thresors de la Philosophie. Voyez vn Clantez, qui pour acquerir les sciences humaines s'occupe la nuict à puiser de l'eau pour auoir dequoy viure, & pour estudier auec plus de liber-

Pp 2

Senec. lib. de Benef. c. 9. té durant le long du iour. Regardez cét autre, qui se rend esclaue pour estre plus grand Philosophe; & iettez encore les yeux sur la diligence de Platon ; Car il passa en Ægypte, comme dit *Epist. 113.* S. Hierosme, pour y apprendre des veritez qu'il ne sçauoit pas, & fût Disciple de quelques grands hommes de son siecle, apres auoir esté le premier Docteur de l'Academie d'Athenes. N'est-ce pas assez pour vous persuader l'estude des choses saintes, afin d'esleuer les objets des sens aux plus pures idées de la Philosophie & de la Religion ? puis qu'il y a de la probité & de *Pars quædam probitatis est, si implere nequeas, nosse meliora. Ennod. dict. 8.* la vertu, dit vn sage Prelat, de connoistre les meilleures veritez, quoy qu'on ne doiue, ou ne puisse pas les faire toutes passer iusques dans la prattique.

Mais s'il faut aller du Paganisme à l'Eglise, couurez desia vostre frôt de rougeur & de hôte, s'il en est capable, de ce que vous n'auez pas assés de docilité, pour vous faire instruire des plus hauts mysteres de la Foy, quoy que l'Histoire vous ayt appris, que le S. Abbé Pachome, permit autrefois qu'vn Nouice luy fit la Leçon ; que S. Ignace de Loyola, estudia les Elemens de la Grammaire, en l'âge de trante trois ans ; & que S. Augustin, à souuent tesmoigné dans ses écris, qu'il soubmettroit volontiers son esprit, mesmes à celuy d'vn enfant, s'il pou-

voit l'inftruire de ce qu'il ignoroit. Et vous
mefprifez cependant les veritez du S. Euangile,
& par vne habitude que le grand Chancelier du
Roy Theodoric appelle tres pernicieufe, vous
les eftimez indignes de voftre imaginaire fuffifance : parce qu'elles vous femblent trop baſſes
& trop vulgaires. Sans confiderer par efprit de
reflexion, que la moindre de toutes les veritez
de la nature, ou de la grace, eſt ſi ſouueraine &
ſi independente, qu'elle emporte la fuperiorité
ſur l'entendement humain ; n'ayant point beſoin de ſon ſecours, pour eſtre plus forte & plus
affermie. Mais pluſtoſt celuy-cy eſtant obligé de la reconnoiſtre & de luy rendre de continuels hommages pour teſmoigner ſa ſeruitude.

Peſſima eſt conſuetu- do deſpice- re verita- tem. Caſſiod. l. 3. epiſt. 3.

Eget mens veritate, veritas nõ eget men- te. Marſil. Ficin lib. 2. ex Theolog. Platon.

C'eſt bien plus, les Profeſſeurs des lettres humaines ne ſouffrent point de honte, ny de meſpris, lors qu'ils les r'appellent par vn ſecond
eſtude, & qu'ils recouurent les eſpeces & les idées
des ſçiences qu'ils auoient autrefois acquiſes,
& qui s'eſtoient échappées de la memoire auec
trop de facilité. Qui vous empeche de faire
maintenant pour le Ciel, ce que tant d'autres
font tous les iours pour la Terre ; à quoy tient-il
que vous ne commenciez de renouueller les
connoiſſances diuines auec les meſmes ſoins,
qu'õ agit pour le retour des naturelles ? Et pour-

Pernicibus alis fugit ſcientia negligen- tes, & quidquid mora & ſu- dore parta eſt, celeri- tate tranſ- currit. Ennod l. 7. epiſt. 31.

Pp 3

quoy refusez vous de remettre dans la memoire les images des choses Sacrées, auec vne assiduité & diligence qui égale celle que les esprits du monde rapportent à restablir l'idée des objects, qui ont droit de les occuper par deuoir de profession? Quoy? vn vieux Philosophe n'a point de honte de reuoir les Rudimens de la Logique, & vous croyez trop rabaisser le vol de vostre esprit, & faire des applications indignes de son merite, s'il estudie encor vn coup les principes de la Doctrine Chrestienne? Vn ancien Iurisconsulte trouue plus de facilité que de peyne, à relire les matieres du Droit que le temps luy auoit fait oublier, & vous ne daignez pas ietter les yeux sur le moindre de tãt de Liures qui enseignent la methode de prier Dieu, les Ceremonies de l'Eglise, les Loix du S. Euangile, & le moyen de faire vn sainct vsage des Sacremens.

Ce n'est pas qu'on pretende vous persuader, d'acquerir dans la recherche de toutes ces choses, les veües plus nettes & les idées qui sõt les plus expresses qu'on puisse former sur des objects intelligibles: Car ces eminentes connoissances sont reseruées aux Cherubins, comme estans les plus éclattantes images de la premiere sagesse, & les intelligences de la plus haute Hierarchie, qui reçoiuent les immenses effusions de la diuine lumiere, auec toute l'application de leurs puissances, & qui ont des actiuitez plus estendües, plus fortes, plus tranquilles, & plus sublimes que les autres Anges, comme dit S. Thomas. L'on demande seulement, que vous rapportiez autant de soin à vous rendre sçauant és choses diuines, que ceux qui apprennent par estude les Arts & les Sçiences humaines: parce qu'il n'y faut point plus de temps, ny plus d'attention, ny plus d'esprit. De sorte, que comme vn Maistre Pilote peut entreprendre vne grande nauigation, apres auoir reglé l'eguille de son Cadran sur le point immobile de nostre pole: comme il est permis en l'estude de la Philosophie d'entrer dans le raisonnement, apres qu'on a supposé quelques principes, qu'on estime certains & irrefragables; & comme nos yeux ont la liberté de contempler les diuerses beautez de l'Vniuers, à proportion que le Ciel nous les découure par l'éclat de sa lumiere: De mesme, ayant reçeu le rayon de la foy, vous pouuez faire du progrez en la connoissance des veritez Chrestiennes: si d'ailleurs vous agissez tousiours par vne recherche diligente & studieuse, selon les moderatiõs qu'en prescrit l'Ange Docteur, & iamais par des auidités curieuses & temeraires, qui poussent iusques à l'erreur.

Et ne me dittes point, que vos occupations

sont trop pressantes, pour vous permettre cette sainte liberté, & que l'importunité des affaires qui vous assiegent sans relâche, s'oppose aux sinceres desirs que vous auez d'en venir à la prattique. Car il me seroit aisé de vous mettre hors d'excuse, & de vous laisser sans replique, si ie combattois vostre lâcheté par les mesmes raisons, que S. Paulin employa pour respondre à vn certain Iouius Receueur des Tailles, qui s'excusoit sur ce que les occupations de son Office ne luy permettoient pas l'estude des veritéz Chrestiennes. He ! quoy ? dit ce S. Prelat, *vous recueillez les fleurs & les pointes de tous les Poëtes prophanes ; vous répandez vn torrent d'eloquence enflé de la lecture de tous les Orateurs Payens ; & quoy que vous ayez assez de temps pour vos affaires, & pour vacquer encore aux contemplations de la Philosophie : vous n'en trouuez pas, dittes-vous, pour apprendre les mysteres du Christianisme. Vostre excuse est elle raisonnable ?*

Certes ie puis vser contre vous mesmes d'vn pareil discours; puis que vous auez assés de loisir pour lire les Romans, les Tragi-Comedies, les Gazettes, & les Panegyriques du siecle; puis que vous auez des heures assez libres, pour repasser les Moralles d'Aristote, ou les Loix du Code, ou d'autres semblables sujets, qui vous sont vtiles ou agreables, & puis que iamais vous ne trouuez

---

Vacat tibi vt Philosophus sis; non vacat vt Christianus sis, &c. epist. 36.

trouuez des momens pour apprendre du moins comme en passant, tous les deuoirs d'vn bon Chrestien. N'est-ce pas cependant l'Amour propre, qui vous lie les mains, & qui vous empéche d'auoir quelque accez à la pure source de la Doctrine Chrestienne ? S'il est ainsi, combattez ce monstre par les mouuemens du pur Amour de Dieu. Car c'est luy seul qui apportera dans le fonds de vostre ame, toutes les clartez qui sont necessaires pour l'asseurance du propre salut; pour parler icy selon le Commentaire, que l'Angelique Docteur à laissé sur la pensée du Sage.

Diligite Dominum & illuminabuntur corda vestra. Eccles. cap. 2. Scilicet ad sciendum necessaria ad salutem sic. exponit D. D. Thom. opusc. 4.

Que l'Amour propre faict regner dans la volonté l'Idolatrie spirituelle.

CHAP. XIX.

C'Est vne perfection incomparable qui est propre à Dieu seul, & incommunicable à toute autre nature intellectuelle; de viure dans l'estat d'vne souueraine independance; d'estre luy mesme le principe de son bon-heur, & le terme de sa gloire essentielle; de ne suiure d'autres loix que les idées de la sagesse infinie; & de n'auoir point de regle pour conduire, & pour employer les actiuitez de sa puissance, que de sa diuine volonté; puis qu'il est vray dit S. Anselme, que Dieu seul veut tout ce qu'il luy plaist par sa propre & souueraine liberté, n'ayant point d'autre loy qu'il puisse ou doiue suiure, que les decrets eternels de sa volonté absoluë & independante.

<small>Solus Deus quidquid vult debet velle propria volütate ita vt alia quam sequatur non habet. lib. de simili. cap. 8.</small>

Mais aussi c'est en l'homme vn excés d'orgueil, & vn effort de la malice qui naist de la propre volonté, d'estre touché d'vne ardente passion, d'imiter les grandeurs ineffables de la Diuinité, d'affecter la puissance & la Majesté qui luy est propre, & d'en tracer par ses actions vne image criminelle, à l'imitation du premier pere de tous les hommes, qui s'estant esleué contre l'ordre de la nature & de la raison, presuma de pouuoir estre le principe de son bon-heur, la regle de ses propres actions, l'idée de ses connoissances, & la seule cause de sa vertû & de son merite.

<small>Cum peruersi amoris radice omnis filius Adam nascitur. D. Aug. l. 22 de ciuitate. cap. 22.</small>

Certes dés le moment que nous auons tiré nostre naissance du vieux Adam, nous auôs reçeu de luy cét amour dereglé de nous mesmes, dict S. Augustin, comme vne branche de sa racine, & comme vn effect de la propre volonté, selon la pensée de S. Bernard, & de tous les autres SS. Peres. Nous auôs dis-je, herité par mal-heur cette violente passion, qui ne pretend pas moins que de Deifier chasque indiuidû, par vne orgueilleuse & insolante emulation du plus parfaict de

<small>Amor sui ex propria voluntate procedit. Sermo 10. de paruis.</small>

tous les Estres. Or la verité de ce desordre qui a corrompu toute la nature humaine, à esté si publique mesmes parmy les Payens, que les Platoniciens l'ont recognüe; puis qu'ils ont dict d'vn commun accord, que tout l'effort de l'ame raisonnable se reduit, & se termine à vouloir se diuiniser par effect où en idée; & a former en elle mesme l'image de toutes choses, comme voulant imiter les grandeurs & les eminences de l'essence de Dieu, laquelle contient & enferme en soy mesme toutes les perfections des choses existentes & possibles, sans participer neantmoins aux deffauts qui les accompagnent.

<small>Totus animæ nostræ conatus vt Deus efficiatur. Marsil. ficin. in Theol. Plat. l.14. cap.1. Anima conatur omnia fieri sicut Deus est omnia. ibidem c.3.</small>

En effect, comme Dieu contemple sa bonté, sa puissance, son eternité, sa iustice, sa sagesse, sa beauté, & toutes les autres souueraines & infinies perfections de son essence, d'autant que sa felicité consiste en la veüe & en la complaisance infinie qu'il à de luy mesme : Ainsi celuy qui faict vn mauuais vsage de sa volonté en s'aymant par excez, est à soy mesme le premier obiect de ses propres pensées & le suiet ordinaire de ses estudes. Il se regarde sans ennuy, & s'admire sans relasche; il considere auec des attentions amoureuses tous les biens qu'il tient où de la grace ou de la nature, comme s'il en estoit l'autheur & le principe; & il est si satisfaict des aduantages de son corps & des excellences de son

<small>Premier rapport.</small>

<small>Qui se amore pertinato diligunt bona quæ habent ex Deo semper contemplatur.</small>

esprit, qu'il s'estime l'incomparable.

De la vient, que comme cet Antipheron dont parlent si souvent les Philosophes, se voyoit sans cesse, ayant continuellement son image deuant ses yeux, à cause de leur foiblesse qui les rendoient si impuissants à porter loing la veüe, qu'ils n'estoiét pas capables d'estédre leur actiuité, que dans l'espace de l'air qui estoit au deuant pour receuoir le flux des especes sensibles, & pour representer ce Payen à luy mesme, par le renuoy de l'image qui exprimoit les figures, les traits & les postures de sa personne : De mesme il y à des esprits si amoureux de leur estat, si passionnés de leurs propres qualités, & tellement idolatres de leurs perfections acquises où naturelles, qu'ils n'ont de veüe ny de pensée que pour eux mesmes, ny de reflexion particuliere, que pour considerer sans relasche les biens du corps où de l'ame, afin de conseruer où d'accroistre les charmes d'vne excessiue complaisance. O que S. Augustin dit vn bon mot sur ce sujet.

cut & sibi ipsis ad scribunt. D. Bernardin. Serm. 22. de extra tom. 3.

Qui sibi placet stulto homini placet. in Psalm. 121.

Second rapport.

En suitte, Dieu crea le monde dans le commencement du temps, & retira des abysmes du rien tant des creatures que nous voyons, comme autant d'effects de sa toute puissance, comme des marques de sa grandeur, des rayons de sa gloire & des images de sa beauté. Et par ce qu'en

DE L'AMOVR PROPRE.

la Creation de toute la nature, il imprima le crayon de son pouuoir infiny dans la force de tous les agens ; de sa souueraine bonté dans l'influance des causes superieures ; de son eternité dans la durée successiue & constante du téps & des generatiõs ; de l'vnité de son essence dans la production d'vn seul monde, & dans la liaison tres estroitte de toutes ses parties ; ainsi des autres. Par ce que, dis-ie, il vid que toutes les creatures portoient son image en leur estre, en leurs proprietés, en leurs vertus ; il regarda tout son ouurage auec de la complaisance, & l'estimant parfaict, où comme dit Moyse, tres bon luy donna son approbation.

N'est-il pas vray, que l'homme superbe qui s'ayme d'vn amour aueugle & desreiglé, ayant imité au dedans de soy-mesme les excellences diuines, faict souuent ses efforts pour former au dehors par ses actions & par ses effects, quelque image visible mais obscure & tenebreuse, comme parle S. Augustin, de la toute puissance de Dieu. Car il ne voit & il n'ayme que ses desseins; il ne cõtemple que ses propres ouurages. Ce que les autres ont faict ou peuuent faire, n'esgale iamais la moindre production de son esprit. C'est pourquoy il est tousiours lâche à receuoir des flateries, & tousiours sot à publier ses loüanges ; à cause qu'il affecte d'auoir luy seul tout

Genes. c. 1.
Peruersè te imitantur qui longè se à te faciunt tenebrosa omnipotentiæ similitudine.
lib 2. Confess. cap. 6.

l'honneur, tout le renom & toute l'eſtime des hommes ; & qu'il croit auoir en ſoy tout le merite, & poſſeder toutes les perfections dans vn degré d'eminence ſouueraine, vnique & incomparable : Ainſi que ce ſuperbe Phariſien, d'ont parle le S. Euangile, qui ſe glorifioit en ſes bonnes œuures.

Enfin, comme Dieu eſt le principe effectif de toutes choſes, il en eſt auſſi la derniere fin, puis qu'il à tout faict pour ſa gloire ſelon le commun langage des ſainctes Lettres. Ce n'eſt pas qu'il faille icy ſe perſuader qu'en la Creation du monde, Dieu ayt operé à la façon qui eſt commune & naturelle, à vn agent finy, intellectuel & raiſonnable : D'autāt que celluy-cy s'eſtant propoſé vne fin, ſe voit auſſi-toſt dans la recherche des moyens neceſſaires, pour arriuer au but qu'il pretend comme ſon repos & ſa perfection. Toutes ſes conditions ſont eſloignées de l'eſtat parfait de la nature diuine, qui eſtant pleinement ſatisfaicte de la connoiſſance, & de l'amour qu'elle à pour elle-meſme, ne ſouffre non plus des deſirs que d'indigence, & ne void rien hors de ſoy qui puiſſe contribuer de l'accroiſſement à l'eſſence de ſa felicité. Et c'eſt en ce ſens, que l'Autheur de la Theologie Ægyptienne à couché par eſcrit, que le premier Agent n'opere point pour quel-

Qui ſe pſo quaſi ſit, bono contentus gaudet ſuperbus eſt D. Auguſt. epiſt. 56.

Troiſieſme rapport.

D. Thom. 1. p. q. 44. art. 4.

Agens primum propter finem non agit, eò quod nihil ſit illo nobilius. lib. 5. cap. 5.

DE L'AMOVR PROPRE.

que fin. Comme n'estant pas obligé à l'ellection, ny à l'employ des moyens conuenables pour l'obtenir ; parce qu'il n'est rien de plus excellent que luy mesme, de qui toutes choses tirent leur excellence & leur perfection. Il faut neantmoins aduoüer, que toutes les creatures corporelles ont receu l'estre de Dieu pour publier, comme dit S. Thomas, la gloire de sa bonté, & que c'est la seule fin exterieure & vniuerselle, qui à seruy de motif à la Creation de toutes choses, comme l'enseigne le sage Roy Salomon, en ses Prouerbes.

1. p. q. 65. art. 2.

Vniuersa propter semetipsum operatus est Dominus cap. 16.

Mais pouuons nous asseurer que les esprits qui sont possedés du Demon de l'Amour propre, font gloire d'aller du pair auec la Diuinité, & & de l'esgaler en ce point (s'il leur estoit possible) par vne mal-heureuse imitation, ou pour mieux dire par vne emulation detestable ? Car comme ils se persuadent d'estre ce qu'ils ne sont point, estans preocupés par l'extrauagance d'vn iugement alteré & corrompû : & comme ils se figurent que leurs qualités sont incomparables, ils s'y complaisent infiniment, & se rendent tout ensemble le Theatre & l'Arbitre de leurs propres merites, par vne foible reflexion de connoissance ; & par vn secret retour de la volonté, qui se repose dans la possession du bien qu'elle s'approprie, ils deuiennent en mesme temps l'aymé

Quid est sua e se nisi præsto esse ad fruendum, se ? D. August. lib. 9. de Trinit.

LA TYRANNIE

& l'amant d'eux mesmes, ne voulant point d'autres contentements plus solides.

C'est bien plus, leur brutale stupidité passe bien si auant qu'ils osent dire, que comme la nature estant reglée par le droict commun, met le bien de chasque chose en la ioüyssance du sujet qui luy est conuenable, & l'y attire par les charmes du plaisir: Qu'à mesme proportion, leur souuerain bien consiste à satisfaire leurs inclinations, à donner à leur humeur ce qu'elle demande, à suiure tout ce qu'il luy aggrée. En vn mot, à viure libres & contents dans l'estat où la naissance, l'education & la raison les esleuent. Delà vient, qu'vn homme impie qui est mal-heureusement occupé des impressions de cette fausse maxime ne respire que pour soy; & ne considerant plus son Dieu, comme son souuerain bien fait de soy mesme, l'vnique object de sa propre felicité, comme parle l'ancien Oracle de l'Eglise.

Cui bonum non est Deus sibi ipsi vult esse bonum suum sicut sibi ipsi est Deus. D. August. lib. 3. de liber. arbit.

Cela supposé, il ne faut pas s'estonner si ce miserable se regarde, s'estime, s'adore & s'ayme sans cesse comme vne petite Deité, & s'il n'opere point au dehors pour quelque fin exterieure. Par ce qu'il croit que ce seroit trop r'aualer sa condition; puis qu'il ne void rien dans les foibles idées de son imagination, qui le contente que soy-mesme, ny qui soit plus noble

que

DE L'AMOVR PROPRE. 313

que sa nature, ny qui puisse la perfectionner en qualité de fin pretenduë. En suitte, pour acheuer de se rendre le Riual de la Diuinité, non seulement il n'agist pas au dehors par vn motif, qui le porte vers quelque bût qui soit estranger, ou esloigné de sa personne, mais il rapporte au contraire toutes choses à soy, comme s'il estoit la fin de leur bon-heur, le terme de leur perfection, & le vray centre de leur repos.

Pour donner plus de iour à cette verité, il faut remarquer auec vn celebre Docteur, que comme c'est le propre du bien d'estre le terme du desir, que c'est aussi de l'essence du mesme bien d'estre en estime le meilleur, comme dit Aristote, & de gagner absolument la preferance sur tous les autres biens, soit apparents où veritables, s'il est consideré & poursuiuy comme vne vraye fin. Delà ie veux inferer, que celuy qui s'ayme d'vn appetit desreiglé, s'emporte auec violance vers le bien qu'il se figure d'auoir en propre ; car comme il s'estime vn Thresor precieux, il se regarde auec mille excez de complaisance, & se recherche en chaque chose, comme l'vnique fin de toutes ses affections. Diray-ie quelque chose de plus ? l'Amour interessé l'oblige a s'approprier tout ce qu'il cherit, & a rapporter à soy toutes les choses de l'Vniuers, soit les sacrées & les prophanes, soit les humaines & les Diuines, soit

De ratione boni est quòd sit finis desiderii. De Cus. excit. lib. 8.

Finis rei est bonū imo optimum Rei. l. 2. Phisic.

2. Part. R r

de la nature où de la grace, deuenant par ce moyen vn sacrilege vsurpateur des Droits, & de la dignité de la derniere fin, au lieu de se sacrifier ensemble auec elles à la gloire de Dieu.

Inordinatè se amas, seipsum tamquam finē constituit. Nicol. de Cusa. lib.7 excit.

Mais quel desordre effroyable doit maintenant exprimer ma plume? Ce n'est pas assez à ce monstre d'impieté, à ce crüel Tyran de nos cœurs, de porter vne ame iusques à pretendre sur les droits de Dieu, à choquer ouuertement sa puissance, & à rauir son empire pour succeder à sa place, rapportant tout à soy en dernier ressort: Ce n'est pas assez de renuerser les loix de l'eternelle sagesse; de diuertir les creatures du but auquel la diuine prouidence les a dressées; de iouyr des choses d'ont elle ne deuoit auoir que le simple vsage; de faire d'vn estat subalterne, comme S. Paul l'asseure, vne derniere fin; de ioindre & terminer dans ses propres seruices & satisfactions, tout ce que Dieu a creé pour auoir du retour à luy seul, & pour estre l'instrument de sa gloire; En vn mot, il ne suffit pas à vn esprit eniuré d'orgüeil & de propre estime, de se persuader que toutes les choses sensibles sont ordonnées pour contenter pleinement ses inclinations, que leurs vertus, leurs forces, leurs vies sont tributaires à son vsage; que le Soleil n'esclaire par dessein exprez que pour luy seul, que l'Ocean ne coule qu'en sa faueur; que la

Auari frui volunt nūmo, vti autem Deo. D. August. l.11. de Ciuit. cap.25.

Omnia vestra sunt, vos autem Christi. 1. Corinth. cap.3.

DE L'AMOVR PROPRE.

Terre ne s'espuise que pour l'étretien de sa personne, & que toutes les creatures de ce monde inferieur, ne sont en haleine ny en trauail que pour satisfaire ses appetits, & flatter ses humeurs.

Mais quel aueuglement! il faut passer de l'ordre de la nature à celuy de la grace, pour y commettre encor plus d'abus & plus d'Idolatrie, il faut que l'ame mercenaire employe les dons surnaturels, seulement pour contenter les perilleuses curiosités de l'esprit, qu'elle n'ayme les faueurs du Ciel, qu'autant qu'elles luy semblent conformes & aduantageuses à son humeur ; qu'elle reigle brutalement les mouuements du S. Esprit, par les inclinations de sa nature corrompüe; qu'elle n'estime iamais les sainctes habitudes de la foy, où de l'amour diuin, où d'autres semblables, à cause de la bonté qui est enfermée en elles mesmes, ou de la main liberalle qui les repend dans l'ame, ou bien encore, par ce qu'elles sont conformes à la raison & à la volonté de Dieu ; mais plustost par ce qu'elles luy font gouster des delices: Ce qui la réd beaucoup plus criminelle, puis que la grace est moins nostre que la nature. Il faut enfin, qu'elle s'approprie tout ce qu'il y a de pur & de sacré dans la Religion, & qu'elle fasse seruir les Sacrements, les vertus, l'exemple, la sainteté, & la sagesse du fils de

Multis non profuit gratiam accepisse, ex hoc quòd plusquam oportuit complacuere sibi in ea. D Bernard. Serm. 74. in Cantic.

Dieu, comme autant de moyens pour contenter plus facilement, ses desirs & ses violentes passions, ainsi qu'il aduint autres fois dans le siecle d'vn sçauant Cardinal, par vne deplorable extremité de malice.

Cependant apres auoir remarqué tant d'excez & de profanations, vous estonnerez vous de voir le Roy impie, d'ont parle l'Histoire de Iob, qui se rebelle contre sa Diuine Majesté, qui pretend de faire la guerre à Dieu mesme, qui veut le combattre à main armée, qui amasse tout ce qu'il a de forces pour abattre la souueraineté de son Empire, qui par vne violence insuportable marche contre luy la teste leuée, qui luy presante l'espaule par vn deffy, que la stupidité du Iugement & l'extrauagance de l'imagination fauorisent, & qui se repaist d'vne humeur altiere pour se tenir dans l'independance. Ce n'est que la figure d'vn perfide Chrestien que l'Amour propre tyrannise à tel point, qu'il luy faict dresser Autel côtre Autel, & qui le rend, comme parle S. Augustin, l'ennemy où & l'emulateur de la diuinité; ainsi que cét Ange apostat qui fût le premier qui affecta la diuine ressemblance.

En suitte, appellerez-vous vne pure fable cette fameuse reuolte des superbes Geans qui enteprindrent autres fois de donner l'assaut iusques dans le Ciel, & d'entasser les montaignes

Sunt qui suæm Religionis suæ seipsos faciunt, & vtuntur forma Christi tamquam medio ad sua desideria facilius assequéda. De Cusa. lib.9. exait.

Tetendit aduersus Deum manum suam, & contra omnipotentem roboratus est cucurrit aduersus Deum erecto collo & pingui seruice armatus est. Iob.cap.15.

Sicut sanctus amore est subditus Deo sic amor sui est æmulus Deo. l.IX. de Genes. ad litt.c.15.

pour s'esleuer au sommet de l'Olympe, affin d'assaillir le Dieu Iupiter dans son Palais de gloire, & le faire descendre honteusement du plus haut degré de son Throsne? Ce profane mensonge à tiré sa naissance de la verité de l'Histoire Sacrée; puis que nous sçauons que les anciens habitans de la terre, se voyans pressez de la colere du Ciel, par le remord de la conscience qui reclamoit la Iustice de Dieu, & qui les menaçoit d'vn second deluge, pour les chastier des crimes qu'ils auoient commis, se resolurent de bastir vne superbe Tour sur la pleine de Semaar, & d'esleuer la pointe iusques aux nuës, affin de se mettre à couuert, disoient-ils, de la vengeance Diuine, & de pouruoir à la seureté de leurs personnes. Si vous considerez le premier motif, qui donna sujet à la temerité de cette entreprinse, vous trouuerez que ce fût l'Amour propre du Geant Nembroth; car estant animé d'vn esprit capricieux, & d'vn naturel insolent, il voulût secoüer le ioug de l'Empire de Dieu, se rendre independent de sa conduite, & suiure les humeurs & les inclinations d'vne fausse liberté, pour s'abbandonner plus hardiment à toute sorte d'excez, de tyrannies, & de dissolutions. Neantmoins vous deuez croire, que comme la figure est moins que la verité, que la malice de Nembroth, est aussi moins criminelle que celle d'vn

Venite faciamus nobis turrim cuius culmen pertingat ad Cœlum. Genes. c. 11.

homme, qui apres auoir reçeu le facré Baptefme fe rebelle contre Dieu, & qui refufant de le reconnoiftre pour fon pere & pour fon bienfacteur fouuerain, s'ayme par vn excez fi brutal, qu'il baftit encore la Cité de Babylonne, & comme dit S. Auguftin, efleue la mefme Tour de vanité & de fuperbe iufques au mefpris de Dieu, donnant la preferance à foy mefme; quoy que d'ailleurs il ne puiffe ignorer l'extreme obligation, qu'il a de rapporter à Dieu feul fes biens, fes actions, & fa perfonne, comme à fon centre & à fon vnique repos.

Amor fui ædificat Babilonem vfque ad contemptum Dei. lib. 14. de Ciuit. cap. 28.

Vous eftimez, peut eftre, que Tertulien auoit raifon de cenfurer auec plus de rigueur & de feuerité, les infames fuperftitions de la ville de Rome, que celles des autres peuples de l'Vniuers qui profeffoient l'idolatrie. Par ce que les Romains ne rendoient aucun feruice aux prophanes diuinitez, qu'ils eftimoient veritables, que par des motifs intereffés: de forte que celles-là feulement, dont ils s'imaginoient auoir receu de plus grandes faueurs, & de qui ils efperoient encore des graces & des profperitez plus particulieres, tenoiēt dās leur penfée le haut degré de fainteté. Delà vient, qu'il y auoit plus de preffe à les honnorer; que l'on offroit plus d'encens à leurs Statuës; que l'on facrifioit plus des Victimes à leurs Autels; & que leurs Temples eftoient

Dii veftri qui magis fancti magis tributarii: majeftas quæ tutaria efficitur, non licet Deos noffe gratis. Apolog. cap. 13.

DE L'AMOVR PROPRE.

plus superbes & plus magnifiques; par ce que les Prestres & les Sacrificateurs y receuoient plus de gain & plus de recompense. Mais quel iugement ferez vous d'vn million d'ames, qui portent le nom de Chrestiennes, & qui sont si semblables à cés Payens? qui ne seruent Dieu que par des considerations mercenaires, qui ne le reconnoissent, qu'autant qu'il leur est fauorable: qui ne le vont adorer dans les Eglises, qu'à mesure qu'il les gratifie de ses bien-faicts dans leurs maisons: & qui ne l'ayment en vn mot, qu'affin qu'il les comble en cette vie de bon-heur & de prosperité? Ne sont elles pas assez paroistre que le Diuin seruice passe dans leur pensée, pour vn continuel trafic de lucre & de propre commodité? puis que Dieu est si peu estimé, reconnû & consideré dans leur pensée, qu'il est mis au dessous des interests qu'elles pretendent. He! quel excez d'idolatrie? à qui il ne reste rien plus que d'acheuer de faire, ce que S. Bernard attribue à l'extreme malice de la propre volonté.

Sunt quidam qui vt se diligant Deum diligunt. D. August. tract. 83.

Auari Deũ propter nummum colunt. idem. de Ciuit. lib. 11. cap. 25.

Nunc quã-cùm in ipsa est Deum perimit propria voluntas. Serm. 3. de Resurrect.

Ie veux encore, qu'il vous fâche de voir dans l'Histoire prophane, vn Alexandre le Grand, qui se faict appeller le Iupiter Olimpyen, vn Domitian qui vsurpe le glorieux titre de Dieu souuerain sur la terre, vn Commode qui veut qu'on le nomme le diuin Hercule, & mille autres Princes & Empereurs des Siecles passez, qui affecterent le nom & le culte souuerain de la Diuinité, & qui voulûrent estre adorés de leurs sujets, ou comme des Dieux Mars & des Appollons, ou comme des Mercures. Mais pourquoy les ardeurs de vostre zele ne s'animent auec plus de violence, contre l'impieté de tant de personnes qui viuent encore dans le Christianisme, auec plus d'insolence que tous les Monarques prophanes, qui ont esté faussement diuinisés durât le cours de l'idolatrie? Car ces esprits orgueilleux auoient quelque raison, d'exiger de ceux qui estoient obeïssans & soubmis à leur empire, les mesmes honneurs qu'ils rendoient à des Statues de bois, de plomb, ou de marbre; d'autant qu'ils pouuoient n'ignorer pas qu'elles ne representoient que des hommes mortels, qui leur auoient laissé l'exemple de la Tyrânie, de l'impureté, & d'autres vices semblables ; & qui d'ailleurs n'auoient emporté sur eux aucun degré d'excellence.

Mais qu'elle excuse peut auoir vne ame qui est esclairée du S. Euangile? qui sçait que le Dieu qu'elle adore est en sa nature vnique, souuerain, & tout puissât; qu'elle le doit aymer de tout son cœur, & le preferer à toutes choses? Et cepédant elle applique & rapporte ce grand tout à si; comme si elle estoit le commun centre des Creatures, & mesme du souuerain Createur ; comme

DE L'AMOVR PROPRE.

si elle auoit vn estre absolu & superieur à tout autre principe. N'est-elle donc pas criminelle au premier chef; puis qu'elle faict subsister en sa personne l'Idole *Chamos*, qui estoit le faux Dieu des Moabites, dont le nom signifie *ramassant ou tirant tout à soy* ? Car c'est ce qu'elle faict châque iour, lors qu'elle s'approprie toutes choses, & qu'elle ne vit & ne respire que pour ses interests.

Hist. Reg. lib. 3. c. 11.

Enfin n'est elle pas punissable de tous les supplices, en ce qu'elle imite par auance, sous la funeste conduitte de l'Amour propre, la brutale perfidie de ce fameux reprouué, de cét homme mal heureux, lequel n'estant que peché, faira tomber dans l'abysme de toutes sortes de pechez presque tous les hommes. Ie parle apres l'Apostre S. Paul de ce fils de perdition, de ce detestable Antechrist, qui sur la fin des siecles se declarera l'ennemy iuré de toute pieté, qui foulera aux pieds les choses les plus Sainctes, & qui vsurpant l'honneur qui n'est deub qu'à Dieu seul, s'esleuera au dessus de luy & le voudra substituer en sa place, pour se faire adorer en terre comme vne veritable Diuinité. O! que les paroles de S. Augustin sont effroyables sur ce propos.

Homo peccati, filius perditionis qui aduersatur & extollitur supra omne quod dicitur Deus: aut quod colitur ita

Mais quelle resolutiō? Ames perdües, ie ne sçay si ce discours vous imprime de l'horreur ou de la crainte, mais ie suis asseuré qu'il est assez puis-

Vt in templo Dei sedeat ostendens se tamquam sit Deus. 2. Thessal. cap. 2.

sant pour vous obliger d'ouurir les yeux, & pour vous faire voir que vous marchez sur le bord du precipice, si encore quelque rayon de foy, quoy que foible & languissant vous esclaire. Permettez moy du moins que ie vous demande, si vous auez resolu de ne viure plus pour vos interets, & si vous auez le dessein de sacrifier à l'honneur de ce grand Dieu à qui tout appartient; puis que

Qui non diligunt Deum alieni sunt, Antichristi sunt. Tract. 7. in Ioann. Nihil nostrum quoniam Dei omnia; cuius quoque ipsi sumus. lib. de patient.

toutes les choses que vous croyez posseder, & tout l'estre mesme que vous auez sont à luy seul, dict Tertulien, par le titre d'vne absolue & indispensable necessité. Certes si vous auez quelque deffiace de ne pouuoir pas long-temps durer dans la constance de ces belles resolutiõs, agréez que ie vous propose des appuis pour affermir vos pas; où pour mieux dire, des solides raisons qui seront capables de vous obliger à faire vn sainct vsage de la volonté, apres l'auoir desgagée de la seruitude de l'amour propre.

Premiere raison. Rationalis creatura ita facta est vt sibi ipsa bonum quo beata sit esse non possit.

La premiere est fondée sur vn principe de la morale Chrestienne tirée de S. Augustin, qui nous enseigne, *que l'ame raisonnable est d'vne telle nature & condition, qu'il ne luy est pas possible d'establir en elle mesme son propre bon-heur, & d'y rencontrer sa propre felicité.* Car comme il n'y a point des creatures qui sont entierement satisfaittes de leurs propres biens, & qui ne recoiuent leur derniere perfection des causes superieures; ainsi la terre se rend fertile par les pluyes de l'air ; ainsi l'air est purgé par les influances & les motions que les astres luy impriment ; ainsi les estoilles empruntent leur lumiere du soleil; ainsi les Anges ont receu leur vie, leur grace, & leur gloire d'vne premiere bonté : De mesme il ne vous appartient pas d'estre content par vous mesmes, & de rencontrer chez vous le parfaict bon heur. Nostre felicité depend d'vn autre principe qui est releué au dessus de toutes les choses creées, & vous pouuez le connoistre par la contemplation du monde, par la voix des peuples, par l'inquietude des sens, par la consultation de la raison, & par l'illustration de la foy.

Sit. Epist. 115 cap. 23.

Or vous sçauez bien que le bon-heur de chasque chose, n'est que le simple retour vers son principe, comme dit vn grand Oracle du dernier siecle ; que la gloire des fleuues c'est de retourner à la mer, que l'auantage des mixtes, c'est de se perdre dans la masse des elemens, que la perfection des Globes Celestes, c'est de finir leur course au mesme point qu'ils ont commencé le mouuement circulaire ; & que vostre souueraine felicité consiste à faire vn heureux retour de l'intellect & de la volonté vers la diuinité qui vous a doné l'estre. C'est là le vray cêtre où vous deuez reposer & terminer vos connoissances, & vos affectiôs. Mais quel moyen d'y pouuoir atteindre?

Felicitas est reditus vnius cuiusque rei ad suum principiũ. Ioan. Pic. Mirand. proœm. in lib. 1. heptapl.

Il est certain que les desreiglements de l'Amour interessé vous ont diuisé & separé malheureusement de Dieu, pour vous lier à vous mesme, ils vous ont esloigné comme vn autre enfant prodigue de la veüe, de l'exemple, & des faueurs que vous pouuiez receuoir de la presance de vostre pere Celeste, pour vous attacher à vos plaisirs & à vos humeurs. Mais voyez aussi comment ce ieûne desbauché, faisant reflexion sur le bon-heur de ceux qui seruoient son pere, comme dit le S. Euangile, reconnoist que tout son mal-heur ne procede que du trop grand esloignement qu'il a faict de la maison de celuy qui luy auoit donné le corps, la vie & les biens, & de qui il ne receuoit que des caresses & des liberalitez. De là vient qu'il prend resolution de l'aller trouuer pour viure content, soubs les loix de l'obeyssance qu'il veut luy rendre. De sorte qu'il ne veut plus vser de sa liberté, ny suiure les attaches de sa propre passion, qui a esté l'vnique source de sa misere, il desire seulement d'accomplir les commandements de son pere, & de regler sa vie par sa volonté. Voyla l'idée de ce que vous deuez faire, si vous voulez abatre & renuerser l'Idole, que l'abus de vostre franc arbitre a dressée dans vous mesmes, & si vous auez deliberé de renoncer à l'Amour propre, pour viure & mourir heureux sous les mouuemens du

Luc. 61. 15.

Qui exciderat à se, & exierat à se, redit ad se; & pergit ad patrem vbi cutissimè seruet se. Serm. 47. de Diuers.

DE L'AMOVR PROPRE. 325

pur Amour de Dieu, n'agiſſant iamais que par ſes ordres. Car comme celluy-là vous a rendu iuſques icy plus meſcontant que ſatisfait. Par ce qu'il a procedé d'vne volonté violante & déreglée: auſſi celuy-cy ſera en cette vie le commencement de la felicité que vous deuez conſommer en l'autre; puis qu'il n'eſt autre choſe, dit S. Bernard, qu'vne volonté conſtante & bien ordonnée par l'exacte conformité qu'elle a auec celle de Dieu, comme eſtant incomparablement plus iuſte, plus ſaincte, & plus parfaicte. *Amor diuinus nihil aliud eſt quàm vehemens & bene ordinata volūtas. Tract. de nat. Diuin. Amor. cap. 7.*

L'exemple du Verbe Incarné vous peut encore ſeruir d'vn ſecond motif, pour vous porter à faire vn S. vſage des actes de voſtre volonté, d'autant qu'il eſt vray, comme il dit luy meſme dans l'Euangile, qu'il deſcendit autrefois du Ciel en Terre, pour accomplir la volonté de ſon pere, qui l'auoit enuoyé pour le ſalut du monde. Delà vient qu'il fût touſiours ſoupple & parfaitement ſoubmis à ſon bon plaiſir, & qu'il ſuiuiſt par tout les deſſeins admirables de ſa prouidence; s'abandonnant à ſa conduitte par vne aueugle obeyſſance; & viuant auſſi ſatisfaict de faire l'office de Charpentier en Nazareth, que d'exercer celluy de Predicateur dans les diuerſes contrées de la Iudée. *Second raiſon.*

Il ſemble neantmoins, que iamais homme n'eut plus de droict de ſuiure du moins quelques *O Domine ſi bona erat tua voluntas quare deiecta eſt?*

Ss 3

fois les mouuemens intellectuels de la partie superieure, ou les inclinations de l'inferieure; puis qu'il estoit l'vnique de tous les mortels, pendant qu'il viuoit en ce monde, qui auoit tousjours ceux-là parfaittement raisonnables, & celles-cy tousiours innocentes. C'est pourquoy il ne pouuoit commettre d'abus ny d'excez dans l'vsage de sa liberté; & nous voyons cependant qu'il n'a iamais produit aucun acte de volonté, dit S. Paul, pour contenter sa raison, pour complaire à vn seul de ses desirs, ou pour donner quelque satisfaction particuliere à la vie intellectuelle de son esprit, ou à la sensitiue de son precieux corps. Au contraire s'oubliant soy-mesme, & ne regardant iamais ses interets il a tousjours faict ce qu'il a iugé deuoir estre plus agreable à son pere celeste; ainsi qu'il l'asseure dans le S. Euangile; sans que la diuersité des employs, où la differance des lieux, ou l'inegalité du temps & la condition des personnes, l'ayent iamais faict relascher d'vn seul point de cette parfaitte & admirable conformité, qu'il auoit vouée à tous les decrets de l'eternelle sagesse.

Quelle leçon cependant pour vous qui viuez sous les loix d'vne nature alterée & corompüe par le peché? qui n'auez aucun degré de sainteté acquise ou infuse? & qui pretendez neantmoins de suiure par tout vos attaches & vos pas-

D. Bernard. Serm. 3. de Resurrect. Dominic.

Christus non sibi placuit. Rom. cap. 15.

Ego quæ placita sũt ei facio semper. Ioann. c. 8.

DE L'AMOVR PROPRE.

sions desreiglées, en ce que vous ne voulez point reconnoistre d'autre souuerain que vostre humeur, lors qu'elle s'accorde auec vos interests dans toute la liberté de vostre franc-arbitre? Mais quoy? pouuez-vous bien trouuer de la difficulté à renoncer à vostre propre volonté, pour vous resigner absolument à celle de Dieu, qui est douce & aymable en ce monde: D'autant plus que vous sçauez bien que par le deffaut de cette genereuse resignation, vous accomplirez en l'autre sa volonté seuere & rigoureuse, malgré toutes vos resistences, comme dit S. Bernardin. Or c'est alors que vous ne pourrez plaire à Dieu, parce que vous serez tousiours dans sa disgrace; ny à vous mesmes, soit par la rigueur des tourments, soit à cause des reproches eternels, dont vostre conscience sera l'vn de vos plus grands supplices. Quel estat infortuné?

Si non facis Dei voluntatem in hoc sæculo te inuito facies in inferno. Serm. 10. tom. 3.

Mais pour passer à vne troisiesme raison ie vous demande quel est le sujet de cét Amour passionné, que vous auez pour vous mesmes, & sur quel principe vous appuyez vous, lors que vous auez tant de complaisance & d'admiration pour vos qualitez naturelles ou acquises, & que vostre volonté n'a point d'attaches qui se terminent, ou rapportent hors des interets de vostre chere personne? Pourquoy donc vous estimez vous si cher & si precieux, iusques à vous rendre ido-

Troisiesme raison.

latre de vous mesmes, & iusques à croire qu'en vous seul s'accomplit le sens de cét enigme, qui est proposé par l'Autheur de la Theologie Egiptienne.

Quod in parte est vim habet vniuersi. lib. 2. c. 4.

Certes il semble que pour former en vostre faueur vn iugement qui soit fort raisonnable & iamais precipité, il faut plustost decider du prix & de la valeur de vos propres grandeurs, perfections & merites qui sont l'Idole de toutes vos affections. Or vous n'ignorez pas que S. Augustin, & S. Bernard, ne soient deux grands Oracles de l'Eglise, & qu'ils n'ayent bien toutes les qualités necessaires pour en estre les arbitres. Souffrez donc que le premier vous asseure, que la vie humaine qui faict qu'on prefere les plaisirs du corps au Diuin seruice, & qu'on neglige de plaire à Dieu, pour mieux contenter les sens, coule dans la corruption & dans l'aneantissement d'elle mesme. Voyla le iugement qu'il porte contre les dereglemens de vostre chair, que vous rendez si souuent esclaue de la volupté. Quand au second il n'est point aussi plus fauorable à vos qualitez intellectuelles, que vous croyez posseder en vn degré d'eminence, puis qu'il determine, que celluy-là est vn insensé, qui n'est point sage par cette vraye & Chrestienne sagesse, qui r'apporte tout à Dieu, & qui rend des continuels hommages à sa gloire; & qu'en suitte,

Vita quæ fructu corporis delectata negligit Deū inclinatur ad nihilum. lib. de ver. Relig. c. 11.

Qui tibi Domine non sapit desipit; & qui curat esse nisi propter te, pro nihilo est. D. Bernard. Serm. 20. in Cantic.

DE L'AMOVR PROPRE. 325

suitte il est au nombre des choses qui sont dans le neant, s'il ne l'ayme que pour soy-mesme & non pas pour Dieu, de qui il a tout receu, & à qui il doit tout ce qu'il possede.

Quid habes quod non accepisti? 1. Corinth. c. 4.

Apres ces deux veritès que les sainctes Lettres appuyent, & que l'vne & l'autre Theologie reconnoist pour importantes & necessaires; pouuez-vous n'auoir d'amour que pour l'humaine sagesse de vostre esprit? ny d'inclination violente que pour les delices qui charment l'vn & l'autre appetit? n'est ce pas estre frappé d'vne stupidité terrestre & brutale? Car supposé, comme nous auons dit, que la vanité de l'esprit, & les delicatesses du corps vous aneantissent, osez-vous ne respirer que pour vous-mesme? puis qu'vn rien n'a iamais les conditions necessaires pour estre vn objet capable de gaigner nos affections. C'est vn prodige, dit S. Bernard, *plus digne de larmes que d'admiration, de voir que le neant soit aymable.*

Magis deflendum quàm mirandum, quod id quod nihil est amari potest. Epist. 18.

Mais supposons neantmoins que vous soyez capable de tenir quelque rang & d'auoir quelque estime dans la nature; quoy que le peché vous ayt rendu dans la Religion moins considerable que le non estre: vous n'ignorez pas que les sujets qui ont de mutuels rapports, & qui se regardent par vne dependance reciproque, sont intelligibles sous vn mesme trait de

Quatriéme raison.

2. Part.   Tt

connoissance, ny aymables en suitte que par l'estenduë d'vne mesme affection. D'autant que ce sont deux extremes qui font subsister vn milieu par leur actuelle existence, qui establissent en mesme temps vn nouuel estre par leurs regards, & qui fondent la vraye relation par la conspiration d'vn principe qui leur est également commun dans la nature. De cette verité ie veux inferer, que l'on ne peut raisonnablement bien connoistre, ny bien aymer le ruisseau sans la source, ou le tableau sans la main du Peintre qui l'a formé, ou le rayon du Soleil sans auoir de l'inclination pour ce mesme Astre qui le produit & qui le répand. Parce qu'il y a tant de rencontres & de liaisons naturelles entre ces deux extremes, qu'on ne sçauroit les separer que par precision de pensée, ny destruire ce tres-intime rapport, sans pointer dans vne abstraction Metaphysique. Mais il est ainsi, que tout ce que vous connoissez, ou aymez en vostre personne, n'est que le ruisseau, l'image, & le rayon de la Diuinité.

Pouuez-vous donc exclure de vostre esprit, & esloigner de vos affections la source de l'estre actuel & veritable dont vous iouyssez? pouuez-vous n'aymer pas la main toute puissante de celuy qui vous a formé comme l'image & la coppie de ses infinies perfections? & auez vous assés

Correlata simul sunt, & simul cognoscuntur. Arist. in predicam.

d'aueuglement pour ne voir pas ce diuin Soleil qui a daigné d'imprimer sur vous les rayons de sa face, comme autant de sacrez Characteres de sa beauté? Quoy? voſtre affection eſt elle ſi déreglée, que de s'approprier par excez de complaiſance le corps & l'ame apres l'euidence de cette verité, & apres que S. Bernard vous enſeigne; que vous n'auez rien de grace ny de nature que vous n'ayez receu de Dieu, & dont vous ne ſoyez l'obligé & le debiteur inſoluable ?

Quide proprio nihil eſt, totum quod habet Dei eſt. Epiſt. 13.

Enfin, vous ſçauez bien que Dieu vous oblige par vn commandement exprez de l'aymer de tout voſtre cœur, de toute voſtre ame, & de toutes vos forces; & que cette Loy de Charité n'eſt impoſée que pour rompre les attaches de voſtre volonté; que pour vous engager à vous ſoubmettre ſans excuſe & ſans remiſe à ce deuoir; que pour vous porter à ceder à Dieu ſeul tous les droits que vous pretendez auoir ſur vous meſme; puis qu'il y va de toute l'eſtenduë de vos propres intereſts, comme dit Tertulien, de ne rechercher que ceux de la gloire de Dieu. Que s'il eſt ainſi, comment obſeruez-vous ce precepte du pur amour ? qu'elle fidelité de ſeruice rendez-vous à ſon infinie Majeſté, n'ayant point d'autres penſées que d'acroiſtre vos idolatres complaiſances, ny de paroles que pour des intrigues de propre commodité, ny d'a-

Cinquieſme raiſon.

Intereſt hõmini Deo cedere. Tertull Apolog. c. 33.

332   LA TYRANNIE

Naturæ dedisti totum tibi re, Deo nihil. Serm. 105.

ctions qui ne se rapportent en derniere intention à vos auantages. Mal-heureux vous auez tout deferé à la nature, ou tout à vous mesme, & rien à Dieu, pour parler apres S. Pierre Chrisologue; qu'elle recompense deuez-vous attendre?

Mais laissons là ces impies s'ils veulent mourir dans l'obstination, & voyons s'il y a de marques asseurées pour connoistre par vn iuste discernement combien les ames qui font profession de pieté sont esclaues du propre interest, ou bien au contraire dans quel degré de perfection elles en sont dégagées. Ie me persuade que ce discours ne sera pas inutile, s'il peut abbatre la presomption des orgueilleux, & releuer le courage des foibles par des principes de verité qui sont fondez sur la commune doctrine des sages Professeurs de la Theologie mystique.

Quelques marques asseurées pour bien connoistre si l'amour propre exerce sa Tyrannie sur nostre volonté.

CHAP. XX.

NOvs sçauons que dans l'ordre commun de la nature, la paix s'entretient par les guerres & les dissentions des puissances qui sont contraires & ennemyes; & nous voyons que ce grand monde ne subsiste que par les vicissitudes du froid & du chaud, du sec & de l'humide, de la lumiere & des tenebres, du mouuement & du repos. Mais dans l'estat de la grace nous remarquons vn procedé tout dissemblable ; car il n'est pas possible de faire subsister l'homme, qui est le petit monde, par des habitudes contraires, ny de le rendre en mesme temps amy du siecle & seruiteur de Dieu, habitant de Hierusalem & Citoyen de Babylone, ny enfin de joindre ensemble & dans vn mesme cœur la charité auec l'amour propre. De la vient, dit S. Augustin, que celuy-la qui fait refus de se rendre esclaue de l'vn, s'assuietit necessairement à l'autre ; sans qu'il puisse trouuer quelque milieu afin de s'establir dans vn estat d'indifference.

Qui noluerit seruire charitati, necesse est vt seruiat cupiditati. in Psalm. 18.

Pour persuader cette verité à ceux qui sçauent accorder la foy auec la raison, il me semble qu'il ny a point de procedé ny de conduite plus reglée, que d'obseruer le mesme ordre que nous auons desia suiuy dans le progrez de cette seconde partie. C'est pourquoy ie ne feindray point de repasser encor vn coup par le mesme chemin, & de soustenir d'abord que pour vne premiere marque d'Amour dereglé & Tyrannique, l'attache violente que nous auons aux biens exterieurs de la fortune, soit aux honneurs, soit aux richesses, n'est pas la moins consi-

Premiere marque.

derable. Car si l'on veut les acquerir pour acroistre les voluptez du corps, ou pour gaigner plus de renom & plus d'estime dans le monde, ou pour auoir la complaisance de posseder beaucoup, ou pour d'autres semblables intentions qui sont seruiles & passionnées: c'est assés pour se persuader qu'on ayme ces biens par vn motif de propre interest; puis que le jugement de S. Augustin est infaillible sur ce sujet.

Tunc est cupiditas cùm propter se amatur creatura. de Trinit. lib. 9. c. 8.

En suitte, si dans le long vsage l'on n'a point cette genereuse indifference qui fait considerer les faueurs & les thresors de la fortune comme des choses que Dieu donne d'vne main, & qu'il peut oster de l'autre; ou comme vne hostelerie à laquelle l'on ne s'arreste que pour reprendre des forces; ou en vn mot, comme des belles campagnes qu'on ne regarde qu'en passant; c'est vn probable tesmoignage que le cœur y lie & engage ses affections, & qu'il y prend trop de satisfaction & de complaisance.

Nihil perdere timet perfectè Christum amas, quia nihil amas nisi ipsum, & omnia propter ipsum. Nicol. de Cus. lib. 4. excit.

Enfin, si la crainte de perdre les richesses domestiques, ou les offices qui regardent le gouuernement du bien public, succede au trauail qu'il y a de les acquerir, ou bien aux soins qu'on apporte pour les conseruer; si l'on apprehende beaucoup les disgraces & les infortunes: il faut aduoüer par la loy des contraires, qu'on n'est pas dégagé d'esprit & d'affection des biens

DE L'AMOVR PROPRE. 335

exterieurs; que le cœur est si auare que Dieu seul ne luy suffit pas ; que l'ame est plus esclaue qu'elle n'est maistresse des thresors de la terre, & qu'elle en est plus possedée par dependence & seruitude, que la raison ne les possede par vne genereuse liberté.

Mais passons de l'vsage des biens de fortune à la iouïssance des biens du corps: Arrestôs nous à deux principes que S. Bernardin nous propose, comme deux regles asseurées pour connoistre si l'amour propre est le tyran de la partie inferieure. Le premier consiste en ce que l'amour Diuin s'estant rendu le Maistre absolu des facultez de l'esprit, imprime sur celles du corps ses qualitez & ses admirables perfections pour les assuietir à ses loix. De sorte, qu'à proportion qu'il gaigne plus de droit sur la raison, & plus d'empire sur la volonté, il rend en suitte les sens plus soubmis & plus dependans des mouuemens de la grace. Et c'est ainsi qu'il change en quelque façon la fragilité de la chair en la force de l'esprit, par vne merueilleuse transformation, que les Philosophes Payens, & que nostre Bien-heureux Pere a mise en pratique dans vn si haut degré de perfection, que comme dit le Docteur Seraphique, son corps obeyssoit a l'esprit auec tant de docilité, qu'il sembloit preuenir ses ordres, & anticiper sur ses commandemens.

2. marque.

Amor Dei in humana mente conualescens tandem etiam carnis perfectiones suas influit. Serm. 22. de extraord.

In eius vita cap. 14.

Amor iste priuatus ad omnes deffectus adducit donec caro spiritui sine aliqua contradictione dominetur. ibid.

La seconde verité que le mesme S. Bernardin nous persuade, c'est que quand la raison est esclaue des sens, & que l'appetit intellectuel est gouuerné par le sensitif, ce desordre n'a point d'autre source que l'Amour Tyrannique; d'autant qu'il ne cesse iamais de trauailler en faueur des inclinations de la partie inferieure & brutale, iusques a ce qu'il ayt rendu l'esprit esclaue de ses passions, & que l'ame soit captiue sous la violence du peché.

C'est à vous cependant de bien remarquer si l'esprit exerce quelque empire sur le corps, ou s'il rend au contraire des hommages & des seruitudes criminelles à ce rebelle. C'est à vous de prendre garde si vous suiuez plus souuent les mouuemens de la connoissance que les lumieres de la raison, & si vous participez pluftost aux sentimens de la Beste qu'aux éleuations de la nature Angelique. Car c'est le propre du pur Amour, dit S. Augustin, de s'esleuer par dessus la condition de l'homme mortel auec des aisles toutes pures & celestes, & de ne s'attacher iamais aux tendresses des sens.

Vt fu camor super omnem carnis officinâ liber & admirandus volitat. lib. de morib. eccles.

S. Augu.

Et par ce que les attaches aueugles & dereglées de l'Amour propre qui se terminent au bien de l'esprit sont d'une plus haute consequence: Voyons quels sont les excez ou les iustes moderations de la memoire, lors qu'elle rappelle

pelle l'idée des choses passées. Il est certain que s'il y a de l'amour propre de craindre & de trembler plustost à cause de la rigueur de la peyne, que de l'effroyable defformité des pechez qu'on a commis, qu'il y en a encore beaucoup plus de s'arrester sur des actions de pieté qu'on a produit autrefois dans quelque degré de bonté & de perfection. Cette complaisance est l'effect d'vne passion criminelle; ou pour mieux dire, c'est faire reuiure l'insolence de ces impies, dont parle le Prophete, selon le Commentaire de S. Bernardin, qui oublient la presence de Dieu pour n'auoir de satisfaction qu'en la memoire de leurs œuures..

Eleuauerunt cor suum & obliti sunt mei Osea c. 13. Complacétia sui est obliuio Dei serm. 17. post Pentecosth.

Mais aussi l'on peut dire, que l'Amour Diuin est agissant sur vne ame, qui perd la veüe de ses propres interests, qui ne sçayt pas se ressouuenir des vertus acquises, ny des souffrances passées, ny des merites augmentez, ny des victoires gaignées sur les communs ennemys de son salut, ny des bons desseins qui luy ont heureusement succedé, ny de mille occasions de vertu qui ont serui d'exercice à son zele, & de theatre à sa constance. De sorte que s'oubliant soy-mesme ses forces, sa santé, son esprit, son repos, elle n'a point d'autres idées qui la flattent que la souuenance des bien-faits de Dieu, du secours ordinaire de ses graces, & des interests

2. Part.   V v

de sa gloire. Ouurez icy les yeux, & voyez si voſtre cœur eſt animé de ceſt effort de charité incomparable, & i'oze bien vous promettre qu'vn grand Docteur de l'Egliſe a parlé en voſtre faueur, lors qu'il a rapporté l'vn des effets de l'amour Seraphique.

Anima per ardorem amoris abſorberur à Deo & obliuiſcitur ſui. D. Bona. de ſtimul. p. 2. c. 8.

Paſſez encore plus auant, & remarquez si voſtre propre jugement eſt docile & traitable comme celuy de l'Apoſtre S. Paul, qui ſe rendit inferieur à Ananias, quoy qu'il feut éclairé d'vn monde de lumieres qui eſtoient plus fortes & plus diuines que celles de ce Prophete: Apprenez encore par vous-meſme si voſtre raiſon naturelle eſt beaucoup eſloignée de l'exemple du Verbe Incarné, lequel ayant renoncé aux raiſons ſouueraines de ſa ſageſſe, feut obeyſſant aux ordres d'vn Charpantier & d'vne fille; ou bien au contraire, voyez si elle eſt rebelle & opiniaſtre à l'imitation du Roy Saul qui ne voulut iamais fléchir ſous le commandement de Dieu, ny aduoüer ſa deſobeyſſance à ſon propre Directeur le Prophete Samuel, ny confeſſer les excez de ſa mauuaiſe conduite, qui ne pouuoit proceder, ſelon la penſée de S. Bernard, que des artifices de l'Amour intereſſé.

4. marque.

Amor ſui cuium contrarie iudicium fallit. de grad. humilit.

5. marque lib. 14. de ciuit. Dei c. 7.

Et parce que l'Amour innocent n'eſt qu'vne volonté bien conduite, & l'Amour criminel vne volonté dereglée, comme parle S. Auguſtin

DE L'AMOVR PROPRE. 339

nous deuons insister sur ce point pour découurir le desordre de nos affections commmençant par l'intention; puis que c'est elle qui donne à toutes vos œuures l'estre moral, selon le jugement de S. Ambroise, & qui leur communique sa malice ou sa bonté, comme la source au ruisseau, & la racine à sa plante. En effet, si vous desirez de sçauoir par vous-mesme si vous trauaillez en plomb, en argent, ou en fin or; ie veux dire si vous agissez pour plaire à Dieu, ou pour vous contenter vous-mesme, suiuez la regle que S. Augustin vous prescrit pour ne point faillir dans ce jugement. Car il y a cette difference entre le pur Amour de Dieu, & la passion interessée que celuy-là commence d'operer en veuë de la gloire de Dieu: & puis venant à nous par vn simple regard & non par reflection, remonte vers Dieu pour acheuer son cercle. Mais l'Amour Tyrannique commence en nous, se porte à Dieu, & rapporte enfin tout à soy par vn mouuement contraire. Vzez donc de reflection, & obseruez le motif qui vous anime en toutes vos actions.

Mais ie veux que vos intentions soient aussi pures que celles d'vn Seraphin, ne faut il pas encore renoncer à vostre propre volonté, pour adherer à celle de Dieu dans toute l'estenduë de ses preceptes, & de ses conseils Euangeliques, si

Affectuose: us operi tuo nomé in ponit lib. 1. offic. c. 30.

Tunc verè est opus bonum cùm à Charitate iaculatur intentio, & rursus in charitate requiescit. lib. de Catechis. Rudib.

6. marqué.

V v 2

vous voulez porter les marques des bonnes ames qui donnent tous les iours des preuues de la fidelité & de la constance de leur S. Amour? car elles acquiscent à toutes les dispositions de l'eternelle sagesse, & suiuent par tout ses ordres auec vne entiere dépendence. En effet, si l'hôme n'estoit point esclaue de l'Amour Tyrannique, & s'il preferoit la gloire de Dieu à ses propres interests, il seroit tousiours souppie & obeyssant, comme dit S. Augustin, à ses diuines volontez, & receuroit d'vn égal visage les richesses & la pauureté, la santé & la maladie, les faueurs & les disgraces du monde. C'est bien plus, il accepteroit auec indifference les peines de l'enfer aussi bien que les joyes du Paradis, s'il y trouuoit la volonté de Dieu également signifiée, d'autant qu'elle luy sembleroit dans l'vn & l'autre estat également aymable.

Enfin, si nous voulons nous informer de la charité apparente ou veritable que nous portons à Dieu, nous deuons consulter l'estat de nostre volonté dans l'exercice de la dilection que nous auons pour le prochain, puis qu'elles sont inseparables, & qu'elles naissent d'vne mesme source. De là vient que le Bien-heureux S. Iean l'Euangeliste n'employe point d'autres preuues pour establir de la mesme verité, & pour nous apprendre, que ces deux Amours sont

Fideles in dilectione acquiescet illi sap. c. 3.

Si homo se non amaret Deo semper subditus esse vellet. Serm. 47. de diuers.

I. marque.

Si quis dixerit quo.

liez ensemble. Voicy les termes de ce diuin A-
postre. *Celuy qui hayssant son frere dit qu'il ayme Dieu est vn menteur detestable. Car comment peut il aymer Dieu qu'il ne void pas, & qu'il ne connoist que par la foy, s'il n'ayme point celuy qu'il void de ses yeux, & auec qui il à mesme nature, de pareils auantages & de semblables infirmitez.* Mais cette verité receura plus de iour & plus de force dans la troisiesme partie de cét ouurage que nous allons entreprendre apres que nous aurons assigné à celle-cy ses iustes & dernieres limites.

niam diligit Deum, & fratrem suum oderit mendax est, qui enim non diligit fratrem suum quem videt, Deum quem non videt quomodo potest diligere? Epist. 1. c. 4.

CONCLVSION DE CETTE SEconde partie.

Vous auez donc veu iusques icy, mon cher Lecteur, les déreglemens de l'Amour Propre qui nous attachent par excez à nous-mesmes, & ie m'asseure que vous aurez remarqué les efforts & les desordres qui sont plus violens, plus sensibles, & plus funestes, auec les remedes particuliers que nous leur auons opposé comme necessaires pour empescher leur progrez ou pour preuenir leur naissance. C'est à vous de combattre ce monstre en vous aimant contre vous mesme. C'est à vous maintenant de trauailler à sa deffaite sans vous lasser pendant tout le cours de la vie. C'est à vous encore vn coup d'affoiblir ce puissant ennemy, & de sapper ses ruses & ses forces en tout temps: de le choquer en toutes les rencontres des lieux, des personnes, & des employs, sans iamais luy accorder de trefue ny de relâche; parce que si vous ne le perdez, il vous perdra.

En effect, ce n'est pas l'entreprise d'vn iour ny d'vn mois de combattre & de vaincre cette passion tyrannique qui pousse iusques à l'infiny, comme l'Hydre tousiours renaissante, ou comme les racines de l'herbe qu'on appelle dent de chien, qui se multiplient auec tant de fecondité & d'effusion, qu'il n'est pas possible d'arracher tous les filets, ny de rompre toutes les fibres qui les tiennent attachées à la terre. Certes il en est de mesme de l'Amour Propre, dit le Bien-heureux François de Sales; car il nous est si intime & si naturel, que les saillies, ou pour mieux dire les semences de sa malice & de sa corruption sont immortelles dans l'vn & l'autre appetit sensitif & raisonnable, & l'on peut dire, qu'il est graué dans nos cœurs comme l'image de cét ancien Phidias dans le milieu de sa statuë qu'on ne pouuoit enleuer sans destruire tout l'ouurage. D'où il s'ensuit, qu'il ne faut iamais participer auec cest ennemy iuré; puis que ses combats ne finissent qu'auec la vie, & puis que c'est estre defia

lib.4.E.ist. 69.

DE L'AMOVR PROPRE. 343

vaincû de pretendre sur luy la derniere victoire.

Ie sçay bien qu'il n'est pas absolument impossible de renoncer aux richesses, & que ce n'est point le grand effort de la moralle, de dégager le cœur humain de l'amour déreglé qui l'attache aux biens exterieurs. Mais i'ose bien asseurer, que tout ce que l'homme peut faire estant assisté du secours ordinaire de la grace c'est de renoncer à soy-mesme ; c'est de destruire en effet ces retours, ces tendresses, ces complaisances qu'il à pour soy, parce que ce sont le vray poison corrosif de la charité. Il faut neantmoins entendre cette verité selon le sentiment de S. Bernard ; car il confesse, que depuis le peché actuel du premier homme, nous souffrons au corps aussi-bien qu'en l'ame la cruelle Tyrannie de l'Amour Propre par vne necessité si violente & si mal-heureuse, qu'il semble du tout impossible qu'vn homme mortel puisse aymer durant le cours de cette vie l'ame ou le corps, ou tous les deux ensemble, seulement pour Dieu, sans auoir quelque rapport & regard vers soy-mesme.

Minus est homini abnegare quod habet : valde autem nullum est abnegare quod est. D. Greg. homil. 32. in Euāgel.

Mihi impossibile videtur, vt homo se diligat in hac vita tātùm propter Deum, epist. 11.

La raison principale qui appuye cette doctrine est fondée sur ce que l'Amour naturel estant vne passion de l'appetit sensitif qui nous est commun auec les bestes, ou bien vne affection de l'appetit raisonnable que nous auons égale,

& commune auec les Anges: cest Amour dis-je que chacun se porte, passe facilement dans l'excez, par ce qu'il trouue son principe, son milieu, & sa fin dans les inclinations d'vne nature corrompuë & déreglée par le peché.

Apres cela vous ne deuez pas vous estonner de vous voir reduit à la necessité de tenir tousiours les armes à la main pour vous combattre, de faire la guerre ouuerte contre vous-mesme, de perdre vostre ame pour la sauuer, & d'exercer vne continuelle violence contre vos propres inclinations. C'est le mal heur de nostre condition qui nous engage dans les perilleux accez de perir ou de vaincre, & qui nous oblige de viure tousiours dans cette ferme & constante resolution, de resister tousiours aux continuelles attaques de l'Amour Propre, afin de le chasser également du corps & de l'ame.

Vellem vt nihil age rem, quàm reddere me cui me maximé debeo D. August. lib. de quant. ani. cap.

Mais comme il importe d'agir auec prudence & adresse dans l'employ des diuers moyens qui seruent à l'execution de ce glorieux dessein: permettez-moy que ie vous conseille en premier lieu d'auoir les saincts desirs de S. Augustin, & de viure tousiours dans cette ardente affection de vous rendre, de vous offrir, & de vous sacrifier sans reserue à celuy-la à qui vous deuez tout vous-mesme. Et croyez moy que c'est assez de tendre à cette heureuse fin, & de mourir dans

DE L'AMOVR PROPRE. 345

cette fauorable disposition.

En second lieu, prenez la peyne d'estre quelque fois le iuge en vostre propre cause, & de porter sentence decisiue sur l'estat de vostre vie interieure. C'est vn autre sage conseil recueilly du mesme S. Augustin lors qu'il publie, que deux sortes d'amour forment deux differentes Citez, que l'amour de Dieu bastit la triomphante Hierusalem, & que l'amour déreglé de soy-mesme dresse l'infame Babylonne. Puis ce Sainct Docteur conclud sa pensée par ces paroles. *Que chacun interroge son cœur, & qu'il regarde ce qu'il ayme, s'il veut reconnoistre de laquelle ville il est Citoyen.* Et par ce que vous pouuez faillir dans ce jugement, & qu'il n'est rien de plus aisé que de vous tromper vous-mesme dans la recherche de tout ce qui regarde vos propres interests. Souffrez s'il vous plaist, que ie vous persuade par vn troisiéme aduis, de choisir pour guide & pour protecteur vn Directeur inuisible, à sçauoir l'Archange S. Michel, d'autant qu'il preside sur toutes les ames genereuses qui ont declaré la guerre a l'Amour Propre. Ayez soin d'implorer souuent ses faueurs, afin d'obtenir par ses puissantes intercessions, la grace, la force, & la lumiere necessaire pour triompher de ce Demon d'impieté. Adjoustez encore à cest Ange tutelaire, le secours d'vn Ange visible qui

Duas ciuitates fecerunt duo amores &c. interrogat se quisque quid amet & inueniet vnde sit ciuis in Psalm. 64.

2. Part.   X x

soit sage, sçauant & charitable, afin qu'il vous serue de guide, & de flambeau dans le chemin de la perfection, & qu'il vous détache de vous méme.

Donnez la liberté à ce Sainct Directeur de censurer vos actions, de porter jugement sur vostre vie, & de chôquer vostre mauuaise humeur. Consentez qu'il deuienne l'ennemy juré de vos imperfections, qu'il sappe vos inclinations & vos habitudes par vne douce violence, qu'il rompe ou denoüe toutes vos passions, & vos attaches par vne saincte seuerité, & ne recherchez jamais qu'il soit poly en son langage, ny mignardement aiusté en ses habits, ou complaisant en son entretien, ny flateur & indulgent a vos vices dãs le sacré Tribunal. Et quelques preuues qu'il vous rende d'vne pure & secrete amitié, soyez tousiours de l'opinion du sage, qui dit, que la reprimende publique est preferable à cét Amour dissimulé, qui deguise les deffauts & les pechez d'vn amy, & qui luy paroist agreable pour en receuoir l'vtile. Si les tendresses de vostre naturel affectif & delicat, ne peuuent souffrir qu'vn Directeur exerce cette innocente & charitable rigueur dans la conduite de vostre ame : n'esperez pas iamais de voir affoiblyr vostre Amour Propre, ny d'obtenir en suitte, pour raisonner apres S. Augustin, l'accroissement de l'Amour Diuin, la consequence est assez visible,

Melior est manifesta correptio quàm amor absconditus. Prouerb. c. 27.

Nutrimentum charitatis est imminutio cupiditatis, Lib. 83. quæst. q. 36.

TROISIESME PARTIE,

DE

L'AMOVR PROPRE,

OPPOSE' A LA CHARITE'
QVE NOVS DEVONS AV
PROCHAIN.

AVANT-PROPOS.

SI la Religion Chrestienne nous fait paroistre ses excellences, & ses grandeurs dans la verité des Sacremens, & des mysteres qu'elle nous oblige de croire par la seule lumiere de la foy, elle nous donne aussi de grandes marques de

Marsil. cin. de Christ. Relig.

AVANT-PROPOS.

sa sainſteté, par la douceur & par la pureté de la loy d'Amour qu'elle nous propoſe. Car elle regle nos deſirs, ſanctifie nos paroles, inſtruit noſtre raiſon, & aſſuietit nos ſens & nos actions à ſon empire, par l'authorité ſouueraine des deux preceptes de la Charité qu'elle nous fait obſeruer pendant le cours de cette vie;

Quæ ſunt charitatis propria abſena ſunt à propria voluntate Serm 2. de reſurrect.

afin de nous eſloigner heureuſement des attaches criminelles de noſtre propre volonté; comme eſtant eſtrangeres de la charité, ſelon la penſée de S. Bernard, & de tous les Profeſſeurs de la Moralle Chreſtienne.

Il ſemble cependant, que c'eſtoit bien aſſez d'enfermer toute la perfection Chreſtienne dans la pratique de l'Amour de Dieu, & de nous obliger de ſacrifier nos cœurs à ſa ſouueraine bonté, dans toute l'eſtenduë de nos forces & de nos ardeurs, ſans nous engager à obſeruer la loy de la dilection fraternelle. Mais ce grand Monarque nous veut augmenter les occaſions du merite, en nous demandant tout l'hommage de nos affections. Ie veux dire, qu'il nous commãde d'aymer noſtre prochain qui eſt ſa creature, comme vn effet & vne extenſion de la charité que nous luy portons. En effet, il n'eſt pas poſſible qu'vn homme qui ayme bien Dieu, n'ayme auſſi celuy qui eſt ſon image, & qui eſt d'vne meſme eſpece en la nature, d'vn meſme ordre en la grace, & d'vne meſme élection pour la gloire.

Ce n'eſt pas que nous ſoyons obligez de loger Dieu, & le prochain dans vn meſme degré d'affection; car ce ſeroit vne perfidie de faire entrer en concurrence l'vn & l'autre,

& il y auroit de l'impieté de partager également le cœur entre le souuerain Createur de toutes choses, & son image viuante, pour auoir autant d'amour pour l'homme, que pour le principe infini qui l'a produit: puisque nous deuons tout à celuy de qui nous auons tout receu. Il ne faut pas aussi se persuader, qu'on doiue auoir plus d'amour pour le prochain que pour soy-mesme; parce que tous les Docteurs asseurent apres S. Thomas, que chacun est obligé de s'aymer par preferance, & de n'obseruer pas sur ce sujet vne si iuste proportion, qu'il y ait vne exacte mesure, & égalité dans les effets, ou dans l'affection. Il suffit qu'il s'y rencontre vne parfaite ressemblance. C'est à dire, que c'est assez que l'amour legitime de nous-mesmes, soit la mesure, & la regle de celuy que

22. quæst. 26. art. 4.

Proximus dictus est, quia de a ?, nec plus, nec minus diligendus sit. Nic de cus. lib. 10.

nous deuons auoir pour nostre prochain, durant le cours de cette vie.

C'est ce que nostre diuin Legislateur nous a fait comprendre, lors qu'il a ordonné en termes exprez, *d'aymer le prochain comme nous-mesme.* Car il nous a obligé par la teneur de cette loy, de consulter plustost l'amour que nous auons pour nous, & de le prendre pour modelle de celuy que nous portons aux autres, si nous voulons euiter l'excez ou le deffaut, & nous establir dans le point d'vne iuste & legitime obeyssance a son diuin precepte. De sorte, que comme chacun doit à soy-méme les premiers soins de seruir Dieu & de faire son salut : les seconds de conseruer sa vie : & les troisiémes de joüir & d'vser des biens de fortune : nous deuons aussi aymer nostre prochain par les mesmes ordres & reglemens de charité, si nous auons assez de zele pour deferer aux oracles du S. Esprit publiez par le sage, & assez de docilité pour accomplir fidelement la loy de la dilection fraternelle, en mesurant les autres par nous mesmes.

Intellige quæ sunt proximi tui ex teipso Ecclesiast. c. 31.

Et par ce que la passion dereglée que nous auons pour nous, est tousiours auare & solitaire, quelques lumieres que la raison nous donne, & quelque moderation que le Ciel nous promette par le secours des graces diuines: de là vient aussi qu'elle tient l'ame separée de tout ce qui ne regarde point ses interests, & qu'elle l'empesche d'entrer en societé & communication auec le prochain, que pour en recueillir du plaisir ou de l'vtilité. Ce sont en effet les deux seuls motifs qui font agir dans tous les crimes cette aueugle
affe-

affection, & qui la rendent capable de passer à couuert les traitez de toutes les perfidies que la Moralle deteste, & de commettre tous les sacrileges que la Religion condamne, & qu'elle punit par la saincte seuerité de ses loix.

Il est vray, que le Fils de Dieu oppose vne forte digue aux violences de ce torrent, lors qu'il ordonne en S. Luc. *De faire enuers les autres les mesmes offices & traittemens que nous voudrions receuoir de leur part.*

<small>Prout vultis vt faciant vobis homines, & vos facite illis similiter Luc. c. 6.</small>

Et parce qu'il y pourroit auoir quelque ambiguité dans le sens de ces diuines paroles, le S. Esprit s'en rend luy-mesme l'Interprete, par deux regles expresses qui leur donnent vn parfait éclaircissement. La premiere est fondée sur les maux que nous deuons esloigner de nostre prochain, & la seconde est appuyée sur les biens que nous deuons procurer à sa personne. Celle-là est prononcée par la bouche du sainct homme Thobie, quand il dit, *Prenez garde de ne faire point à autruy le mal que vous ne voudriez point qu'on vous fit souffrir à vous-mesmes*: & celle-cy est publiée par le Verbe Incarné, lors qu'ayant raisonné dans le S. Euangile, que comme vn sage pere de famille ne sçayt iamais que faire du bien à ses enfans, que le Pere celeste est encore infiniment plus liberal à ceux qui le reclament par leurs prieres, il adjouste ces paroles. *Que nous deuons faire aux autres le bien que nous voudrions qu'on fit à nous-mesmes.* Ordonnance admirable ! loy saincte ! sentence qui fut receuë, approuuee, & autrefois jugee si raisonnable, si juste & si diuine par l'Empereur Anthonin sur-nommé le Philosophe, qu'il en

Thob. c. 4.

Math. c. 7.

admira l'Autheur, & luy donna rang entre les fausses diuinitez qu'il adoroit; faisant mettre sa statuë parmy celles qui estoient placées dans son Cabinet, pour y estre honnorées d'vn culte prophane.

Marsil. Ficin. de Christ. Relig. c. 12.

Mais quoy que ces deux principes soient fondez sur la loy naturelle, & qu'ils soient capables, comme dit S. Hierosme, de regler nos deuoirs enuers le prochain : nous voyons neantmoins que l'Amour propre l'emporte souuent, & quasi tousiours sur la dilection fraternelle. Nous remarquons que c'est l'Idole qui subsiste encore dans le Christianisme, & qui reçoit tant de sacrifices & de vœux qu'on peut dire, que c'est la plus puissante, aussi bien que la plus fausse diuinité du siecle. C'est elle qui nous porte à faire sur la vie, sur les biens, & sur l'honneur d'autruy,

Epist. 14. quaest. ad Celant.

plus de dégast qu'vn deluge qui noye la campagne, & plus de rauage que le feu qui defole vne ville. C'eſt elle qui iuſtifie l'excez & la violence de toutes les attaches, & de toutes les paſſions pour les rendre maiſtreſſes de la raiſon humaine, afin de la rendre elle-meſme complice de tous les mal-heurs qu'il y a dans l'Eſtat, & dans la Religion. C'eſt elle encore vn coup, qui cherche par tout ſes auantages, qui ne reſpire qu'vn continuel trafic de propre vtilité, & qui n'agit iamais que par des intentions lâches & intereſſées.

Semper & ſuo iure dominatur affectus. Ennod. lib. 3. epiſt. 15.

Nous auons deſia publié dans la premiere partie de c'eſt ouurage, les plus notables déreglemens que ce Demon familier nous fait commettre contre Dieu, dans l'acquit des deuoirs de la Religion, qui nous rapportent, & qui nous vniſſent à ſa

AVANT-PROPOS. 357
diuine Majesté. Dans la seconde
nous auons fait le denombrement,
& la deduction des principaux desordres qu'il produit châque iour cõtre nous mesmes, & nous allons voir
dans la troisiéme les cruelles perfidies dont il vse enuers le prochain.
Mais ce sera neantmoins auec cette
difference, que comme l'Amour interessé nous fait faillir contre Dieu,
par le deffaut du culte, & du parfait
seruice que nous luy deuons rendre:
& comme le méme Amour s'eschappe vers nous par excez de soin, d'attention, & de tendresse naturelle. Il
s'oppose aussi par l'vn & l'autre extreme, par excez & par deffaut, à la
charité que nous deuõs au prochain:
ainsi que vous le pourrez remarquer
dans la suitte de châque discours, &
singulierement en celuy dont le
Titre porte.

Yy 3

TROISIESME PARTIE
DE L'AMOVR PROPRE
OPPOSE' A L'AMOVR DV prochain.

Que l'Amour propre nous fait souuent faillir contre le prochain, par des grands deffauts de misericorde.

CHAP. I.

Author Theolog. Aegipt. lib. 5, c. 4.

SI tous les hommes participent vne mémeespece; s'ils dependent des mesmes elemens, s'ils sont assuietis aux influences des mesmes Astres, s'ils possedent les vnions essentielles d'vne mesme nature, & s'ils ne sont tous ensemble que des extraits d'vn seul exemplaire, que des copies expresses d'vne premiere idée : pourquoy ne sont ils touchez de semblables sentimens de ioye & de complaisance, dans la veuë des biens dont le Ciel fauorise leur prochain ? ou de mesmes mouuemens de compassion, dans les maux & les disgraces qui trauerſent le repos de ſa vie? Car comme la reſſemblâce eſt la ſource de l'Amour, il ſemble en ſuitte, que d'autant plus que celle-là eſt parfaicte, celuy cy doit eſtre égal & touſiours vniforme en ſes effets.

Neantmoins, il faut confeſſer, que cette raiſon n'a point de lieu que dans la ſacrée Republique des Anges, où chacun ayme vn autre, dit S. Thomas, d'vn amour auſſi naturel que celuy qu'il a pour ſoy-meſme; par ce qu'il y découure les meſmes excellences & perfections de nature. Il n'en eſt pas ainſi dans toute la generalité du genre humain, où les diſpoſitions de la matiere, les qualitez du temperament, & la compoſition des organnes ne rencontrent iamais vn égal degré de perfection ſinguliere & ſubſtantielle en châque indiuidu de noſtre eſpece. De là vient, que comme nous ne poſſedons pas des proprietez, & des conditions égales, nous n'auons point de ſemblables inclinations les vns pour les autres, & que noſtre cœur n'eſt pas touché des meſmes mouuemens d'affection & de tendreſſe, en faueur de toutes les perſonnes que nous deuons aymer par la loy de Charité.

C'eſt bien plus, nous ſommes ſouuent inſenſibles aux maux qui affligent le prochain, & nedaignons pas de luy teſmoigner de la com-

1. part. quæſt. 60. art. 4.

Nemo eſt vt alius, neque ſenſu, neque imaginatione, neque intellectu, neque operatione. Nicol. de Cuſ. lib. 2. de doct. ignorant. c. 1.

passion lors qu'il est accueilly de quelque disgrace. Il ne faut qu'ouurir les yeux pour comprendre bien-tost, qu'il n'est rien de plus aisé que de iustifier la verité de cette proposition. Car n'est-il pas vray, que ce siecle est aussi sterile en misericorde, qu'il est fecond en miseres? puis qu'il ny a plus de larmes, ny de tendresse pour tant d'affligez qui professent le Christianisme, & qui gemissent sous les miseres de l'extreme pauureté. N'est il pas visible, qu'on ferme les yeux & les oreilles pour ne voir, ou pour n'entendre pas les maux & les infortunes des voisins, des amis, & quelque fois des parens? En vn mot, ne sçauons nous pas que les necessitez particulieres de cent mille familles du Royaume, qui donneroient de la compassion aux Scythes & aux Tartares, n'amolissent pas auiourd'huy le cœur d'vn Chrestien?

Arist. lib. 2 Rethoris.

I'auoüe, que la grande stupidité d'vne humeur cruelle & brutalle, fait oublier à plusieurs les miseres d'autruy, qu'vn temperament froid, terrestre & melancholique resserre souuent le cœur, le rendant incapable de produire quelque mouuement de pitié; & que ceux qui sont dominez par les ardeurs & les saillies d'vne violente cholere ne sont pas susceptibles, selon le iugement du Sage, des impressions de la misericorde. Ie confesse encore, que les felicitez

Ea non habet misericordiam, Prouerb, c. 27.

d'vne

d'vne longue prosperité, font perdre a d'autres le nombre, & la memoire de ceux qui sont affligez, & qui souffrent les mauuais coups de la fortune ; & que l'orgueil rend encore plusieurs personnes si insolentes, & si peu sensibles à la misere d'autruy, qu'il leur semble que rien n'est digne de leur affection, & que la haute eleuation de leur naissance, ou du rang qu'ils tiennent dans l'Estat, ne peut leur permettre de tesmoigner à ceux qui leur sont inferieurs, du regret & de la compassion, sans raualer leur condition, & sans auilir leur personne & leur merite.

Superba est diuturna felici as. Quint. Curt. lib. 5.

Mais pour ne faire pas icy vn plus long denombrement, i'ayme mieux aller à la source du mal, & vous declarer en suitte, que l'Amour propre concourt comme vne cause principale dans toutes ces mauuaises dispositions qui rendent le cœur humain cruel & impitoyable. Car comme il est vn superbe Tyran, il tient les ames si occupées au dedans d'elle-mesmes, par la veuë & la satisfaction de leurs propres biens, qu'il ne leur donne point le desir, ny le temps, ny la liberté de sortir au dehors pour contempler les miseres d'autruy, , & pour compatir aux personnes affligées. S. Bernardin adjouste, que ce monstre est bien si fier & si denaturé, qu'il ne peut pas mesme souffrir le simple discours d'vn innocent mal-heureux qui raconte ses dis-

Amor priuatus nec compati, nec pati aliam causam audire potest. Serm. 21. de extra.

LA TYRANNIE

graces, & qui va iusques à la source de ses infortunes, pour en faire remarquer la violence & l'iniustice.

L'exemple des Philosophes Stoïciens est trop remarquable pour n'estre pas employé en faueur de nostre suj t. Ces esprits orgueilleux condamnoiët la compassion comme vne grande foiblesse de cœur, comme les accez de la maladie de l'ame, & comme l'effet d'vne affection desreglée, qui trauerse le repos & la tranquillité de l'homme sage. Par ce qu'ils establissoient le haut point de toute leur felicité, à n'auoir pas de desordre en la partie sensitiue, & à viure toufiours dans vn estat dégagé de l'agitation, & du tumulte de toutes les passions humaines. Apres cela ne faut il pas conclure, que ces anciens Idolatres auoient tant d'amour pour eux-mesmes, qu'ils n'en auoient point pour le prochain ?

Mais ie ne sçaurois iamais pardonner à Seneque le Philosophe, ou le Prince des Stoïciens de l'Italie, & le plus rafiné hypocrite de son siecle ; & ie ne pourrois jamais approuuer son jugement, lors qu'il enseigne, que c'est à l'homme vn vice & vn desordre d'affection de participer aux disgraces d'autruy par vn sentiment de compassion, comme estant trop fauorable à sa misere. Voyla la doctrine morale d'vn esprit

Misericordia est vitiú animi nisi serix sa é tum. lib 2 de Cl mét. cap. 6.

brutal, & le charactere d'vn Docteur Payen, qui tient plus de l'humeur fiere & sauuage, que des inclinations de l'humanité. He! pourquoy ne suiuoit-il la Philosophie e son propre p e le Retheur Seneque, comme plus saine & plus raisonnable; en ce qu'elle portoit. *Que la misericorde est tousiours l'effet & la suitte d'vn grand Amour?* Mais c'est homme estoit si attaché à soy-mesme, & tenoit si fortement à sa personne, qu'il faisoit vanité de passer sa vie dans vne pretendüe insensibilité; quoy qu'en mourant il ayt exigé depuis de sa femme Pauline, des funestes & sanglans tesmoignages d'vne compassion criminelle.

Laissons-là cependant ces ames infidelles, pour parler de celles qui portent le nom & la qualité de Chrestiennes. C'est vn prodige, de voir la dureté de cœur qui les rend insensibles à toutes sortes de maux, quoy qu'elles ne soient pas dans l'erreur des Stoiciens, & qu'elles n'aspirent pas à cette sagesse imaginaire du Philosophe Seneque. Est il possible qui faille avoüer que le deffaut de tendresse & d'humanité, est aujourd'huy le commun appennage de la deuotion du temps! Faut-il publier, qu'il y a par tout des personnes qui sous des apparences de pieté, portent des cœurs barbares & denaturez, qui augmentent la secte des Philosophes indifferens,

Magnus amor est qui de misericordia venit. lib. 8; contr.

en ce qu'ils se mocquent de toutes les miseres du genre humain! Qui forment des regrets & des ressentimens extremes pour la perte d'vn chain, ou pour la mort d'vn cheual; & qui neantmoins font gloire de contempler d'vn œil sec, & d'vn regard superbe & dedaigneux mille objets de misere en leur prochain, sans perdre iamais leur belle humeur, pendant le spectacle des calamitez publiques, ou des disgraces particulieres. N'est ce pas iustifier le sentiment de S. Bernard, lequel écrit sur ce propos, que celuy-là qui s'est habitué à n'auoir compassion que de soy-mesme, par vn desordre d'affection & de propre volonté, n'est pas capable de quelque mouuement de misericorde en faueur de son frere Chrestien? mais passons aux remedes.

Quomo lo cōpatietur fratri, qui in propria voluntate nescit compati nisi sibi? Serm 2. de Resurect.

Le premier que j'aduance, est fondé sur les loix de la Morale, en ce qu'elles nous prescriuent le retour dans les communs deuoirs de l'amitié. Car elles veulent qu'il y ait vn commerce reciproque de propres interests, vne dependence volontaire qui regarde le bien de l'vn & l'autre amy, vne seruitude d'élection qui se termine également aux auantages d'vn chacun; En vn mot, elles supposent vn contract de societé morale, honeste, & tellement deferente, qu'elle oblige ceux qui s'entrayment de cultiuer leur affection, & d'en supporter les peynes

DE L'AMOVR PROPRE.

& les dommages, aussi bien que de participer aux profits, afin que l'vn rende à l'autre ce qu'il seroit bien aisé de receuoir dans vne pareille occasion.

Et ne me dites point cependant, que comme dans le meslange des choses humaines, il y a plus d'amertume que de douceur, & moins de sujet de joye que de tristesse : que l'amitié est plus importune qu'elle n'est profitable, supposé qu'elle rende également communs les biens & les maux de cette vie. Par ce que l'Amour estant vne donation libre de soy-mesme, il s'ensuit qu'elle est imparfaite, si elle ne prend dans l'amitié que ce qui luy semble bon & agreable : & qu'elle n'est pas iuste ny raisonnable, si elle ne s'engage au mal, & si elle ne partage les peines & les douleurs auec l'amy. D'autant que la fin de l'amitié est de rendre toutes choses communes, selon le sentiment de tous les Professeurs de l'vne & l'autre morale, afin que le corps y reçoiue du soulagement, ou que l'esprit y rencontre de la consolation ; comme il arriue dit S. Thomas, selon les desseins ordinaires de la nature. Or c'est à vous maintenant de donner à vostre amy des preuues d'vne fidelle & genereuse affection, en luy tesmoignant de la compassion dans les fascheuses rencontres : & c'est l'vn de vos deuoirs de prendre part en ses dif-

Per compassionem amicorum naturaliter dolor, & tristitia minuuntur. 1. 2. q. 38. art. 4.

graces, si vous voulez luy persuader que vostre amour est desinteressé, & que vous ne l'aymez pas seulement pour vous-mesmes.

Le second motif que ie propose pour vous porter à l'vsage de la compassion Chrestienne, comme estant vn acte de charité, est fondé sur l'exemple des Saincts. Puis que nous sçauons, que Dauid s'atrista beaucoup, ayant receu la nouuelle de la mort de Saül, & de son fils Absalom, quoy qu'ils fussent ses deux plus grands ennemys; que les deux Prophetes, Elie, & Elisée feurent touchez d'vn grand regret, apres auoir sceu la disgrace des deux femmes affligées; que le premier rendit la vie à l'enfant vnique de celle-là, & le second empécha celle-cy de mourir de faim; que la Reyne Ester eût les mesmes tendresses & affections, pour la vie & le salut de sa nation; que la chaste Iudith n'eust pas de moindres ressentimens pour rendre la liberté aux habitans de Bethulie; & que l'Apostre S. Paul s'atristoit auec les affligez, l'anguissoit auec les infirmes, estoit captif auec les prisonniers, enduroit le bannissement auec les personnes exilées, & souffroit les gehennes, les flâmes, & les naufrages auec tous les Martyrs du Christianisme. Apres tant d'exemples, serez-vous insensibles à la veuë des afflictions extremes qui accablent vostre prochain? & luy refuserez-vous cette espece d'aumosne dont parle le grand S. Gregoire.

Considerez encore les actions heroiques que le Fils de Dieu nous a laissées écrites dans l'Euangile, pour nous seruir d'vn parfait modelle; c'est le troisiéme moyen que ie mets en auant pour remedier à la dureté de vostre cœur. Aduoüez cependant sans plus attendre, que c'est la misericorde qui a fait descendre le Verbe Eternel du Ciel en terre, & qui la reuestu de nos infirmitez, par le benefice inestimable de l'Incarnation, afin de compatir à nos miseres, de guerir nos maux, & d'adoucir la rigueur de nos peynes. En suitte, c'est par les sentimens d'vne veritable compassion, qu'il a prié, süé, presché, & fait tant de miracles dans la Iudée; qu'il a resuscité le fils vnique de la vefue de Naim; qu'il a répandû des larmes apres auoir contemplé la ville de Hierusalem, & predit tous les malheurs qui deuoient la precipiter dans l'extremité de la desolation; qu'il a multiplié cinq pains & deux poissons, pour nourrir miraculeusemét cinq mille hommes affamez, qui pendant trois iours l'auoient suiuy dans le desert; & qu'il a pleuré à la mort du Lazare, non pas à cause que son ame n'auoit pas encore receu de luy l'vsage d'vne seconde vie, mais pour mesler ses larmes auec celles de la Magdelaine. Enfin, si vous

Qui flerum & compassioné proximo tribuit, ei aliquid ex á de semetipso dedit. lib. 20. Moral. c. 26.

Altissimus gradus cōpassionis est semper condolere affl.tis, & in hoc fuit Christus. Tract de grad. vir. tut. c. 17.

jettez les yeux sur mille autres semblables actions qui sont toutes sainctes & miraculeuses, vous y remarquerez le souuerain degré de cette heroique & parfaite misericorde qui comparit en tout temps, comme dit le Docteur Seraphique, aux personnes affligées. Cela supposé, pouuez-vous maintenant vous dispenser de suiure vn si bel exemple.

Mais, ie veux que vostre cœur ne soit pas assez tendre & amosly par ce discours. Ie veux que vous ne soyez pas assez persuadé par loix naturelles de la vraye & sincere amitié, par la compassion fraternelle de diuers Saincts, & par l'incomparable tendresse de Iesus-Christ : deuez-vous souffrir que des Payens vous deuancent, quant aux vertus morales, & qu'en ce point les Romains Idolatres vous fassent la leçon. Car l'Histoire prophane nous asseure, que Marcellus ce fameux Capitaine Romain, jetta des larmes voyant les flammes qui brûloient la ville de Siracuse; que Iule Cesar répendit des pleurs quād on luy presenta la teste encore toute sanglante de son grand ennemy Pompée; que Paulus Emilius fût touché d'vne extreme compassion, lors qu'il vid à ses pieds le dernier Roy des Macedoniens, le mal-heureux Perseus, estant deuenû son captif & son prisonnier de guerre, pour estre en suitte mené à Rome, où il deuoit estre

DE L'AMOVR PROPRE. 369

estre attaché au Char du Triomphe, afin d'accroistre la gloire de son vainqueur, & de mourir esclaue sous la puissance souueraine des Romains: Et qui ne sçayt que Titus, fils de l'Empereur Vespasien, eut le cœur saisi & percé iusqu'au vif d'vne douleur bien sensible, lors qu'il jetta les yeux sur les fossez de la ville de Hierusalem, & qu'il les vid remplis d'vn million de corps morts? Il me seroit aisé de rapporter icy d'autres semblables Histoires, pour iustifier qu'il est tousiours veritable de dire, que les personnes genereuses sont capables des sentimens de la tristesse & de la pitié, & pour monstrer que la misericorde nous est naturelle, & que l'homme ny peut renoncer sans combattre le sens commun, qui le fait viure selon les loix communes de la nature.

Mais c'est assez de raconter ce qui est écrit au premier liure de l'Histoire des Roys, pour acheuer d'establir le quatriéme moyen que i'expose à vos yeux, afin de rendre vostre ame plus sensible aux miseres d'autruy. Vous sçauez bien, que le Roy Saul estant abandonné de Dieu, & *lib. 1. histor.* ne receuant plus de sa part les oracles de sa vo- *Reg. c. 28.* lonté, ny par la vision des Prophetes, ny par la responce des Sacrificateurs: Prit enfin resolution d'aller consulter de nuict vne Magicienne, qui auoit le renom de sçauoir éuoquer les ames

3 Part.   A a a

des trespassez par la force de ses charmes. En effet, son dessein eut du succez; car il aduint par la permission diuine, que l'ame du Prophete Samuel parût en presence de ce mal-heureux Prince, pour le rendre certain qu'il mourroit le lendemain auec ses enfans, & que toute son armée seroit taillée en pieces par les Philistins. Ces tristes nouuelles abattirent d'abord l'ardeur de son courage, & l'effrayent de telle sorte, qu'il tûmba par terre, & perdit l'vsage des sens auec ses forces. Alors la Pythonisse s'approcha de luy, estant touchée de compassion; & pour luy tesmoigner les effets du grand ressentiment qu'elle auoit de le voir reduit en vn estat si deplorable, elle le pria instamment de vouloir prendre de la nourriture, pour se remettre de sa foiblesse, & pour se rendre capable de poursuiure son chemin; alleguant pour sa raison, qu'elle luy auoit bien obey en vne chose de plus haute consequence; puis qu'elle s'estoit exposée à perdre la vie pour fauoriser son dessein: ce qu'elle disoit, à cause que Saül auoit ordonné qu'on fit mourir tous ceux qui faisoient profession de l'art magique, quelque part qu'on peut les decouurir dans toute l'etenduë de son Royaume.

Nunc audi & tu vocé ancillæ tuæ & ponam coram te buccellam panis, vt comedens côualescas, & possis iter agere. ibid.

Certes ceux qui voudront vser de reflexion sur cette histoire, & pezer auec attention toutes

DE L'AMOVR PROPRE. 371

les circonstances qui l'accompagnét, ils seront forcez d'aduoüer, apres le bien-heureux Cardinal Pierre Damien qui la rapporte, & la considere auec admiration, comme vn prodige d'affection ; que dans toute l'antiquité sacrée ou prophane, l'on ne sçauroit, peut-estre, remarquer aucun acte de compassion qui soit fondé sur vn amour plus pur & plus desinteressé que celuy de cette infortunée, qui dressa vn festin à vn pauure Prince extremement affligé, & qui le pressa de l'accepter: sans attendre d'autre recompense, que la seule satisfaction de voir son corps remis dans les premieres forces de sa santé. Cependant ouurez icy les yeux, & voyez si ce n'est pas assez d'alleguer c'est effort de courtoisie & d'humanité, pour confondre vostre amour propre qui vous fait paroistre si souuent insensible en presence d'vn Chrestien affligé ?

lib. 2. epist. 13.

Mais ie voy bien que vostre raison n'est pas encore bien persuadée, & qu'il faut necessairement que ie luy oppose l'instint des bestes comme vn dernier remede. Considerez donc, s'il vous plaist, combien d'animaux domestiques, qui vont de compagnie par inclination naturelle, sont sensibles aux douleurs de ceux qui sont de la mesme espece ; puis qu'ils s'emportent auec tant d'inquietudes & de passions pour les deffendre, & puis qu'ils font des cris horribles,

A aa 2

des courses si empressées, des reprises de violence si frequentes & si importunes, & des attaques si diuerses; iusques à s'exposer à perdre la vie pour leur conseruation. C'est merueille de voir, qu'ils ne cessent point de s'émouuoir, de fremir, & de s'échauffer au combat pendant qu'ils entendent la voix de leur semblable qui crie & qui souffre.

Que si les bestes font ces actions, par le seul mouuement de leur instint commun & purement naturel, fairez-vous moins sous la conduite de la raison; lors que vous verrez vn nombre infiny de personnes miserables, dont les vnes sont accablées de pauuretez excessiues, les autres souffrent la disgrace des Grands, apres leur auoir rendû mille seruices; celles-là sont affligées de longues & cruelles maladies, & celles-cy sont abandonnées à l'infamie & à l'opprobre? Quoy? vn pourceau crie, & tous les autres accourent à son secours, & vn frere Chrestien estant reduit à l'extreme desolation, pleure & se lamente, & neantmoins nul des fidelles ne s'en approche par le motif d'vne veritable compassion. Mais c'est en vain que ie combats ces ames obstinées; puis qu'il ne leur suffit pas de manquer enuers les autres par deffaut de misericorde: mais encore elles veulent, que tout la monde porte le deuil, dans les moindres accidens qui leur trauaillent le corps, ou qui affligent l'ame. C'eſt pourquoy i'ay iuſte ſujet d'écrire.

Que l'Amour déreglé de ſoy-meſme, fait qu'on attend du prochain des excez de compaſsion.

Chap. II.

LES Platoniciens enſeignent, que noſtre corps eſt l'abregé du monde, le centre & la fin de la nature corporelle & ſenſible, & vn admirable compoſé de toutes les autres parties de l'vniuers; en ce qu'il contient en peu de matiere beaucoup de perfections, & qu'il poſſede par eminence toutes les qualitez vniuerſelles qui peuuent eſtre enfermées dans vn eſtre ſingulier. De là vient, diſent-ils, ce temperament qui nous donne vn amour de ſympatye, pour toutes ſortes d'objets que nous voulons poſſeder, ou en effet, ou par idée.

Marſil. Fi-cin. ex Theolog. Platonic

Voyla leur opinion, que ie ne condamne point de reuerie; par ce qu'elle a des appuys qui ſont fondez apparamment dans la raiſon, & qu'elle ſemble ſouſtenable ſelon le ſens & la doctrine de Platon. Mais ie ne puis excuſer de folie le ſentiment de ceux-là, qui croyent auoir assez de merite & de suffisance pour estre considerez dans l'vniuers, comme vn sujet, pour lequel toutes choses doiuent auoir de l'amour par vne sympatie vniuerselle, & comme s'ils estoient l'vne des plus importantes, & plus pretieuses parties de ce grand tout. Il ne leur suffit pas, de se preferer aux autres par insolence, de receuoir la loüange & la flaterie par lacheté, & de publier par tout leurs propres actions, par excez de vanité & de sotize : ils veulent encore que toutes les creatures soient sensibles à leurs peynes, & que tous les hommes leur tesmoignent des compassions excessiues dans leurs disgraces, à cause qu'ils s'estiment dignes qu'on leur donne des preuues d'amitié par ces tristes complaisances. Ce qui fait voir, combien est veritable le jugement de ce grand homme du dernier siecle, lors qu'il écrit. *Que les mortels ne sont iamais trompez, si-tost, ny si bien par autruy que par eux-mesmes ; par ce que l'amour déreglé qu'ils se portent, les seduit & les aueugle.*

Cùm homines vehemétius nemine quàm seipsos ament ; certè à nullo magis quà à seipsis decipiuntur Marsil. Ficin. lib. 5. epist.

En effet, quel procedé extrauagant & déraisonnable ! de voir vn million d'ames qui pretendent que les autres soient prodigues d'vn bien dont elles sont auares ? qui affectent que toutes choses portent des marques de tristesse en leur faueur, lors mesme qu'elles sont cruelles & impitoyables enuers vn parent, vn amy,

DE L'AMOVR PROPRE. 373

vn voisin, qui est exposé aux plus violens accez de la misere & de la desolation? Qu'elle iniustice! d'estre cruellement insensibles à tous les maux qui sont au monde, & de faire cependant le recit de leurs mal-heurs, de leurs procez, de leurs maladies, afin d'obliger tout le monde à les plaindre, & à deplorer leur misere. En vn mot, qu'elle tyrannie de vouloir qu'on redresse pour leur satisfaction les autels de la misericorde, qu'elles mesmes ont abattû & renuersé cent fois, voyant leur prochain acceuilly de quelque infortune.

Certes quand ie considere ce procedé, ie trouue qu'il y a du rapport a ce que l'histoire raconte de Basiazet I. du nom, & cinquiesme Empereur des Turcs, lequel apres auoir fait estrangler son frere aisné, apres auoir ruiné plus de cent villes, desolé autant de Prouinces, vsurpé de grands Royaumes; sans auoir iamais relaché des excez de sa tyrannie, ny tesmoigné vne seule fois qu'il estoit sensible aux infortunes des autres: Basiazet, dis-ie, ce monstre de cruauté & d'insolence, vouloit neantmoins estre regardé d'vn œil pitoyable par le moindre de ses sujets, lors que les diuers succez de la guerre trauersoient le bon-heur qu'il attendoit de ses armes. Entre plusieurs preuues & tesmoignages de cette verité, nous pouuons alleguer ce

Chalcond. Hist. lib. 3. c. 10.

LA TYRANNIE

qui luy arriua quelque temps apres l'eſtabliſſement general de ſon Empire. Car ayant vn iour appris que le grand Tamberlan, l'Empereur des Tartares, auoit deſia rauagé & deſolé par le fer & par le feu l'Armenie, qu'il auoit deſtruit, Sebaſte qui en eſtoit la ville capitale, & mis à mort tous les habitans, ſans pardonner à ſon propre fils: il pria vn certain paſteur qu'il rencontra en ſon chemin joüant du flajolet, de prendre pour le ſujet ordinaire de ſes chanſons ces paroles. *Mal-heureux Baſiazet tu ne verras plus Sebaſte, ny ton fils Orthobulez.*

Sueton. lib. 6. Hiſt. in C. Neron.

Mais pour rebrouſſer plus auant dans les ſiecles paſſez, arreſtons nous au cruel Neron dont l'Autheur qui rapporte la vie des premiers Ceſars a couché dans l'hiſtoire, que ce cruel & brutal Empereur ayant fait perir par la main d'vn Bourreau les plus grands hommes de l'Empire, enleué les plus ſages teſtes du Senat, & deſolé les plus illuſtres familles de la ville capitale de l'vniuers; ayant contemplé a trauers d'vne belle Eſmeraude, les flammes deuorantes qu'il auoit fait allumer pour contenter ſa noire humeur, & pour auoir ce plaiſir malin, que de voir bruſler en ſa preſence les plus ſuperbes edifices de Rome la triomphante; faiſant ainſi d'vn funeſte incendie vn agreable ſpectacle; Ayant enfin, pour comble de ſa cruauté fait mourir Octauia ſa femme,

femme, Agripine sa mere, & Seneque son Precepteur: fût contrainct luy mesme de se plonger le poignard dans le sein pour preuenir l'Arrest du Senat, qui l'auoit desia condamné à mourir d'vne mort infame & violente. Mais ce fût neantmoins auec tant de lâcheté, & d'Amour propre, qu'il s'affligea infiniment de ce qu'il finissoit sa vie dans la joye publique de son Empire. C'est pourquoy, ne se voyant aymé ny regreté de personne, il pria lâchement l'infame Sporus son affranchy, *de répendre des larmes pour luy tesmoigner de la compassion*, le coniurant de luy accorder en mourant cette derniere satisfaction. Voyla comment, celuy-là qui n'auoit iamais pleuré pour les autres (comme estant d'vn naturel trop fier & trop barbare) mendia les larmes forcées d'vn seruiteur, & voulût obtenir par priere, ce qu'il n'auoit pas merité par amour.

L'exemple du Roy Herodes est trop celebre pour n'auoir pas encore icy sa place, & sa iuste deduction. Tout le monde scayt les horribles cruautez dont il vsa enuers sa femme & ses enfans, les sanglantes Tragedies qu'il exerça contre les Innocens, & la tyrannie qu'il pratiqua sur les meilleurs sujets de son Royaume. Il souhaitta neantmoins d'estre regreté en sa mort. Mais quel moyen? apres auoir iustement encourû la haine, & l'indignation de tous les

Ioseph. lib. 1. de Bello. Iudaic. c. 21.

habitans de la Iudée? Comment pouuoit pretendre celuy-là d'auoir des larmes en suitte de sa mort, qui pendant sa vie auoit causé la misere & l'oppression d'vn million d'hômes? Ce Prince dôc estât également infortuné & impitoyable, & voyant bien que son trespas ne seroit point accompagné de larmes volontaires, il en exigea de violentes, par vn acte le plus inhumain qu'on puisse iamais rencontrer dans l'Histoire. Car il commanda à sa sœur la Reyne Salomé, de faire assembler en vn certain lieu les plus considerez de toute la noblesse de ses Estats, & d'en faire vn general massacre aussi-tost que son ame seroit separée du corps; *Afin*, disoit ce brutal, *que leurs parens ayent quelque regret de ma mort, si par mon ordre vous la rendez la seule cause de celle que vous fairez souffrir aux autres*. Voyla cependant la derniere victime que la fureur de cest infame vouloit estre immolée à ses cendres & à son tombeau, pour le soulagement de son ame.

Mais sans passer plus auant dans l'Histoire, nous pouuons dire auec autant de zele que de verité, qu'il y a encore aujourd'huy dãs le Christianisme vn nombre infiny de fidelles, tant de l'vn que de l'autre sexe, qui suiuent bien souuent l'exemple de ces brutales inhumanitez: qui demandẽt qu'on les pleure lors qu'ils sont dans l'affliction, & qui sont neantmoins cruellement insensibles à tous les maux qui sont au monde, quand ils sont esleuez dans quelque prosperité. Ce qui les rend d'autant plus criminels, qu'ils sçauent d'ailleurs, que Dieu prefere les actions de misericorde prattiquées enuers le prochain, aux sacrifices qu'on presente à sa Diuine Majesté.

Misericordiam volo & sacrificium. Mathe. c. 9.

Certes c'est vn prodige de voir des cœurs si inhumains & si denaturés, en des personnes qui composent la troisiéme partie du Christianisme, qu'elles sont sans douleur & sans ressentiment, pendant que les deux autres sont dans l'oppression, & qu'elles gemissent sous la rigueur de la Tyrannie. C'est vn excez de cruauté qui n'a point d'exemple de viure en vne extreme insensibilité, dans la veuë ordinaire de mille miseres dont ce siecle est si fecond, qu'on l'appelle à iuste titre, *celuy des necessiteux & des miserables*. Mais c'est bien plus, de demander apres toutes ces fieres & brutales humeurs des soûpirs & des larmes, lors que le moindre accident trouble la tranquillité de leurs ioyes & de leurs felicitez particulieres.

Vous direz, peut estre, que vostre naturelle disposition n'est pas de ce temperament, que vostre cœur cede facilement à la pitié, & que vous ne pretendez pas qu'on vous tesmoigne de la compassion qu'apres l'auoir bien meritée, par

Si aliquid reddi voluit non fuit beneficium sed negotiatio. Senec. lib. 2. de Benefic. 31.

Bbb 2

les deuoirs de l'amitié, qui a preuenû & anticipé pour se rendre digne d'vn iuste retour. Mais ie doubte si vostre ame est capable des mouuemens de la misericorde, & si vous estes touché d'vn veritable deplaisir en presence d'vn pauure affligé, ou si vous regardez auec vn orgueilleux mespris les mal-heurs qui purifient son innocence. C'est pourquoy, afin que ie puisse vous desabuser par vous mesme, permettez que ie vous consulte en vostre propre cause, & que ie reconnoisse par vostre adueu, si vostre cœur a esté iusques icy animé d'vne vraye ou fausse compassion.

Vera compassio magis vellet sentire infirmitatem aut pati paupertaté quàm compassionis habere dolorem. Serm. 5. quadrag. Tom. 3.

La vraye compassion, dit S. Bernardin, consiste en ce que voyant vn malade qui languit dans vn lit, ou quelque pauure qui est reduit à l'extreme necessité. L'on conçoit tant de tristesse & de regret pour l'vn & pour l'autre, qu'on aymeroit mieux souffrir la maladie de celuy-là, ou la pauureté de celuy-cy, que la douleur sensible qui dure pendant qu'on compatit à leurs maux. Auez-vous les mémes pensées? vous pouuez-vous asseurer que vostre interieur soit estably dans ces dispositions qui sont si sainctes & si Chrestiennes? Puis qu'il est vray, comme dit le grand S. Gregoire, que celuy-là est d'autant plus auancé en la perfection, qu'il est sensible aux douleurs & aux souffrances des autres. Re-

Tantò quisque perfectus est quatò perfectius dolores sentit alienos. lib. 7. moral.

connoissez donc le degré de vostre perfection acquise, par la mesure de la compassion que vous portez à vostre prochain; & apprenez en suitte, que la douleur égale tousiours l'affection, & qu'elle est causée à proportion que vous considerez le mal d'autruy, comme affecté à vostre propre personne.

Que si vostre jugement n'est pas assez delié pour faire ce discernement, vsez d'vne autre reflexion qui est plus facile & plus naturelle. Remarquez bien si vostre cœur ayme également le prochain, dans l'vn & l'autre estat de prospeticé & d'affliction; & prenez garde, si dans la concurrence de deux personnes, dont l'vne vous conuie à des actions de ioye, & l'autre à celles de la tristesse & de la douleur, vous auez plus d'inclination à suiure l'avis du Sage qui vous conseille, d'aller à la maison d'vn amy où il ny à que des pleurs, plustost qu'à celle d'vn autre où l'on vous prepare vn festin. Car vous pouuez vous persuader que vous portez les marques d'vn homme pitoyable & compatissant, si vous preferez celuy qui est dans les larmes à l'autre qui est dans la consolation; par ce qu'il y a plus d'humanité, plus de condescendence, & plus de charité de prendre part aux douleurs des autres par la compassion Chrestienne, que de participer à leurs plaisirs, par la complaisance ciuile

Melius est ire ad domum luctus quàm ad domum conuiuij. Ecclef. c. 7.

& morale.

Mais fans vous preſſer plus ouuertement, ie relâche de la ſeuerité de ce diſcours, & ie ſuppoſe que vous ayez deſia dans le fonds de l'ame, tous les effets & tous les Characteres d'vne vraye & ſincere miſericorde: vous deuez neantmoins conſiderer, qu'il y a en vous des excez de tendreſſe, dans l'vſage de cette ardente paſſion qui vous fait plaindre de l'abandon de vos amis, qui veut forcer des ames libres à vous donner de la conſolation, par l'equité naturelle d'vn retour, & qui demande par juſtice, ce qui n'eſt accordé aux perſonnes affligées que dans les termes d'vne volontaire miſericorde. *Que s'il y a de l'Amour propre* (dit le Bien-heureux François de Sales) *à vouloir que tout le monde nous ayme*: Il eſt encore plus violent & plus dereglé à ſouhaiter, que tous les mortels qui ſont au monde nous donnét des larmes, auſſi ſouuent qu'ils nous verront accablez de miſere & d'infortune. C'eſt la premiere raiſon que j'allegue pour moderer la chaleur de voſtre reſſentiment, qui s'éporte contre les perſonnes qui vous ſemblent inſenſibles.

lib. 3. epiſt. 4.

Et la ſeconde que ie vous propoſe, c'eſt de reconnoiſtre, que vous n'eſtes pas digne d'eſtre conſideré, ny regretté, quelque affliction qui vous preſſe. C'eſt de vous reſſouuenir que vous ne deuez jamais preſumer que vous ayez assez de merite pour estre vn iuste sujet de misericorde, quoy que le Ciel vous fasse souuent vn obiet de misere. C'est bien plus quand i'aduance, que dans cette communauté des biens, & de toutes choses qui sont entre les amis, vous deuez bien estre sensible aux peynes des autres, auec la mesme tendresse que si elles vous estoiēt personnelles. Mais vous ne deuez iamais souspirer, & affecter qu'on s'afflige pour les vostres, ny exiger qu'on paye douleur pour douleur, ny tristesse pour tristesse dans vne exacte proportion. Parce qu'il en est de la compassion, comme de l'honneur ou de la loüange, dont celuy qui la demande s'en rend indigne, & ne la merite plus, quelques rares qualitez qu'il possede. Celuy-là perd les droits de la reconnoissance, dit Seneque, qui se plaint du retardement du bien-fait.

En fin, pour fermer ce chapitre par vne troisiesme raison, ie vous demande, de quel front pretendez-vous engager le prochain au mal que vous souffrez? Quoy? voulez-vous encore multiplier vos peynes & vos disgraces, en autant d'especes qu'il y a de personnes qui vous voyent affligé. Osez-vous desirer qu'on s'atriste pour vous rendre content? qu'on pleure pour vous resiouyr? Est-il possible que vous n'ayez pas le moyen d'estre heureux par quelque sorte de bien, qu'à porportion que les autres s'affligeront, & se rendront miserables par le ressentiment de vos maux? Comme si vous ne sçauiez pas, apres l'ancien Heraclite du Christianisme, que c'est vne espece de consolation bien funeste & bien mal-heureuse, de ne pouuoir estre soulagé qu'en imprimant vos miseres & vos douleurs dans l'ame de ceux qui vous ayment, ou qu'en voyant qu'ils s'incommodent pour vous plaire ; qu'ils perdent leur ioye pour contenter vostre mauuaise humeur, & qu'ils s'abandonnent eux-mesmes aux inquietudes, & aux tristesses déreglées pour vous mettre dans le repos. Ne demãdés donc plus des larmes à vostre prochain, & souffrez qu'il contéple d'vn œil sec vos infortunes ; qu'il vous voye mal-heureux sans ietter aucun souspir, & mesme sans composer son exterieur à vne triste complaisance. Imitez pluftost le Verbe Incarné, lequel portant sa Croix, & allant vers le Caluaire le iour effroyable de sa Passion, n'agrea point les plurs, ny les gemissemens d'vn grand nombre de femmes & de filles de Hierusalem qui le suiuoient, & qui par vne compassion naturelle s'affligeoient de luy voir souffrir tant de tourmens.

Infœlicissimum consolationis genus est de miserijs hominum capere solatium Salvian. lib. 2. de Eccles.

Que la passion du propre interest nous rend auares enuers le prochain.

Chap. III.

E confesse, apres vn sçauant homme de l'Antiquité Prophane, qu'il y a du rapport entre les auiditez du cœur humain, & celles de la matiere premiere. Car comme cette masse imparfaite, difforme & confuse, est tousiours en estat de receuoir des formes corporelles iusques à l'infini: De mesme le cœur de l'homme qui est esclaue de l'auarice, a des grandes capacitez qui ressemblent des abysmes, dont le vuide ne peut iamais estre remply. Mais aussi il y a cette grande difference, qu'vne seule forme actuelle peut satisfaire à l'extreme indigence de la matiere auec exclusion de toute autre, & contenter pleinement sa puissance passiue. Ce qu'on ne peut pas dire d'vne ame qui se passionne pour les richesses; puis qu'elle a des desirs si vastes & si estendus, que tous les Thresors de la fortune (qui sont immenses & prodigieux) ne sont pas capables de remplir leur vuide, & de les combler auec plenitude.

Author Theolog. Aegyptior

Il ne faut point dire, auec le Prince des Philosophes, que cette mal-heureuse passion ne domine seulement que dans vne humeur melancholique ; où le froid qui a cette proprieté de reduire en masse toutes les choses qui sont de differente nature, porte les auares à s'enrichir, & à renfermer aussi tost les biens propres cōme les estrangers. L'on ne doit pas aussi publier apres l'Abbé Paschasius, que l'auarice n'est attachée qu'aux seules personnes du sexe. Moins encore faut-il soustenir que les seuls vieillards sont infectez de cette aueugle affection, d'acquerir ou de conseruer des richesses, comme vn moyen pour reparer leur foiblesse, & remedier à leur impuissance. Par ce qu'il est certain que les hōmes aussi bien que les femmes, sont en tout temps & en tout âge, les esclaues des biens du monde &, s'attachent à les acquerir ou à les conseruer, s'ils se laissent emporter aux premieres inclinations de l'Amour propre. Car c'est ce Demon d'impieté, dit nostre Docteur Seraphique, qui les rend auides des thresors & des riches possessions, pour auoir auec plus d'abondance & de liberté les commoditez de la vie. C'est luy, adjouste S. Bernardin, qui leur fait aymer les richesses, d'autant qu'il les charme & les aueugle à tel point, qu'il leur persuade, qu'à proportion qu'ils deuiennent plus aisez, & plus abondans en biens de fortune, ils ont plus de

Arist. in problem. & lib. 2. Rethor.

Tract. de trib. Teruar. peccat.

Amant pecuniā quia existimant se excellétiores quò ditiotes. Serm. 21. de extr. Tom. 3.

merite, & sont plus considerables que le reste des hommes.

De là vient, que les personnes auares sont ordinairement d'vn naturel si fier, si orgueilleux, & si sauuage, qu'elles renoncent aux douceurs de l'amitié, qui est l'vn des grands charmes de la vie ciuile, pour prendre l'humeur d'vne beste de rapine, qui n'est iamais de compagnie auec les autres. En effet, elles n'entrent iamais en societé auec ceux qui les surpassent en authorité & en noblesse ; par ce qu'elles les regardent comme des feux qui menacent d'incendie, comme des torrens dont ils craignent l'inondation, ou comme des puissances superieures qui ont tousiours les yeux ouuerts pour les surprendre, & pour faire des rauages & des violentes vsurpations sur leurs richesses. C'est ainsi qu'elles se representent les Grands du siecle, selon l'idée de leur foible imagination.

Elles fuyent aussi la conuersation de ceux qui sont d'vne condition égale ; d'autant qu'elles se figurent qu'ils sont les ennemys iurez de leur bien, de leur fortune & de leur repos ; elles les regardét comme des enuieux de leur bon-heur, ou des competiteurs qui font tout pour leur auantage ; & elles passent bien si auant, qu'elles changent leur raison en vne passion aueugle & partout brutale, iusques à méconnoistre les parens, les amis, & les voysins. Les riches auares, dit S. Augustin, sont affamez & insatiables de telle sorte, qu'ils ne reconnoissent personne de leurs égaux, lors qu'il s'agit de leurs interests. Ils ne pardonnent pas à leur pere, ils n'ont point de respect pour celle qui les a enfantez, ny de deference pour leurs freres, ny de fidelité pour ceux qui leur sont amis.

Insatiabilis est s. la auaritia, diuinitus nec magtrem cognoscit, nec fratri obtemperat, nec amico fidé seruat. Serm. 169. de tempor.

Enfin, ceux qui sont tyrannisez de l'auarice, s'esloignent des autres qui leur sont inferieurs, afin de n'estre pas obligez de les connoistre, & de les gratifier de quelque bien-fait. Ils fuyent leur abord, pour ne leur donner pas l'occasion de demander quelque faueur, & toutes leurs courtoisies leur sont suspectes, à cause qu'ils se persuadent que ce sont autant de voyes pour leur adresser des requestes. Il est vray, qu'ils s'approchent quelque fois des personnes qui sont pauures, ou moins accommodées des biens de fortune. Mais c'est pour emporter le bien de la vefue, & pour cimenter leur fortune du sang de l'orphelin; C'est pour rauir le bien de leur voysin par des vsures, des concussions & des perfidies, & pour deuorer la substance du pauure homme, comme le Lyon qui sort de la cauerne pour faire sa proye de l'innocente brebis.

Quasi Leo in spelunca sua insidiatur vt rapiat pauperem. Psalm. 9.

Certes, quãd ie considere l'auarice qui se tient retranchée dans le deffaut, ie ne sçay si ie dois

DE L'AMOVR PROPRE.

l'appeller plus criminelle, que la prodigalité qui tûmbe dans l'autre extremité de l'excez. Ce n'eſt pas qu'on puiſſe approuuer ces profuſions des biens de fortune qui ſe font ſans ordre & ſans meſure; par caprice, ou par inclination naturelle; & auec la meſme facilité qu'on les à acquis, ou conſeruez, ou receus de la main des parens. He! qui pourroit eſtimer innocentes ces liberalitez exceſſiues qu'on fait auiourd'huy pour corrompre la chaſteté du ſexe, pour recompenſer vn crime, pour exercer vne cruelle vengence, pour gagner la faueur des Grands, pour acquerir le renom d'honneſte homme en faiſant vne belle deſpenſe, & pour d'autres ſemblables motifs qui couurent vn peché ſecret par vn autre public? En vn mot, qui ſçauroit loüer l'excez qu'on commet, à faire des amis de table, à repaiſtre des perſonnes qui ſont de belle humeur, à nourrir des troupes fameliques qui ſçauent flatter ſur l'heure du repas, & qui ont l'adreſſe de trafiquer en reſpects & en loüanges, pour honnorer ceux qui les engraiſſent par des continuels feſtins?

Il faut donc condamner ces mauuais diſpenſateurs qui jettent les biens-faits à pleines mains & ſans diſcretion dans le ſein d'autruy, qui les verſent comme vn torrent, au lieu de les répendre comme les gouttes de la roſée, contre le

Non ſunt profundendæ opes ſed diſpenſandæ. lib. 1. offic. c. 30.

sage conseil de S. Ambroise; & qui en gratifient des personnes qui sont indignes, quoy qu'elles leur soient agreables; pendant qu'ils laissent perir à force de pauureté & de misere, ceux qui professent la vertû. Comme s'ils ne sçauoient pas que Dieu n'a point donné des richesses pour estre employées en ces damnables superfluitez, mais plustost en faueur des necessiteux qui meurent de faim, ou pour mieux dire de Iesus-Christ qui est languissant & affammé en la personne des pauures, dit l'ancien Euesque de Marseille. Et neantmoins ils preparent des delices à ceux qui sont dans l'abondance des commoditez de cette vie.

Solus Christus est qui in omnium pauperū vniuersitate mendicat: solus Christus esurit, & tu delicias paras affluentibus? Salui-an. lib. 4. ad Eccles. Catholic.

Mais quelques raisonnemens qu'on puisse faire contre les excez de la prodigalité, il faut tousiours conclure, qu'ils sont moins dans le crime que les deffauts de l'auarice; par ce qu'il y a plus d'vtilité à donner qu'à retenir ce qu'on possede; & que celuy-là qui prodigue ses biens, fauorise du moins ceux qui reçoiuent ses largesses: ou c'est que l'autre qui en est auare les tient renfermez comme les eaux d'vn fleuue à qui l'on met vne forte digue pour empescher leur courant, ou côme ces rochers precieux de l'Inde Orientale, qui sont gardez par des Dragons d'vne enorme grandeur.

C'est bien plus, les auares ne sont pas seule-

DE L'AMOVR PROPRE.

ment inutiles, mais encore cruels à leur prochain; en ce qu'ils ne font point difficulté d'vnir les terres de leur voysin à leurs domaines, par les longues chiquanes d'vn procez intenté sous de faux contracts ; de faire pourrir dans la prison des chefs de famille, pour le payement de quelques legeres sommes, dont ils sont insoluables ; & d'emporter hardiment l'accessoire & le principal d'vne maison par des vsures multipliées. Ces inhumains sçauent bien, que ce siecle est fecond en miseres, que la pauureté est quasi vniuerselle, & que les necessitez de viure sans secours & sans appuy se multiplient tous les iours ; & neantmoins ils ne pensent qu'à s'enrichir, & accroistre leurs reuenus par des inuentions que les loix humaines detestent, & à qui la Diuine vengence prepare des supplices eternels. Ils voyent bien que les peuples gemissent il y a long-temps sous les rigueurs de la pauureté, que les Prouinces entieres sont espuisées à force d'impots & de subsides ; & toutefois ils sont si peu sensibles à tous ces maux, qu'ils font gloire d'acheuer de tout ruiner & de tout perdre, renouuellant vn commun abus que Saluian deploroit en son temps, & rendant le prochain plus miserable, afin qu'ils soient eux-mesmes plus heureux.

Tantùm abest vt aliorum commodis aliquid cum propria cōmoditate præstemus, vt omnes vel maximè nostris cōmodis cum aliorum incommodis cōsulamus. lib. 2. de prouident.

Apres tous ces excez de cruauté, ne faut il pas inferer, que ce sont les veritables marques d'vn cœur dénaturé, & defpoüillé de tout fentiment d'amour, & de charité fraternelle.

Mais pourquoy ma plume s'emporte telle, & auec tant de chaleur contre les auares du fiecle? Pourquoy veut elle combattre vn vice qui a tant de partizans & d'adorateurs? Puis-ie deftruire vn abus qui a ietté de fi profondes racines? Certes ie vous aduoüe, qu'il eft bien difficile de guerir vn mal enuieilly, de vaincre des ames obftinées, & d'obtenir la conuerfion des auares; puis qu'il eft fort mal aifé que ceux-là mefmes entrent au Royaume du Ciel, dit le S. Euangile, qui fe confient en leurs richeffes. C'eft pourquoy i'eftime qu'il m'eft également impoffible de retirer de l'eftat du peché, les ames qui font depuis long-temps efclaues de l'auarice, & celles qui ont vefcû dans les fortes & longues habitudes de l'impureté. Ce changement eft referué à la puiffance de Dieu, & neantmoins c'eft rarement qu'elle opere ce miracle, à caufe des grandes refiftances qu'elle rencontre dans la volonté de ces perfonnes criminelles. Il me fuffit feulement de propofer trois raifons à celles qui ont quelque docilité.

Quam difficile eft confideres in pecunijs introire in Regnum Dei. Marc. c. 10.

Verumtamen quod fupereft date eleemofinā. Luc. c. 11.

La premiere eft fondée fur ces adorables paroles du S. Euangile. *Donez aux pauures tout ce que vous ayez de fuperflu.* C'eft vn precepte formel, qui a efté prononcé par l'oracle infaillible de la verité,

verité, & qui vous oblige, selon l'opinion de tous les Theologiens, de soulager les pauures dans leur extreme necessité. Or pour le bien comprendre, il faut aller iusqu'à la source, & supposer d'abord, qu'il y a autant de biens au monde, qu'on y découure des creatures diuerses en ordre & en espece. Par ce que Dieu n'a rien produit qui ne soit bon & vtile; & qu'en suitte il y a de deux sortes de biens, dont l'on peut reconnoistre la condition par vne difference fort remarquable; car les premiers possedent toute leur bonté de leur propre nature; comme la grace & la vertu; & les seconds ne marquent aucun degré de bonté qui soit auantageuse & profitable, qu'à proportion qu'ils se répendent au dehors, & qu'ils se communiquent à d'autres sujets par vne effusion liberale. De là vient, que si le Ciel ne versoit pas ses influences sur les elemens, si le Soleil ne répendoit ses rayons sur la terre, & si le cœur ne communiquoit ses esprits vitaux à toutes les parties du corps, il y auroit au monde des choses inutiles, & la nature ne suiuroit pas le dessein de son Autheur; en ce qu'il n'a mis des qualitez excellentes dans vn agent Superieur, que pour estre dispesées aux corps qui sont inferieurs & de moindre condition, que pour continuer l'ordre de la liaison; entre les parties qui composent ce

D. Thom.
2.2. quæst.
32. art. 5.

Vnaquæres cogitur dare seipsā, adeò exclusit Deus auaritiam à rebus humanis. Guilhelm. Paris. de vniuerso,

grand Vniuers.

Or dans ce rang nous pouuons mettre tout ce que nous deuons donner au prochain, selon les ordres de cette incomparable charité, qui nous oblige de l'assister en ses disgraces. De sorte que sans cette libre & genereuse communication, ce que nous auons dispensé aux autres n'a plus aucune image ou espece de bonté. Que si on l'appelle vn bien, il est alors estimé inutile, & passe pour superflû, perdant son prix & son merite, pour estre mis au nõbre des estres sterilles, ou ruinez, ou aneantis. Or il est ainsi, que lors que vous renfermez les richesses dans vos coffres, sans en faire part à vostre frere Chrestien qui languit dans l'excessiue pauureté : vous ostez à ces thresors de fortune la condition & la nature des biens legitimes & veritables ; par ce qu'ils sont comme enseuelis entre vos mains tenaces & trop fermées, pour parler apres vn ancien Pere : ils sont donc superflus à vous-mesmes ; puis qu'ils ne vous apportent aucun profit, & que vous les laissez perdre ou vieillir sous la clef, sans les distribuer aux pauures. Cela supposé, ne transgressez vous point le commandement du Fils de Dieu, qui vous oblige, comme nous auons dit, de faire l'aumosne de ce qui vous est inutile & superflû, & qui neantmoins est si necessaire aux pauures ? Ne chôquez vous pas

Apud viuos sepulta sũt quę tenacibus manibus includuntur Cassiodor. lib. 5. variar. epist.

DE L'AMOVR PROPRE. 395

les desseins adorables de sa produidence, qui veut que toutes les richesses que vous possedez soient des biens naturels ; & cependant elles n'ont aucun degré de bonté, à cause qu'elles ne sont pas employées ny à vostre vsage, ny à la necessité du prochain ? Et ne vous mocquez vous point des paroles du S. Euangile par vos esgargnes-tacquines, par vos mesquines reseruës ?

Ie sçay bien que vous ne manquez d'alleguer pour excuse, *que vous n'auez rien de superflu.* Mais aussi vous deuez croire que ie ne flatte pas c'est Amour dereglé de vous-mesme, qui vous rend impitoyable enuers les pauures, aussi-bien que ce mauuais riche, dont parle le S. Euangile, qui se rendit cruel enuers le pauure Lazare, & le laissa perir de faim; par ce qu'il s'aymoit par excez, dit le Docteur Seraphique, dans l'employ de ses propres richesses. Ie m'adresse a vostre seule conscience, de qui vous ne pouuez contre-dire la verité, ny deguiser la fidelité de sa deposition. N'est-il pas vray, que vous auez des meubles, des habits, des tapisseries, des thresors, des pierres pretieuses, des reuenus, des prouisions pour viure, & mille autres choses semblables qui sont des mal heureuses superfluitez, par ce qu'elles ne vous sôt pas necessaires. Vous sçauez bien, qu'il ne faut pas employer beau-

Immisericordiæ causa in diuiti epulone fuit amor diuitiarum respectu sui ipsius. D. Bonauent. Comment. in cap. 16. Luc.

D dd 2

coup de biens pour l'entretien du corps, & que peu de chose suffit pour vostre vie ; He ! pourquoy aymez-vous donc auec tant de passion l'abondance par vn vsage immoderé des richesses ? Si la suffisance à droit de contenter vos desirs, d'où vient que vous n'enfermez pas leur estenduë dans les termes de la simple necessité ? Qu'elle honte de voir aujourd'huy quantité de fidelles qui sont de mediocre ou de basse condition, auoir tousiours beaucoup pour soulager les pauures par vne sage œconomie, ou par quelque retranchement discret & raisonnable de leurs petites commoditez : pendant que les plus grands du Christianisme, & que les plus riches soit de l'Estat, soit de l'Eglise, n'ont rien à donner aux personnes mendiantes, parce que le luxe, l'intemperance & la vanité, leur font passer pour necessaires les choses qui ne leur deuroient estre que superfluës. Il est vray qu'ils trouuent des excuses apparentes, mais ie ne sçay si leurs raisons humaines seront vn iour receuës deuant le Tribunal du souuerain Iuge des mortels, ou les pauures mesmes seront inexcusables, selon la pensée de S. Augustin, s'ils ne font pas l'aumosne en cette vie.

La seconde raison que i'allegue pour combattre la dureté de vostre cœur, est prise du diuin precepte qui vous oblige d'aymer le pro-

Vt nullus se pauper excusare posset, Dominus & Saluator pro calice aquæ frigidæ mercedem se redditurum esse promisit. Serm. 27. de Temp.

chain. *Nous auons receu de Dieu*, dit le Bien-heureux S. Iean l'Euangeliste, *vn commandement exprez de l'aymer par dessus toutes choses, & nos freres pour l'amour de luy.* Que s'il est ainsi, dit le Commentaire de S. Augustin, de quel front pouuez-vous soustenir, que vous soyez fidelle obseruateur de cette loy, & que vostre ame soit touchée d'vn amour pur & veritable enuers Dieu? puis qu'il est asseuré que vos oreilles sont tousiours fermées à la voix du pauure; sans considerer cependant que c'est la volonté de Dieu, que vous ayez du soin à l'assister de vos moyens, iusques à luy procurer tout le bien possible, & à esloigner de sa personne tout le mal qui peut accabler son corps, ou affliger son esprit. Pesez la force de cette verité, & auoüez qu'elle vous confond & vous laisse sans replique.

Ie sçay bien que l'vne des principales maximes de nostre siecle, qui altere & qui corrompt chaque iour les loix de la morale, pretend de biaiser à la loy de Dieu, faisant profession d'offrir de riches presens aux amis, aux parens, & à ceux-là qui ont quelque part au gouuernement de l'Estat; de faire mille complimens & ciuilitez aux pauures volontaires, qui professent la mendicité Religieuse & Euangelique, & de renuoyer auec mille desirs, vœux & riches souhaits, ceux que la naissance a reduit à la ne-

Hoc mandatum habemus à Deo, vt qui diligit Deū diligat & fratrem suum. 1. *Canonic. Ioā. c. 4.*

Si fratrem non diligis quomodo eum diligis cuius mandata contemnis. Tract. 9. in 1. epist. Ioānn.

cessité de viure d'aumofnes & des bien-faits d'autruy. Mais auſſi quel effort & quel profit ſçauroit on recueillir de ces agreables renuoys, de
ces honneſtes refus, de ces excuſes molles & eſtu-
diées. Quand vn frere, dit l'Apoſtre S. Iacques,
ou vne ſœur Chreſtienne ſe preſente à vous, n'a-
yan pas dequoy ſe couurir ny dequoy manger,
ſi vous leur dites, *allez en paix, Dieu vous aſſiſte et
vous pouruoye.* Si vous les voyez deſtituez de
veſtement & de nourriture ſans leur rien offrir de
voſtre part, & ſans vous mettre en peyne de leur
octroyer ce qui leur eſt neceſſaire pour l'entretien de la vie: qu'elle vtilité rapportent ils d'entendre tant de beaux ſouhaits? Certes s'il faut
iuger de ce procedé, ſans artifice & ſans degui-
ſement, ce n'eſt qu'vn vray langage de compliment; ce ſont des paroles que le vent emporte;
ou tout au plus, ce ſont des volontez ſteriles
qui n'enfantent iamais des œuures de charité.
Et neantmoins c'eſt aujourd'huy le cōmun procedé de ceux qui ont plus de part aux biens
du monde.

C'eſt donc à vous de prendre reſolution d'aſſiſter les paurres auſſi bien en effect que d'affection: c'eſt à vous de les aymer, pluſtoſt par
ſincerité & verité d'action, comme dit S. Iean
l'Euangeliſte, que par facilité de promeſſe & de
belles paroles ; c'eſt à vous encore vn coup, de

Iacob. c. 2.

*Beneficium
dici non
poteſt quod
nulla vtili-
tate ſenti-
tur. Caſſi-
od. lib. var.
epiſt. 28.*

vous incommoder vn peu pour les foulager en leur mifere. Et ne me dites point, qu'il vous fuffit d'aymer Dieu de la forte en la perfonne du prochain, & que c'eft affez luy tefmoigner vos affections par des difcours qui vous font paroiftre courtois & affable ; Car vous ne pouuez pas ignorer, ô brutal, ô impie, vne verité que le mefme Difciple bien-aymé de Iefus a couchée en ces termes. *Si quelqu'vn a des commoditez temporelles, & void d'ailleurs fon frere accablé de miferes & de neceffitez, fans vouloir neantmoins le fecourir par des biens-faits, & fans luy ouurir les entrailles de la mifericorde dans le befoin. N'eft il pas vifible qu'il n'a point d'amour de Dieu ?* Apres cela que pouuez vous refpondre ?

Certes vous n'auez pas affez de ftupidité, pour ignorer que ces diuines paroles s'adreffent à vous, & qu'elles vous accufent de cruauté & de tyrannie : en ce que, vous pouuez fecourir ce pauure malade qui languit dans vn lit fans pouuoir viure ny mourir : vous pouuez retirer de la captiuité c'eft hôme infortuné qui vieillit dans la prifon fans remede & fans fecours, & qui pourrit dans vn profond cachot, par l'oppreffion tyrannique d'vn cruel & exacte creancier : vous pouuez fauuer comme vn autre S. Nicolas la chafteté de cette ieufne fille que la pauureté follicite chaque iour à vne honteufe & infame

Chariffimi non diligamus verbo neque lingua fed opere & veritate. 1 Io. ann. c. 3.

idem. ibid.

proſtitution ; vous pouuez remedier à ce mauuais affaire, qui ruine, qui perd, qui reduit aux aumoſnes cette honnorable famille : En vn mot, il y a tant d'occaſions fauorables pour rendre à voſtre prochain mille bons offices, & pour le releuer à tout moment de la honte & de l'indigence par des petites liberalitez. Et cependãt vous auez bien l'aſſeurance, & la dureté au front aſſez forte pour fermer les yeux à tous ces deuoirs de la iuſtice Chreſtienne ? Vous n'auez point d'oreilles pour écouter les demandes & les plaintes des pauures. Vous fuyez leur abord comme s'ils eſtoient criminels depuis le temps qu'ils ſont miſerables, & voſtre cœur eſt plus inſenſible que celuy d'vn Turc & d'vn Tatare: puis qu'il ne defere rien aux larmes, & aux cris pitoyables d'vne infinité de neceſſiteux qui ſe preſentent en foule deuant voſtre porte, & qui vont fondre châque iour à vos pieds, pour y rencontrer vn azile de miſericorde. He! comment obſeruez-vous le conſeil du Sage ?

Rogationẽ contribulati ne abijcias, & ne auertas faciem tuam ab egeno. Eccleſiaſtic. 9, 4.

Mais pour paſſer à la troiſieſme raiſon, ie ſuppoſe, que tout ce que i'ay auancé iuſques icy ne ſoit pas aſſez puiſſant pour triompher de voſtre obſtination, & pour rendre liberalle voſtre humeur auare & trop meſquine: que reſpondrez vous, ſi ie vous demande comment vous obſer-

nez

DE L'AMOVR PROPRE. 401

uez la loy de dilectiõ enuers le prochain: par ce que, si vous auez dans le cœur autant d'amour pour luy que pour vous mesme, il est certain que vous considerez les interests de sa personne, auec les mesmes soins & attentions que vous recherchez vos auantages. Cette grande egalité suppose tousiours en vous vne égale affection fondée sur les deuoirs inuiolables de l'equité, comme parle S. Hierosme, qui vous rend tel enuers les autres que vous pretendez qu'ils soiét enuers vous: mais il est ainsi, que si Dieu vous reduisoit à l'extreme pauureté (ce qu'il peut faire en vn moment) vous ne voudriez pas estre delaissé des hommes, ny mourir sans aucun secours. Au contraire, c'est alors que le desir d'estre assisté ne vous manqueroit pas, si vous ne manquiez de sens commun, & si vos sentimens ne s'opposoient pas à la loy naturelle.

Quoties talem in alterum habueris animum quale in te ab altero seruari cupis: æquitatis viam tenes. epist. 14.

Pourquoy n'auez vous point les mesmes affections pour ceux qui souffrent les cruelles rigeurs de la vie necessiteuse? Pourquoy refusez vous du pain aux affamez, de la nourriture & des remedes aux malades qui reclament vostre faueur, de l'argent pour rendre la liberté à vn frere Chrestien qui est esclaue en la ville d'Alger, des habits pour couurir la nudité de ce mediant qui tremble de froid; En vn mot, il y a tant d'autres sujets d'affliction & de misere qui

3 Part.   E ee

desolent la face de vostre ville, & qui la font nommer le grand Hospital de la pauureté, pendant que vous ne pouuez souffrir qu'on vous parle de retrancher quelque chose de vos despenses excessiues, pour vous rendre capable de faire l'aumosne, & que vous imitez ces Grands de la Iudée qui viuoient dans les delices, comme parle le Prophete, & qui n'auoient point de tendresse ny de compassion des necessitez, & des souffrances du pauure peuple d'Israël.

Amos, c. 6.

Cependant, voudriez-vous receuoir vn pareil traittement, si Dieu vous auoit despoüillé de tous les biens de fortune? Seriez vous content d'estre renuoyé de la sorte sans aucun soulagement? Certes i'ayme mieux me persuader le contraire, & conclure auec S. Hierosme, que vous auez desia abandonné le vray sentier de la justice; puis que vostre auarice furieuse, ou vostre pointilleuse economie souspire apres des bien-faits, & ne peut souffrir le moindre refus de tout ce qui l'acommode.

Quoties erga alterū fueris qualem in te vis neminē i et iustitiæ dereliquisti, ibid.

Mais ie veux que les effets de la grace fassent quelque impression sur vostre cœur, & qu'ils changent sa dureté en amour & en tendresse: neantmoins ie ne croiray iamais, que vostre interieur soit conduit & animé par les sacrez mouuemens de la charité agissante en faueur du prochain, si vous n'exercez en tout temps & en tous lieux, les œuures de misericorde qu'on appelle corporelles, & si en donnant l'aumosne aux plus delaissez, vous ne les considerez pas comme des copies viuantes de Iesus-Christ, comme des enfans d'vne mesme mere la Saincte Eglise, comme des membres d'vn mesme chef mystique, comme des freres nourris à la mesme Table Eucharistique ; fauorisez de mesmes graces, & appellez à vne mesme succession de gloire. Ie reuoqueray tousiours en doute si vostre liberalité est pieuse, quoy qu'elle me paroisse obligeante, lors que ie verray ; que vous ne suiurez pas l'exemple de ce grand Patriarche Abraham qui preuenoit le desir des pauures Pelerins, & qui alloit au deuant pour les solliciter d'entrer en sa maison, & d'y prendre le repas : ou que vous n'imiterez pas l'exemple du Roy Iob, lequel estoit si diligent à faire des œuures de charité, qu'il donnoit aux mendians tout ce qu'ils desiroient de luy, sans les faire attendre par des delays importuns : ne souffrant pas mesme que les yeux d'vne vefue affligée feussent long-temps arrestez sur la porte de son Palais Royal par des regards languissans. C'est bien plus, ce mesme Prince prenoit tant de soin des miserables, qu'il msloit ses larmes auec leurs douleurs, & ne pouuant les guerir de leurs maux, il leur tesmoignoit du moins les effets d'vne ge-

Genef. c. 18.

Si negaui pauperibus quod volebant & oculos viduæ expectare feci. Iob. c. 31. Flebam quondam super eo qui afflictus erat, &c. c. 30

nereuſe compaſſion.

Pour acheuer ce diſcours, ie vous declare encore vn coup, que vous ne me perſuaderez pas que vous aymiez Chreſtiennement les pauures, ſi vous ne leur diſpenſez de vos biens par le ſeul motif de plaire à Dieu, ſans attendre d'autre recompenſe : ſi vous ne ſçauez oublier, ou taire le nombre de vos aumoſnes : ſi vous ne preferez les Temples, ou pour mieux dire les Autels viuans aux inſenſibles, qui ſont les mendians, afin de ne point tûmber dans vn abus que S. Pierre Chriſologue deploroit dans ſon ſiecle ; à cauſe qu'on aymoit mieux embellir de riches maſſes de bois & de pierre, pour y faire éclater les marques d'vne magnificence publique par des ſuperbes inſcriptions, que de nourrir des pauures honteux, par des preſens ou des aumoſnes ſecretes. Enfin, ſi vous meſpriſez le conſeil de S. Auguſtin, & ſi pouuant faire du bien à tous les neceſſiteux qui ſe preſentent, vous n'aſſiſtez qu'vn certain nombre, ſans craindre le danger d'exclure la ſacrée perſonne de Ieſus-Chriſt, qui a parû mille fois mendiant, & qui peut-eſtre, ſe produit encore tous les iours, quoy qu'on ne le ſçache pas, ſous l'habit & la perſonne d'vn pauure, j'auray ſujet de croire que voſtre charité eſt imparfaite.

Serm. 103.

Date omnibus ne cui non dederitis ipſe ſit Chriſtus. Homil. 39. in lib. homil. 50.

L'Amour paſſionné de nous-meſmes, nous fait faillir en l'Amour du prochain, par des excez de douceur & de complaiſance.

CHAP. IIII.

LA Nature n'a point de compoſez viuans ou ſans ame, de qui les puiſſances ſoient moins d'accord, & les inclinations ſi contraires que dans l'homme. Car eſtant animé de c'eſt Amour Tyrannique, qui luy eſt ſi propre & ſi naturel, qu'il change touſiours, comme dit vn grand Oracle du dernier ſiecle, les lumieres de ſa raiſon en des ſaillies de caprice: il cherche la verité, & ſe plaiſt en meſme temps aux tenebres qui la couurent: il aſpire au Ciel, & s'attache d'vn meſme cœur à la terre. Il donne d'vne main, & vſurpe de l'autre; il a des affections pour la vertu, & ſuit neantmoins toutes les paſſions qui la combattent; il ayme la liberté, & cependant il ne ſçayt iamais viure ſans ſeruitude, & ſans quelque dependance criminelle; il veut enfin la paix auec ſon prochain, & ne peut viure auec luy ſans querelle.

S'il ceſſe de l'aymer, il deuient cruel & brutal enuers luy; s'il le cherit, il le flatte lâchemẽt;

Sẽper nos inſatuat nimius amor noſtri. Ioann Pric. mirand. lib. 1. contr. Aſtrolog.

& s'il n'eſt pas vn Lyon pour le deſtruire, il ſe rend vn Singe pour luy plaire ; s'il ne l'accable de ciuilitez ; s'il ne le careſſe par des complimens ou des loüanges, il le noircit par la calomnie & par la detraction ; & s'il n'eſt point d'humeur à luy teſmoigner de l'aigreur & de la ſeuerité, il n'a pour luy que des complaiſances exceſſiues. Arreſtons nous à ce dernier point, & voyons combien l'Amour intereſſé nous rend trop complaiſans enuers le prochain, & puis dans le Chapitre ſuiuant nous traitterons de la ſeuerité.

Pour commencer, il eſt certain que c'eſt le vice ordinaire des Grands de s'eſtimer beaucoup, & de ſe perſuader facilement qu'on reuere leur perſonne, quand on teſmoigne du reſpect à l'eminence de leur condition, & qu'on defere à leurs propres merites, lors qu'on rend ſeulement de l'honneur à l'eſclat de leurs dignitez. De là vient, qu'ils ſont touſiours bien ſatisfaits s'ils treuuent des flateurs mercenaires qui s'accordent auec leurs ſentimens, qui ſachent dreſſer des Apologies pour iuſtifier leurs paſſions, & qui leur faſſent entendre, que les yeux de tout le monde ſont arreſtez ſur les miracles de leur vie ; que leurs belles actions n'ont point d'exemple dans tous les ſiecles paſſez, & que dans les ſuiuans leurs vertus ſeront ſans imitation ; ou du

DE L'AMOVR PROPRE. 407

moins, que leurs qualitez incomparables sont vn continuel objet d'admiration, & que toutes les bouches de la renommée sont ouuertes pour publier leur excellence.

Or comme ce siecle est aussi corrompû que celuy de S. Hierosme, auquel la flatterie passoit pour vne vertû : il ne faut pas s'estonner si nous voyons parmy les grands du Royaume, tant de flatteurs qui sçauent trahir auec adresse le party de la verité, & qui se declarent par tout auec effronterie les celebres partizans du mensonge. Certes il n'est rien aujourd'huy de si commun que cette foule de lâches complaisances, qui affligent les plus illustres maisons du Royaume, & qui font gloire de sçauoir l'art de plaire à la Cour, & de prononcer de bonne grace des flateries, qui passent iusques au dernier excez de la seruitude mercenaire. Car c'est l'amour du propre interest qui fait croire à ces esclaues, que c'est par là qu'ils doiuent establir leur bon-heur, & procurer l'auancement de leur fortune. C'est pourquoy vous les voyez si souuent entrer & se produire par tout, pour y trauailler auec artifice, & pour y faire prendre les tenebres pour la lumiere, & les vices pour les vertus.

Qu'a isto tempore maxime regnat adulationis vitium, eò fit vt qui adulari nescit, aut inuidus aut superbus putetur. Ad cœlent. epist. 26.

Ce n'est pas assez à leur lâcheté d'agir sur l'esprit des Princes & des grands Seigneurs, par l'éclat de quelques Panegyriques ; ce n'est pas assez à leurs basses inuentions de les loüer de zele dans la cholere, & de iustice dans la vengence: ils veulent encore les flatter de magnificence dans les prodigalitez, ou de frugalité dans les espargnes mesquines de l'auarice: & il n'est pas iusques aux moindres, mais toutefois iniustes desirs de leur ame, à qui ils ne donnent de l'approbation, pour renouueller le mesme abus que le Royal Prophete deploroit en son temps, comme vn effet de la nature corrompuë & déreglée par le peché,

Laudatur ? peccator in desiderijs animæ suæ, & iniquus benedicitur. Psalm. 9.

Mais ce n'est pas seulement aux personnes qui sont d'vne illustre condition, ou d'vne haute naissance, à qui les complaisances tâchent d'agreér, & de plaire par des hyperboles affectées: ils s'aiustent encore à toutes les inclinations de leurs semblables. Ils rient auec les contens, ils pleurent auec ceux qui feignent d'estre mal-heureux ; ils réuent auec les melancholiques, & s'animent à la detraction auec les medisans. De sorte, qu'il ny a point de visage qu'ils ne produisent pour s'accommoder au temps, ny de personnage qu'ils ne representent pour gagner l'affection de leurs égaux, ou pour se conseruer dans leur amitié par des ruses premeditées.

Homil. in Psalm. 16.

C'est merueille, dit S. Basile, de voir qu'ils donnent de l'excez aux moindres vertus, & l'ostent aux plus grands crimes, & qu'ils font prendre aux

DE L'AMOVR PROPRE. 409

aux mesmes actions toutes sortes de faces & de couleurs. Car comme ils ont de l'onguent pour toutes les playes, & du fard pour tous les visages : d'vn costé ils ont des adresses ineuitables pour surprendre les esprits foibles, en les aueuglant de propre estime, & de l'autre de l'industrie pour se rendre fauorables ceux qui se picquent de bel esprit, & qui se croyent assez habilles pour se deffendre des charmes de la flatterie.

Enfin, pour terminer cette deduction par son dernier degré, qui pourroit nombrer les excez de complaisance, que mille autres flatteurs tesmoignent chaque iour, en faueur de ceux qui leur sont inferieurs en ordre, ou en merite? Et qui sçauroit exprimer combien souuent leur bouche souffle d'vne mesme haleine le froid & le chaud? ou de quel accent elle prononce sur vn mesme sujet le blasme & la loüange? Là elle condamne d'auarice l'œconomie. Icy elle l'appelle vne modeste & honeste despense. Dans cet entretien, elle nomme la discretion vne extreme contrainte, & ailleurs l'insolence passe pour vne genereuse liberté. En vn mot, elle deguise le mensonge auec tant de ruse, & de fard, & cache la verité auec tant d'imposture, qu'elle imprime dãs l'esprit des peuples tout ce qu'elle leur veut persuader : se iouant à discre-

3 Part.   F ff

Væ qui dicitis bonū malum, & malum bonum, ponentes amarum in dulce, & dulce in amarum. Isaiæ c. 5.
Populeme' qui te beatum dicunt, ipsi te decipiunt. idem c. 3.

tion de leur simplicité ou de leur ignorance, sans craindre neātmoins les menaces du S. Prophete, qui dit, *Mal-heur à vous qui appellez douces les choses qui sont ameres, & ameres au contraire celles qui sont douces. Mon peuple ces bouches qui vous disent bien-heureux vous trompent, & ces fausses persuasions sont les premieres causes de vostre infortune.*

Quel moyen cependant d'empecher ce dereglement que i'estime plus dangereux que le faux calme de la mer qui menace de la tempeste? Comment pouuons nous destruire cette infame lâcheté, puis qu'elle s'est aujourd'huy renduë si commune & si familiere, qu'il n'est pas mesmes iusques aux personnes Ecclesiastiques & Religieuses qui n'en soient prophanement esclaues, & qui ne fassent bien souuēt vn mal-heureux trafic, pour des accōmodemens de fortune? Ce qui m'oblige de conclure, qu'il est bien difficile de repousser ces Demons du midy, qui font prendre des chemins pour des precipices, d'exterminer ces pestes du genre humain qui enchantent le monde comme des nouuelles Sirennes, & de faire cesser ces fourbes à double cœur, qui offrent de l'encens aux puissantes Idoles du siecle, qui trompent leurs egaux, & qui charment le vulgaire ignorant. Enfin, il n'est pas aisé de remettre dans le sentier de la vertu ce Directeurs mols & delicats qui flattent les Da mes dans leur humeur, & qui sçauent accorder ensemble les communions frequentes auec toutes sortes de pechez veniels, & d'imperfectiós volontaires.

Il est vray, qu'il y a dans ce siecle du zele & de la pieté, capables de seruir d'exemple & de modelle de vertû, pour porter quelques ames dociles à la haine de ce vice, pour leur faire detester ce que les plus sages Payens de la Grece ne pouuoient souffrir en la personne de Libanius, dont le naturel soupple & pliable à toutes sortes d'humeurs ne produisoit que des excez de complaisance; & pour les obliger à imiter les plus saincts Prelats de l'ancien Christianisme, qui auoient en horreur les flatteries de Tatian l'Orateur, sur-nommé le Singe de son siecle, & qui ne pouuoient approuuer les souplesses de Peregrinus qui s'acommodoit à ses interests comme vn rouseau à tous les vents, ny les perfidies du Charlatan Ecebole, lequel n'auoit point d'autre Religion que l'affection pretenduë de diuers Empereurs qui gouuernoient l'Orient.

Mais il est necessaire d'obseruer vn autre procedé, & d'establir pour vn premier moyen, que vous deuez vous deffendre vous-mesme des côplaisances seruiles & mercenaires, que les flatteurs prodiguent tous les iours pour contenter

F ff

vos inclinations, si vous voulez vous dégager de ce mal-heureux vice. Et c'est à vous de considerer que quand on vous loüe, & qu'on vous prefere aux autres, l'on commet des excez dans l'approbation qu'on vous donne; Car comme l'amour & la haine sont les deux principales passions qui troublent la raison de l'homme, & qui l'empechent de bien iuger de la verité: vous deuez croire, que ceux-là connoissent vos biens en apparence, & ignorent vos maux en effet, qui forment vn iugement fauorable de vos merites. Ce n'est pas que ie vous conseille apres cette premiere moderation, d'exposer les flatteurs aux risées publiques, comme l'Histoire le rapporte de l'Exempeur Alexandre Seuere, ny de suiure l'exemple de Ladislaüs Roy de Pologne, qui commandoit qu'on leur souffletat la joüe en presence de toute sa Cour: Mais il suffit de resister aux charmes de la flatterie, en les dedaignant & leur opposant la verité, qui est toute pure dans le fonds de vostre propre conscience, & qui dement au dedans tout ce qu'on publie au dehors. Que si vous n'auez pas assez de cœur, ny de force pour resister aux appas des louanges humaines, souuenez-vous encore que la mesure de toute vostre grandeur & perfection, dépend de la seule estime & approbation de Dieu; parce qu'il ny a point d'autre prix, ny valeur

Amor siu-ti nec odiū veritatis iudicium nescit. D. Bernard. de gradib. humilitat.

DE L'AMOVR PROPRE.

dans nos actions, que celle qui est fondée sur l'equité infaillible des jugemens Diuins, comme dit sainctement nostre Seraphique Pére S. François.

Cependant si vous auez du zele pour obseruer ce salutaire reglement, i'estime que vous ne serez plus flatteur ny complaisant aux autres d'autant que vous aurez de la peyne à feindre la verité, & à deferer au prochain, ce que vous mesme ne pretendez pas receuoir de luy par vn retour reciproque. Mais bien plustost vous trouuerez tousiours vne extreme facilité à imiter le Bien-heureux Cardinal Pierre Damien, qui ne laissa iamais ramollir la generosité de son cœur, par les attraits de la louange, ou par des vains complimens d'honneur; & qui ne se rendit esclaue des faueurs des Grands par des complaisances estudiées. Ce qu'il fit assez paroistre dans cette ferme & constante resolution, qui luy fit abandonner le sejour de la Cour Romaine, afin de n'estre pas obligé de receuoir les applaudissemens des hommes, ny de les payer en suitte par vne égale reconnoissance. De mesme si vous n'aymez pas à estre loué & flatté par des amys de table, ou par des adorateurs de vostre fortune, vous aurez de la difficulté à faire l'office de complaisant enuers ceux qui auront affecté de vous agreér par des caresses anticipées, & de la satis-

Quantus est homo coram Deo tantus est, & non amplius Opuscul. de admonit. c. 19. Tom. 3.

Opuscul. 20.

Altus gradus veritatis est libere, & absque adulatione pronūciare virtutem quando oporter. D. Bonauent. Tract. de grad. virt. c. 7.

Fff 3

faction à suiure le conseil du Docteur Seraphique.

C'est aussi vn autre puissant remede pour destruire l'infame commerce de la flatterie en vostre propre personne, d'aymer le prochain d'vn amour solide & sincere. Car il ny a point de langage courtisan, ny de fourberie la où regne la pure amitié; & il n'appartient, dit le Sage, qu'à celuy qui fait profession d'vne affection feinte & dissimulée, de faire le complaisant & le cajolleur pour tromper son amy, afin de rencontrer ses auantages. C'est pourquoy vous deuez croire, apres vn ancien Pere de l'Eglise, que celuy-la qui traffique en soupplesses & en flatteries, s'esloigne à proportion de la candeur & de l'integrité de la saincte Dilection, qu'il se rend sçauant en l'art de feindre pour se rendre plus agreable. En effect, de tant de personnes qui viuent dans le grand monde, & qui se sacrifient aux humeurs & aux volontez des autres par des grandes complaisances, il ny en a pas vne seule qui ne pretende au profit, & qui ne recherche le bien honneste, ou l'agreable, si desia l'vtile n'est pas le plus puissant dans son dessein. De là vient que le Docteur Seraphique auoit raison de dire sur ce propos. *Que la où il y a vne souueraine complaisance, là precede aussi vn souuerain amour de conuoitise ou de propre interest,* comme la cause de-

Simulator, ore decipit amicum suum. Proverb. c. 11. Ab integritate dilectionis degenerat quem claudicare cogit adulatio. Petr. Blesens. epist. 161.

Serm. 2. Hexam.

uance son effet par vn ordre necessaire.

Dégagez donc voſtre cœur de cét amour imparfait qui tient de l'eſclaue & du mercenaire: n'agiſſez plus par des retours vers vos accommodemens & auantages, dans la dilection que vous teſmoignerez à voſtre prochain, & purifiez tous les mouuemens de la charité que la loy Diuine vous oblige d'auoir pour luy. Par ce que, s'il eſt ainſi, comme dit vn ſçauent Cardinal, & comme la ſacrée Theologie nous l'apprend, que celuy-la ne ſatisfait point au precepte de la dilection fraternelle, qui n'ayme ſon prochain que pour en recueillir quelque profit ou auantage: vous ne pouuez eſtre qu'vn malheureux tranſgreſſeur de ce commandement, ſi vous perſeuerez à prendre toutes les poſtures d'vn flatteur, pour obtenir des employs d'honneur dans la cour des Grands, ou des richeſſes parmy vos égaux, ou des ſeruices volontaires dans la lie du peuple. Peſez la force de cette verité.

Qui diligit proximum propter vtile, aut commodum quod cũq; non adimplet mandatum. Nicol. de Cuſ. lib. 7, xcit.

Mais quelques puiſſantes raiſons que ie puiſſe employer pour combattre vos ſentimens, & pour ſapper la racine de vos profondes habitudes: il me ſemble que la meilleure & la plus conſiderable, c'eſt de vous propoſer l'obligation que vous auez à preferer touſiours en faueur de voſtre prochain vn auertiſſement neceſſaire à vne complaifance pernicieufe. Pour éclaircir le fens de cette propofition, vous fçauez bien que c'eſt vn precepte & non pas vn fimple conſeil, lors que le Fils de Dieu vous enjoint par des termes qui ſont exprez dans ſon Euangile de corriger le prochain, afin d'arreſter le cours du mal qu'il veut commettre, ſi d'ailleurs vous pouuez obſeruer diſcretement toutes les conditions qui rendent la correction autant vtile qu'elle eſt neceſſaire.

D. Aug. ferm. 16. de verb. dom. D. Thom. 2. 2. q. 33. art. 1.

Ce fondement poſé, comment pouuez-vous ſatisfaire à ce deuoir, ſi vous pratiquez touſiours l'office de complaiſant enuers les autres, lors que la charité Chreſtienne vous oblige de les corriger de leurs deffauts, & de leur procurer le ſalut de l'ame par des aduis & des adreſſes qui les remettent dans le chemin de la vertu? Vous pouuez arreſter le progrez du peché en leur perſonne, & cependant vous les pouſſez dans le precipice? Il vous eſt aiſé de guerir des malades, & vous leur donnez du poiſon? Vous auez le moyen de rendre la liberté a des eſclaues, & vous redoublez les chaiſnes qui les captiuent, & les enfoncez plus auant dans la priſon? Voſtre langue en vn mot, s'emporte par excez en des loüanges flatteuſes, en des extremes applaudiſſemens, qui ne deuroient eſtre employez que pour honorer les merites d'vne rare ſain-

&teté,

DE L'AMOVR PROPRE. 417

cteté, pendant que voſtre conſcience vous oblige de ne parler que pour condamner des crimes. N'eſt ce pas accomplir ce qu'a dit S. Auguſtin, lors qu'il a publié, *que les langues des flatteurs engagent les ames dans les amorces du pechè*. Adulatium linguæ alligant animas in peccatis In pſalm. 9.

Mais il vous eſt impoſſible, dites-vous, de prattiquer la correction fraternelle, dans l'entretien que vous auez ſouuent auec les Grands du Royaume? à cauſe qu'ils ne ſçauent ſouffrir que ceux qui flattent leur humeur, & qui leur deguiſent la verité; qui ſont de leur aduis, & qui adorent toutes leurs actions. D'autant qu'ils ſont de l'ordre de ceux dont parle Iſaye, qui diſoient aux Prophetes, *N'ayez pas les yeux ouuerts pour remarquer ce qui eſt equitable à noſtre condition, & empechez vous de dire aucune choſe qui nous deplaiſe*. Nolite aſpicere nobis ea quæ recta ſunt. Loquimini nobis placentia. Iſaiæ. c. 30.

Pour reſpondre à cela, ie vous conſeille, que s'il eſt ainſi, comme vous l'aſſeurez, que la verité eſt touſiours mal-traittée dans la Cour des Roys, de ne iamais rechercher l'amitié des grands Seigneurs, ny des Princes ſouuerains, afin de n'eſtre pas eſclaue de leurs paſſions, ou les ſuiuans de leur haute fortune, ou les partizans de leurs crimes. Soyez content de viure dans la douceur d'vne ſaincte retraitte qui vous rendra heureuſement inconnû, & qui vous diſpenſera également de l'occaſion de gaigner leur faueur, & du danger d'encourir leur diſgrace. Que s'ils pretendent vous attacher à leur seruice par des amorces, vous refuserez leurs bien-faits auec la mesme constance que deux illustres Payens, Iule Grecin, & Demetrius le Stoicien, dedaignerent de receuoir de Cesar le Dictateur des grosses sommes d'argent: ne voulant point, dit Seneque, luy estre redeuables par cette sorte d'obligation. Ou bien encore vous direz vos sentimens en leur presence auec franchise & liberté, pour ne participer à leurs pechez, & vous deliurer de leurs faueurs importunes. Ainsi que nous en voyons l'exemple en la personne de tant de SS. Prelats & de sages Religieux, qui ont abandonné les habitudes du grand monde, afin d'euiter la conduite des affaires de l'estat, & de conseruer leur innocence dans la solitude.

Lib. 2. de Benef. c. 21. & lib. 7. c. 11.

Cette absence affectée faira voir que vostre genereuse resolution ne cede pas en fermeté & grandeur de courage, à celle que le B. Cardinal Pierre Damien tesmoigna au souuerain Pontife, lors qu'il se retira de sa Cour pour viure & mourir dans le Cloistre, malgré les resistences qui trauerserent son dessein. Et cette mesme retraite seruira d'vn continuel reproche à ces Puissans du siecle, d'vn censeur muet à leur conscience, & d'vne tacite correction à leurs vices? Comme il arriue; au contraire que la presse & l'ardente

Nullius hominis moralis gratiã quæro nisi amore Christi. lib. 1. epist. 4. ad Leon 9. Papam.

DE L'AMOVR PROPRE. 419

poursuite qu'on fait aujourd'huy pour s'approcher de leurs personnes à dessein de gaigner leur amitié, les flatte en leur humeur, & les favorise en leurs passions déreglées.

Quant aux autres qui sont vos inferieurs ou vos semblables, si la necessité vous oblige de converser ensemble: vous ne deuez iamais vser de cette mal-heureuse & detestable complaisance, qui approuue également le bien & le mal, le vice & la vertû. Il faut seulement vous rendre attentif à fauoriser leur salut: ce que vous pouuez faire en deux façons. La premiere, par l'vsage effectif de la correction fraternelle. Car vous n'ignorez pas que la pure charité qui vous ordonne de crier au feu, quand il se prend à la maison de vostre voysin, de destourner vn aueugle qui s'égare du bon chemin pour s'approcher du precipice, d'aduertir vostre amy d'vn assassinat qu'on medite sur sa personne : Le mesme Amour, dis-je, vous engage à trauailler au profit spirituel de vos prochains, à cherir seulement les personnes, & à persecuter ouuertement leurs vices & leurs mauuaises inclinations. Le second moyen consiste, en ce que vous pouuez condamner vostre bouche à vn profond silence, si la liberté de parler n'est pas permise, ou si elle est inutile parmy des sujets de cruauté, & de tyrannie. Cette grande retenuë seruira d'exemple aux coupables qui se repentent, & de condamnation aux flatteurs, qui par des cõplaisances seruiles & affectées disposent, comme dit vn ancien Pere, ceux-là mesmes qui sont innocens à commettre des crimes.

Facinoris viam monstrat innoxijs qui nocentibus post sceliba blanditur. D. Pacian. ijs paranes

Mais passons de la douceur à la seuerité, & de la flatterie à l'humeur critique & rigoureuse, pour voir les déreglemens extremes dans lesquels l'on se precipite aujourd'huy contre les deuoirs de la charité Chrestienne, que nous deuons tesmoigner à nostre prochain, dans les termes d'vne saincte complaisance.

La passion de l'Amour propre nous rend trop seueres enuers les autres.

Chap. V.

LES Platoniciens enseignent qu'il y a des ames de fer, & des ames de plomb. C'est à dire qui ont des alliances & de grands rapports à ces deux metaux; en ce que les vnes sont inflexibles & les autres pliables. Car comme leur temperament est diuers, leurs inclinations sont aussi differentes, & leurs affections inegales. Neantmoins cette verité n'est rece uable que dans l'ordre de la nature, par ce que dans la morale nous voyons mille exemples qui iuſtifient qu'vne meſme ame eſt ſouuent en méme iour & ſur vn meſme ſujet douce & ſeuere, aigre & complaiſante. Ce qui ne peut proceder que de l'Amour Tyrannique, d'autant que c'eſt luy ſeul, dit S. Bernardin, qui fait agir l'hôme en ces deux façons, lors qu'il s'applique au dehors, & qu'il prattique le prochain dans la ſocieté ciuile. *Proprius amor ſui ag t in proximos blâdirijs ac violentijs. Serm 21. de extr. Tom. 3.*

Or pour parler des excez de la ſeuerité, il eſt certain qu'il y a des perſonnes ſi aigres & ſi faſcheuſes, qu'elles font gloire de contredire ouuertement tout ce que l'on propoſe dans l'entretien; ſoit qu'elles agiſſent par vne ſecrete inclination qui vient de la rudeſſe, ou dureté naturelle de leur humeur, ſoit qu'vn certain artifice qui procede de la vanité de leur eſprit, les porte dans les violences de la querelle.

Mais de quelque cauſe que cette rigueur exceſſiue tire ſa naiſſance: c'eſt touſiours vn prodige de voir des ames Chreſtiennes qui ſouffrent des gehennes & des afflictions iuſques au deſeſpoir, ſi l'on ne s'accorde point auec leurs ſentimens. C'eſt bien plus, il y en a qui ſe paſſionnent de louer tout ce que les autres blaſment, & de blaſmer au contraire tout ce que les autres ont droit de deffendre, ſans auoir d'autre deſſein que de se rendre plus remarquables, en s'égarant dans des routes singulieres & esloignées. Il s'en trouue écore plusieurs à qui il leur importe fort peu qu'on suiue & qu'on embrasse quelque party qu'on voudra, si d'ailleurs ils ont le moyen d'y trouuer à redire & de le combattre. Par ce que toute leur satisfaction, c'est de condamner seuerement & sans misericorde la modestie aussi bien que l'insolence de leurs voysins; ou de censurer les actions autant que les paroles de leurs amis, & de remarquer des deffauts imaginaires, tant en la conuersation publique qu'en la solitude particuliere de leurs propres parens. Comme si leur esprit estoit tout preparé à resister tousiours au iugement des autres : de mesme que le meschant & brutal Ismael à quereller tout le monde ; & comme s'ils vouloient imiter l'humeur fiere & Tyrannique de cét infame Empereur Caius Caligula, qui s'embloit n'estre constitué souuerain, dit Philon le Iuif, que pour contredire & s'opposer à tout ce qu'il y auoit de bon & de raisonnable dans l'estenduë de l'Empire Romain. Mais pouuons-nous aller au delâ?

Manuscius contra omnes. Genes. c.16.

de legat. ad Caium.

Ces mesmes esprits sont si sensibles & si peu traittables, qu'ils s'offensent des plus innocentes courtoisies, & ils sont d'ailleurs si pointileux qu'ils font des monstres d'vne mouche, & des

DE L'AMOVR PROPRE. 423

Lyons d'vn fourmis. Si on parle, on les importune, & ſi l'on garde le ſilence l'on paſſe pour ſtupide ou pour inciuil. Si en les remerciant d'vn bien-fait vous les louez, ils vous condamneront de flatterie, & ſi vous leur refuſez des louanges, vous ſerez accuſé de deffaut de reconnoiſſance, comme vn ingrat. S'ils entrent dans des écholes, leurs conferances ne ſont que des diſputes violentes, que des outrages & des querelles, que des guerres mentales qui éclattent au dehors, qui ſe font auec trop d'ardeur & peu de ſcience, & qui ne leur feruent pas tant pour s'inſtruire de la verité, que pour s'offenſer ſur le point d'honneur.

Il y a bien plus, s'ils frequentent le Palais de juſtice, leur mauuaiſe humeur broüille toutes les affaires par la temerité & precipitation de leur iugement. Les loix ne ſont pas equitables, ſi elles ne s'aiuſtent à leur raiſon; ny les chaſtimens aſſez rigoureux, s'ils n'impriment par tout l'image de la terreur, & s'ils ne tiennent beaucoup de cette ſeuerité inexorable que le cruel Prince Valeus eſtimoit abſolument neceſſaire *Annal. Zo-* pour le parfait gouuernement de l'Empire. S'ils *nar. Tom.* vont en compagnie, il n'y a rien qui ſoit de leur *3.* gouſt. Les perſonnes qui ſont les mieux faites ont mille deffauts, qu'ils veulent corriger auec empire, & comme leur naturel n'eſt point façonné à la douceur ny à la condefcendence, ils ont de l'inclinatiō à choquer les communs fentimens de tout le monde, & à cenfurer les actiōs, les paroles, & les penfées de ceux-là mefmes qu'ils ne connoiffent pas. Ce qu'ils font, dit S. Bernardin, par ce qu'ils font efclaues de l'Amour propre.

Amor iste priuatur quia fertur more ferarum, ab omnibus animo & moribus diffidet magis autem contradicit. Serm. 21. de extraord.

En effet, il faut bien conclure qu'ils ont peu de charité pour le prochain, & beaucoup de paffion pour eux-mefmes, puis qu'ils ne font point difficulté de tranfgreffer la regle commune du S. Euangile, qui les oblige de faire aux autres le mefme traittement qu'ils font à leur propre perfonne. De là vient, que comme ils font extremement efloignez de la faincteté de cette prattique, ils ne veulent rien pardonner aux autres, & font fort indulgens à eux-mefmes. Ils font aufteres & rigourenx à leur frere Chreftien, & à leur égard doux & faciles. Enfin leur aueuglement affecté & volontaire, les emporte iufques à vn tel excez d'ignorance, qu'il les empeche de fe croire, ou de s'aduoüer capables des mefmes crimes qu'ils remarquent en la vie de leur prochain ; & dont ils fe rendent neantmoins les Cenfeurs, & les Iuges inexorables.

Apres cela, n'ont ils pas droit d'emprunter le langage de ces mauuais Chreftiens; que l'ancien

DE L'AMOVR PROPRE. 425

cien Euefque de Marfeille nous propofe? Et ne doiuent ils pas prononcer les mefmes paroles s'ils veulent nettement confeffer leur peché, & fi leur humeur rude, pointilleufe & critique, eft capable de guerifon.

Alijs feuerissimi fumus, nobis indulgentissimi, alijs afperi nobis remiffi, in nce agnofcere, volumus reatum & audemus vfurpare iudicium. lib. 4. de prouid.

Or ie ne voy point de remede plus puiffant, mon cher Lecteur, à l'exceffiue feuerité que la pratique de l'habitude qui luy eft contraire. Car comme la fageffe eft preferable à l'authorité; auffi dans l'entretien la faincte complaifance eft plus à propos que la rigueur inexorable. Par ce qu'elle corrige fans offenfer, éclaire fans éblouïr, & attire fans violence. De forte, que comme les influences du Ciel qui font les plus douces, font auffi les plus nobles, les plus fortes, & celles qui operent de plus grands effets dans toute la nature de ce monde inferieur; comme nous fommes nourris de chofes douces, dit l'Aphorifme, & non pas de celles qui ont de l'amertume; & comme la chaleur en defpoüille plus que la bife, felon l'Apologue de Plutarque, ou pluftoft felon la refponfe que le Cardinal Pierre Damien fit autrefois a fon Archidiacre Hildebran. De mefme, quand l'employ de la correction eft neceffaire, l'Amour, dit S. Ambroife, eft toufiours meilleur que la force, l'affabilité que l'humeur aigre & picquante qui paffe iufques aux reproches, & qui re-

lib. 1. epift. 16.

Plus proficit amica correctio quam accufatio turbulenta. lib. 8. in Luc.

3 Part.   Hhh

prend le mal auec des paroles pressentes & importunes.

C'est pourquoy, suiuez le sage conseil que l'Apostre S. Paul donne aux Galates, quand il leur écrit en ces termes. *Mes freres, si quelqu'vn d'entre vous tumbe par surprise ou par foiblesse dans le peché, vous qui auez plus de lumiere pour les choses spirituelles, corrigez-le auec vn esprit de douceur; & rentrant dans vous-mesme, considerez que vous pouuez faillir comme luy, & que vous feriez bien aises d'estre repris de vos fautes sans aigreur & sans rudesse.* De là vous pouuez inferer, qu'il faut dorer tousiours la pillule, cacher la lancete dans l'esponge, & faire entrer la medecine dans l'aliment. Ie veux dire qu'il faut agir auec douceur en corrigeant le prochain, & se former sur le modele des Anges qui nous portent au bien, ou nous esloignent du mal par des inspiratiõs celestes qui sont doucement mouuantes, & qui ne sont iamais de violence sur nos volontez.

I'aduoüe, que la correction est de soy desagreable & fascheuse au sentiment humain, depuis les desordres du premier peché de nos Peres: mais aussi elle est supportable à celuy qui a failly contre la loy de Dieu, si elle coule dans son esprit auec douceur comme la nege, & non pas auec impetuosité comme la gresle. Car quoy que la nege soit froide & pesante, elle enue-

Ad Galat. c. 6.

Amara est veritas absque condimento gratiæ D. Bernard. Serm. 27. in Cantic.

loppe neantmoins la terre comme si c'estoit vn manteau de laine: ainsi que le S. Esprit l'exprime par l'organe du Royal Prophete; afin d'eschauffer & de fomenter les semences. Il en est de mesme de la correction, puis que dans sa nature elle semble austere & importune, & toutefois estant faite auec amour & tendresse de cœur, elle fait germer en nos ames les bons desseins & les sainctes entreprises.

Qui dat niuem sicut lanam. Psalm. 147.

D'ailleurs vous ne deuez pas ignorer, que les maladies de l'ame demandent autant d'adresse & de douceur que celles du corps, selon le raisonnement d'vn ancien Philosophe, & qu'elles veulent vn Medecin qui ne soit point irrité contre le mal. Vous sçauez bien encore que l'on doit temperer les qualitez trop fortes par vn remede naturel, par des correctifs qui addoucissent leur vertu, qui conseruent leur force, & qui couurent leur amertume. C'est ce que le grand Pape S. Gregoire comprend en deux mots, lors qu'il prescrit l'ordre & le temperament d'esprit, qu'il faut auoir dans des semblables occasions par ces belles paroles. *Que le zele regle la douceur, & que la douceur serue d'ornement au zele.*

Vt corporum ita animorum molliter vitia tractanda sunt. Senec. lib. 7. de Benef. c. 30.

Regat disciplinæ vigor mansuetudinem & mansuetudo rigorem. lib. 19. c. 11.

Mais sçauroit on faillir de suiure les ordres que le Fils de Dieu a luy-mesme establis dans le S. Euangile, pour nous former & nous instruire dans toutes les circonstances que nous deuons

Matth. 18.

Hhh 2

obseruer, afin de rendre plus fauorable & plus vtile la correction fraternelle? Car il dit, que lors que noſtre frere ſera tumbé en quelque deffaut, ou peché en noſtre preſence, nous deuons les corriger en ſecret, & ſans auoir d'autres teſmoins que noſtre raiſon, & ſa propre conſcience.

Comme cette conduite eſt diuinement iudicieuſe, elle eſt auſſi abſolûment neceſſaire, ſi l'on veut tirer du profit du bon aduis qu'on donne aux autres, & ſi l'on deſire de ſuiure l'exemple de S. Auguſtin lequel confeſſe, que lors qu'vn mal-heureux homicide tumboit entre ſes mains, il ne publioit pas ſon crime; mais auſſi qu'il ne laiſſoit pas échapper le coupable ſans luy adreſſer vne ſeuere reprimende, & ſans luy propoſer en ſecret la rigueur des iugemens diuins, afin d'imprimer de la terreur dans le fonds d'vne conſcience qui s'eſtoit ſoüillée par l'effuſion du ſang humain. Or ce procedé eſt ſainctement eſtably, ſur ce qu'on ſe faſche de perdre d'abord en public l'eſtime commune qu'on auoit acquiſe ou conſeruée auec beaucoup de ſoin; & par ce qu'on s'excuſe, & ſe deffend par tous les pretextes poſſibles, afin d'éuiter les reproches du iugement humain, & d'échapper le blaſme d'vne faute qui eſt condamnée en preſence de pluſieurs teſmoings qui s'en rendent les communs

Homicidā nec prodo, necnegligo corripio in ſecreto, pono ante oculos Dei, terreo cruentam conſcientiam. Serm. 16. de Verb. Dom.

DE L'AMOVR PROPRE.

arbitres deflors qu'elle leur eſt manifeſtée.

Apres cette ouuerture, & ce premier appareil de la playe, ſi le mal s'irrite contre la main charitable de celuy qui trauaille à le guerir; ſi l'habitude mauuaiſe ſe fortifie & reſiſte à vos efforts, & ſi cette perſonne s'obſtine dans la rebellion, ſe rendant inſenſible aux veritez qu'on luy propoſe dans la ſolitude : Le Verbe Incarné preſcrit encore vn autre moyen, ou pour mieux dire vn autre expedient propre & capable de remedier au ſalut de cette ame criminelle. Car il vous donne la liberté de la reprendre en la preſence de deux ou trois de ſes amys, afin de triompher de ſon obſtination auec plus d'effort, & de vaincre le ſentiment du mal par les opprobres de la honte. *Melior eſt manifeſta correptio quàm amor abſcóditus Prouerb. c. 27.*

Enfin, il permet pour vn dernier remede, que l'on denoncé à l'Egliſe le pecheur qui eſt endurcy dans ſon crime, afin que les ſeueritez publiques faſſent vn plus grand effet ſur ſa malice ; puis que les aduis d'vn ſeul amy, & les reprimandes de pluſieurs affidez luy ſont inutiles. Ou bien encore, afin que cette ſolemnelle correction qu'on fait aux pecheurs publics à la veuë de tout le monde, imprime aux autres de la crainte & de la terreur. Ce qui eſt conforme au precepte du diuin Apſtre S. Paul, écriuant a ſon cher Diſciple Timothée. *Peccantes coram omnibus argue vt & cæteri timorem habeant. 1. adThimoté c. 5.*

Et par ce qu'il y à du danger que l'Amour propre n'agisse sur vous, à proportion que vous agissez sur l'esprit de vostre frere; & qu'il se peut faire qu'il corrompe la pureté de vos intentions, lors mesme que vous ne recherchez que la conuersion & la sainćteté de son ame: ce qui peut rendre, dit S. Augustin, vostre œuure quelque fois inutile pour luy, mais tousiours sans merite pour vous mesme. De là in s'ensuit, que vous deuez exercer cest office auec beaucoup de candeur & de sincerité; sans y pretendre d'autre interest que le salut du prochain. Que si vous agreez que i'aduance icy quelques solides prattiques recueillies de S. Augustin, vous pourrez reconnoistre si vous auez tousiours corrigé vostre frere par les motifs d'vn Amour pur & desinteressé.

Quare fratrem corripis ? si iamore illius tacis optimè facis. si amoretui facis nihil facis. Serm. 16. de Verb. Domin.

Or le premier Charactere qui marque l'exercice d'vne vraye & legitime correction, faite selon les loix de l'Euangile, consiste en la fin qu'on pretend dans les aduis & conseils qu'on donne aux autres, pour les restablir dans l'estat de la grace. Car si la vanité de bien reussir dans cette action vous emporte; ou si le seul desir de donner à vostre prochain des preuues sensibles de vostre amitié vous seduit & vous possede; ou si l'esperance d'en receuoir des loüanges & de grands applaudissemens vous charment & vous

DE L'AMOVR PROPRE. 431

follicitent; ou bien encore fi les refiftances qu'il fait à vos lumieres & à voftre conduite, vous donne vn extreme chagrin qui trouble le repos de l'ame, & qui enflamme voftre bile iufques à exagerer l'offenfe dans toute l'eftenduë de fa laideur & malice; ou fi en vn mot, le deffein de l'affliger, & le plaifir de luy caufer de l'infamie; fi la penfée de le voir humilié par la honte, ou de le faire fouffrir par le chaftiment vous font agir: croyez affeurément, que ce n'eft pas l'efprit de charité qui vous anime à ce deuoir, puis qu'il ne doit pretendre, felon la penfée du grand Docteur de l'Affrique, que de remedier aux deffauts ou bien aux excez de celuy que l'on corrige, fans paffer au dela de ces limites.

Culpa eft totam perfequi culpã Petr. Blefenf. epift. 89.

Debemus amando corrigere non nocédi auiditate fed ftudio corrigendi. Serm. 16. de Verb. Domin.

C'eft encore vne autre marque de la vraye correction fraternelle, fi vous ne blafmez iamais actions, ou les imperfections qui vous font volontaires & qui font affectées; moins encore les vices dont vous eftes vous mefme coupable, fi vous n'en eftez pluftoft guery & deliuré. Parce que ce feroit en vous vne temerité, ou pour mieux dire vne infolence infupportable de faire l'office de medecin & d'eftre bien mâlade, de fe declarer Iuge fur vn fujet qui vous rend criminel, & de cenfurer les autres pour la mefme offenfe dont vous n'eftes pas innocent. Car l'on pourroit vous adreffer ces paroles de l'Apoftre.

In quo iu-dicias alte-rum teipsū condēnas: eadē enim agis quæ iudicias ad Rom. cap. 2.
Si nos inue-nimus in eodē vitio cum illo congemiſ-camus & ad pariter ca-uendum inuitem. lib. 2. de ſerm. Dom. in mon.

Ne portez vous pas condamnation contre vous-meſme, lors que vous corrigez & iugez les autres ? d'autant que vous eſtes coupable de ſemblables déreglemens. Il ſuffit donc en ces rencontres d'entrer dans des ſenti-mens de penitence & de pleurer enſemble, cō-me S. Auguſtin l'approuue & le conſeille, auec celuy qui eſt frappé du meſme mal que vous re-connoiſſez en vous: afin de le ſolliciter par vo-ſtre exemple pluſtoſt que par vos diſcours à s'en eſloigner, & à ne le plus commettre.

Enfin, pour conclure par vn troiſieſme pre-iugé, qui pourra faire voir qu'on procede à cor-riger les deffauts du prochain, par eſprit de zele & de charité, c'eſt encore, dit ce S. Docteur, s'il arriue qu'en meſme temps qu'on le reprend ou qu'on le chaſtie, ou qu'on luy teſmoigne vn viſage ſeuere, l'interieur demeure en paix, ſans aigreur, ſans reſſentiment, ſans dedain, & ſans eſprit de vengeance. D'autant, que c'eſt le pro-pre du S. Amour qui poſſede vne ame Chreſti-enne, de tenir le cœur paiſible au dedans, & de teſmoigner au dehors vne ſeuerité apparente, pendant qu'elle blaſme, ou qu'elle punit iuſte-ment les manquemens d'autruy. De ſorte, que la tempeſte qui éclatte en effet n'eſt dans l'ame qu'vne profonde bonace. Car comme la Co-lombe n'a point de fiel, & neantmoins a le bec & les aiſles pour deffendre ſes petits lors qu'on les

DE L'AMOVR PROPRE. 433

les veut enleuer du nid, & comme elle frappe sans aigreur & sans amertume, par ce qu'elle n'est pas du naturel du Courbeau: De mesme, dit S. Augustin, la charité s'esmeut, s'agite & frappe les coupables, mais c'est tousiours sans fiel, sans violence, & sans cruauté; d'autant qu'elle est reglée dans toutes ses prattiques par vne extreme douceur.

Fel Colubri non habet, & sine amaritudine sæuit, amor sæuit charitas sæuit quodãmodo sed sine felle. Tract. 7. in epist. Ioann.

Le deffaut de charité enuers le prochain, fait que les mauuais François recherchent plustost leur propre interest, que le bien public de l'Estat.

CHAP. VI.

'Est le propre du bien, dit S. Denys, d'estre le commun obiect de nostre volonté par la force de ses attraits, & de se presenter à cette aueugle faculté, comme vne perfectiõ qui exerce sur elle le méme empire que l'acte emporte sur la puissance, & la forme sur la matiere. Mais quoy que l'idée, ou la possession de ce bien soit le centre de nos desirs, & le premier mobile de nos affections; le dernier terme de nos desseins, & la seule fin de nos recherches: nostre ame neantmoins est si souuent abusée du

De Diuin. nominib. c. 4.

iugement qu'elle fait de la bonté des choses, soit par l'ignorance qu'elle à de leur nature, soit par la foiblesse qu'elle souffre de sa raison, qu'on peut dire, que iamais l'estime n'en fût, peut estre, plus déreglée qu'en ce siecle, ny la poursuitte plus aueugle. Car comme il y à des biens de l'ame, du corps, & de la fortune, & que chacun d'eux est honneste, ou delectable, ou vtile: il arriue aussi que l'appetit raisonnable se laisse charmer assez souuent par le moindre de tous ses biens: Et c'est icy le grand desordre du siecle, aussi bien que du temps de l'Orateur Romain; puis qu'il est vray de dire, que l'vtilité particuliere est aujourd'huy l'vnique de tous les biens qu'on pretend auec plus de passion, & qu'on recherche auec plus d'estude. C'est l'Idole des mauuais Chrestiens

C'est pourquoy, il ne faut pas s'estonner si nous voyons en suitte dans les Estats & Empires du monde, tant de desordres dans les Gouvernemens Politiques; s'il y à tant de dégats, & de rauages causez par l'auarice; si l'iniustice commet tant de concussions dans les Royaumes; si les raisons d'Estat permettent souuent, ou inuentent tant de subsides; si l'ambition y fait tant de bruit, & si elle y cause tant d'orages; si les vertus y sont persecutées par l'enuie; si les crimes y sont masquez, & si les plus noires

Omnes expetimus vtilitatem, ad eamque rapimur; nec facere aliter vllo modo possumus. Cicer. lib. 3. offic.

DE L'AMOVR PROPRE. 435

actions de la Tyrannie y sont déguisées, & reçoiuent des recompenses au lieu des chastimens.

C'est la passion du propre interest qui est la source principale de tous ces déreglemens. C'est la preference du profit particulier au dessus du bien commun, qui trouble, qui diuise, qui confond tous les ordres d'vn Estat, & toutes les maximes fondamentales d'vne Republique. En effet, c'est le puissant Demon qui fait agir tous les hommes politiques qui sont esleuez aux charges, & qui sont attachez aux employs de la vie ciuile. La propre vtilité, disoit autre fois le bon homme Epictete, est la fin de toutes les recherches. C'est maintenant l'alliance, la cōsanguinité, le frere, le proche parent, le pays, & mesme la seule diuinité adorée & reconnuë des mortels. He! n'est il pas vray que c'est encore le commun vice du temps?

Ie sçay bien que si vous entrez en conference auec ceux qui ont la conduite des Estats & des Republiques, pour leur demander par exemple, si la paix est meilleure que la guerre, ils ne manquent pas de soustenir, que l'exercice des armes est absolûment necessaire, soit pour guerir l'oysiueté des hommes, & pour remedier aux letargies d'vn Estat; soit pour le conseruer, ou pour estendre ses limites; soit encore pour don-

Vtilitas propria nunc frater & cognatus & patria, & Deus est. Apud Arrian. lib. 22. differt.

Iii 2

ner de l'exercice aux courages, de l'honneur aux nobles, de la gloire aux Princes, & de la terreur aux ennemys; soit pour diuiser des forces par vne fauorable diuersion, qui d'ailleurs seroient suspectes, si elles estoient dans la liberté de se pouuoir rallier & vnir enseble; soit enfin pour destourner de grāds orages sur les peuples voysins.

Mais si l'on examine de prez tous les desseins de ceux qui portent le fer & le feu dans les terres des Princes estrangers, sous le pretexte specieux que l'on en tire tous ces auancemens & profits, l'on sçaura, peut-estre, par des apparences, qu'ils pretendent l'vtilité particuliere, aux despens du bien commun & vniuersel; qu'ils esleuent leur fortune sur la ruine des peuples; qu'ils donnent plus d'estenduë à leur ambition qu'aux domaines de leur Prince; qu'ils ont plus d'authorité à commettre toutes sortes de vols & de rapines; qu'ils oppriment les loix de la Iustice auec plus de violence, & les font ceder à leurs auantages; qu'ils ont plus de liberté à contenter les immenses auiditez de l'auarice; que les vsurpations du bien d'autruy semblent alors plus legitimes; & qu'ils se rendent plus redoutables; où se font vn plus grand nombre d'esclaues, d'amis, & d'affidez à leur personne, en permettant toutes sortes d'exactions, de pillages, de violences & d'incendies; ou imposant de nouuelles contributions, ou des subsides qui ne finissent que pour recomencer d'hostilité ne se payent que par ce peuuent commettre; que la fureur vouloit faire renaistre le mal-heur comme ce de Saluian l'ancien Euesque de Marseille.

Inueniun-
tur plurimi ciuitum quorum tri-
buta pau-
peres exa-
cant. lib. 4.
de prouidêt.

Ie veux neantmoins relâcher quelque chose de la verité de ce discours, & pour iuger plus fauorablement de l'intention de ceux qui president aux affaires d'estat; Ie suppose desia qu'ils n'ont point d'autre fin dâs l'employ des armées, que de trauailler à la seureté des peuples, & que d'establir le repos public. Voyla donc la tempeste qui cede au profond calme, & les douceurs de la paix qui font cesser les troubles de la guerre. He! n'est ce pas à ce coup qu'on verra éclatter le grand zele qu'on à pour le bien public, & qu'on iouyra des biens de nature & de grace auec des libertez innocentes?

Certes vous estes trompé, mon cher Lecteur, d'auoir ce sentiment, puisqu'il n'arriue que trop souuent que ceux-là mesmes qui donnent le repos & la tranquillité aux peuples, font, ou permettent en temps de paix, plus de concussions, plus d'iniustes acquests, & plus de tyrannies secretes, mais profitables, qu'on n'en

apiendi nullus modus vbi nulla mensura cupiendi.
D. Ambrof. lib. 1. de Abel. 1.

le meoit craindre pendant les chaleurs & les violances, party ou comette. Car ils deuiennent chef de auares Politiques p̃ de fortune, auec d'autres finances; que si la honte le retient plus de part aux te d'estre exposez à la haine publique, la crainpeche, il se mettent à couuert sous le nom d'vn amy confident qui se rend complice de leur mauuais dessein, pour exercer secretement vn trafic de mauuaise foy, vn infame commerce, qui espuise les thresors de l'Estat, qui desole les familles, & qui fait perir le peuple, de pauureté, de faim & de desespoir. Apres cela deuons nous croire qu'ils ont de l'amour pour le prochain?

lib. 2. epist. 2.

Mais pour exprimer le naturel de ces gens-là auec de plus viues couleurs, il me semble que c'est assez d'emprunter celles que Sidoine Appollinaire employe, pour nous representer la vie & les mœurs de l'infame Seronate Prefet des Gaules, comme estant si attaché à ses interests, qu'il en faisoit sa diuinité & son souuerain bien. Voicy, dit-il, écriuant a son amy Edice, vn nouueau Catilina, qui acheue de despoüiller de leurs biens les miserables, par quelque legere piece d'argent qu'il leur baille a regret; ayant desia deuoré en partie leur substance, & meslé leur sang auec ses thresors. Ie vous prie de croire

DE L'AMOVR PROPRE. 439

que châque iour l'on découure les effets de cette fureur brutale mais diſſimulée, qui l'anime à immoler le peuple aux excez de ſon auarice. Il fait paroiſtre ouuertement qu'il à vne conuoitiſe violente & déreglée ſur tous les biens d'autruy ; il fait mille lachetez pour couurir ſes deſſeins & deguiſer ſes paſſions ; il deſcend iuſques à la ſeruitude pour s'eſleuer aux honneurs ; il commande en ſouuerain Monarque ; il exige ſes droits en cruel Tyran ; il confiſque les reuenus, & fait paſſer les terres par le decret comme vn Iuge abſolû, & independant en ſes ſentences ; il médit, il déchire, il calomnie tout le monde en homme barbare & dénaturé ; & il eſt touſiours trauaillé de la crainte de perdre ce qu'il poſſede iniuſtement, & paſſionné du deſir d'accroiſtre ſes reuenus en prenant de toutes mains.

Aperte inuadet, Aperte fingit ſeruiliter ſuperbit, incedit vt Dominus exigit vt tyrannus addicit vt iudex, calūniatur vt barbarus &c.

S'il jûſne ceſt par auarice ; s'il ſe rend redoutable, ceſt pour mieux aſſouuir ſa conuoytiſe dereglée ; & s'il exerce des cruautés, ceſt pour ſatisfaire aux extrauagances & aux folies de ſa vanité ; il punit d'vne main les larrons, & en meſme temps il dérobe de l'autre ; il cauſe des ſeditions parmy nos concitoyens, & ſeme des querelles entre les villes eſtrangeres, faiſant couler dans les mains de leurs habitans, des lettres remplies de fiel & de diſcorde. Au reſte, il eſt ſi hardi qu'il attaque & emporte tout ce qu'il veut; & il n'y à point de poſſeſſions qui puiſſent reſiſter à ſes pourſuites. De ſorte, qu'il fait châque iour de grands acqueſts, ſans payer neantmoins les proprietaires; par ce qu'il leur oſte le courage & la liberté d'en demander le prix; ſoit par le grand meſpris qu'il fait du bien qu'ils ſont forcez de luy vendre, ou pour le refus qu'il teſmoigne d'en paſſer le contract, voulant par là leur faire comprendre qu'il n'entend pas de s'accorder auec eux, s'ils pretendent d'obſeruer les formalitez de Iuſtice. Ainſi il elude les debtes par des delays ſi longs & ſi importuns, qu'il laſſe & eſpuiſe iuſques au deſeſpoir, la patience de ceux qui en attendent le payement.

Tou quod concupiſcit quaſi comparat, nec dicit pretia cōtemnens, nec recipit inſtrumenta deſperās idem. ibid.

C'eſt bien plus, il preſide, il parle, il raiſonne dans les Aſſemblées, lors qu'il s'agit des intereſts qui regardent ſon honneur ou ſon profit. Mais au contraire, il eſt muet dans le conſeil, & n'a point de parole lors qu'on y delibere des affaires qui fauoriſent le bien public. Dans l'Egliſe il ſe ioüe auec les Dames, ou ſe rit des choſes ſainctes auec les complices de ſon impieté; il fait le Predicateur zelé au milieu des delices du feſtin, & reprend auec des ſatyres picquantes, toutes ſortes de vices dans la chaleur du vin; & puis par vne lâche contradiction il ſe dement ſoy-meſme, & ſe retracte dans le Cabinet; faiſant le procez à toutes les vertus en preſence de quel-

In concilio iubet, in conſilio tacet, in Eccleſia iocatur, in conuiuio prædicat in cubiculo damnat, &c. ibid.

DE L'AMOVR PROPRE.

quelques faux amis. S'agit-il cependant de decider vne question sur vn point de conscience, c'est là où il s'endort afin de ne rien entendre?

Et pour acheuer l'histoire de sa vie par l'endroit qui à plus de rapport au sujet du present Chapitre, le mesme Sidoine adiouste, que ce cruel & infame Seronate voulant recueillir où il ne semoit pas, chargeoit le pauure peuple d'imposts & de contributions, qui leur estoient des fardeaux insupportables; & inuentoit des subsistances qui ne finissoient que pour recommencer. D'ou il s'ensuiuoit que les vastes forests estoient remplies de paysans fugitifs, les Eglises d'innocens qui passoient pour criminels, & les villages d'ennemys domestiques qui enoient de sa part pour enleuer les meubles, & brusler les maisons de ces mal-heureux insoluables.

Voylà cependant la parfaite copie de ce mauuais original, & la veritable expression des noires actions de Seronate, dressée par ce S. Euesque de Clermont: ou pour mieux dire, voylà le Tableau des humeurs corrompuës, & des inclinations brutales de mille partisans, & d'autant d'officiers de la Couronne qui fondent leurs felicitez sur les miseres publiques; qui ioüent dans les Academies, & qui prodiguent en des lieux infames la moitié des reuenus de la Couronne; qui s'engraissent des finances de l'Estat, & qui ne se rendent dignes d'autre titre de gloire, que du nom public de celebres & illustres voleurs du Royaume; qui ruinent deux mille maisons, pour en esleuer & establir vne seule de deux ou trois cens mille liures de rente, & qui apres s'estre enrichis, ont plus de soin de la nourriture des chiens & des cheuaux, que de faire l'aumosne à ceux la mesmes qu'ils ont rendû paures par leurs rapines, & exactions tyranniques: sans considerer neantmoins, que comme les petits poissons sont la proye des mediocres, & ceux-cy encore d'autres qui sont plus grands; qu'ils seront aussi vn iour la proye & la victime d'autres larrons plus puissans & plus insatiables. Que si les hommes sont trop foibles pour les punir, Dieu leur faira rendre vn iour auec douleur, pour parler apres le S. Roy Iob, ce qu'ils ont vsurpé auec plaisir, & possedé auec iniustice.

Diuitias quas deorauit euomet, & de ventre illius extrahet eas Deus. Iob. c. 20.

Ie sçay bien cependant qu'ils pretendent de iustifier leur procedé par ces fausses maximes, Qu'ils sõt plus obligez à eux-mémes qu'à tout
« autre; qu'il leur est permis de chercher leurs pro-
« fits particuliers dans les seruices qu'ils rendent à
« l'Estat; que chacun a droit d'aymer ce qui luy
« est plus auantageux; de faire sa fortune, & de
« rendre son party le meilleur & le plus fort; que
« les Republiques & les Royaumes, ayant esté

‘ fondez par la recherche du propre interest, peu-
‘ uent subsister par des moyens fauorables à cest
‘ Amour propre qui vient de la nature, & qui est
‘ le premier dans le cœur humain pour l'attacher
‘ au bien qui luy est plus vtile ; & que si dans l'or-
‘ dre de la grace l'on doit sacrifier les premiers
‘ soins au salut de l'ame, par preference à celle
‘ du prochain, qu'il n'est pas moins innocent à
‘ l'homme consideré dans l'ordre de la nature, de
‘ trauailler plustost à ses propres accommode-
‘ mens, qu'à ceux qui se rapportent au bien
‘ public.

Ce sont les communs principes de l'humaine sagesse, ou pour parler auec plus de liberté,
ce sont les veritables sources de ces froides paroles *mien* & *tien*, qui causent tous les troubles,
les diuisions, les guerres, & vne infinité d'autres maux qui rauagent ce monde. He! pleût à
Dieu qu'il nous feut autant facile d'en destruire
la mauuaise prattique qu'en font auiourd'huy
tant de lâches François, qui ne sçauent s'interes-
ser que pour eux-mémes, n'y rechercher que l'v-
tilité particuliere, au preiudice du bien vniuersel
de l'Estat: qu'il nous est aisé de faire voir à ceux
qui ont du sens commun, que ces propositions
sont si pernicieuses & si detestables, qu'on peut
les appeller à iuste titre, les principales erreurs
de la vraye Morale ; puis qu'elles choquent ou-

uertement les ordres de la nature, & les sentimens de la raisõ. Voylà les deux veritez que ie
pretends deduire auant de finir le present Discours.

Quant à la premiere, il est certain que si vous
considerez de fort prez les communes inclinations de toute la nature creée & sensible: vous
reconnoistrez d'abord que toutes les parties qui
composent ce grand Vniuers tendent au bien
commun, & ne respirent que sa subsistance, sa
perfection, & sa longue durée; que le Soleil
éclaire tous les Astres par les vastes effusions de
sa lumiere, & répend ses influences & ses rayons sur tous les corps de ce monde inferieur,
comme s'il estoit le seruiteur public de toutes
les creatures sensibles; que l'Ocean ne reçoit
point dans son sein la masse des eaux de tant de
ruisseaux & de fleuues qui courent à luy comme
à leur centre, que pour leur faire reprendre vne
nouuelle course, afin d'humecter la terre, & la
rendre feconde en toutes ses parties; que l'air
n'est agité par le souffle des vents, que pour
porter les voiles, les nuées, & la fraischeur dans
toutes les parties du monde; & qu'il ny à point
de creatures sensibles dans toute l'estenduë de
l'vniuers, qui ne conspirent aux auantages de ce
grand tout, & qui ne cedent à leurs interests
particuliers, en faueur du bien commun de

Vocabulũ schemes apud Hebræos significat seruum & Colem.

DE L'AMOVR PROPRE. 445

toute la nature, s'il est possible de l'accroistre par leur seruice, ou du moins de le conseruer par vne generale contribution.

C'est bien plus, les choses insensibles, comme les mixtes & les elemens, perdent leurs qualitez, & s'immolent tous les iours pour entretenir l'vnité du monde qui est vn bien vniuersel, & pour empecher le vuide que la nature à tant en horreur. Nous en voyons souuent les effets en ces artifices, qui font violence aux loix communes de la nature. Car la terre s'esmeut, le feu descend, l'eau monte, les pierres, le plomb & le fer volent en l'air, afin d'occuper le lieu qui est menacé du vuide. C'est merueille de voir qu'en ces rencontres les elemens legers quittent leur centre & leur repos, pour fondre dans l'espace delaissé par les autres qui sont graues & pesans: ce qu'ils font auec vn mouuement plus viste, que celuy qui les porte par inclination au lieu qui est naturel & propre à leur demeure.

Si vous vsez de reflexion sur ce commun procedé de la nature, il pourra vous seruir d'idée, & d'instruction capable de vous persuader, qu'en rigueur de Iustice chaque particulier est obligé de sacrifier ses interests pour le bien public; puis que les choses mesmes insensibles, sont passionnées à la continuité de ce grand tout, & s'exposent à perdre leurs qualitez pour reparer le dommage public, par cét Amour de sympathie qui vnit, qui conserue, & qui perfectionne toutes les parties de ce monde visible, comme parle vn ancien Philosophe. En effet, si les creatures qui sont incapables des lumieres de la raison tesmoignent neantmoins ces ardeurs: N'est ce pas à vous vn grand reproche, à vous dis-ie, qui auez vn entendemēt si éclairé, d'estre plus lent aux communs deuoirs du Royaume, de la Prouince & de la Patrie, qu'aux satisfactions de vostre personne, ou aux auantages de vostre famille? N'est ce pas vne visible condénation des lachetez de vostre Amour propre, de ne vouloir pas donner au bien public par conduite de sagesse, ce que les choses inanimées y contribuent, par la seule force d'vn instint si prompt & si agissant, des-lors que le vuide pretend de s'introduire dans le monde?

Mais passons à la seconde verité, qui est toute appuyée sur les communs principes de la Morale Politique, ou pour mieux dire sur la raison naturelle laquelle nous enseigne; qu'vn homme ayant receu la naissance, la nourriture, l'education: en vn mot, la vie de l'ame & du corps, par le trauail de ceux qui peuplent l'Estat, & qui sont les membres de ce corps: doit rapporter tout ce qu'il peut, tout ce qu'il est, & tout ce qu'il possede au bien commun de la Patrie, com-

mōr in mundo sensibili ō≈ia nectit, copulat, conseruat, perficit. Auth. Theolog. Aegypt. lib. 8, c. 9.

DE L'AMOVR PROPRE. 447

me l'individu se doit à son espece, & comme la partie n'appartient qu'à son tout. De sorte, que ce seroit en luy vne attache pernicieuse, vn amour trop venal, & vn retour sur soy-mesme trop déreglé, de preferer ses propres commoditez à celles du pays de sa naissance : & ce seroit encore dementir la pensée d'vn sage Prelat qui de tout temps a esté receuë, & a passé pour raisonnable parmy les Nations les plus stupides & brutales du monde ; puis qu'il n'est rien de plus iuste, que de tesmoigner plus d'affection, & plus de reconnoissance à qui l'on est plus obligé par la grandeur des biens-faits.

Nobilissimi civis est Patriæ augmenta coguare. Cassiod. lib. 3. variar. op. 7.

Summas in affectup. tes iure sibi vendicat terra quæ genuit. Sydon. Appoll. lib. 3. ep. 3.

Et par ce qu'il ny a point de plus puissant moyen pour conuaincre d'aueuglement ceux qui sçauent plus deferer aux lumieres de la raison, qu'aux ardeurs de la pieté : ie ne puis mieux faire que de rapporter icy la doctrine de Platon & d'Aristote, comme les deux grands Maistres de la Morale Payenne, & comme les deux Oracles de la gentilité, qui ont mieux raisonné sur le sujet du present Discours. Car pour commencer par les sentimens de Platon, sur-nommé le diuin Philosophe, nous sçauons qu'il ordonne que le Citoyen quitte les Palmes, & les Couronnes qu'il pouuoit esperer dás les Ieux Olympiques pour vacquer aux affaires de l'Estat ; que l'education des enfans se fasse suiuant le conseil

lib. 5. de Legib.

lib. 1. de Republic.

des Sages; par ce, dit-il, qu'ils sont plus à la Patrie qu'aux parens; & ailleurs il enseigne, qu'on traitte comme coupable, celuy qui se tient neutre & indifferent aux deux partis qui forment les guerres Ciuiles, à cause qu'il se fait voir sans affection pour le bien de la Republi-

lib. 7. de leg. que. Il dit encore en d'autres rencontres, que le vray homme de bien ne recherche iamais ses

In Hypparc. & de Republic. propres interests, & que c'est en ce point qu'il fait paroistre sa vertû & sa sagesse, que de n'auoir d'Amour que pour le bien publi.

Mais pour n'oublier pas Aristote, il est vray

lib. 2. Politic. cap. 1. qu'il souftient, qu'il n'est pas necessaire qu'en la societé ciuile l'õ mette toutes choses en commun, n'y qu'elle fasse vn si grand meslange de toutes sortes d'interests, qu'on n'y remarque plus rien de particulier : mais aussi le mesme Philosophe enseigne, que celuy qui s'ayme trop

lib. 2. Ethic. est vn mauuais Citoyen, par ce qu'il n'agit que pour les interests particuliers; que c'est le propre naturel d'vn meschant homme de ne rien faire que pour son profit; & que d'autant plus qu'il est corrompû en ses mœurs, il n'a de bonté,

lib. 9. Ethic. de dessein, ny d'affection que pour soy-mesme. Qu'il y à cette difference entre l'homme de bien qui demeure dans les termes de la vertû, & celuy qui fait profession du vice, que celuy-là est vtile à soy, & encore aux autres par extension

DE L'AMOVR PRPROPE

sion d'Amour, pendant que celuy-cy n'est profitable qu'à soy-mesme. Apres le iugement de ces deux illustres Philosophes, que peut respondre vn homme qui estant né pour la vie ciuile, se lie, & s'attache si fortement à soy? n'ayant point d'autre passion que la recherche de ses propres interests au preiudice de son pays, de sa ville, de sa Prouince, & de tout le corps de l'Estat.

Pour conclusion, ie dois encore adiouster, que les loix Romaines sont tres-expresses en faueur de la mesme verité; d'autant qu'elles ordonnent, que les proprietaires ne pourront esleuer sur leur fonds aucuns bastimens, s'ils donnent de l'incommodité à ceux du public; que les stupilations des contracts seront declarées nulles si elles sont desauantageuses à la Republique; qu'en l'extreme necessité nous deuons combatre pour la Patrie, & la secourir au peril de nos biens & de nos vies; que les enfans des soldats seront contraints de porter les armes & de suiure la guerre; & mille autres semblables reglemens, de qui l'exacte obseruation, dit Salvian, rendit autrefois pauures les Citoyens Romains, mais leur Republique d'autant plus riche & triomphante; & dont la generalle transgression enrichit au contraire quelques Citoyens, & appauurit enfin, & ruina sans resource

Pauperes Romani Magistratus opulentam Rempublicam habebat, nunc auré diues potestas pauperem facit esse Rempublicam lib. 1 de prouide

la Republique; ainsi que le mesme S. Prelat aduoüe de l'auoir remarqué dans le cours de son siecle.

Certes, sans faire icy le réueur ou le visionnaire, ie puis bien predire, que si l'on perseuere à preferer vn moindre bien à vn plus grand, & l'vtilité particuliere à la publique, nous verrons bien-tost vn Royaume pauure, & quelques habitans d'iceluy accommodez & riches à l'égal des Princes souuerains. Mais par ce que ce sont des veritez qui sont odieuses à plusieurs : ie passe de l'Estat seculier à l'Ecclesiastique pour publier en suitte.

Que l'Amour interessé nous fait souuent preferer le bien particulier, au bien commun de l'Eglise.

Chap. VII.

C'EST vn malheur extreme d'estre né dans la corruption du peché, & d'auoir receu de mauuaises inclinations auant que de les connoistre ; & c'est vne deplorable condition d'auoir l'imagination troublée, l'entendement obscurcy, les passions rebelles, & les sens infidelles en leurs rapports. Mais ce mal-heur est encore beaucoup plus fascheux, quand la volonté qui deuroit regler tous ces desordres, & gouuerner l'vne & l'autre partie de l'homme, comme vne Reyne ses Estats à des foibles inclinations pour le bien, & de fortes ardeurs pour le mal, & qu'elle s'emporte plus facilement au vice qu'à la vertû, plustost à la haine & à la medisance, qu'à l'Amour & à la loüange. Et pour ne nous esloigner pas de nostre sujet, cette méme volonté est si lâche & si aueugle depuis la malice du peché, qu'elle choisit & s'attache au bien particulier, si d'ailleurs il luy est propre, dit S. Thomas, & conuenable, luy donnant la preference par dessus le bien commun & vniuersel.

Voluntas rationalis propter corruptionem naturæ sequitur bonum priuatum. 1.2. q. 109. art. 3.

Il ne faut point vser icy d'vne longue consultation, pour découurir la source de ce malheureux déreglement : c'est l'Amour Tyrannique qui en est l'Autheur, par ce qu'il ne regarde que l'vtile, & ne recherche que son interest. C'est luy qui passe à couuert les actes & les traittez, de toutes les perfidies qui desolét la Republique Chrestiennne : c'est luy qui renuerse les loix Canoniques & les Diuines s'il y découure ses commoditez : c'est luy qui les interprete en sa faueur, sans côsiderer si le prochain en reçoit du dommage : c'est luy qui par ses artifices combat, renuerse, ou aneantit également tous les ordres de l'Eglise; c'est luy encore qui establit ses accommodemens & ses fortunes sur les ruines du bien public de l'Eglise; c'est en vn mot, ce monstre de malice, qui fait que la plus part des fidelles ne cherchent pas la gloire de Iesus-Christ, ny la sanctification des ames, ny l'exaltation du Christianisme, mais seulement leur propre vtilité, aussi bien que du temps de l'Apostre S. Paul, ainsi qu'il le publie en l'Epistre qu'il adresse aux Galates.

<small>Omnes quæ sua sunt quærunt non quæ Iesu Christi. ad Philip. cap. 2.</small>

C'est pourquoy, il ne faut plus s'estonner de voir, que parmy les Chrestiens la fidelité y est rare, & les monopoles frequens, que le nombre des pécheurs qui persecutent le prochain qui est leur frere de nature & de grace, est plus grand que celuy des iustes qui l'obligent par des biens-faits; & que l'esprit de diuision & de discorde, s'est répendû de telle sorte dans tous les Estats, Royaumes, Prouinces, Citez, & familles qui croyent en Iesus-Christ, que l'à l'Amour de Dieu & du prochain ny regne plus en paix. Au contraire, il est tousiours combattu par des haines implacables, par des querelles immortelles & des auersions si violentes, qu'il semble que nous voyons renaistre quelque Image du siecle des Guelphes & des Gibellins, s'il est vray ce que S. Bernardin en rapporte. Quel desordre deplorable! les fidelles ne reuerent point le Pas-

<small>Serm. 25. & 26. Tom. 2.</small>

DE L'AMOVR PROPRE. 453

teur & chef de leur Parroiſſe, & les ordres Religieux ſont ouuertement hays & perſecutez.

En ſuitte, il ne faut non plus s'effrayer d'entendre dire ſouuent, que dans les deux Eſtats Eccleſiaſtique & Regulier, il y à des ſectes & des ligues formées, des erreurs & des ſacrileges, des ſchiſmes & des chefs de party, des hereſies deguiſées, & des incredulitez ſtupides, des prophanations ſecretes, & des fauſſes maximes de conſcience, des nouueautez dangereuſes qui choquent le commun ſentiment de l'Egliſe, & des poincts de doctrine qui ſont dans l'échole également ſouſtenables par des eſprits ruſez, brillans, & façonnez aux plus ſubtiles intrigues de la Scholaſtique; des poincts, diſ-ie, qui releuent d'vne ſubtile & opiniaſtre Metaphiſique; qui paſſent neantmoins en public, qui éclatent dans les chaires des Egliſes & dans les liures du temps, & qui menacent de diuiſer les cœurs des fidelles que le S. Eſprit a vnis & ralliez enſemble, par les principes & les veritez d'vne meſme creance.

Que s'il eſtoit important de découurir encore vn coup la cauſe mouuante de ce mal, d'en marquer la naiſſance & d'en predire la ſuitte: il me ſemble qu'il ſuffiroit de publier apres le Docteur Seraphin de l'Eſchole, *Que tout le monde eſt remply de malice, depuis le temps que l'homme n'ayme,*

Lll 3

LA TYRANNIE

Mundus tot sit maligno positus est, q a nomo non diligit nisi bonum publicatum Serm. 4. in Hexam.

& *ne pretend que son bien particulier.* Mais il est necessaire de faire icy d'autres reflexions plus expresses & plus importantes, sans nous occuper à establir cette verité; & il est desia temps de passer des dereglemens de la foy à la corruption des mœurs, pour y remarquer des abus extremes & deplorables.

Certes c'est vn prodige, de voir des personnes sacrées qui font vn côtinuel & mal-heureux trafic des Sacremens, & qui fondent vne espece de lucre sur des employs de pieté, comme parle l'Apostre S. Paul; qui s'interessent pour la bezace, ou qui se passionnent pour le plat bassin. Il y en à qui s'engagent à la profession de la vie & de l'estat Ecclesiastique comme à vn mestier, parce qu'ils pretendent de faire fortune par le Breuiere, & se mettre à couuert de la necessité. De sorte qu'on peut dire, qu'ils ne seruent pas Iesus Christ, mais qu'ils se seruent de luy. D'autres affectent d'estre reçeus dans les communautez Religieuses qui possedent beaucoup en cômun, pour auoir auec plus d'asseurance les commoditez de la vie. Il y a encore en France vn grand nombre d'Ecclesiastiques qui vsurpent tyranniquement des benefices par des simonies deguisées, & qui ayment mieux estre estimez rauisseurs des biens de l'Eglise, & viure excommuniez deuant Dieu, que de paroistre aux yeux du monde pauures & necessiteux, en exerçant leur sacré ministere en qualité de simples Prestres. Enfin, comme ce siecle fauorise les personnes qui font beaucoup de bruit & d'éclat, & qui ont pû de merite, il y en a plusieurs qui aspirent aux Prelatures par vne ambition déreglée, & qui pretendent de s'esleuer iusques aux premieres dignitez de l'Eglise, sans considerer que s'ils affectent d'auoir des honneurs, ils ne sont animez que d'vn esprit mercenaire, selon le iugement d'vn ancien Pere, qui a tousiours parû fort éclairé sur le sujet que ie traitte.

Si affectas honorem mercenarius es. Petr. Blesens. de inst. titut. Episcop.

Ils diront, peut estre, qu'ils ont droit de pretendre aux dignitez pour le bien commun de l'Eglise, aussi bien qu'vne infinité d'autres qui n'ont point de qualitez plus auantageuses : par ce qu'ils supposent qu'ils ont eux-mesmes assez de Theologie & de vertû, pour les posseder en titre de iuste recompense. Mais aussi l'on peut aisement leur répondre, qu'ils sont aueugles en leur propre cause, que l'Amour propre les flatre par vn iugement corrompû, & que la seule presomption qu'ils ont de leur suffisance les rend indignes, comme parle le Docteur Angelique, de tenir dans l'Eglise quelque rang d'honneur ; quand bien mesmes leurs sentimens seroient fondez sur la verité, & qu'ils auroient autant de science & de probité pour le gouuernement

Si aliquis pro se rogat vt ob curam animarum ex iusta presumptione redditur indignus. 2. 2 qu. 185. art. 5.

spirituel d'vn Diocese, que le Pape S. Gregoire en auoit pour la conduite vniuerselle de l'Eglise.

Il me seroit encore aisé de passer plus auât sur le mesme sujet, & de publier icy des veritez qui seroient plus expresses pour iustifier qu'en ce siecle, le nombre est fort rare de ceux-là qui rapportent leurs interests, au bien vniuersel de la Religion Chrestienne. Mais par ce qu'il y en à plusieurs autres qui par excez d'Amour propre se persuadent le contraire, & qui se figurent de n'auoir que des sainctes intentions, en faueur du bien commun du Christianisme : Ie desire s'il est possible de guerir leur aueuglemẽt, & de leur faire comprendre, que cette pensée est dans l'abus, & que leur iugement se trompe & s'esagare dans l'erreur.

Ie ne veux pas cependant examiner le premier dessein qui a porté les vns à suiure l'estat Regulier, & les autres l'Ecclesiastique. Ie suppose que leur vocation soit bonne & legitime, & qu'elle ayt du raport à celle d'Aaron, qui fût choisi par ellection Diuine, comme parle l'Apostre S. Paul, pour estre souuerain Pontife; quoy qu'il y ayt bien en ces rencõtres, des excez & des deffauts qui combattent ce jugement, & qui en rendent la persuasion difficile : Ie laisse neâtmoins ce poinct de consçience à vuider aux

Ad hebr. 4. cap. 6.

plus

DE L'AMOVR PROPRE. 457

plus sages Directeurs; & vous propose seulement trois regles infaillibles, pour connoistre si dans la conduite de vos intentions, vous n'auez pretendû ny consideré que les seuls auantages de l'Eglise; & si vous vivez encore dans ces heureuses dispositions.

Or la premiere est fondée sur ces diuines paroles que S. Paul adresse aux Corinthiens. *Que pas vn d'entre vous ne cherche son profit particulier, mais plustost l'interest du prochain.* Ce n'est pas que nous soyons obligez de croire que l'Apostre nous vueille persuader de n'auoir pas de soin des biens de grace qui nous sont communiquez, ou de mespriser les acquests de tant de thresors spirituels que le Ciel nous offre, pour asseurer le salut de nostre ame; puis que le droit naturel nous impose ce deuoir indispensable; & puis que la charité bien ordonnée, commence par la recherche du propre salut, apres l'auancement & le progrez de la gloire de Dieu. Mais ce diuin Oracle nous conseille, dit le Commentaire de S. Anselme, de preferer par les loix de la sainte amitié, l'honneur, les richesses, la santé, & mesme la vie du prochain à tous les biens de nature, soit du corps, ou de fortune, ou de l'esprit qui sont à nous, ou qui se rapportent à nos auātages. Ce qui n'est pas possible de reduire en prattique sans vn haut degré de charité; Car

Nemo quod suum est quærat sed quod alterius. 1. Corinth. cap. 30.

3 Part. M m m

comme la passion qui nous attache à l'vtilité particuliere est le poison du pur Amour, dit vn Ancien & Illustre Empereur, si elle est superieure aux iustes affections qu'on doit auoir pour le bien public: Aussi l'on peut dire, que l'vne des marques asseurées de la vraye dilection fraternelle, c'est quand nous oublions nos interests pour agir en faueur d'autruy, & que nous auons vn ferme desir de seruir vn chacun dans tout ce qui luy est vtile, par preference à nostre commodité particuliere.

Pessimum veri affectus venenū sua cuique vtilitas Galba apud C. Tacit. lib. hist.

Que s'il est ainsi, que châque fidelle qui pretend à la perfection, doit plustost considerer & seruir son semblable que soy-mesme, dans le sens que nous auons donné au texte sacré de S. Paul, selon la commune opinion des SS. Peres, nous deuons inferer, selon la doctrine de S. Thomas, qu'il est obligé de preferer le bien de plusieurs à celuy d'vn particulier; par ce qu'il à plus d'estenduë & plus de conformité à la nature du souuerain bien. Nous pouuons encore conclure en suitte de cette mesme verité, que les professeurs de la Theologie Morale ont droit de soustenir, qu'il ne faut iamais donner de dispense, si elle tend au preiudice du bien commun des fidelles; qu'on doit exposer les richesses & la vie pour vne personne qui est necessaire à l'Eglise; & qu'il faut renoncer aux affections sin-

S. T. quæst. 39. art. 2.

DE L'AMOVR PROPRE. 459

gulieres, si elles s'opposent à de plus grands auantages que nous pouuons procurer à tout le corps du Christianisme.

D. *Thom t. 2. quæst. 97. art. 4.*

En effet, si l'Eglise est vne belle Cité, comme dit le Fils de Dieu dans le S. Euangile, si elle est comparable à vn Royaume, selon la pensée de S. Augustin écriuant sur les Psalmes, si elle est vn monde, dit le Docteur Seraphique en son Hexameron; ou bien ecore, si elle doit estre appellée vn corps mystique, pour parler selon les termes Apostoliques des S. Paul: il est visible, que chaque Citoyen doit soubmettre ses interests au profit commun de cette ville; que chaque vassal est obligé de sacrifier ses biens & sa personne au bien vniuersel de c'est Estat; que chaque partie de ce monde doit estre rapportée au grand tout; & qu'il faut que chaque membre conspire necessairement à la conseruation de ce corps. Que si nous voyons le contraire, l'on peut dire, que chaque Citoyen est des-vni des autres, & esloigné des deuoirs de vie ciuile; que le sujet fait le souuerain & l'independant, & le proprietaire dans les terres de son Prince; que la partie est vne piece detachée de son tout; que le membre est rebelle a son chef, & qu'il est diuerty de ses iustes fonctions, en ce qu'il agit hors de sa fin legitime & naturelle.

Turpis est omnis pars vniuerso suo non congruens. lib. 3. D. August. Confess. c. 8.

Cela supposé, comme vne verité qui n'est

plus contestée, dois ie me persuader que vous ayez des affections si pures & si degagées du propre interest, qu'elles ne se terminent qu'au seul bien de la Religion Chrestienne ; lors que vous me paroissez si ardent en la poursuite de tout ce qui vous accommode, & si insensible au profit & accroissement vniuersel du Royaume de Iesus-Christ? Et quand vous ambitionnez aussi bien que les Pharisiens de l'Euangile, les premieres Prelatures de l'vn ou de l'autre Estat Regulier ou Ecclesiastique, les premiers accueils en ruë, les premieres places dans les festins, le premier rang dans les Vniuersitez, l'entrée dans les premieres maisons de la ville, & les principales Chaires dans le Dioceze? Et pour n'oublier pas ce qui est encore plus estrange, c'est que tout le monde void sensiblement que vous ne pouuez souffrir de competiteurs, que vous decreditez par des artifices inconceuables, ceux qui ont droit de prendre part aux mesmes emplois, & qui peuuent entrer en concurrence auec les plus habiles du corps dont vous n'estes qu'vne partie, quoy que vous affectiez d'y estre le tout. Apres ces excez d'Amour propre, ne puis ie donc pas écrire, que l'ambition opere en vous les mêmes effets qu'vn grand homme du dernier siecle luy attribuë, & que vous estes bien esloigné de la prattique de

DE L'AMOVR PROPRE. 461

c'eſt Amour deſintereſſé, qui eſt exprimé dans la premiere regle de vertu que S. Paul nous propoſe, pour nous porter à la ſeule recherche d'vn bien vniuerſel de l'Egliſe.

Vnitatis pacem tuebat ābitioæ & ſibi haniretem tramitum extra ſe rapit. Ioann. Pic. Mirand lib. de ente & vno

Mais la ſeconde eſt exprimée en celle qu'il écrit aux Philippiens, lors qu'il les exhorte à renoncer à leur propre vtilité, & qu'il trauaille à leur oſter la veuë de leurs intereſts par ce diuin conſeil de pieté. *Ne vous regardez pas vous-meſmes, mais prenez pluſtoſt ſoin du bien & du profit des autres.* Si vous conſiderez auec attention le ſens de ces ſainctes paroles, vous reconnoiſtrez bien toſt que c'eſt icy l'idée, ou pour mieux dire la regle d'vne plus haute perfection. Car quoy qu'il y ayt des marques de l'Amour pur & deſintereſſé, de ſoubmettre en effet nos auantages à ceux du prochain, & de luy ceder tout ce qui luy eſt vtile; il y a neantmoins plus de dégagement de cœur, & plus de pureté de dilection, d'auoir touſiours les yeux fermez ſur nous meſmes, & de ne faire point des retours ny des rentrées ſur ce qui nous ſert & qui nous accommode. Mais de tenir au contraire, l'eſprit ſeulement occupé & attentif dans la conſideration des biens, ou des maux qui regardent les autres fidelles, ſoit les parens, ou les amis, ou les voiſins: afin de leur procurer ceux-là, & d'eſloigner ceux-cy de leur perſonne.

Nōquæ ſua ſunt ſinguli conſiderantes ſed quæ aliorum. Ad Philipp. cap. 2.

Il est aisé de donner plus de iour à cette verité, par le rapport de ce qui se passe en vous mémes, en ce que comme vous n'auez point d'autre objet ny d'autre estude que vos propres biés de grace ou de nature, lors que vous suiuez les inclinations violentes de c'est Amour de conuoitise, qui fait que chacun cherche, comme dit S. Paul, ou qu'il contemple, comme porte la version approuuée par S. Ambroise, ses propres interests: de mesme si vous estes animé de l'esprit d'vne vraye charité enuers le prochain, vous n'aurez de pensées que pour l'establissement de son bon-heur, ny des regards que sur tous les objets qui luy seront vtiles & fauorables; & vous serez alors dans vn sainct oubly de vous-mesmes.

<small>Omnesque sua sunt contēplantur 1. Coriuth. cap. 13.</small>

Mais ie ne croiray iamais que vous obseruiez la loy de charité dans vn si haut point de perfection, si vous imitez l'exemple funeste de tant de factieux, qui s'estans preferez au dessus du bien & du repos de toute l'Eglise, affecterent autrefois à Rome d'occuper le siege de S. Pierre en qualité de successeurs en apparence, mais d'Antipapes en effet : comme Pierre Leon, lequel se fit appeller Anaclet second, comme Mincius qu'on nomma Benoist dixiéme, comme Iean d'Hongrie qui porta quelque temps le nom de Calliste troisiéme, & comme Cadaloüs

DE L'AMOVR PROPRE. 493

Euesque de Parme, qui vsa d'abord de tous les artifices, & puis de toutes les violences possibles pour s'esleuer à la dignité de souuerain Pontife, se mocquant des sages aduis que le B. Cardinal Pierre Damien luy donnoit, par la suitte de plusieurs belles lettres, animées également de zele & d'eloquence; sans parler de tant d'autres qui eurent le mesme dessein, par vne estime excessiue de leur propre suffisance.

Vt solus emineas totum orbē in præcipitiū mergere non formidas. &c. lib. I, epist. 21.

Ie ne veux pas maintenant me persuader, que vous ayez des pensées d'orgueil si hautes & si releuées: mais quel iugement puis-ie faire de vous voir au nombre de tant de pretendans qui aspirent auec passion à l'office de Prieur ou de Chanoine; à la Crosse d'vne Abbaye, à la Mitre d'vne Euesché, & qui sont presse quelquefois au chappeau rouge de Cardinal? qui flattent par vne espece de simonie (qui n'a point de nom, mais qui fait bien du mal) ceux qui les peuuent esleuer aux honneurs, apres en auoir receu mille complaisances seruiles? & qui forment des procez, ou intentent des querelles, sans faire de distinction entre le licite & le deffendu, iusques à ce qu'ils ayent obtenu de bon gré, ou emporté par viue force ce qu'ils desirent auec ardeur?

Adulatio in clericis simonia est Petr. Damian. opuscul. 22.

Quelle estime raisonnable dois-ie conceuoir en faueur de vostre procedé, lors que viuant dans la condition eminente de Prelat ? vous considerez vos inferieurs comme vos esclaues, & non pas comme vos sujets libres & volontaires ? lors que vous n'agissez point pour eux, mais comme s'ils n'estoient nez au monde que pour vous seruir & pour vous plaire ? quand vous ne faites pas de leur bien & de leur profit la fin de vostre Prelature ? lors que vostre dilection n'est pas vne cause vniuerselle, & qu'elle n'est officieuse qu'à fort peu de personnes ; sans auoir d'autre motif, que par ce qu'elles sont conformes à vostre inclination, ou qu'elles vous sont agreables ? Apres cela puis-ie soustenir que vous ayez de la charité pour le prochain, sans m'opposer à S. Bernard?

Charitas nescit Angulum non amat proprum? desernite desiderat veritatibus singuloru. Serm. de fer. 2. Paschal.

Certes, quelques raisons apparentes que vous puissiez alleguer pour iustifier vos affections, ie seray tousiours dans le sentiment de ceux là qui vous condamnent sans appel, comme vn homme qui ne considere que ses interests, & qui n'a de pensée que pour ses accommodemens. Par ce que ces ardentes poursuites qui vous emportent, & qui vous font courir apres les honneurs & les dignitez de l'Estat Ecclesiastique ou Religieux : sont autant de preiugez qui font connoistre à ceux qui deferent à la raison, que vous tenez encore beaucoup à vous mesme, par des fortes attaches. Que s'il est vray, que

DE L'AMOVR PROPRE.

que c'est le propre naturel d'vn meschant homme de n'agir que pour soy, comme dit S. Thomas apres Aristote, & de ne tendre qu'à cette seule fin, d'autant plus qu'il est consommé dans sa malice: Ie m'estonne que les reproches continuels de vostre conscience, vous puissent iamais permettre de viure dans l'opinion, que vous ayez encore conserué vn seul degré de bonté & d'innocence, ou qu'il vous soit difficille de vous trouuer, n'ayant iusques icy recherché d'autre que vous-mesme, apres vn general oubly des interests du prochain.

Homo prauus omnia facit propter vtilitatē suam, & tantō hoc magis obseruat quantō peior. Comment. in cap. 2. Ethic.

Mais il faut que i'acheue de confondre vostre Amour propre, par d'autres paroles plus fortes & plus pressantes, qui sont dictées par le S. Esprit, & publiées par le mesme Apostre S. Paul. C'est pourquoy ie suppose auec luy, que cōmece n'est pas assez à vne ame qui aspire au souuerain degré de la sainteté Chrestiéne, de rechercher plustost l'vtilité des autres que ses propres commoditez, ny de faire encore de leur auantage le suiet ordinaire de ses meditations: De là vient aussi, que S. Paul luy prescrit vne autre regle de vertu & de charité, qui est la troisiesme dans le present Chapitre, mais la derniere en ordre de perfection; puis qu'elle porte ce sens. *Nous ne deuons pas nous contenter nous mesmes, ny satisfaire à nos humeurs. Au contraire, chacun de vous doit plaire*

Debemus non nobis placere. Vnusquisque vestrûm proximo suo placeat in bonū ad ædificationem Ad Rom. cap. 15.

3 Part.   N n n

au prochain dans les termes de la vertu & du bon exemple.

C'est à dire, que nous ne deuons pas nous aymer pour n'auoir soin que de nous-mesmes, & perdre de veuë les interests d'autruy. Mais bien pluftoft nous deuons trauailler à luy complaire par vne saincte condescendence, & à nous aiuster conformement à son humeur, auec autant de docilité qu'il nous sera possible, dans la sphere & l'estenduë de tout ce qui regarde les alliances de la nature & de la grace. Mais il est ainsi, que l'vnique moyen de plaire à nostre prochain, c'est de ne rien faire, dit S. Hilaire, ny desirer que pour son bien: c'est de ne former d'autre dessein, que pour luy rendre mille bons offices dans la rencontre de toutes les choses qui luy sont commodes & profitables. Voylà le grand charme de l'amitié Chrestienne, comme nous dirons en son lieu; voylà donc le vray miroir de la pieté qui ne vous flatte point, qui vous découure mille tâches, & qui passe condamnation contre vous-mesmes, sans employer d'autre preuue, que la force de cette inuincible verité.

Non est maius vinculum hominibus placendi, quàm vt nemo sui causâ velit aliquid, sed in profectū alienæ vtilitatis. In Psalm. 54.

Que s'il est encore necessaire de faire entrer en alliance la prattique auec l'idée, & d'adiouster à la doctrine de l'Apostre la saincteté de sa vertu: ie ne veux pas m'esloigner de l'exemple de son incomparable Charité. Car ce sacré Vaisseau d'Election *tâche de plaire à chacun*, cóme il dit luy mesme, *& cherche en toutes ses actions ce qui est vtile à plusieurs, & non pas à luy seul*. Enfin, il se fait tout à tous, pour gaigner toutes les ames à Iesus Christ, par les efforts & les admirables saillies de son zele feruent & tout Apostolique.

<small>Ego ómnia ómnibus pláceo : non quærens quod mihi vtile est, sed quod multis. 1. Corinth. c. 10.</small>

Heureuses mille fois les ames Chrestiennes, qui sçauét perdre de la sorte la memoire de leurs propres interests, & qui n'ont point de regard reflechy sur les satisfactions singulieres de leur esprit ou de leur corps, ny de retour sur les accommodemens ou auantages de leur fortune : elles ne connoissent point de tendresses de nature parmy leurs parens, ny d'alliance de sang en ceux qui leur sont proches, ny d'affection enuers leurs amis, lors qu'il y va du commun interest de la Religion : elles n'ont d'amour ny de haine que pour des considerations publiques qui les attachent au Christianisme : elles s'oublient elles-mesmes pour rendre à Dieu leurs deuoirs, ou pour sacrifier à leur prochain leurs personnes & leurs seruices : elles, dis-ie, rapportent toute leur attention, à mieux s'acquiter des obligations essentielles qu'elles ont à sa diuine Majesté, ou bien à s'employer auec plus de zele & plus de liberté à la conuersion, ou à la

468 LA TYRANNIE

Canis semper est cupidus & nunquam comunicare volens. D. Bonauent. serm. 3. examer.

Charitat est quæ communia proprijs, non quæ propria comunibus anteponit. in regul. c. 24.

conduite des ames. Elles enfin ne sont plus esclaues de c'est Amour Tyrannique, qui ressemble si parfaitement le naturel du chien, en ce qu'il est l'vnique de tous les animaux, dit le Seraphique Docteur, qui veut tout pour soy, & qui ne veut iamais entrer en partage ou communication auec d'autres bestes. Au contraire, elles reglent leur vie par les sacrez mouuemens de cette Reyne des vertus, qui comprend toutes les autres en eminence, & qui oblige châque fidelle de preferer le bien commun à son profit particulier, comme dit S. Augustin, & d'agir par tout en faueur de l'vtilité publique.

─────────────

L'Amour déreglé de nous mesmes, nous fait agrandir les vices de nostre prochain, ou diminuer le merite de ses vertus.

Chap. VIII.

Ex Marsil' Ficin. in Theol. Platon.

ES Sages approuuent ce principe des Platoniciens, qui porte, que nostre intellect tient plus de l'vniuersel que de la condition singuliere, en ce que n'ayant qu'vn poinct d'estre incommunicable, qui fait toute l'essence de son indiuidu: il a

DE L'AMOVR PROPRE.

toutes ses autres qualitez & habitudes communes au genre & à l'espece. De là vient, peut estre, qu'il est plus occupé au dehors qu'au dedans de soy-mesme, & qu'il a plus de pensées curieuses pour connoistre ce qui ne le touche pas, que d'arrestées sur le sujet particulier de sa nature, pour obseruer les ressorts de son actiuité, & pour regler ses conduites & ses lumieres. Car comme il est vn petit monde par l'eminence de ses capacitez generales, ses idées suiuent sa constitution, & ses concepts se forment sur toutes sortes de sujets qui s'esloignent le plus de la singularité de l'estre.

Mais s'il est vray que la Philosophie naturelle acquiesce à la verité de ce raisonnement, la Morale Chrestienne neantmoins s'y oppose, & nous persuade, qu'il y a plus d'innocence & plus de profit de l'ignorer que de la connoistre. Par ce qu'il n'arriue que trop souuent qu'on passe de la curiosité de la science, iusques au déreglement des mœurs, & qu'on applique l'entendement à regarder les actions d'autruy, pour estre vn sujet de censure, auec la mesme attention qu'on les a considerées, comme vn objet indifferent qui deuoit seruir seulement d'entretien aux Philosophes. Ie veux dire, que nostre esprit abusât de la liberté que la nature luy donne, de former hors de soy toutes sortes de connoissances, s'occuppe moins à celles qui peuuent le rendre plus instruit & plus sçauant, qu'à d'autres qui sont capables de le rendre criminel par la temerité precipitée de ses iugemens. En effet, c'est auiourd'huy son deffaut, & son commun desordre de s'oublier soy mesme, & de donner quasi toutes ses pensées vagues & vniuerselles, à contempler curieusement tout ce qui se passe au dehors en la personne du prochain, pour auoir le moyē d'effacer par la rigueur de sa censure l'éclat de ses vertus, ou d'attribuer plus d'excez à ses vices; sans considerer qu'il se rend iuge de la loy.

Nostra nes̄cimus & aliena discimus. D. Ambros. lib. 6.j Hexam. c. 2.

Les longues suittes d'vne mal-heureuse experience, ont desia rendüe cette verité si publique, qu'il ne faut plus disputer de sa certitude, ny rapporter d'autres preuues sensibles pour en faire vne plus forte demonstration : il importe seulement de dire, que s'il est necessaire d'aller iusques à la source de ce déreglement, c'est assez de soustenir que l'excez de l'Amour passionné que nous auons pour nous-mesmes, est l'vnique principe du faux iugement que nous faisons des actions bonnes ou mauuaises de nostre prochain. D'autant que, dit S. Thomas, ceux qui s'ayment trop n'ont point de charité pour les autres, ny en suitte des pensées, ou des yeux fauorables à leurs veritez. Car il est mal-aisé de

S. 2. quæst. 60. art. 2.

DE L'AMOVR PROPRE.

iuger à l'auantage des personnes pour lesquelles l'on n'a point d'affection, cōme raisonne nostre S. Bernardin écriuant sur le mesme sujet.

De non dilectis difficilé bene sentimus. Serm. 23. Tom. I. 2

Il est vray, que tous ceux qui censurent les imperfections ou les vices d'autruy, ne sont pas animez d'vn mesme motif, quoy qu'ils cedent également aux mouuemens passionnez de l'enuie. La seule differance de l'âge, est à plusieurs la principale cause de ce desordre. Ainsi les jeûnes hommes accusent facilement les vieillards d'erreur ou de reuerie; & condamnent cōme des grands crimes les moindres offenses, ou déreglemens qui naissent de la foiblesse de l'esprit, ou de l'impuissance du corps. Ainsi les vieillards blasment au contraire les plus belles actions de la jeunesse; ils y découurent par tout du deffaut, & font passer pour criminelles les conduites qui tiennent plus de l'innocence, & qui doiuent gaigner vne entiere approbation parmy des Iuges equitables.

Il y en a d'autres, qui s'emportent aisement sur la vie du prochain, & qui en font des iugemens precipitez & trop seueres, sans auoir d'autre fondement que la difference du sexe. De là vient, qu'il y a tant d'hommes qui s'eschappent si souuent à faire des inuectiues côtre les moindres foiblesses, ou vanitez, ou inconstances des femmes; & que celles-cy ne sont pas moins ani-

Omnis reà displicentis etiā opinio reprobatur. Tertull. lib. de carn. Chrifl. c. 3.

mées à blasmer sans misericorde tout ce qui leur semble dereglé, soit par excez ou par deffaut, en la personne de ceux-là. Il y en a aussi qui se piquent d'enuie contre d'autres qui sont de méme condition & de mesme âge.

C'est bien plus, comme les Icteriques attribuent la couleur iaune à tous les objets qui s'offrent à leur veuë, à cause de l'effusion de la bile qui leur noye la prunelle des yeux; & comme les malades qui ont le goust alteré & corrompû, se figurent que toutes les viandes qu'on leur presente sont ameres & insipides: de mesme, les ames du siecle qui s'abandonnent au peché par vn desordre que les saintes Lettres condamnent de folie, imposent aux autres les mesmes offenses qu'elles commettent en effet chaque iour; ou leur attribuent des pensées criminelles, qui sont semblables à celles qu'elles souffrent auec approbation & acquiescement dans leur propre conscience.

Stultus in via ambulās cùm ipse insipiens sit omnes stultos æstimat, Eccles. c. 10.

Et c'est la cause pourquoy l'Empereur Neron ne croyoit pas qu'il y eut de la chasteté parmy les personnes de l'vn & de l'autre sexe; d'autant qu'il s'estoit luy-mesme abandonné, & brutalement enseuely dans les infames ordures de l'impureté. Par la mesme raison, l'Empereur Valens s'imaginoit qu'il estoit impossible qu'vn homme estant offensé par son prochain, eut

d'autres

DE L'AMOVR PROPRE.

d'autres sentimens que de vengence; par ce qu'il estoit si cruel & si inexorable apres l'offense receuë, qu'il estoit absolument inflexible au pardon: quelques humbles requestes qu'on luy addressat pour solliciter son cœur en faueur d'vn pauure criminel. Il me seroit aisé de rapporter icy cent autres semblables exemples que l'histoire nous met en main, pour iustifier que celuy qui est esclaue d'vn vice se persuade facilement, comme dit l'Angelique Docteur, que tous les autres sont coupables d'vn pareil déreglement, & qu'ils luy ressemblent dans ce degré de malice.

Ex hoc quòd aliquis ex seipso malus est, quæ si conscius suæ malitiæ, faciliter de alijs malû opinatur 2. 2. q. 60 art. 3.

Mais ce n'est pas assez à la passion extrême de plusieurs qui portent le nom de fidelles de l'Eglise, de censurer les manquemens de leur prochain par vn iugement trop seuere; d'agrandir le nombre ou la qualité de ses pechez, & de le croire coupable en effet, là où il ne le peut estre qu'en apparence; ils veulent encore encherir au delà de ce crime, en ce qu'ils font gloire de regarder le bien d'autruy auec mespris, & de conceuoir dans le secret de la pensée vne estime bien esloignée & trop inferieure au merite de sa vertû. Par ce que, dit S. Augustin, depuis le temps que le peché a corrompû nostre nature, chacun de nous est emporté d'vne affection si violente, & si dereglée enuers ses propres qua-

Amando quisque excellentiam suam, vel paribus inuidet quod ei coæquetur, vel

3 Part. Ooo

litez & excellences, soit de grace ou de nature, qu'il ne regarde quasi iamais sans enuie celles des autres. De là vient, que nous ne voulons point souffrir que ceux qui sont d'vne mesme condition, possedent des perfections égalles à celles qui nous sont naturelles, ou à d'autres que nous auons acquises; moins encore pouuons-nous consentir que ceux-cy, qui nous sont inferieurs d'office ou de naissance, nous approchent par d'autres semblables qualitez. Enfin nous auons de la peyne à voir que ceux-là qui nous passent en noblesse, en science & en dignité, soient aussi nos superieurs en toutes sortes d'autres habitudes & auantages.

Il ne faut pas vser icy d'vne longue induction, pour iustifier le sentiment de ce diuin Docteur; puis qu'il est si visible par les effets de l'experience, que nostre iugement se precipite ordinairement dans l'excez ou dans le deffaut, lors qu'il forme l'estime du bien qu'il reconnoist en nostre prochain, s'il est d'ailleurs d'vne condition inferieure à celle que nous possedons; s'il n'est pas doüé d'vn temperament conforme à nostre humeur; si la nature luy a donné des inclinations dispatiques; s'il est d'vne profession qui choque nos attaches ou nos interests; s'il n'est pas bien soubmis à nostre conduite; s'il resiste quelque fois à nos lumieres & à nos desseins;

inferioribus ne sibi coæquetur; vel superioribus quòd eis non coæquetur. lib. 11. de genes. ad litter. c.14.

DE L'AMOVR PROPRE. 475

s'il a dés qualitez qui puissent seruir de sujet aux mouuemens de l'enuie qui nous trauaille, & s'il fait des actions honnestes & loüables, que la paresse ou l'ignorance nous empechent de produire.

Quant à ceux que nous croyons n'estre point dissemblables à nous, en ce qui regarde les disgraces ou les auantages du corps & de l'esprit: il est certain, que nous les souffrons auecque peyne, lors qu'ils ne sont pas dans cette iuste proportion, & qu'ils emportent sur nous quelque sorte de preference. Or ce mal est si commun, qu'il nous est hereditaire; & la malignité de cette emulation qui se picque tousiours d'égalité, est si ancienne, qu'elle a commencé auec le monde. Car nous sçauons par le rapport des Saintes lettres, que le mal-heureux Caïn a manqué d'amour & de respect pour l'innocence de son frere Abel, & que la pieté de ce premier Pasteur a passé dans l'esprit d'vn brutal fratricide digne de sa cholere & de son aueugle fureur. Nous vôyons encore que les enfans de Iacob ne pouuoient souffrir les faueurs & les auantages de leur frere Ioseph; que le grand Prestre Aaron & sa sœur Marie se persuadoient, que Moyse leur commun frere n'estoit pas le seul Prophete de son siecle & de sa nation, & qu'ils meritoient aussi bien que luy d'entrer dans le Tabernacle

Aliquos torquet liuor edax, si quod non agunt fiat ab alijs. Gerson. in Tract. de paruul.

Propter quid occidit eum? quia opera eius maligna erant; fratris auté iusta. 1. epist. Ioan. c. 3.

O o o 2

pour auoir part aux diuines communications, & pour y receuoir des oracles.

Nous lisons en suitte, que les Princes, & les Satrappes du Roy de Babylone, ne s'estimoient pas inferieurs aux merites & aux rares vertus du S. Prophete Daniel; que les Scribes & les Pharisiens ne pouuoient souffrir qu'auec vne extreme auersion l'incomparable saincteté de Iesus-Christ, d'autant qu'ils estoient de l'ordre de ceux dont parle S. Bernardin; & que les Saduceens regardoient d'vn œil d'orgueil & de mespris, la science & le zele de l'vn & l'autre Apostre S. Pierre & S. Iean, ainsi qu'il est rapporté dans les Actes des Apostres. Enfin pour abreger cette induction, les sçauans disputent aux autres docteurs, l'egalité de suffisance par esprit d'emulation ; les artisans se croyent semblables à ceux de leur profession, dont on loüe chaque iour l'adresse & l'industrie ; les Officiers d'vn mesme corps de Iustice, ne sçauent iamais ceder aux nobles qualitez de leurs Collegues; & ceux là sont bien rares, dit S. Bernard, qui dans vn mesme Institut de religion, ne sont pas touchez de quelque mouuement d'enuie, dans la veuë ordinaire d'vne haute vertu qui éclatte en la personne de leur confrere.

Mais quels sont nos sentimens enuers ceux-là que la diuine prouidence a establis au dessus de

Tanta odij peuersitas in quibusdā mentibus regnat contra proximi sui bonum: vt illud abominentur tanquam horridum malū. Serm. 23, Tom. 1.

Rara virtus est, alienæ non inuidere virtuti. Serm 49, in Cantic.

nous, dans vn ordre plus eminent en authorité & en puissance, & qu'elle a esleuez à vn estat plus parfait en grace, en innocence, & en integrité de vie? Certes c'est vn prodige de voir, qu'il y ayt en ce siecle des ames desia fort auancées dans les habitudes de la pieté, qui s'emportent auec beaucoup de rigueur & de seuerité, à faire des iugemens passionnez & desauantageux, contre ceux-là qui les surpassent en toutes sortes de qualitez. Elles ont des yeux si perçans & si subtils, qu'elles découurent par tout du deffaut & du desordre; & quelque éclat de sainteté qui les éclaire de la part du prochain, elles y remarquent des tâches qui meritent leur censure. Les jeûnes, qui pourroient passer pour les plus austeres dans l'estime d'vn esprit raisonnable, leur semblent imparfaits, par ce qu'ils deffaillent apparamment en vne seule, mais legere circonstance. Les entretiens les plus sages ne sont pas assez innocens dans leur pensée; en vn mot, l'habit & la posture du corps, la parole & le silence, l'action & le repos, la modestie & l'honneste liberté, & tout ce qu'on peut produire d'exacte & de parfait, n'est pas dans leurs idées vn iuste modelle de vertu. Ce qui ne peut proceder que d'vn excez d'amour propre, qui fait que chacun n'est satisfait que de ses actions, & n'a de goust que pour celles des autres, comme dit le Bien-heureux Cardinal Piere Damien. Mais quoy? ce mal est il si grand & si extreme, qu'il ne puisse souffrir l'application de quelque bon remede?

Quian ista nobis placent, aliena displicent. Opuscul. 51, c. 10.

Ouurez donc icy les yeux, & si vous auez liberé de vous dégager de ce mal-heureux vice, qui vous porte à iuger les autres auec trop de seuerité, & à condamner temerairement la vie de vostre prochain : l'estime que vous ne pouuez faillir de mettre en prattique le sage conseil de S. Anselme, dont la teneur est couchée en ces termes. *Chaque fois que l'occasion s'offrira de porter sentence diffinitiue sur la vie d'autruy, & de passer condamnation, n'oubliez pas de mettre entre vous & luy vos vices & ses vertus.*

Pone inter te & proximum tuum mala tua & bona sua. lib. de similis, c. 116.

Cette pensée qui porte vn premier remede, comprend deux aduis bien remarquables, l'vn, que les Chrestiens qui sont des mauuais arbitres des actiõs de leur prochain, ne sçauroient mieux faire que de tenir la veuë, & l'attention reflechye sur eux-mesmes pour considerer leurs propres deffauts : & le second leur apprend, qu'ils doiuent ietter les yeux sur tous les biens de nature ou de grace, qu'ils découurent en la personne d'autruy, comme presés & actuels : ou du moins qu'ils se figurent, selon la deuote pensée de S. Augustin, comme possibles. Par ce que si leur esprit est partagé entre la propre experience de

DE L'AMOVR PROPRE. 479

leurs pechez, & la connoissance des seules vertus de leur prochain, ils n'auront pour eux mesmes que des sentimens simples & tousiours humbles: & pour les autres au contraire, que des pensées tousiours fauorables. C'est ainsi que nous le voyons si souuent prattiqué dans l'histoire des SS. Peres du desert, & que nous admirons en ces diuins Anachoretes, la modestie de leur iugement, lors qu'ils estoient obligez par quelque charitable necessité, de se rendre les spectateurs de la vie de ceux qui estoiét soubmis à leur conduite, ou de converser publiquement auec les personnes du siecle. He! qui nous empeche de suiure de si rares exemples? & de faire dans les villes les mesmes deuoirs de charité que ces SS. personnages exerçoient autrefois dans la solitude? *Forte per misericordiam Dei côuertetur ad Deum, & inter sâctos primû locum habere merebitur. D. Aug. serm. 59. de têp.*

Le second remede est fondé sur l'aduis du Sage, qui dit, *Que chacun doit connoistre & mesurer son prochain par soy-mesme.* Car il n'est pas possible qu'vn homme qui se contemple, & qui s'estudie soy-mesme, qui est bien instruit de ses propres infirmitez, foiblesses & inconstances; qui sçayt par reflexion son impuissance, sa misere & sa vanité; & qui est assez éclairé sur tout l'estat de son interieur, quant au nombre de ses pechez, de ses attaches, & de ses mauuaises inclinations: il ne luy est pas, dis-ie, facilement possible d'auoir *Intellige quæ sunt proximi tui ex teipso. Ecclesiastic. c. 31.*

d'autres pensées de son prochain, que celles qu'il a de soy-mesme; puis que tous les esprits raisonnables demeurent d'accord, que nous sommes tous enfãs d'vn mal-heureux pere, que nous heritons vniuerselement la masse corrompuë du vieux Adam, & que nostre nature est esclaue des mesmes passions qui tyrannisent les autres mortels. Ce mal qui nous infecte estant si commun à toute l'espece, que tous les indiuidus y participent sous des conditions égales; de sorte que nous pouuons dire, que chacun de nous est vn extrait de la malice de tout le genre humain.

Si nous auions donc cette parfaite connoissance, nous ne serions iamais les iuges des deffauts d'autruy, que par le rapport qu'ils auroient auec les nostres, & la veuë presente de nos dereglemens nous seruiroit de miroir & de loy, pour former vne estime equitable du prochain. Et par ce que personne ne se condamne soymesme, mais tâche pluftost de passer l'esponge sur ses propres actions, quoy qu'elles soient iniustes & criminelles: nous serions indulgens & fauorables aux actions des autres, dans le mesme degré de douceur & de misericorde que nous prattiquons enuers nous; & nous aurions plus de facilité que de peyne, à suiure le conseil de S. Bernard, qui nous exhorte à chercher des excuses

Nemo non benignus est sui iudex. Senec. de Benef. lib. 2. c. 26.

DE L'AMOVR PROPRE. 481

ſes dans la bonté de l'intention, ou dans les ſurpriſes de la raiſon qui a cedé à la violence, ou enfin dans les tenebres de l'ignorance inuincible, lors qu'il nous ſemble que le prochain a failly dans quelque point de ſon deuoir.

Excuſa intentionem ſi opus non potes, putâ ſubreptionem, putâ ignorantiâ. Serm. 4. in Cantic.

Mais comme nous ignorons ce que nous ſommes, à cauſe que le commun ennemy de noſtre ſalut l'Amour propre, nous déguiſe noſtre mal par des ſubtiles illuſions: de là vient auſſi, que par vn aueuglement eſtrange, nous iuſtifiós nos crimes, par ce qu'ils ne nous ſont pas aſſez connûs, pour condäner ceux des autres ſans excuſe & ſans miſericorde; d'autant qu'ils nous ſont plus viſibles: & par la meſme raiſon nous ſommes indulgens à nous-meſmes, & ſeueres enuers tous ceux qui nous ſemblent coupables. Ce qui nous fait aſſez paroiſtre combien cette ignorance nous rend criminels; puis qu'elle nous pouſſe, non ſeulement à faire des iugemens déreglez ſur la vie de noſtre prochain, mais encore à tranſgreſſer la loy de Charité, qui nous oblige de l'aymer comme nous-meſmes. C'eſt la penſée de S. Auguſtin.

Neantmoins ce n'eſt pas aſſez d'auoir icy propoſé deux ſolides remedes, comme deux fortes digues pour empêcher la liberté qu'on ſe donne impunément à iuger des pechez d'autruy au delà de leur malice: il faut encore en adiou-

Quomodo diligit proximum, tâquam ſeipſum, qui neſcit & ſeipſum? in Pſalm. 18.

3 Part.   P pp

ster autres deux, pour apprendre à regarder ses vertus sans rabattre de leur éclat par des sentimens d'enuie, & sans rien diminuer de leur prix, par la malice d'vn mespris estudié.

Lib. de stim. diuin. Amor. 3. part. c. 8. & 9.

Or la premiere qui s'offre à ma memoire, est rapportée bien au long par le Docteur Seraphique, lors qu'il iustifie tout ce qui peut apparamment seruir de sujet aux iugemens sinistres & temeraires qu'on fait contre les biens & les auantages du prochain, & qu'il dresse des leçons de pieté, nous instruisant en ces termes. Si vous voyez, dit ce S. Pere, des personnes de naissance qui sont esleuées aux plus eminentes dignitez de l'Estat ou de l'Eglise, pour gouuerner les peuples auec vne authorité animée de pompe & de magnificence: persuadez-vous que ce sont des marques éclatantes du pouuoir, de la majesté, & de la gloire de la diuinité; & prenez de là sujet de les honorer humblement par des nouueaux Panegyriques. Si vous en decouurez d'autres qui sont éclairez des plus hautes sciences diuines & humaines, qui sont subtils en leurs raisonnemens, & puissans en la dispute, polis dans l'entretien, & eloquens en leurs discours: Souuenez-vous que ce sont des ombres & des iamages apparentes de la connoissance, de la lumiere, & de la sagesse de Dieu. Si vous en remarquez encore plusieurs qui s'employent

DE L'AMOVR PROPRE. 483

heureusement aux affaires du monde, & qui reüssissent auec beaucoup de succez dans tous les negoces d'vne ville ou d'vne famille: Figurez vous que ce sont des crayons, quoy que fort imparfaits de la prouidence diuine, qui ordonne, & qui dispose toutes choses auec poids, nombre & mesure: Que s'il y en a qui soient seueres & exactes en tout ce qui regarde la police de l'Eglise, ou pour mieux dire, dans l'vsage vniuersel de la discipline Chrestienne: rappellez aussitost à la memoire les rigueurs & les vergences de la iustice eternelle; & s'il s'en trouue au contraire, qui soient fort indulgens & faciles à pardonner les deffauts de ceux qui viuent sous leur conduite, representez-vous deslors en idée les douceurs & les bontez ineffables de la misericorde de Dieu.

Enfin, ce S. Prelat poursuit son induction, & conclud en deux mots, que nous pouuons imiter ces deuotes pratiques en des semblables rencontres; & qu'il est aisé de nous façonner dâs les habitudes d'vne innocence si moderée, que nous n'ayons que des pensées iustes & equitables en faueur de nostre prochain. C'est le remede commun & asseuré contre la liberté de nos mauuaises humeurs, qui s'emportent si souuent en des excez de condamnation: & c'est le moyen le plus aisé & le plus innocent qu'on puisse prescrire aux personnes qui frequentent la Cour des grands, & qui veulent regler leurs sentimés, afin de iuger fauorablement de tant de personnes qui s'offrent à leur veuë, & d'atteindre à la perfection que S. Anselme nous propose.

<small>Bonus homo gaudet de bono opere ac si esset cooperator, dolet de malo ac si esset destructor. lib. de simili.</small>

Neantmoins il faut aduoüer, qu'il n'est rien de plus puissãt pour persuader à vn esprit raisonnable l'vsage de cette saincte vertu, que l'authorité de l'exemple recueilly de nous par nous-mesmes. Car nous voyons tous les iours sans enuie, ou plustost auec admiration, la majesté des rayons du Soleil, l'esclat des pierreries, les vertus des plantes, & mille autres merueilles de la nature. Nous contemplons auec agréement & complaisance, les iours les plus serains, les saisons les plus belles, & les climats qui sont les plus fertiles ; parce que nous sçauons que la volonté de Dieu, qui est la souueraine raison, en a disposé de la sorte, & qu'elle a iugé tres à propos des faire des ouurages si excellens & si remarquables.

Hé ! pourquoy n'adorons nous auec vn égal acquiescement d'esprit & de raison, la mesme prouidence, qui establit mille singulieres inegalitez dans la condition égale des hommes? Pourquoy n'approuuons nous ses ordres, en ce qu'ils font viure les mortels sur la terre auec plus de diuersité, quant aux graces & perfections

DE L'AMOVR PROPRE. 485

indiuiduelles, qu'il n'y a dans le Ciel d'astres & d'estoilles de differante grandeur? Pourquoy enfin ne regardons nous auec des yeux de complaisance, & iamais de jalousie, ceux qui ont plus de merite que nous, & qui possedent plus de qualitez d'esprit, ou plus de perfectiõs de corps, ou plus de biens de fortune.

Est alius alio fortior, alius alio sapientior, alius alio iustior. D. Aug. tract. 67. in Ioãn.

Nous voyons tous les iours auec satisfaction, qu'vn Maistre Orfevre, fait d'vne mesme masse d'argent, des vases pour seruir à la table, & d'autres pour estre laissez sous le lit, ou à la cuisine, & nous voulons cependant que tout le monde nous soit semblable, & que personne n'emporte sur nous aucun auantage? C'est bien plus, nous desirons de passer les autres en richesses, en science, en amis, en offices & dignitez, & ne pouuons souffrir qu'auec du regret les excellences & les perfections qu'ils emportent au dessus de nous. Mal-heureux, dit à ce propos S. Ambroise, ne sçays tu pas que ceux-là qui enuient les effets de la bonté de Dieu en la personne du prochain, & qui par vne malignité desesperée font outrage ou mespris des dons que sa prouidence luy distribuë, meritent la priuation de ses graces, & de ne plus receuoir des faueurs de sa main liberalle?

Ab ijs quæ diuina beneficia in alijs persequũtur miracula suæ potestatis Dominus auertit. lib. 4. in Luc.

Passons encore plus auant, pour raisonner sur les mesmes principes de l'experience, qui est appuyée & establie sur nous mesmes. Car elle nous apprend, que c'est le naturel de l'homme de ne condamner iamais en autruy le mal qu'il cõ-met en sa propre personne. Car comme chacun s'ayme iusques aux crimes dont il infecte son ame, il approuue tout ce qui a du rapport au desordre de sa vie, & se console de voir des complices de son peché, ou de ses associez à sa malice, à cause qu'il pretend d'essuyer la honte du mal, en le voyant plus estendû, ou le faisant plus commun.

<small>Suos actus nullus damnat in altero. Cassiod. lib. 6. variar. epist. 21.</small>

Or il est ainsi, que cette prattique n'est que trop familiere parmy ceux-là qui sont infectez de pareils vices, & qui sont également coupables : pourquoy donc ne verrons nous pas les mesmes sentimens entre les personnes qui professent la vertû? Est-il possible que le mal soit plus puissant que le bien sur l'esprit des hommes? Faut il que les méchans ayent de la complaisance pour les pechez d'autruy, s'ils portent l'image de leur iniquité personnelle: & que les bons ayent de l'auersion contre ceux qui les égalent en saincteté de vie: que ceux-la gratifient leurs semblables, & que ceux-cy n'en puissent souffrir la presence ny l'entretien, sans vne secrette douleur, qui tire sa naissance, de ce qu'ils n'ont pas sur eux quelque ordre de preference.

DE L'AMOVR PROPRE. 487

O que l'Apoſtre S. Paul eſt bien eſloigné de cette maligne paſſion, lors qu'il declare aux Corinthiens, *qu'il ſouhaite que tous les fidelles luy reſſemblent.* Ce qui nous fait aſſez paroiſtre combien ſon cœur eſtoit dégagé de cette ſingularité affectée, qui prétend de ſe rendre plus remarquable par l'éclat de ſa propre excellence; ſe figurant dans ſes idées qu'elle paſſe le merite des autres mortels. Mais la modeſtie du diuin precurſeur eſt encore plus conſiderable, lors qu'il aſſeure ſes diſciples, *Que ſa joye eſt accomplie par l'arriuée du Meſſie, en ce qu'il doit diminuer de credit & d'eſtime, & Ieſus-Chriſt au contraire, croiſtre en honneur & en gloire temporelle, par ſes predications & par ſes miracles.*

Volo omnes vos eſſe ſicut meipſum. I. Corinth. c. 7.

Gaudium meum impletum eſt: illum oportet creſcere me autem minui. Ioann. c. 3.

Si voſtre vertu n'eſt pas aſſez genereuſe pour s'eſleuer à vne ſi haute perfection, à l'imitation de ces deux grands SS. dont l'humilité eſt incomparable: trauaillez du moins à viure & mourir content dans la complaiſance d'eſtre ce que Dieu veut que vous ſoyez en ce monde. Ne vous occupez plus à rabattre par penſée, ou à decrediter par vos paroles les vertus de voſtre prochain, & ne diminuez point l'eſtime publique qu'il s'eſt acquiſe par ſes belles actions. Enfin, ſoyez touſiours ſatisfait de voſtre pays, du lieu de voſtre demeure, de l'office qui vous eſt deſigné, du nom, & du rang que vous poſſedez, des qua-

Mens dedita vanitati laudem alterius, ſuam reputat vituperationem. D. Bernard. ſerm. 17. de parti.

litez de l'ame, & des auantages du corps dont vous iouyssez : & persuadez vous, que s'il y en a beaucoup dans le Royaume qui vous precedent en amis, en parens, en estime, en richesses, & en dignitez ; & qui ayent plus de part que vous aux employs de l'Estat ou de l'Eglise, ils ont aussi plus de merite pour plaire à Dieu, & plus de suffisance pour agir sur l'esprit des hommes. Il est vray que par les saintes complaisances de la charité, vous pouuez rendre vostres, tous les biens qu'ils ont acquis, comme dit S. Prosper.

Omnium profectus nostros esse credamus. D. Prosper. lib. 3. de vita contemp. c. 15.

L'Amour Tyrannique nous rend trop ou peu agissans pour le salut de nostre prochain.

Chap. IX.

La Nature ne permet iamais des puissantes actiuitez, qu'elle ne leur oppose de droit fil d'autres qualitez ennemyes, afin d'arrester la violence de leur progrez par des contraires resistences : la Moralle ordonne sagement, que dans vne Republique il y ayt des soldats & des armes pour vaincre les forces qui paroissent au dehors de ses Estats : Et la sacrée Theologie nous apprend, que si la diuine prouidence permet que chaque homme mortel soit

tenté

DE L'AMOVR PROPRE. 489.

tenté de l'esprit malin, & trauaillé de son illusion pendant le cours de cette vie; elle veut aussi qu'en mesme temps il soit assisté d'vn Ange tutelaire & protecteur, qui luy donne du secours, & qui combate en sa faueur, comme n'ayant pas moins de pouuoir à le defendre, que le commun ennemy de son salut a d'artifices pour l'attaquer, & de malice pour le perdre.

Non plus impuris spiritibus quàm sancto licet. Lact. Firm. lib. 5. Inst. c. 1.

C'est assez pour nous persuader que nous deuons instruire nostre prochain de toutes les veritez de la Religion, & le diuertir des occasions du peché; c'est assez pour nous faire voir, que nous sommes obligez de le releuer de ses cheutes, de le corriger de ses defauts, & de le porter, en vn mot, au bien qui luy est possible dans sa condition : puis qu'il est assiegé par les pratiques de tant d'impies, & de tant de libertins qui le sollicitent à la reuolte contre Dieu, & à la trahison de son propre salut ; puis qu'il est au milieu des funestes compagnies qui font sans cesse tous leurs efforts pour l'engager au mal; & puis qu'il voit chaque jour dans le siecle, vne suitte continuée de pernicieux exemples, qui gaignent les affections de son cœur, & qui luy impriment sensiblement la malignité de leurs habitudes.

Ce sont les deuoirs de charité que nous deuons prattiquer en sa faueur, comme estant les

3. Part.   Qqq

premiers & les plus considerables, dit l'Angelique Docteur, apres l'incomparable S. Augustin qui raisonne sur ce sujet en ces termes, *Celuy-là n'ayme pas son prochain comme soy-mesme, qui ne travaille point à luy procurer le mesme bien de la gloire à laquelle il pretend par le sainct vsage de la grace.* D'où vous pouuez inferer, que le principal office de la dilection fraternelle consiste à esloigner d'autruy tout le mal qui peut corrompre ou troubler la pureté de sa conscience, & à luy procurer au contraire, tout le bien qui peut sanctifier son ame par les sacrez exercices de la vertu.

Cependant je ne veux pas icy multiplier les preuues pour établir cette verité : elle est assez visible pour n'estre point contestée. Il me suffit de dire, que ce siecle n'est pas si mal-heureux, ny si sterille dans toutes les œuures de pieté, qu'on n'y voye bien la troisiéme partie des fidelles qui trauaillent à sauuer les autres deux, soit par la langue, soit encore par l'employ des sacremens, ou par la saincteté des vertus exemplaires : parce qu'on sçait assez l'auis du Sage dans ces rencontres. Mais comme il n'est rien de parfait & d'acheué parmi les mortels : il faut aussi confesser, que le naturel de l'homme est si corrompû en ses habitudes, & si dereglé en ses conduites, qu'il ne peut subsister long temps dans l'estat d'vne juste mediocrité, sans tumber

1.2 quæst. 28. art. 4.
Non diligis proximum tamquam teipsum, si non ad id bonū ad quod ipse tendis adducere satagis.
lib. de moribus eccles. c. 26.

Vnicuique mandauit Deus de proximo suo.
Eccles. c. 17.

DE L'AMOVR PROPRE.

lâchement en l'vne ou l'autre extremité; à sçauoir l'esloignement de la vertu, ou le desordre du vice. Ces deux escueils sont si familiers à châque fidele qui trauaille au salut des ames, qu'ils sont quasi ineuitables à sa fragilité, ou à son impuissance. Que s'il est necessaire d'en faire la demonstration par des inductions veritables, considerez, s'il vous plaist, combien de personnes agissent par excez ou par defaut dans les moyens qu'elles employent pour retirer le prochain de l'abysme du peché, & le remettre dans l'estat de la grace, & vous serez forcé d'aduouer, que c'est icy où l'amour propre découure ses ruses & ses artifices.

Mais pour diuiser ce Tout en ses parties, & pour commencer le denombrement auec ordre, il ne faut que ieter les yeux sur les deuots contemplatifs du siecle, qui ayment auec tant de passion cette delicate éleuation d'esprit (que S. Bernard condamne d'oysiueté, & de negligence affectée) qu'il n'est pas possible de leur persuader d'abandonner pour vn temps le repos & les delices de leur chere solitude, pour trauailler au salut des ames. Ils affectent de s'esgarer dans vn labyrinte de mille curieuses contemplations, afin de s'enyurer des biens & des douceurs de la maison de Dieu; & ils ont des attaches & des complaisances si fortes pour ce genre de vie,

Appetis contemplationis quietem, sed delicato satis otio dormitare vis, si non exercitatus quiescere appetas. Serm. 46. in Cant.

qui a tant de rapport à celle des Anges, & qui est par tout sedétaire & pacifique, qu'ils oublient mesme en leurs prieres les interests de leur prochain. De sorte que si l'on considere de bien prez leur procedé, l'on a sujet de dire, qu'ils viuent comme s'ils n'estoient venus au monde que pour eux-mesmes, & comme si le sainct Esprit les auoit exclus du nombre de ceux à qui il adresse ces parolles, *Aydez à la conuersion de vostre prochain, tout autant que la charité bien ordonnée le peut permettre*. Il y en a d'autres qui par vn mouuemét contraire se precipitent dans l'excez ; car ils sont tousiours empressez & agissans de toutes les façons possibles pour le salut d'autruy ; sans vser iamais de prudence & de moderation dans les exercices de la charité. Ils affectent de sauuer tout le monde, & s'oublient eux-mesmes de leur propre auancement dans la foule de leurs occupations excessiues. S'ils conuersent en public, s'ils estudient dans le cabinet, s'ils prient à l'Autel, ou à leur Oratoire ; c'est tousiours pour le prochain ; parce qu'ils se persuadent qu'il leur suffit de trauailler pour imprimer dans l'esprit des autres fidelles des sentimens de pieté, & de prattiquer en leur faueur tous les employs de la vie actiue. C'est pourquoy sainct Bernard les compare fort à propos au tuyeau d'vne fontaine, qui reçoit l'eau dans son vuide, non

Recupera proximum secundum virtutem tuam. Ecclef. c. 29.

Serm 18. in Cantic.

DE L'AMOVR PROPRE. 493

pour la retenir, mais pour la répendre au dehors.

Et pour pousser encore plus auant le mesme sujet, pouués vous approuuer les écriuains du siecle qui dementent le sage jugement de Tertulien, & qui dans tous les sujets de pieté qu'ils destallent en faueur de l'vtilité publique, appliquent du fard au mensonge, afin de luy acquerir plus de vogue & plus de credit ? Qui sous la fiction continuelle de quantité de Romans spirituels déguisent sur le papier les veritésde l'histoire, pour se rédre plus rauissans dans l'intrigue & dans le merueilleux ? Qui donnent beaucoup à la complaisance pour agréer aux esprits curieux, & fort peu au profit, pour instruire les ames ? Qui pour gaigner vn plus grand nombre de lecteurs allument dans le cœur les flammes de la concupiscence, plus ils font vanité de les vouloir esteindre ? Qui expriment des attraits, des idées, & des instructions du vice, lors mesme qu'ils dressent en apparence des leçons publiques de la vertu ? Ou qui troublent la paix des Echoles par des opinions nouuelles, inutiles & dangereuses, & qui ostent le repos à l'Eglise par des erreurs que l'obstination & la subtilité du caprice changent enfin en de fatales heresies.

Nemo tam otiosus feratur stilo, vt materias habeus, fugat. Tertull. lib. contr. Valent.

Il est vray, que s'il y en a de coupables par le

defaut de bonté & d'innocence dans toutes les matieres qu'ils traittent; & si la censure de Salvian les touche aussi sensiblement que les autheurs prophanes de son siecle : il s'en trouve encore vn plus grand nombre d'autres petits personnages qui manquent en la beauté de la forme par des excez si extremes & si visibles, qu'ils ne souffrent point d'excuse. Car ils affectent de ne rien dire sans pointe, sans figure, sans dessein, sans estude, & sans éclat. Leurs discours sont limez auec tant d'artifice que châque mot tient son rang, châque phrase a son lustre, châque periode coule auec sa iuste cadence, & châque fueille paroist animée de tous les attraits & delicatesses d'vn langage poly, & par tout affeté ¶ce qu'ils font, pour meriter la gloire des plus rares écriuains du siecle. Apres cela n'est-il pas aisé d'inferer, que ceux qui donnent au public des ouurages de pieté façonnez de la sorte, sont esclaues de l'Amour propre ? soit qu'ils excedent en la forme, ou qu'ils defaillent en la matiere.

Considerez en suite cette grande foule de Predicateurs de la mode, qui sçauent si bien l'art de plaire à la Cour, & qui sont presse pour occuper toutes les chaires de Paris, si d'ailleurs elles leur sont vtiles, ou du moins honorables. Voyez s'ils ne se rendent pas les organes du sainct Euan-

Illorum scripta aut falsitate sunt infamia, aut rerum obscœnitate vitiosa.
Idem de Prouid.

gilé sans attendre la vocation du ciel, ou sans auoir de mission expresse ; s'ils ne sont pas tousiours les Apostres, iusques à ce qu'ils deuiennent Abbez ou Euesques; & s'ils ne rapportent point en vn mot, toutes leurs attentions à prêcher la parolle de Dieu auec ardeur, & mesme dans le dessein de conuertir les ames, si d'ailleurs ils ont le moyen d'acquerir des pensions annuelles sur l'Estat, ou des Benefices dans l'Eglise par les fonctions de ce sacré ministere. Iugez cependant par ce procedé s'ils agissent dans le pur motif de la dilection fraternelle? & si le sentiment de S. Augustin n'est pas tousiours veritable ?

Quant à ceux qui prechent en d'autres villes du Royaume, deuons nous croire sans contredit qu'ils soyent conduits, & animez par les sacrez mouuemens de l'esprit Apostolique, s'ils ne font point difficulté de preferer l'agreable à l'honneste, & l'vtile à tous les deux, lors qu'il regarde leurs propres interests ; s'ils cultiuent auec plus de soin la forme, que la matiere de leurs discours. Ie veux dire, s'ils trauaillent auec plus de passion à former l'esclat & l'ornement d'vn beau langage, qu'à choisir des pensées solides, ou des verités necessaires, recueillies du sein de l'vne & l'autre Theologie ; s'ils affectent l'accez aux chaires des grandes villes, apres auoir mesprisé celles de moindres lieux, & singuliere-

Germana dilectio est in nobis non ficta, sed sincera, salutem fraternam quærens, nullū emolumentum expectans. Tract. 6. in Ioann.

ment celles de la campagne; s'ils rendent leurs predications plus rares, pour auoir plus de temps à polir, & à mignarder les periodes; s'ils font des discours trop estudiez, pour flatter seulement la delicatesse de quelques esprits: & s'ils n'ont pas le dessein de proposer aux autres de sainctes pésées, qui puissent leur imprimer l'horreur du peché, & l'amour de la vertu; que pour s'establir eux-mesmes dans quelque renom de saincteté.

Iustum negotiû suscipit necessitas charitatis.
D. August. lib. 19. de Ciuit.

Mais j'estime encor plus coupables ceux qui portent le glorieux titre de Predicateurs, & qui n'ont jamais d'Euâgile pour prescher aux grilles, moins encore aux parroisses, à cause du soin & de l'estude qu'il leur faut apporter necessairement pour preparer des sermons; qui ont toutes les qualités auantageuses pour exercer ce diuin ministere, & qui negligent d'en faire vsage par mespris, ou par defaut de zele; qui sont capables de gaigner des ames à Iesus Christ, par les attraits de la parolle de Dieu, & neantmoins qui font refus de l'entreprendre: parce qu'ils ont plus d'attache aux interests de leur parfaite santé, qu'à l'instruction des peuples. Qui ont enfin tous les prejugés de grace & de nature pour croire que Dieu les appelle aux sacrés employs de la predication, & qu'il demande d'eux des applications singulieres d'esprit & de corps à
cet

cet office; & cependant ont tant de lacheté qu'ils ne daignent pas d'employer quelquefois le jugement à la composition d'vn discours, ny la memoire à l'apprendre par cœur, ny l'action, le poulmon & la langue pour le prononcer en public, dautant que la crainte d'hazarder leur reputation, & de mettre leur honneur en compromis, est plus puissante sur leur esprit, que la conuersion d'vn pecheur. Que s'il est ainsi, ne faut il pas conclure, que les excez de l'Amour Tyrannique produisent icy des effects bien deplorables? puis qu'ils font commettre plus d'injustice & plus de cruauté enuers le prochain, que si on luy auoit refusé vn mourceau de pain dans les extremes necessités de la famine. De là vient que sainct Bernard appelle fort à propos ce defaut de charité, vne violente vsurpation qu'on fait du bien d'autruy, par vn silence criminel & inexcusable. Mais quel jugement ferons-nous des Professeurs de la Theologie morale?

Rem profectò proximi retines, si plenus virtutibus cùm sis, verbum bonū quod posset prodesse multis, damnabili ligas silentio. Serm. 18. in Cantic.

Il est certain qu'ils n'ont pas vn vray zele de sauuer les ames, s'ils negligent d'estudier les sacrez Canons, les Decrets des saincts Peres, & les meilleurs interpretes de leur doctrine; s'ils ont plus d'attache à trafiquer en fleurs, à cultiuer des parterres, à lire les histoires de tous les Estats & Empires du monde, & à manier des

3. Part. Rrr

Aſtrolabes, qu'à viſiter les Autheurs qui éclair-
ciſſent les principales matieres qui regardent les
mœurs & la foy, & qui ſçauent former par leurs
ſages maximes l'eſtat d'vne bonne conſcience,
s'ils font gloire d'occuper quelquefois la chaire
pour y exercer l'office de Predicateurs (quoy
qu'auec peu d'approbation, & moins encore de
ſuccez) afin de n'auoir point la peine de s'employer en entendant les confeſſions à bien diſ-
cerner la lepre d'auec la lepre. Ie veux dire le
peché veniel d'auec le mortel, le licite d'auec le
defendu, & les mouuemens de ſurpriſe d'auec
les volontaires. Enfin, il faut aduouër qu'vn
Preſtre confeſſeur, ſoit Regulier ſoit Eccleſiaſtique, teſmoigne aſſez viſiblement que ſon
cœur n'eſt pas rempli des pures flammes de
cette charité, dont parle le grand ſainct Gregoire, s'il inuente mille excuſes pour ſe diſpenſer
des fonctions de ſouuerain Iuge ſur le ſacré Tribunal de la penitence : ſans auoir d'autre motif
que la honte d'vn ſot meſpris qu'on fait aujour-
d'huy, par vn abus inſupportable, de ceux qui
n'ont de capacité que pour abſoudre les pechez
de leur prochain.

Or pour paſſer du defaut à l'excez, nous
auons encore moins de ſujet de croire que ceux-
là ſoient pouſſez à la conuerſion des ames par
vn zele deſintereſſé, qui trauaillent auec artifi-

Charitas quem im-plet incen-dit lib. 6. moral. c 25.

DE L'AMOVR PROPRE.

ce à deserter les autres Eglises d'vne ville, pour remplir celle qui leur est affectée d'vn plus grand nombre de personnes penitentes ; qui ne confessent les pauures que pour gaigner les riches par cet exemple d'humilité ; qui diminuent les pechez par des subtilitez estudiées ; qui renuoyent à d'autres Confesseurs les valets & les seruantes de peyne, les paysans de la campagne & les artisans des villes, pour auoir plus de liberté & plus de complaisance à voir fondre à leurs pieds tout l'éclat d'vne Cour; qui ostent l'vsure & la simonie du droict Canon, afin d'estre suiuis auec plus de concours par des lasches Chrestiens, dont la nature corrompuë cherche les voyes douces & fauorables à l'amour propre ; & qui n'obseruent pas le sage conseil d'vn ancien Cardinal de l'Eglise Romaine, en ce qu'ils s'offencent jusques au poinct d'honneur, si d'autes Confesseurs leur rauissent leurs penitens ; sans y employer neantmoins d'autres ruses & secrets artifices pour rompre les intriges de leur cómerce, que les effets d'vne plus rare vertu, que les marques asseurées d'vne plus haute suffisance, & que les preuues inuincibles d'vn amour plus d'égagé de la recherche du propre interest.

Dum animarū fructus exquiritur, non humana laus, non popularis fauor quæratur. D. Petr. Damian. lib. 5. epist. 12.

Que si ces desordres sont communs à plusieurs qui font profession de s'asseoir souuét sur le Throfne de la penitéce ; il y en a d'autres qui ne font pas moins familiers à quelques Directeurs qui conduifent les ames, & qui par des inftructions de pieté les efleuent à la perfection. C'eft vn prodige de voir les fortes attentions qu'ils rapportent à mandier hardiment des ames deuotes, par des lettres d'eloge & d'approbation qui les rendent recommandables ; à prattiquer mille inuentions pour s'introduire dans les maifons des grands, afin de les affuiettir à leur conduite, à faire courir des billets qui portent le fiel & la calomnie contre d'autres qui ont plus de merite & plus de vogue en la direction des confciences ; à trouuer par tout des confidentes qui releuent leurs vertus & leurs qualités jufques au ciel, pour engager tout le monde à fuiure leurs loix & leurs lumieres ; à multiplier les voyages & les vifites pour flatter les perfonnes d'illuftre condition, par les contraintes eftudiées d'vn entretien de pieté ; & pour charmer leur curiofité par des artifices d'vne rethorique fardée de deuotion & de complaifance ; à feindre les yeux, le port, le vifage & la voix des ames fainctes & cheries de Dieu, pour obliger les plus illuftres Dames d'vne ville à les confulter comme les feuls oracles de la Theologie miftique, & comme des miracles de fainćteté ; & à ne refmoigner au dehors que modestie, que solitude, que zele, que destachement, que science diuine, que mortification publique; afin de persuader à tout le monde qu'ils ont au dedans toutes les habitudes d'vne vie pure & innocente. C'est ainsi qu'ils joüent auec adresse leur personnage, pour auoir en suitte plus de facilité à rauir subtilement les biens de fortune à ceux qui les estiment riches des biens du ciel. Car comme ils croyent qu'on doit tout à leur suffisance imaginaire, ils se persuadent facilement qu'on ne sçauroit assez recompenser leurs trauaux & leurs merites. D'où l'on peut inferer que les motifs de leur zele sont trop interessés, & que leur vertu n'est pas plus haute que celle de ces payens, dont parle vn ancien Philosophe.

Enfin, il faut aduoüer qu'vn Pasteur d'Eglise est bien lâche & mercenaire s'il a plus de soin de l'œconomie temporelle qui regarde ses dixmes & ses reuenus, que de la spirituelle des ames qui sont soubmises à sa conduite; s'il est plus diligent à tondre ses brebis, qu'à leur donner de quoy viure, soit quant au corps par des aumosnes, soit quant à l'ame par des instructions de pieté; s'il fait gloire de porter le titre de Curé ou de Prelat, & s'il neglige d'exercer les fonctions de sa charge; s'il est plus occupé au droict Ciuil, qu'à l'estude du droict Canon, &

Inueniuntur qui honesta in mercedem colant, qui busque nō placet virtus gratuita. Senec. de Benef. lib. 4. cap. 1.

LA TYRANNIE

s'il prefere les employs de l'Estat à ceux de la Religion ; s'il est plus sçauant dans les procez qu'en l'vsage des reglemens de son Eglise ; s'il est plus assidu à frequenter le Palais de Iustice, qu'à chanter dans le Chœur l'Office diuin ; s'il commet aux autres les fonctions de son ministere qui sont plus laborieuses, & qui sont moins d'éclat, pour se reseruer celles qui sont plus faciles, & qui d'ailleurs luy apportent plus de profit & plus de gloire ; en vn mot s'il est plus occupé à la recherche de ses propres cōmodités, qu'au profit spirituel des ames de son Diocese ou de sa Parroisse : comme sainct Gregoire le Grand le deplore en la personne des Ecclesiastiques de son siecle. Mais parce que ce sont des verités odieuses à plusieurs je les laisse dans le silence.

Nulla animarum lucra quærimus ad nostra quotidie studia vacamus. Homil. 17. in Euang.

L'Amour interessé nous permet pas de contracter vne vraye & sainte amitié auec nostre prochain.

CHAP. X.

COmme l'vnion des elemēs auec les mixtes fait subsister ce monde inferieur ; comme le bon accord des excellens Ministres d'vn Estat fait son repos & sa paix, sa subsistence & sa felicité ; & comme les consultations

DE L'AMOVR PROPRE. 503

de plusieurs sages Medecins restablissent la santé des malades : de mesme, dit vn sainct Abbé de l'ordre de S. Benoist, toutes les amitiez qui sont fondées sur la loy de la Charité, font le bon-heur de la Religion, la consolation des fidelles, & la perfection du Christianisme.

D. Aelred, Tract. de Amicit.

Mais aussi il faut adouër, que si les vrayes amitiez ont tousiours parû fort rares & singulieres parmy les Payens : & si dans tous les siecles idolastres l'on a veu seulement quelques exemples de celles qui sont parfaites : il n'y en a point auiour-d'huy, peut estre, vn plus grand nombre entre les Chrestiens qui font profession de croire toutes les veritez de l'Eglise : parce que l'amour tyrannique est si puissant sur les affections de celuy qui est son partyzan, ou son esclaue, dit S. Bernardin, qu'il n'a point d'autre loy, ou regle d'amitié, que l'vtile ou l'agreable. L'vn ou l'autre de ces deux biens sont les grands charmes qui attachent l'homme à soy-mesme ; mais auec tant de violance & de passion, qu'on ne voit pas qu'il ayt quasi iamais d'amour pour le prochain, qui ne soit mercenaire, & interessé dans ses pratiques.

Serm. 189 de extr. Tom. 3.

S'il nous faut iustifier le sens de cette proposition par la deduction de toutes ses parties, nous ne pouuons faillir de supposer d'abord auec l'ancien Cassiodore, que les personnes qui ont

Lib. de Amicit.

des humeurs violentes & choleres, & qui se deffient de tout, pour deferer à l'ombre & au soupçon d'vne offence imaginaire; que les volages qui sont inconstans en leurs affections, & qui ont du degoust pour vn amy desia acquis, parce qu'ils trouuent plus d'attraits dans la nouueauté d'vn autre; que les superstitieux qui ne sont amis de Dieu, ny d'eux mesmes, par les excez de leur noire melancholie; & que les mocqueurs qui ayment la raillerie, & qui affectent plustost vn bon mot dans l'entretien, que les affections d'vn amy fidelle: Tous ceux-là, dis-ie, meritent d'estre exclus du commerce de la vraye amitié, & de n'auoir point de part en ses honnestes & raisonnables practiques. Ie consens encore qu'on publie auec vn sainct Abbé, que les inclinations tendres & pueriles ne sont pas capables de cés constantes fidelitez qui font subsister les amitiez Chrestiennes & Religieuses: & ie soustiens apres S. Bernardin, que les sensuels qui se passionnent pour les voluptez comme les bestes, n'ayment que leur satisfaction, & n'ont iamais des sentimens d'affection, que pour ceux-là qui les fauorisent dans la recerche, ou en la iouissance des delices du corps. Et c'est icy où la pensée d'Ennodius est tousiours veritable en ce qu'elle porte, que l'amitié impure & deshonneste n'est iamais establie sur de fermes racines, comme n'estant fondée

D. Aelred. vbi supra.

Non validis radicibus innitur amor indebitus, Lib. 3. epist. 21.

DE L'AMOVR PROPRE. 505

fondée que fur vn infame plaifir.

Mais nous deuons en fuite nous informer, s'il eft poffible de voir en ce temps vne fainte amitié entre les perfonnes qui font de diuers fexe? Ce qui nous femble d'autant plus probable, que l'hiftoire de l'Eglife nous apprend, que dans les fiecles paffez l'on a veu des amitiés toutes celeftes & diuines, qui ont paru auffi ardentes que les rayons du Soleil, & auffi pures que les flammes qui allument les Aftres. En effet, fainct Hierofme auoit des fainctes tendreffes & des affections innocentes pour fainte Paule, fainct Iean Chrifoftome pour la bien-heureufe Olympias, fainct Bernard pour la pieufe Ermengarde, & s'il faut alleguer vn exemple Canonique, fainct Iean l'Euangelifte pour la deuote Dame Electa. Mais auffi l'on ne fçauroit nier qu'à moins d'auoir la fainteté de ceux-là, & la pieté de celles-cy, l'on ne peut contracter d'amitié particuliere fans eftre intereffée, comme eftant fondée fur le bien vtile, ou fur le delicieux ; ce qui ne s'accorde pas bien, dit fainct Hierofme, auec les prattiques du fainct Amour.

Crebra munufcula & oblatos ac deguftatos cibos, blandefque ac dulces litteras fáctus amor non habet. Epift. ad Nepotian.

Ie fçay bien qu'on peut dire, qu'il y a des hommes & des femmes en ce fiecle corrompu qui s'entrayment innocemment, d'autant que leurs amitiés font fondées dans la vertu ou dans

3. Part. Sff

l'honnesteté; je sçay qu'on peut souftenir, qu'on void tous les jours mille ames Chreftiennes dont les cœurs font vnis par les chaftes liens d'vne affection folide & reciproque, quoy que la diftinction du fexe les fepare de demeure, ou les tienne autant efloignées de prefence que les Cherubins de l'Arche. Mais auffi je n'ignore pas, que comme l'huyle, quoy qu'elle foit douce au gouft, & d'vne couleur agreable, tuë les abeilles en leur oftant, dit fainct Ambroyfe, la liberté de la refpiration: qu'à mefme proportion il y a des amitiez qui font en apparence douces, fpirituelles, fainctes, & rauiffantes, qui deftruifent en effet l'efprit de deuotion; & qui empechent que l'ame ne refpire la charité qui eft la vie de la grace, pour remplir le cœur de ceux qui s'entrayment de mille imperfections. Examinez donc vos intentions fur ce fujet; voyez les difpofitions de voftre cœur, & vous ferez contraint d'aduoüer, que l'amour que vous portés aux perfonnes qui ne font pas de voftre fexe, eft plûtoft de conuoitife que d'amitié. Au refte, pefés icy ce beau mot de l'ancien Caffiodore, fi vous exercés l'office de Directeur.

Et pour paffer encore plus auant, croyez vous bien qu'il y ayt vne fainte amitié eftablie conftamment entre l'vn & l'autre eftat regulier

Si quis apes fuperinfundat oleo properè necatur, quia aerium fpiramen haurire non poffunt. lib 5. Hexameron. cap. 22.

Stulta eft dilectio quæ pro vtilitate aliena fuæ patitur animæ detrimentum. lib. de Amicit.

& ecclesiastique? Ie confesse que les querelles & les disputes particulieres ne blessent pas tousiours la charité commune qui doit vnir ces deux grands corps; & qu'il se peut faire qu'elles soient iustes & raisonnables, si elles se terminent à la seule recherche des droicts legitimes de châque party; si elles ne troublent point la paix vniuerselle de l'Eglise, ny l'ordre de la saincte Hierarchie; si elles laissent iouyr les vns de leur pouuoir & authorité ordinaire, & les autres de leurs immunités & priuileges dans toute l'estenduë de l'innocente liberté que le chef & souuerain Pasteur de l'Eglise l'entend & l'ordonne; si ceux là, aussi bien que ceux-cy, n'exercent les fonctions de leur sacré ministere, que pour les seuls interests de la gloire de Dieu; en vn mot si Messieurs les Ecclesiastiques aussi bien que les Religieux n'ont de voix ny d'esprit, de plume, ny de langue que pour s'entrayder par vn mutuel concours de pieté, que pour gaigner des ames à Iesus Christ par vne égale conspiration de vœux & d'exemples, d'instructions & de prieres, & que pour mieux se fortifier par vn secours reciproque contre les ennemis iurés de la Religion.

Charitas lex est vniuersalis, vniuersos ligans. D. Thom. Opuscul. 61. cap. II.

Au contraire, si nous voyons que la diuision commance desia de destruire tous les desseins de pieté, qui doiuent estre communs à l'vn

& à l'autre party; que la passion du propre interest succede à la raison pour authoriser les troubles & les desordres parmy les sçauans de l'échole; qu'on employe la force ou l'artifice pour exercer vn pouuoir tyrannique sur les ames; que ceux qui deuroient obeyr, font gloire de viure tousiours en rebelles; qu'on sappe de sainctes immunités des faueurs adorables, & des dispenses legitimes, pour confondre l'accessoire auec le principal; qu'on trauaille à introduire le schisme jusques dans le sein de l'Eglise, par des sentimens contraires & opiniastres, qui tiennent de l'orgeüil du demon; & que l'emulation violente & déreglée qui pretend de regner sur les esprits auec empire, & d'auoir par tout des adorateurs ou des partizans emporte les Docteurs qui ont ensemble plus de passion & plus de lumiere: Si nous voyons, dis-je, tous ces excez, n'auons-nous pas suiet de leur adresser les parolles de l'Apostre sainct Paul, puis qu'elles font assés connoistre que c'est l'amour de conuoitise, & non d'amitié qui est l'autheur de tous les mal-heureux desordres qui diuisent l'vn & l'autre estat Regulier & Ecclesiastique.

Cùm sit inter vos zelus & contentio, nonne carnales estis, & secundû carnem ambulatis?
1. *Corinth.* c. 3.

En suitte, croyés vous bien qu'il y ait de vrayes & solides amitiés entre les personnes illustres, à qui la naissance ou la fortune ont ac-

DE L'AMOVR PROPRE.

quis beaucoup de credit & de puiſſance, & celles qui ſont d'vne humble & baſſe condition? il eſt certain que c'eſt le vice ordinaire des grands du monde de s'aymer par excez, & de n'auoir que des affections feintes & apparentes, comme dit vn ſage Eſcriuain du quatrieſme ſiecle de l'Egliſe, pour gaigner quelques ames ſimples, afin d'auoir des inſtrumens & des organes de leur paſſion, des domeſtiques aſſeurés & fidelles à leur ſeruice, des complaiſans à leur humeur, & des eſclaues de leurs faueurs & de leurs careſſes. Il eſt vray auſſi que ceux que le ciel a fait naiſtre dans vn eſtat humble & pauure ſont plus capables d'vne forte & ſincere amitié, parce que, dit ſainct Thomas apres ſainct Auguſtin, ceux-là touſiours ayment le prochain auec plus d'ardeur qui ſont plus auant dans la neceſſité; d'où vient que l'amour eſt plus fort du coſté de l'indigence, & que la pauureté rend le nœud du cœur plus violent & plus ſerré en la perſonne d'vn amy, à cauſe du ſecours qu'il reçoit, ou du profit qu'il pretend. Mais apres auoir bien examiné les intentions ſecrettes des hommes nobles qui s'humilient iuſques aux plus baſſes deferences, afin d'auoir pour amys leurs inferieurs; apres auoir penetré les penſées des ſeruiteurs ou des ſujets qui rendent obeyſſance à leurs ſuperieurs,

Et ſemper ficta Principum amicitiæ. Auſon. Edyll. 3.

Amor magis ſentitur cùm prodit eum indigentia. D. Auguſt. lib 10. de Trinit. c. 11. S. Thom. 12. q. 26.

comme des esclaues, & comme si Dieu ne les auoit creés que pour leur donner du plaisir, ou leur apporter du profit; il faut enfin conclurre, que c'est vn commerce reciproque d'affections interessées, & vn continuel trafic de propre commodité.

Que s'il ny a point de vraye amitié, dites-vous, entre les personnes dont les conditions sont beaucoup differentes & inégales, il y en aura, peut estre, là où l'on void vne parfaite égalité? Pour satisfaire à ce doute, ie confesse qu'il n'est pas impossible qu'il y ait des amitiés ciuiles entre les Citoyens qui composent le corps d'vn Estat, & qui ont mesmes employs pour le bien public, mesmes desseins pour le gouuernement, & mesmes forces & industries pour les communes affaires de la police. Neantmoins il est bien rare d'en voir qui ne soient pas fondées sur les esperances du propre interest. Elles se contractent d'ordinaire par la sympathie des humeurs, ou par le commerce familier de semblables plaisirs, ou par la liaison & reciproque dependence des honneurs, des offices, & des employs auantageux, ou par le motif lache & mercenaire de quelque autre vtilité qu'on y rencontre.

Amicitia quam mūdana cupiditas parit, bonæ hominis amat non hominem; amorem meritur x que stu. Cassiod. lib de Amicit.

D'ailleurs, pouuez-vous croire qu'il y ait des amitiés pures & innocentes parmi les Citoyens d'vne ville, si les affections particulieres forment des ligues, & des factions pour affermir vn parti, & affoiblir l'autre? Il est tres asseuré de dire que la dilection enuers le prochain n'est iamais bien prattiquée sous le titre specieux de sincere amitié, si l'ambition de gouuerner les autres y trouue place; si l'on veut auoir par faueur, ce qu'on ne doit pretendre que par merite; s'il y a des brigues & des partialités pour acquerir de l'honneur, ou du plaisir, ou du profit; & si l'on n'y void point cette parfaite communication de biens & de maux, qui ne se trouue guere qu'entre deux personnes qui ont vne ame en deux corps, vne vie en deux cœurs, ou pour parler auec vn ancien Prelat, vn mesme esprit en deux ames.

Anime due animus vnus. Sidon. lib. 9. epist. 5.

Et puis qu'il est necessaire d'acheuer le denombrement des parties qui composent la matiere du present discours: souffrés, s'il vous plaît, que ie passe à vn autre sujet pour determiner apres Aristote, qu'il n'y a point de veritable amitié entre les personnes qui ne professent point la vertu. Car comme c'est le propre du bien de rallier, d'vnir, & de conseruer les sujets où il reside; c'est aussi le propre du mal, de desunir, de separer, de rompre, & de dissiper les choses qui sont le moins jointes & vnies ensemble; comme n'ayant point assés de

l. 9. Ethic. c. 2.

force pour conseruer leur vnion, ny assés de fermeté & de consistence pour soustenir leur estre. Par ce que le mal n'est dans la moralle qu'vne priuation de vertu, & qu'vn esloignement de bonté. C'est pourquoy, l'on verra plûtost les Autours & les Aigles, les Lions & les Tigres viure de compagnie, que les hommes meschans auoir des humeurs conformes, & des inclinations semblables pour s'accorder long temps ensemble sous le nœud d'vne parfaite amitié. D'autant, qu'ils ne s'ayment qu'eux-mesmes en la personne de leurs amis, en ce qu'ils les exposent à toutes sortes de perils, comme nous voyons chaque jour, pour acquerir des biens ou de l'honneur, & qu'ils rompent auec eux toutes les fortes alliances, lors qu'ils s'agit du propre interest. De là vient que sainct Augustin auoit raison de dire, qu'vne mauuaise conscience n'estoit pas capable d'enfanter vne vraye & solide amitié.

Amicitia dicenda nõ est quam parit malæ cõscientia, lib 50. homil. 38.

Enfin, la moralle Chrestienne nous apprend que les bons & les meschans ne peuuẽt pas estre amis fidelles & reciproques sous les loix d'vne sincere affection, à cause de l'extreme inégalité qui les oppose, sans pouuoir souffrir quelque milieu. Car comme il n'y a point d'alliance entre la lumiere & les tenebres, entre la ligne droite, & celle qui ne l'est pas, entre le vice & la vertu

DE L'AMOVR PROPRE.

la vertu: de mesme il n'y a point de parfaite intelligence entre deux personnes qui sont d'vne vie contraire, & dont l'vne est dans le crime, & l'autre dans l'innocence. Il y a certes trop de distance pour faire les approches des cœurs & des volontés, afin de concourir dans vn pareil desadueu, ou dans vn mesme sentiment : ce qui est neantmoins le poinct essentiel de la forte & genereuse amitié, comme dit sainct Hierosme apres l'orateur Romain. Mais il est ainsi, qu'vn homme méchant n'est iamais bien d'accord auec vn autre qui professe la vertu ; d'autant que leurs desseins ne se terminent pas à vn mesme but, & leurs intentions sont contraires, lors mesmes que leurs actions ne sont point apparamment differantes. Adioustez encor à cecy, que bien qu'il y ait quelque rapport & intelligence particuliere entre l'homme iuste & celuy qui ne l'est pas, quant aux choses humaines; ils n'ont point de commerce en ce qui regarde les choses diuines: Ce qui est cependant si necessaire, que sainct Augustin n'osa iamais donner le nom de vray amy à vn certain Marcian, iusques à ce qu'il eut professé publiquement la foy, & l'innocence de la Religion Chrestienne, n'ignorant pas que celle-cy en doit estre tousiours le fondement.

Eadem velle, eadem nolle cadem firma amicitia est. Cicer. de amicit. D. Hieron. in epist. ad Demetr.

Habeo iam verum amicum, accessit enim rerum consensio diuinarum. epist. 155.

D'où vous pouués inferer, que les amitiés

3. Part.   T t t

qui sont legitimes & Chrestiennes sont aussi rares sur la terre que les Planetes dans le ciel, & qu'il n'est pas si aizé comme l'on se persuade, de discerner les vrayes d'auec les fausses. Car auiour-d'huy il n'est rien de si commun, que des promesses d'amitié inuiolable, que des sermens d'vne eternelle seruitude, que des fidelitez vouées sans condition & sans reserue; & neantmoins l'on n'entend point de pleinte qui raisonne plus haut dans tous les entretiens du siecle, ny qui soit plus frequente dans la bouche des hommes, que celle qui se lamente sur l'abandon des amys. Ce qui nous fait assez connoistre l'inconstance, & la perfidie du cœur humain. Ie sçay bien qu'il y en a qui se piquent de constance & de generosité dans l'espreuue de leurs affections : mais aussi ie puis dire, qu'elles doiuēt tousiours passer pour suspectes, selon les communs principes de la morale Chrestienne, si elles ne produisent pas de veritables effets, & si dans leur ordre elles ne portent pas les characteres qu'vn ancien Pere leur assigne, pour estre mises au rang de celles qui sont sinceres & innocentes.

Nemo amat & descrit. D. August. tract. 49. in Ioann.

Pauper est charitas in cuius narratione sermo non deficit. Ennod. lib. 3. epist. 5.

La premiere marque de la pure amitié consiste en la disproportion du cœur auec la parolle dans la personne qui cherit le prochain comme soy-mesme. Parce que la charité est foible & defaillante, lors que le discours est capable de l'expri-

DE L'AMOVR PROPRE. 515

mer dans toute l'eſtendue de ſa force & de ſa vigueur : mais ſi l'expreſſion naturelle demeure au deſſous, ſi elle ne peut pas atteindre à la repreſenter par la naifueté de la parolle, telle qu'on la reſſent dans le fonds de l'ame, elle eſt alors iugée bonne & legitime. Car comme dit vn ſage Prelat de l'Italie : La langue de celuy qui ayme n'égale iamais la vraye charité qu'il a pour ſon amy. Son affection ſurpaſſe ſes parolles, & quelques termes qu'il auance pour découurir l'excez de ſon ardeur, il s'eſpuiſe bien toſt, & s'impoſe neceſſairement le ſilence; aymant mieux parler peu, que de ne dire pas aſſés pour donner des preuues de ſa fidelité inuiolable. *Nunquam par fuit lingua charitati. Idem lib. 3. epiſt. 34.*

De là vient, qu'il y a cette notable difference entre les amitiés apparentes, & celles qui ſont veritables, qu'en celles-là les parolles ſont employées au defaut du cœur, & en celles-cy le cœur ſupplée au defaut des paroles. En effet, tous les ſages demeurent d'accord, que ceux qui ſont ſi riches en complimens, ſi prodigues en baize-mains, en loüanges, en deferences, en belles promeſſes, & en mille autres ciuilités, ſe font remarquer d'abord comme fort ſçauans en l'art de plaire à la Cour : mais auſſi ils font aſſez paroiſtre qu'ils ont moins d'affection, de ce qu'ils ont trop de paroles. Au

Ttt 2

contraire, les vrayes amitiez sont steriles en discours, & fecondes en effets, sont auares en promesses de fidelité & de seruice, & liberales à rendre toutes sortes d'offices & de deuoirs; parce qu'elles ne sont pas semblables à ces fausses & vaines affections, qui resident sur les leures d'vn amy de fortune, & de propre interest; comme parle le deuot & incomparable S. Paulin Euesque de Nole, & qui n'ont point de racine dans le fonds du cœur.

<small>Familiaritatis humanæ amicitia blandimenta in labiis habet, & radicem in cordibus non habet. Epist. 16.</small>

L'Histoire Ecclesiastique rapporte diuers exemples qui peuuent seruir d'esclaircissement à cette verité: Elle nous propose l'entreueüe de S. Ignace, & de S. Polycarpe dans la ville de Smyrne, de S. Paül l'hermite, & de S. Anthoine l'Abbé dans le desert d'Egipte, de S. Dominique & de nostre Serafique pere S. François dans la ville de Rome; & de cent autres grands Saincts en diuers lieux, qui eurent le bon-heur de se rendre visite, soit par dessein, ou par rencontre. Il est vray que la mesme Histoire nous asseure qu'ils s'entre-saluerent auec beaucoup d'ardeur, & qu'ils s'embrasserent pour se donner reciproquement des preuues sensibles d'vne forte & solide amitié: mais elle ne dit point qu'ils vserent de longs discours dans leur premier abord, pour tesmoigner leur charité; puis qu'elle estoit au dessus de tout ce qu'ils pouuoient

DE L'AMOVR PROPRE. 517

publier au dehors par l'organe de la parolle; & puis qu'il est veritable, comme desia nous auons dit, que les grandes & sinceres affections sont muettes, & s'expriment moins par la langue que par l'action.

<small>Paruus est amor qui oris testimonio sufficienter aperitur. Idē Ennod. lib. 7. epist. 8.</small>

Mais sans nous appuyer sur des verités esloignées, je m'adresse à vous, mon cher Lecteur, pour tirer des preuues de vostre propre experience. Permettez-moy donc que je vous demande, si iamais vous aués fait rencontre d'vne personne qui vous soit égale en cōdition, en humeur, & en âge, & qui vous soit cōforme en desseins, en desirs & en pensées; je me persuade que des la premiere rencontre vous aués senti les effets de cette secrette sympatie, qui est la vraye source des fortes amitiés par les surprises de l'amour, de la douceur, & de la joye dont vous aués esté touché en sa presence. En suitte, je veux croire que sans aucune resistence, & sans retardement, vous aués donné vostre cœur à ce cher amy, adjoustant à ce choix la dilection. N'est-il pas vray cependant, que depuis cette premiere donation vous n'auez point de parolles estudiées pour luy representer l'amitié constāte & solide que vous luy aués jurée. Mais pour cela quoy? C'est que l'amour estant extatique, selon la definition du grand sainct Denis, s'occupe plûtost & plus souuent à se faire connoi-

<small>Dilectio addit supra amorem dilectionē præcedentem. D.Thom. 1, 2. quæst. 26. art. 3.

lib. 4. de diuin. nomin.</small>

ſtre par les effets, qu'à ſe produire par les beaux diſcours.

Voila le premier charactere de l'amitié, à qui ſuccede vn ſecond qui n'eſt pas moins remarquable, en ce qu'il conſiſte dans la force & dans la perſeuerance. Car il eſt vray, comme dit le ſçauant Ennodius, que la charité d'vn parfait amy ne s'affoiblit point par la diſtance des lieux, & ne ſouffre pas de déchet par le grand eſloignement des perſonnes. Pour mieux eſtablir cette verité, il nous faut aduoüer, que la preſence de celuy qui eſt aymé & tendrement cheri par vn autre, mais d'vn amour foible, affectif, & delicat; luy fait reſſentir de ſecrettes joyes, & tient l'eſprit dans vne douce ſuſpenſion. Toutes les poſtures, les parolles, & les actions de cet amy luy ſont agreables, parce qu'il s'ayme en luy par amour propre, & ne cherche que ſoy-meſme en ſa perſonne; comme celuy-là qui par la diſtance & la reflection de l'eſpece, contemplant les traits de ſon propre viſage repreſentés dans la glace d'vn miroir, n'ayme que ſoy-meſme dans ſon image, & n'eſt raui ny ſatisfait que de la ſeule preſence de cet objet qui luy frape la veuë auec tant de complaiſance.

Mais quoy qu'on puiſſe feindre & déguiſer le naturel par des mines, des geſtes, des diſ-

Charitas per diſcreta regionū damna nō ſentit. lib. 5. epiſt. 51.

Non eſt in charitate, ſed in amore ſui ipſius qui ſe diligit in proximo. Nicol. de Cuſ. excit. lib. 7.

DE L'AMOVR PROPRE. 519

cours, & par d'autres semblables artifices: l'absence & l'esloignement decouurent le fonds du cœur, & font voir à nud si les amitiés contractées par les agréemens reciproques de la presence sont apparentes ou veritables: car le faux amy perd l'affection & la memoire, aussi tost qu'il perd l'entretien de celuy qu'il combloit de mille complimens & caresses, pendant les charmes & les douceurs de la presence: mais celuy-là qui est sincere, & qui a de la fidelité & de la constance n'oublie iamais son amy, & ne le cherit pas moins quand il est esloigné, que lors qu'il est proche de sa personne; en l'vn & l'autre estat il luy semble également aymable. Et comme il a de la dilection pour luy en toutes sortes de temps, il luy porte aussi vn pur amour d'amitié en toutes sortes de lieux, sans admettre de relache ny d'inconstance.

Amicitiæ sinceritas longe positos non relinquit. Ennod. lib. 9. epist. 10.

C'est ainsi que sainct Augustin aymoit depuis l'Affrique sainct Paulin qui viuoit en Italie, c'est ainsi que sainct Gregoire de Nazianze estant Patriarche de Constantinople consideroit son grand amy sainct Basile, quand il estoit Euesque en la ville de Cesarée, ayant pour luy les mesmes inclinations & tendresses qu'il luy auoit autrefois tesmoigné, lors qu'ils viuoient ensemble dans les Escholes, ou dans les deserts. C'est ainsi, en vn mot, que tous les saincts ont prattiqué tous les deuoirs de la parfaite amitié, fans que la prefence de leurs amys ayt caufé de l'accroiffement, ou l'abfence de la diminution: parce qu'ils fe font toufiours trouués dans vne grande égalité de defirs, de mœurs, de deffeins & de vertus, quelque temperament, & quelque humeur contraire qui leur ayt dominé: comme les angles droits, font toufiours égaux fur quelque matiere qu'on les trace.

Que s'il eft permis d'alleguer icy les exemples du fiecle, nous voyons quelquefois des amis fidelles, qui apres auoir vaincu par la grace les difparies de la nature: apres auoir triomphé de leur mauuaife humeur par les prattiques de la vertu, s'vniffent de cœur & d'affection auec ceux qui font vne genereufe profeffion de la pieté. Ils contractent autant de fainctes amitiés, qu'ils reconnoiffent de perfonnes innocentes & degagées des interefts du fiecle. Et parce qu'ils n'ont point d'autres motifs qui les animent, que les fentimens de la raifon, que les loix de l'honnefteté, & les deuoirs de la confcience; ils n'affectent pas de les voir fouuent pour jouyr de leur entretien, ou de leur refmoigner l'ardeur de leurs affections par l'extreme complaifance qu'ils ont de viure enfemble, fi l'occafion le permet. Enfin, comme ils eftiment qu'il y a feulement de la galanterie, & non

pas

DE L'AMOVR PROPRE.

pas de la charité de rendre de bons offices à ceux qui sont presens, & non aux autres qui sont esloignés : de là vient aussi, que pendant l'absence de leurs amis, ils n'ont pas moins d'inclination à les seruir que s'ils estoient associés à leur compagnie. Quoy qu'ils soient separés de leur veuë, ils se rejouyssent de leurs felicités, & ils s'affligent de leurs disgraces; ils les éclairent de leurs sages conseils, & soulagent leur pauureté par des biens-faits qui l'anticipent, & qui vont au deuant de l'oppression. Et d'autant que leur charité ne doit point finir qu'auec la vie, ils sont tousiours disposés à leur donner du secours, sans attendre qu'on le demande, & sans se lasser dans ces deuoirs de pieté, non plus que les intelligences à rouler les globes.

Lenociniũ est nõ gratiæ sacramentum quod tantùm præsentibus exhibetur. Idem.lib.9. epist.10.

Mais la troisiesme marque de la vraye amitié est encore plus considerable, selon le jugement du mesme Prelat que nous auons cy dessus allegué, puis qu'elle fait tresue d'hõneur, qu'elle impose à l'ambition des loix de modestie, de respect, & de deference en faueur d'vn amy. Pour éclaircir le sens de cette proposition, je suppose tousiours, que ceux qui s'entraymẽt d'vn pur amour ont de l'integrité en leurs actions, de la simplicité en leurs paroles, & de la syncerité en leurs intentions. De là

Vbi affectio solida est, honoribus nihil licet. Ennod. lib. 4.epist.7.

vient qu'ils viuent enſemble auec vne honneſte & ſaincte liberté; qu'ils negotient en leurs communes affaires dans les termes de la franchiſe, qu'ils conuerſent à cœur ouuert, ſans contrainte, & ſans artifice; parce que ces lachetés ſont autant de peſtes qui corrompent l'innocence des ſainctes amitiés. Que s'il y a de l'emulation, elle ne conſiſte qu'à ſe vouloir reciproquement tout le bien poſſible, ou qu'à ſe ſurmonter par de bons offices. Il eſt vray qu'il y en a qui pointillent en idée ſur le poinct d'honneur, & qui d'ans le ſecret de la penſée diſputent la preſeance auec leur amy, n'oſant pas découurir au dehors les ſaillies de l'ambition qui les domine. Mais auſſi il faut croire que leur amitié n'eſt pas ſolide, qu'elle n'a point de profondes racines dans le cœur, & qu'elle n'eſt pas ſemblable à celle que Ionathas auoit contractée auec Dauid.

Amicitia vera neſcit ſuperbiam. Aelred. tract. de Amicit.

1. Reg. c. 17. & 18.

Les Sainctes lettres nous aſſeurent, qu'apres que Dauid eut vaincu & fait mourir le Geant Goliath, en preſence des deux armées ennemies, & qu'il fut introduit deuant le Roy Saül, ayant encore en main la teſte ſanglante de ce ſuperbe monſtre: Ionathas l'ayma d'abord comme ſoy-meſme, ou ſelon la verſion du texte ſacré, *comme ſon ame.* Cette premiere entreueüe fût le commencement de la fidelle & conſtan-

Anima Ionathæ conglutinata eſt animæ Dauid, & dilexit eũ

DE L'AMOVR PROPRE.

te amitié qu'il porta tousiours à Dauid. Toutes les postures, les qualités, & les graces de ce jûne homme, firent des impressions si puissantes sur son esprit, que sans deliberer au choix, & sans vser de consultation, il fit des lors vne donnation de cœur, vne cession de soy-mesme, ou pour mieux entrer dans la pensée de sainct Hierosme, vn volontaire transport, & vne alienation perpetuelle & irreuocable de ses biens, de son ame, & de toute sa personne, en faueur de son cher amy. De sorte, que pour passer les articles de ce contract auec plus de solemnité, il dépoüilla ses habits, & les donna à Dauid, l'obligeant de s'en reuestir, & de les porter pour preuue de son grand amour, afin que Ionathas dépoüillé fut vn autre Dauid, & que Dauid estant reuestu deuint vn autre nouueau Ionathas, par vne merueilleuse transformation de cœurs & de volontez reciproques.

Ionathas quasi animam suam. Ibid.

Grandem vim obtinet vera dilectio, totam sibi amantis vendicat voluntaté. D. Hieron. epist. 14 ad Celans.

Mais ce n'est pas dans ce seul degré d'amitié, quoy que forte & genereuse, où Ionathas arreste ses faueurs, & termine ses bien-faits. Il luy cede de bon cœur le sceptre & la couronne, pour tesmoigner que ses affections sont enuers Dauid si fermes, & si solides, qu'elles sont au dessus des dignitez & des Royaumes, & pour nous faire comprendre qu'il porte le troisiesme charactere d'vn amy parfait & sans exemple. Admirons ce

Vuu 2

procedé. Vous sçauez bien que Ionathas estoit fils aisné du Roy Saül, & qu'il auoit droit de pretendre à la succession du Royaume par le iuste titre d'heredité : & neantmoins il prefere l'amitié qu'il a pour Dauid à cette riche & eminente souueraineté ; il se demet en sa faueur, & renonce absolûment au nom & à la qualité de Roy, pour exercer l'office du meilleur amy que l'vne & l'autre Histoire, sacrée & profane, nous puisse proposer dans tout le cours des siecles passez. Voicy les propres termes qu'il employe pour declarer cette genereuse cession. *Vous regnerez sur Israël, & serez assis sur le Throsne qui m'appartient. Vous serez Roy pour moy, & mon rang ne sera qu'apres vous.*

Tu regnabis super Israel, & ego ero tibi secundus.
1. *Reg. cap.* 23.

L'Orateur Romain nous asseure dãs le Traité qu'il a composé des loix & des deuoirs de l'amitié, qu'il auoit remarqué dans le cours de son siecle quelques grãds hommes dont la sagesse auoit assez de constance & de Philosophie, pour preferer l'amitié aux richesses, & la paix aux prosperitez de la fortune : mais qu'il luy estoit impossible d'en voir qui eussent le cœur assez bon, & l'esprit assez fort pour faire moins d'estime des honneurs, des charges, des Empires, & d'autres grandeurs de la terre, que d'vn amy constant & fidelle en ses promesses. Ce que cet Idolastre ne pouuoit rencontrer dans le Paganisme, nous le voyons pratiqué dans l'histoire Sainte des Roys

Imbecillis est natura ad contemnendam potentiam. Cicer. de Amicit.

de la Iudée. Nous voyons vn jûne Prince qui n'a point d'autre ambition, que de voir esleué à la Couronne son vassal, que d'obeir par la dependance d'vne seruitude volontaire à celuy-là mesmes à qui il deuoit commander par raison d'Estat & par droict de naissance. En vn mot Ionathas est assez satisfait d'auoir Dauid pour son Roy, si Dauid est content d'auoir Ionathas pour son amy. Quel prodige de fidelité! Quel excez de deferance! & quel effort d'amitié incomparable, qui donne à autruy tout le bien de fortune que chacun sçauroit iamais souhaiter en cette vie pour soy-mesme.

Nemo habet quod alii plus deferat quà quod sibi optat. D. Ambros. in obit. valent.

En suitte de ce discours il nous seroit encore aisé d'adiouster icy d'autres marques ou effets, pour discerner les bonnes & sainctes amitiez, d'auec les fausses; & les veritables, d'auec les criminelles, comme l'on separe l'or & l'argent d'auec le faux alloy. Mais nous pouuons asseurer sans presomption, que tout ce que nous en auós desia rapporté peut suffire pour vous persuader, qu'en ce siecle corrompu l'amour du propre interest est le poison des pures amitiez, & qu'il n'y en a quasi point, qu'il ne rende seruiles par la crainte de receuoir quelque perte, ou d'encourir quelque disgrace; ou qu'il ne change en mercenaires par l'esperance d'en moissonner du profit, & d'y rencontrer ses aduantages.

Vuu 3

Les vrayes dimensions du pur amour que nous devons auoir pour le prochain.

Chap. XI.

Plotin. lib. de pulchro.

A Philosophie nous apprend, que la Nature se propose dans châque espece tout ce qu'il y a de plus accomply, afin d'acheuer ses ouurages sur ce modelle; que les corps mixtes & les elemétaires sõt excellans à proportion qu'ils portent l'image de ceux qui sont celestes; que les fleurs de la terre sont d'autant plus belles, qu'elles imitent l'éclat vif & brillant des estoilles; que l'eau la plus pure est le miroir le plus fidelle (quoy que flotant & liquide) pour representer à nos yeux les couleurs & les serenitez de l'air; & que tout ce monde inferieur n'a point d'autre perfection que celle qui est formée sur le modelle du superieur qui luy domine par ses influences.

De cette verité qui passe pour vn principe dans l'écholle des Platoniciens, nous deuons inferer en suitte, que l'homme est d'autant plus excellent en ses rares qualitez, & precieuses habitudes, qu'il regle sa vie sur le modelle des souueraines perfections de la Diuinité, & qu'il les imi-

DE L'AMOVR PROPRE.

te par esprit de grace, comme il les ressemble par condition de nature. Parce qu'il n'est rien de parfait par dependence, & par degré de participation, dit vn Cardinal Docteur, qu'à mesure qu'il est l'image expresse de ce qui est absolument parfait. Car comme nous auons deux nobles puissances, sçauoir l'entendement & la volonté qui nous rendent capables d'approcher ce souuerain exemplaire, & d'imiter par connoissance & par amour cette premiere idée de toutes les perfections qui sont actuelles, ou possibles. De-là vient aussi, qu'il nous suffit pas de regler seulement les lumieres de nostre intellect par les veritez diuines: mais nous deuons encore former nos affections par rapport à l'immense charité que Dieu porte aux Anges & aux hommes, si nous auons assez de zele pour les sanctifier, & pour faire porter les vrayes marques de la charité Chrestienne à la pure dilection que nous deuons auoir pour le prochain. C'est encore la pensée de ce grand Cardinal dont la doctrine est incomparable; & c'est tout ce que nous allons déduire dans le present discours.

Pour commencer, il nous faut icy plustost supposer, que comme les Philosophes appellent vn corps solide, s'il est estendu par la surface & la profondeur, par la longueur & la latitude, qui sont les quatre dimensions ou especes de la quâ-

Nihil est participatione perfectum, nisi inquantû est imago absolutè perfecti. Nicol. de Cus. lib. 7. Excit.

Nisi dilectio proximi sit imago dilectionis Dei perfectionem non habet. Idē lib. 7. excit.

tité permanente. De mesme les Docteurs de la Theologie affectiue nous enseignent, que la charité fait vn corps de perfection solide & veritable, si elle est composée de quatre dimensions spirituelles par rapport aux naturelles, que les Professeurs des Mathematiques attribuent aux substances corporelles, pour en faire le sujet de leurs contemplations.

Il est vray, que Dieu estant la charité essentielle, il ne faut pas aussi s'estonner, si l'amour qu'il porte à tout le genre humain enferme toutes ces dimensions dans vn degré d'eminence; car pour parler de sa hauteur, il est constant, qu'elle ne peut auoir de plus haut principe que Dieu mesme, ny de plus heureux ascendant, que d'estre dez sa naissance eternelle, d'vne condition & nature infinie, souueraine, independante; & le mesme acte par lequel Dieu s'ayme, & se complaist infiniment dans la iouissance de ses ineffables perfections. Ce qui est dautant plus veritable, que cest amour qui semble estre sorti hors de luy mesme par la production des creatures intellectuelles & sensibles: a neantmoins tousiours demeuré & demeure encore dans la diuine essence, comme dans sa source, & possede toutes ses grandeurs par vne souueraine vnité, ou pour parler selon les termes de l'Echole identité de nature; par ce qu'il est indubitable

DE L'AMOVR PROPRE.

ble, *qu'en ce grand Dieu tout y est Dieu mesme,* comme parle sainct Bernard.

Mais pouuons nous imiter la hauteur merueilleuse de cet amour sacré qui reside dans le sein de Dieu, & qui s'estend jusques aux hommes? Il est certain, que l'amour que nous deuons auoir pour le prochain ne peut auoir vne esleuation égale, ny mesme approchante, si Dieu n'est son principe, & si le sainct Esprit ne la répand dans nos cœurs. Car d'aimer le prochain par interest, soit pour en receuoir l'vtile ou l'agreable, soit par inclination naturelle, ou par sympatie d'humeur, ou pour gaigner ses affections, ou par d'autres semblables motifs qui naissent du cœur humain, & qui ne passent point au delà des termes communs de la nature, c'est aymer d'vne intention impure; c'est estre animé d'vne dilection basse & terrestre; & c'est n'auoir pas la premiere marque de sa pureté, ny le vray charactere de sa premiere dimension.

D. Thom. 2.2. quæst. 24. art. 4.

Or c'est icy que ceux qui s'ayment en la personne du prochain, doiuent ouurir les yeux pour considerer que leur amour n'est pas esleué dans vne hauteur juste & raisonnable, puis qu'ils n'agissent en ces recontres que pour eux-mesmes. C'est icy que les Chrestiens qui sont establis dans vn ordre superieur, doiuent aduoüer qu'ils n'ont point de charité enuers ceux là qui releuent de leur authorité & de leur con-

Est affectus quam caro gignit & est quâ ratio regit, & est quâ condit sapientia.
D. Bernard serm. 50. in Cant.

duite, parce que dans l'affection qu'ils leur portent, ils ne pretendent d'ordinaire que leurs propres auantages. Ainsi les peres n'ont soin de leurs enfans, que pour suruiure en eux & en tous leurs descendans ; ainsi les maistres n'instruisent leurs disciples que pour auoir la satisfaction de voir les propres lumieres de leur raison, de leurs estudes & de leur doctrine multipliées en autant de sujets qu'il y a d'esprits qui profitent de leurs enseignemens. Ainsi les Princes ne caressent leurs sujets, ny les Seigneurs leurs vassaux, ny les Prelats leurs inferieurs, que par la complaisance qu'ils ont d'estre au dessus, & de les voir soubmis à leur puissance. O combien d'ames fidelles s'abusent en ce poinct, & se rendent criminelles ! parce qu'elles n'ont d'affection pour le prochain que purement naturelle & corrompuë par la recheche de quelques interests ?

Mais quel moyen, dites-vous, de la bien connoistre, & de discerner la vraye d'auec la fausse ? Car chaque Chrestien presume d'aymer son semblable par le motif de cette saincte dilection, qui tire sa naissance du sainct Esprit.

Rom. cap. 5. Pour deuelopper cette difficulté, il me semble qu'il suffit de dire, que comme les Philoso-

DE L'AMOVR PROPRE.

phes inferent que l'Ocean eſt la ſource generale de tous les fleuues, & que les elemens ſont le commun principe de tous les mixtes, à cauſe du continuel retour de ceux là vers la grand mer, & de la derniere reſolution de ceux-cy en la nature des quatre corps ſimples. De meſme, la charité que nous auons pour les autres vient de Dieu, & non du cœur humain, de la grace & non de la nature, ſi elle a ſon retour à Dieu, ſi elle agit pour ſa gloire, & ſi elle n'a point d'autre fin dans ſes emplois que de luy plaire. C'eſt la penſée du grand Pape ſainct Gregoire, lors qu'il dit apres ſainct Auguſtin, *Que ſi quelqu'vn ayme ſon prochain pour ſoy, & non pour Dieu, il eſt viſible qu'il n'a point de charité.* Voyla comment il meſure le principe de cette diuine vertu par ſon propre terme; comme s'il vouloit imiter ceux qui ſçauent connoiſtre la hauteur d'vne viue ſource par le jet d'eau qui marque l'eleuation de ſon rejalliſſement.

<small>Si qu'ſqué libet amar, ſed propter Deum non amar, charitatem nõ habet. *Homil. 38. in Euangel.*</small>

Conſultez donc ſur ce ſujet voſtre propre conſcience, pour apprendre par vous meſme, ſi vous poſſedez dans ce degré d'excellence cette habitude infuſe & ſurnaturelle qui vous vnit au prochain. Voyez le but où vous pretendez en l'aymant; & s'il y a du meſlange, ou du dégagement de propre intereſt dans l'vſage de la dilection fraternelle que vous deuez auoir pour vos ſemblables? Que si l'Amour propre vous aueugle, & vous empesche de faire ce iuste discernement, souffrez que ie vous propose deux regles asseurées, pour vous seruir de guide dans la recherche de cette verité. La premiere est de sainct Augustin, lors qu'il escrit, *Que celuy-là ayme le prochain pour l'amour de Dieu, qui cherit en luy la charité infinie que Dieu mesme luy porte.* La seconde est proposée par le Docteur Seraphique, quand il enseigne que les Chrestiens ayment leurs freres d'vn pur amour, s'ils sont tousiours disposez à perdre la vie pour le salut de leur ame. Voylà deux espreuues pour connoistre la hauteur de vostre charité dans sa naissance, si vous pouuez découurir qu'elle s'esleue iusques à l'eminence de cette fin surnaturelle & diuine.

Mais passons au second charactere, ou pour parler en termes plus exprez, à la profondeur de cette mesme charité (qui est vne autre dimension spirituelle) pour l'examiner sur le modelle de celle là que Dieu porte à tout le genre humain, & pour adouër en suitte que si nous considerons les profonds abaissemens de l'amour diuin, nous serons rauis de voir que Dieu ayant determiné de créer l'homme, l'a regardé en abaissant ses pensées & ses affections de toute eternité ; & dans le temps luy ayant donné l'estre, il l'a reuestu de l'éclat de

Propter Deū amat proximum, qui Dei a-morem a-mat in proximo. lib. 2. contr. Iulian.

Tract de 7. itiner. æternit. dist. 4. c. 3.

Quid est homo quod memor es eius? Psalm. 9.

son image, & embelli des characteres de sa diuine resemblance ; il l'a gratifié de mille dons de nature, & il l'a comblé de mille tresors de sa grace. C'est bien plus, ses profusions amoureuses ont passé si auant, qu'vn simple cheueu n'est pas tombé de nos testes, comme parle le sainct Euangile, que par la permission expresse de son adorable prouidence. Mais se peut-il faire que son amour descende plus bas?

Il est certain, que Dieu gouuerne, conduit, & dresse à sa propre fin chaque creature, comme les animaux & les plantes, les elemens & les mixtes, les monstres & les productions parfaites, les creatures viuantes & les insensibles. He! pourquoy ces ordres si bien reglés? & à quelle fin ces conduittes si basses & si defferantes? Certes c'est pour nous persuader que l'infinie bonté de Dieu ayme plus l'homme que toutes les autres creatures visibles qui sont l'ouurage de ses mains, puis que tout ce qui est produit en ce monde se rapporte à son seruice, & se consomme pour remedier à ses necessités, ou pour entretenir ses diuertissemens. C'est merueille de dire, que Dieu dans ce haut comble de richesses & de beautés ineffables qui sont dans son essence infinie, & qui le font tres-heureux par les delices inépuisables de sa propre felicité, sans qu'il puisse souffrir quelque diminution dans l'estat de ses grandeurs, ny receuoir aussi quelque nouuel accroissement de gloire : sort neantmoins en quelque façon hors de soy-mesme, & s'abaisse du plus haut de tous les Seraphins; des Seraphins, dis-je, qu'il contemple comme vn objet digne de sa complaisance, & comme l'image tres-expresse de ses adorables perfections, jusques au moindre de tous les enfans d'Adam, pour le cherir, le conseruer, & le nourrir, mais auec tant de tendresse, de soin & de liberalité, *qu'il semble*, dit sainct Thomas, *que l'homme est quasi le Dieu de Dieu mesme.*

<small>Quasi homo sit Dei Deus. Opuscul. de Beatitud.</small>

Quelle idée de ce parfait amour de seruice & de condescendance que nous deuons tesmoigner à nostre prochain ! sans exclure les paures, sans rejetter les ignorans, sans oublier les ingrats, ou les stupides, & sans mespriser enfin aucun de ceux-là à qui la naissance ou l'infortune ont apporté quelque notable defaut de corps ou d'esprit ; puis que Dieu ayme, caresse, instruit, & appelle tous les hommes à la jouyssance du souuerain bien. Il est vray que dans ce nombre infini de personnes que nous deuons aymer comme nous mesmes, pour accomplir la loy de la dilection, celles-là sont plus aymables, pour raisonner apres l'Angelique Docteur, qui sont plus proches & plus vnies à Dieu par les ardeurs du sainct amour. C'est pourquoy, il nous

<small>Cùm principium dilectionis sit Deus, necesse est q ôd secundum propinquitaré maioré ad</small>

DE L'AMOVR PROPRE.

faut auoir plus d'affection pour les bien-heureux qui jouyssent des felicités du Paradis ; puis pour les ames du Purgatoire, d'autant qu'elles sont d'vn costé confirmées en estat de grace, & d'autre part sont affligées par des tourmens inconceuables. En suitte, nous deuons cherir tendrement tous les justes de l'Eglise militante, & tous ceux qui sont esclaues du peché, les considerant comme aymables en leur nature, & non en leurs vices.

<small>Deum maior sit dilectionis affectus. 1. 2. quæst. 26. art. 16.</small>

Mais ce n'est pas assés pour la profondeur de la charité Chrestienne de s'abaisser jusques à ce poinct, pour auoir du rapport à l'amour infini dont la diuine bonté nous gratifie. Il faut encore qu'elle trauaille à secourir les pauures par ses bienfaits, & qu'elle exerce enuers eux toutes sortes d'assistances & de seruices. Comme nostre Seraphique Pere sainct François, qui dés le commencement de sa conuersion prenoit vn singulier plaisir de viure en la compagnie des mandians & des lepreux ; comme le Roy sainct Louys qui seruoit teste nuë & à genoux les pauures qui mangeoient à sa table ; comme l'vne & l'autre Elisabeth d'Hongrie & de Portugal, deux grandes Reynes, deux grandes Sainctes, & deux celebres penitantes du tiers Ordre de sainct François, qui faisoient gloire de visiter les hospitaux, de traitter les malades les plus delaissés, de leur seruir les viandes qu'elles auoient aprestées de leurs propres mains, & de s'employer jusques aux plus vils offices en faueur des languissans qui estoient les plus infets, les plus horribles, & les moins supportables. Or c'est icy où la charité découure ses abbaissemens. C'est dans ces exercices de pieté qu'elle marque le degré de l'humilité où elle sçait descendre ; & c'est dans ces pretieuses rencontres qu'elle paroit toute pure & rafinée comme l'or au cruset, & qu'elle enferme les justesses & les allignemens de sa profondeur, selon le jugement d'vn Docteur Cardinal.

Iustus amor & rectus non in se, sed in proximo delectatur, etiam vsq; ad contēptum sui Nicol. de Cus. lib. 7. Excit.

Quant à la largeur du sainct Amour, qui est la troisiéme dimension, il est certain qu'elle possede en eminence toute son estenduë dans l'essance de la diuinité qui embrasse, qui caresse, qui favorise tous les mortels, qui estend ses amoureuses inclinations, jusques aux ennemis de sa saincteté & de sa gloire, qui veut sauuer tous les hommes par vne volonté sincere, antecedente & eternelle, & qui pour tesmoigner qu'elle n'est pas sterille, ny languissante, ny de simple souhait, offre les graces & les moyens necessaires pour sauuer le fidelle & l'idolatre, le Iuif & le Chrestien ; faisant éclater les rayons de sa bonté sur le pecheur aussi bien que sur le juste, sans exclure de l'accez, ou pour mieux dire de

DE L'AMOVR PROPRE. 537

re de l'excez de sa misericorde celuy qui le blaspheme, non plus que celuy qui l'adore.

Enfin pour abreger ce discours, & pour reduire tout le sens en deux mots, Dieu le Pere a tant aymé le monde, dit sainct Iean l'Euangeliste, qu'il luy a donné son propre fils, afin que tous ceux qui croiront en luy operent leur salut. Cependant il ne faut pas icy publier ny soustenir, que le monde possedoit des qualités auantageuses qui le rendoient aymable, mesme auant qu'il fut l'objet de l'amour Diuin : Car nous sçauons au contraire, qu'il n'estoit qu'vn infame criminel, qu'vn theatre de malice, qu'vn abysme de corruption, & qu'il meritoit plûtost des chastimens que des graces, & de perir par le carreau de la Diuine justice, plûtost que de participer aux faueurs de sa misericorde. Et neantmoins Dieu n'estant poussé & animé à luy accorder cette incomparable bien-fait, que par les attraits de sa seule bonté, il s'est donné à vn perfide, il a aymé cét ingrat, jusques à répandre son sang, & à perdre sa vie sur vne Croix, pour le deliurer de la tyrannie du peché. C'est ce que l'Apostre sainct Paul nous fait comprendre quand il dit, que le Pere Eternel a renduë sa charité recommandable au dernier poinct d'excez & de profusion, en nous donnant son fils pour l'exposer à vn infame supplice, afin de

Ioan. c. 3.

Commendat charitatem suam Deus in nobis, quoniam cùm adhuc peccatores essemus Christus pro nobis mortuus est. ad Rom. c. 5.

3. Part.   Y y y

sauuer les hommes par les merites de son precieux sang, lors mesme qu'ils estoient ses plus grands ennemis. Apres cela ne faut-il pas aduouër que la charité d'vn Dieu mourant pour nostre salut découure bien sa largeur dans toute l'immensité de son estenduë.

Mais j'ay juste sujet de reuoquer en doute si la charité d'vn grand nombre de fidelles est marquée de mesmes characteres, & si elle possede cette troisiéme dimension spirituelle, puis que leurs cœurs sont si serrés & si peu capables de s'ouurir en faueur de leurs freres Chrestiens, qu'à peyne quelques vns de leurs parens ou de leurs amis y trouuent place. Certes il y a des ames si estroites, si petites, & tellement renfermées, ou retranchées dans les bornes du propre interest, qu'il n'est rien hors de là qui leur semble aymable, & digne de leur affection : comme si elles pouuoient ignorer que la loy de charité les oblige de cherir toutes sortes de personnes, non seulement selon l'alliance du sang, ou les deuoirs de la Nature, ou la condition de la societé ciuile : mais encore de quelque âge, sexe & profession; de quelque païs, office & Religion qu'elles puissent estre dans le monde. Car le diuin precepte nous impose l'exercice du pur amour enuers ceux-là qui portent le nom de prochain. Mais il est ainsi, que nous sommes tous en-

DE L'AMOVR PROPRE. 539

fans d'vn mesme pere, & que nous sommes pro-　*Omnes*
ches par la condition d'vne naissance, dit sainct　*proximi*
Auguſtin, qui nous eſt commune auec tous les　*ditione*
deſcendans de noſtre premier Pere. D'où vous　*terrenæ na-*
deués inferer, que vous ne pouués exclurre de　*In Pſ. 185.*
ce grand nombre vne ſeule perſonne, ſans vous
rendre coupable & tranſgreſſeur de la loy.

Il faut donc agrandir nos cœurs, & accroiſtre leur capacité, afin qu'ils puiſſent enfermer
dans leur circonference tous les habitans de la
terre, & que chacun y ſoit receu au dedans, &
logé bien au large; à l'imitation de l'immenſe
charité du grand Patriarche ſainct Iean Chriſo-
ſtome, lequel prechant vn jour en preſence d'vn
grand peuple, ſelon les ardeurs ordinaires de
ſon zele, confeſſa naïfuement à ſes auditeurs,
que tous les habitans de la ville de Conſtanti-
nople eſtoient logés au milieu de ſa poictrine,
comme dans vn grand eſpace, auec leurs familles & leurs maiſons, auec tous leurs biens, &
toutes leurs diſgraces. Ce ſainct Prelat auoit appris cette belle leçon dans les Epiſtres de ſainct
Paul; où ſans doute il auoit remarqué que ce
grand Apoſtre écriuant autrefois aux Corin-
thiens leur auoit parlé en ces termes. *Mon cœur*　*Cor noſtrũ*
eſt tellement ouuert & agrandi par l'affection que ie　*eſt, non*
vous porte, qu'il vous reçoit & contient tous enſem-　*angustia-*
ble par l'eſtenduë de ſa vaſte capacité. Ie puis bien　*bis: Augu-*

Yyy 2

stianimi autem in visceribus vestris. 2. Corinth. c. 6.

vous asseurer, que vous n'estes point placés à l'estroit dans ma poictrine : ce que ie ne puis dire de vous mesmes à cause que vos entrailles sont tellement reserrées, que les vns ne trouuent quasi point de place dans l'interieur des autres.

Si quis dixerit quoniam diligo Deum, & fratrem suum oderit, mendax est. Ioann. epist. 1. c. 4.

Voyez cependant si vous suiuez plûtost l'exemple des habitans de Corinthe que de l'Apostre sainct Paul, & si vous n'aymés qu'vn certain nombre de fidelles par exclusion de tous les autres. Car vous pouuez bien croire, que vostre charité n'a point sa vraye & juste largeur, si elle ne s'estend jusques aux ennemis, & si elle refuse le pardon à ceux qui vous persecutent en vos biens, ou en vostre propre personne. Car d'auoir de l'affection pour vn parent, ou pour vn voisin, ou pour vn amy, c'est vn acte naturel, dont l'vsage est familier, mesme parmy les peuples barbares ; faire du bien à ceux qui vous rendent de l'honneur ou du seruice, c'est vne espece de reconnoissance qui n'est obmise que par les ingrats ; aymer encore d'autres personnes qui vous sont agreables, ou qui s'impathizét auec vostre humeur, ou qui donnent des loüanges publiques à vos actions, ou qui vous apportent enfin quelque profit, c'est demeurer dans les termes d'vn amour humain & purement naturel, & c'est ne sçauoir pas s'esleuer iusques aux mouuemés de la grace.

Mais d'aymer du fonds du cœur celuy qui ne vous ayme pas, de prier Dieu pour le salut de celuy qui vous a raui les biens, qui vous a noircy d'infamie, & qui voudroit vous auoir massacré de ses propres mains : c'est pratiquer enuers luy vn amour pur & sincere, c'est produire vn acte de charité, le plus noble, le plus eminent, & le plus desinteressé, dit l'Angelique Docteur, que la grace puisse operer en nous par le secours du franc arbitre. C'est la marque la plus asseurée que nous ayons d'aymer Dieu d'vn sainct amour, & d'estre en estat de grace : parce que celuy-là n'a point de dilection feinte, ny deguisée, mais plûtost legitime & veritable, comme parle le grand sainct Gregoire, qui cherit pour Dieu le prochain, quoy qu'il sçache n'auoir pour luy aucun retour d'affection ; & qui l'ayme auec perseuerance, quoy qu'il n'en soit pas aymé.

1.2 quæst. 27. Art. 7.

Ille securus amat, qui propter Deum illū amat à quo se intelligit non amari. Homil. 38. in Euang.

Que si le pardon, si les tendresses, & les actes d'humanité, ou de patience qu'on exerce en faueur des ennemis, pour leur sauuer la vie du corps, ou celle de l'ame, sont les vrays characteres de l'amour du prochain qui contient tout, qui caresse tout, & qui s'estend sur tout par la dimension sur-naturelle, & merueilleuse de sa latitude, & par vne saincte conformité à l'immense bonté de Dieu qui fait du bien à tous les hommes, comme defia nous auons dit, & qui les veut tous fauuer, s'ils ne font obftinés à fe perdre: il faut determiner en fuitte, qu'on ne fçauroit mieux mefurer la longueur de la mefme charité fraternelle, que par l'eftenduë de fa du- rée.

Il eft vray, qu'il n'eft pas poffible qu'elle ayt vn parfait rapport à cette inconceuable eften- duë de l'eternité, qui a precedé tous les fiecles, & qui par fon poinct immobile a ferui de me- fure à cet amour fouuerain & infini que Dieu a porté à tous les hommes; car il a jetté fur nous fes diuins regards: il a formé des defleins fauo- rables à noftre falut, il nous a deftinés auant la naiffance de ce monde, au bon-heur du Paradis, par vne liberalité d'autant plus magnifique, qu'elle a efté infiniment preuenante : par ce qu'il nous a aymés d'vn amour eternel, com- me il dit luy mefme par la bouche du Prophete Ieremie. De là vient, que cet illuftre penitent du tiers Ordre du B. Pere fainct François, Re- mond Lulle, auoit bien raifon d'appeller l'a- mour de Dieu agiffant en faueur des hommes, *vne heureufe influence de l'eternité.* Mais pouuons nous pretendre d'imiter ce parfait modelle de charité, & d'égaler par extenfion d'amour la di- menfion d'vne longueur fi vafte & fi eften- duë?

In charita- te perpetua dilexi te Hierem.c. 31.

DE L'AMOVR PROPRE. 543

Il est constant, qu'il nous est absolument impossible d'atteindre à cette premiere eternité qui a deuancé la naissance du temps & des siecles ; puis que la priuation infinie de l'existence nous a laissés dans vne impuissance generale. Mais aussi il ne nous est pas difficile, de porter nos affections & nos volontés jusques dans l'eternité suiuante. Pour establir cette verité, il faut plûtost remarquer, que la pure bonté de Dieu ayant conceu pour nous des pensées d'amour & de complaisance auant l'existence de ce grand tout, & nous ayant preparé l'vn & l'autre monde, naturel & ciuil, par les degrés de tous les âges qui ont precedé le moment de nostre naissance : cette mesme bonté veut encore estendre ses bien-faits au delà du temps, & passer jusques à l'infini, pour nous rendre jouyssans d'vn bon-heur eternel. De sorte qu'on peut dire, que comme le dessein qu'elle auoit de nous faire du bien, a esté sans commencement, que les effets de son immense liberalité n'auront point de fin dans leur durée, & qu'il n'y a point de lõgueurs imaginables dans toute l'eternité qui nous a precedé, ou dans celle qui nous doit suiure, pendant lesquelles Dieu ne soit pas le souuerain bien-facteur en effet ou en idée de tous les hommes.

Mais quelques raisonnemens qu'on auance,

neantmoins il est tres-asseuré de dire, que nous pouuons agir en faueur du prochain, sans auoir d'autre regle que le parfait exemplaire de la charité de Dieu qui regarde l'aduenir, puis qu'il nous est pas permis d'imiter celle-là qui regarde le passé dans sa durée eternelle : nous pouuons, dis-je, l'aymer, le seruir & l'obliger jusques à l'infini, pour esloigner à jamais de sa personne tous les maux inconceuables qu'il est capable de souffrir pendant l'eternité mal-heureuse de l'enfer, ou pour luy procurer tous les biens possibles dont il peut jouyr dans l'eternité bien-heureuse du Paradis. He ! combien de saincts ont paru esleués à ce degré genereux & heroïque de la charité fraternelle qui fait des saillies jusqu'à l'eternité.

Si non facis, dele me de libro viuentium. Exod. c.32.
Optabam ego anathema esse à Christo pro fratribus meis. Rom. c.9.
Rom. c.16.

Nous sçauons, que dans l'ancien Testament Moyse vouloit estre effacé du liure de vie, si Dieu ne pardonnoit à son peuple ; & que dans le nouueau, sainct Paul desiroit d'estre Anatheme pour sauuer les Iuifs qui estoient ses freres selon la chair ; que dans la loy écrite Dauid souhaitoit de mourir, pour faire reuiure son fils Absalom, afin de le remettre dans la disposition de faire son salut ; & que dans la loy de grace, Prisca & Aquila, deux genereuses plantes de l'Eglise naissante exposerent leur vie pour la defense de celle de l'Apostre sainct Paul. Et le Docteur

Seraphique

Seraphique ne dit-il pas auec vne saincte & he-roique resolution, que bien qu'il fut asseuré d'e-stre priué à jamais de la vision de Dieu, & de brusler en enfer auec les demons : il voudroit neantmoins de bon cœur perdre la vie du corps autant de fois qu'il luy seroit permis de deli-urer vne ame criminelle de l'estat du peché, & de la restablir dans l'asseurance du salut eternel; n'ayant en ce dessein d'autre motif que de la seu-le gloire de Dieu ? Tous ces actes de charité qui tendent au bien du prochain, n'ont point de bornes dans le temps à venir, & portent si auant leur durée, qu'ils passent jusques aux infi-nies estenduës de l'eternité qui nous suit. Quel reproche cependant à vostre cœur si delicat, & si sensible, à vous qui ne sçaués souffrir trois jours de froid pendant l'hyuer, ou autant de chaud durant l'esté, pour auancer la conuersion d'vne seule ame !

Tract. de stimul. diuin. Amor. part. 2. c. 11.

Mais il est desia temps de fermer le present chapitre par l'exemple du Verbe incarné, dont la charité incomparable marque par eminence les quatre dimensions qui la rendent accomplie & acheuée jusqu'au dernier degré de perfe-ction. Admirés donc son hauteur, en ce qu'ayant receu de son Pere cette diuine habitude, il a rapporté toutes ses œuures à sa gloire, par les actes de la mesme vertu. Contemplés aussi son profond abaissement : car c'est par les excez d'vn pur amour, que le fils de Dieu s'est humilié jusqu'à la mort, & à la mort de la Croix, afin d'operer le salut de tout le genre humain. Considerés encore sa merueilleuse largeur, qui luy a fait enfermer dans l'immense capacité de sa poictrine, le Grec & le Iuif, le Romain & le Barbare, en vn mot, tous les hommes, puis qu'il est mort pour tous sur le Caluaire. Remarqués enfin sa longueur, ayant duré en ce monde tout autant que le cours de sa vie temporelle, puis qu'il est rapporté dans le sainct Euangile, qu'ayant aymé les siens, il les ayma jusqu'à la fin ; & aujourd'huy elle perseuere dans l'estat de sa vie glorieuse & immortelle, car il cherit encore ses esleus, & les aymera sans fin, jusques à les festiner dans le banquet de sa gloire, comme luy mesme le publie, pour tesmoigner la force, la constance, & la durée infinie de son amour, qui le rend quasi seruiteur de ses sujets, & comme assujeti à ceux là mesmes qui releuent de sa puissance.

Faciet illos discumbere, & transiens ministrabit illis. Luc. c. 12.

Non quasi Dominus, sed quasi seruus empritius singulorum. D. Thom. opuscul. de Beatitud.

Apres les merueilles de cette diuine charité qui a par tout ses mesures, & qui exprime auec tant d'excellence les characteres de sa hautesse, de sa profondeur, de sa largeur, & de sa latitude, pour gratifier tous les hommes sur le modelle de cette extreme dilection que le Pere eternel auoit, & aura touſiours pour ſon Fils; il eſt aiſé de comprendre la verité de ces paroles, que le Verbe incarné dit vn jour à ſes Diſciples, *Comme mon Pere ma aymé, ainſi je vous ay porté de l'affection*, c'eſt à dire, par imitation, & non par proportion, par reſſemblance, & non par identité, par rapport, & non par égalité de prefection, & de nature. Mais quelque ſens que la Theologie Scholaſtique puiſſe donner à ce texte ſacré, celle qui porte le nom d'affectiue, en tire vne concluſion qui n'eſt moins conſiderable, lors qu'elle ſouſtient, que la charité de Ieſus Chriſt enuers les hommes, eſt le ſecond exemplaire ſur lequel nous deuons regler nos affections pour aymer ſainctement le prochain dans toutes les dimenſions du pur amour.

Sicut dilexit me pater, ſic ego dilexi vos. Ioann. c.15

Les marques aſſeurées & infallibles du pur amour qu'on a pour le prochain, ſelon les ſentimens Apoſtoliques de ſainct Paul.

Chap. XII.

Comme nos ſens gouſtent de grandes delices, lors qu'ils rencontrent des objets proportionnés à leurs puiſſances. Nos facultés intellectuelles treuuent auſſi leurs plai-

Ariſt. lib. 3. de anim.

fins & leurs satisfactions dans la jouyssance des biens qui leur sont propres & conuenables. Et par ce que la nature de l'esprit est bien plus excellente que celle du corps : de là vient que les joyes de celuy-là sont bien plus douces, les jouyssances plus solides, & les delices plus pures & plus intimes. Pour preuue de cette verité, il faut consulter seulement les ames qui sont esleuées dans les sainctes vnions de l'extaze. L'amour les emporte vers ce souuerain objet, comme à leur centre, où elles sont dans la possession aussi tost que dans le desir des thresors de son infinie bonté. Là elles sacrifient leur cœur, vnissent leurs affections, suspendent leurs lumieres, & jouyssent de Dieu par des communications ineffables.

Il est certain que c'est vn grand bon-heur d'estre esleué à vn estat si eminent, & de posseder vne region de paix, si pure dans ses belles serenités, & si sublime dans les ardeurs & les saillies du sainct Amour. Mais aussi il est à craindre que cet olympe ne soit bien souuent imaginaire, que cette échole du Ciel ne soit exposée à l'illusion, & que l'ame ne s'abuse elle-mesme, se persuadant qu'elle jouyt d'vn calme & d'vn parfait repos, & qu'elle ne trompe les autres dans l'opinion d'vne saincteté d'éclat : d'autant qu'elle se void esloignée des occasions qui peuuent l'ex-

DE L'AMOVR PROPRE.

poser au combat, & la mettre à l'espreuue de sa fidelité & de sa constance. C'est pourquoy, dit sainct Augustin, il est plus aisé de conuaincre les hommes de n'auoir point de solide vertu, ny de vraye charité enuers Dieu, si l'on considere l'amour qu'ils portent au prochain. Par ce que les tentations qui l'assaillent sont plus frequentes, les occasions qui l'exercent sont plus communes, & les effets qui nous la font connoistre ne sont pas si rares.

In dilectione Dei ponsunt mentiri homines, quia rariores ́etentiones eam probant: in dilectione autem proximi facilius conuincuntur eam non habere. in exposit. epist. ad Galat.

Pouuons-nous faillir de choisir sainct Paul pour guide, & d'emprunter de ce diuin Apostre les mesmes parolles qu'il employe pour décrire les vrayes & inseparables proprietés de la charité Chrestienne, agissante en faueur d'autruy ? Il me semble que c'est l'vnique moyen de découurir tous les déreglemens que l'Amour propre nous fait commettre sur ce sujet, & l'adresse asseurée pour faire vn juste discernement entre les prattiques innocentes de la dilection fraternelle, & les criminelles de cet amour interessé, qui fait que ses esclaues ne s'ayment qu'eux mesmes en la personne du prochain.

Pour commencer, nous deuons remarquer que la premiere qualité que sainct Paul attribuë à la charité qui nous porte à aymer nos semblables, c'est d'estre *Patiente*, c'est de souffrir sans aucune passion de vengeance, ou de res-

I. Marque. *Charitas patiens est. 1. Cor. c. 13*

sentiment, tout le mal qu'on luy peut faire. Car elle ne fait point sa demeure dans cés cœurs foibles & delicats, qui ne sçauent supporter vn affront, ny digerer vn mespris; & qui n'ont pas assés de generosité pour étouffer dans le silence la moindre parole qui les touche. Moins encore cette mesme charité reside dans ces ames imparfaites qui sont tousiours aux plaintes & aux impatiences, si peu qu'on les offense, soit en apparence, soit en effet; & qui se laissent ronger au chagrin & aux inquietudes, aussi souuent qu'on choque leur humeur, ou qu'elles se figurent le sujet d'vn deplaisir imaginaire.

La charité porte donc le glorieux titre de patience; d'autant qu'elle ne sçayt pas moins receuoir & souffrir du mal de la part des autres, que de leur faire du bien. Ce n'est pas qu'elle rende insensible celuy qui est accueilli de quelque douleur qui attaque le corps, ou de quelque disgrace qui afflige l'esprit; mais c'est qu'elle luy fait perdre la veuë de tout le mal que le prochain sçauroit faire à sa personne, & qu'elle dispose la volonté à se resoudre plûtost d'obeyr que de resister, & de ceder plûtost à la violence, que de se plaindre par Iustice. De là vient, que sainct Cyprien auoit raison de dire, que la charité Chrestienne estoit la source de la patience heroïque, en ce qu'elle n'est le lien de la paix,

Lib. de Patiente.

DE L'AMOVR PROPRE. 551

le nœud des amitiés, & l'vnion des cœurs, que pour nous apprendre à souffrir de tout le monde, tout autant qu'il sera possible à l'actiuité de nos forces, assistées du secours de la grace. Examinés cependant vostre cœur, & confessés qu'il n'est pas esloigné des excez de l'Amour propre, s'il ne possede la patience dans ce haut degré, & s'il ne sçait supporter par pure dilection, tout ce qui luy vient de facheux & d'importun de la part du prochain.

Patientia vera, est quæ & ipsum amat quem portat.
D. Gregor. Homil 7. in Ezechiel.

Mais je veux que vous ayés desia acquis cette genereuse habitude, ce n'est tout au plus qu'vne premiere marque de vostre charité, il faut encore qu'elle soit animée *De douceur & de benignité*, comme dit l'Apostre, pour nous persuader que vous en possedés vne seconde. Ie vous parle en ces termes, à cause que cette eminente vertu a cela de propre, que de rendre le cœur de l'homme Chrestien, doux, tendre, affectif; & de l'establir dans vne region de paix & de tranquillité, esleuée au dessus des orages & des passions qui troublent les petites ames. C'est elle qui luy inspire tant de force & de generosité, qu'il n'a que des pensées de bien-veillance & d'amité pour toutes sortes de personnes. C'est elle encore qui le met dans vne disposition si saincte & si merueilleuse, qu'il forme en tout temps des desseins de gratifier tout le

II. Marque
Charitas benigna est
1.Cor.c.13.

monde, & de faire plus de bien à ceux-là mesmes, qui le payent d'ingratitude ou de mespris. C'est en vn mot cette diuine douceur qui se rend maistresse des emotions de la bile, pour ne troubler pas l'estat de l'vn & de l'autre appetit, sensitif & raisonnable : & qui fait étouffer d'abord, dit l'Angelique Docteur, les premiers sentimens de la vengeance.

Mansuetudo est quæ secundum rectam rationé moderatur iras. 2. 2 quæst. 157. art. 1.

Certes, comme il n'est rien dans l'homme exterieur qui ne soit l'extraict & la coppie de ce qui se passe dans l'interieur : de là vient aussi que par vne suite necessaire, la charité qui reside dans l'ame pousse au dehors, & fait paroistre des actions & des paroles, pour tesmoigner qu'elle est le commun principe de ces effets legitimes : elle marque l'esprit de douceur sur le visage de celuy qui la possede ; elle paroist honneste & affable dans toutes les rencontres ; officieuse & complaisante en toutes sortes d'affaires. Elle defere aux superieurs, agrée à ceux qui sont égaux, & condescend aux inferieurs. Enfin, la douceur de l'amour diuin est si extreme, qu'il nous fait renoncer à toutes nos inclinations, sentimens & mauuaises humeurs, pour n'offenser le prochain, & pour ne luy pas donner le sujet de quelque juste deplaisir, soit par nos œuures ou par nos parolles.

O que vostre ame est bien esloignée de la
pratti-

DE L'AMOVR PROPRE.

prattique de cette incomparable vertu! Car vous n'aués de la douceur ny de l'affection que pour quelques personnes particulieres, dont les qualités vous sont agreables, ou qui sont conformes & sympatiques à vos inclinations, ou qui vous flattent dans vos defauts, ou de qui vous pretendés du profit, ou pour d'autres considerations meslées de propre interest. Il est vray que vous paroissés quelquefois complaisant, paisible, traittable & obligeant enuers d'autres: mais c'est par vn respect humain, & jamais par charité; c'est par vn principe de vertu morale, & non pas chrestienne; c'est pour euiter le blasme d'inciuil ou de brutal, puis qu'il est vray, que dans ces actions apparentes vostre cœur desaduouë en secret ce qui se passe au dehors, cōme estant semblable à ce lac des Troglodites dont la surface est extremement douce, & le fonds amer. Ce qui m'oblige de conclure que vostre douceur est fausse, parce que, dit sainct Augustin, celle-là est veritable qui procede de la dilection fraternelle. *Quis est benignus nisi diligat cui opitulatur? Tract. 87. in Ioann.*

Mais il ne faut pas s'estonner de voir qu'elle possede cette noble perfection; puis qu'elle fait ses delices des auantages du prochain, comme dit sainct Anselme; d'autant *quelle n'est point jalouse, & ne porte point d'enuie aux biens d'autruy,* dit en suite le mesme Apostre sainct Paul. Pour *Charitas benigna est quia proximorum delectatur profectibus. Comment in hunc loc.*

mieux comprendre cette verité nous deuons supposer par auance, qu'il y a deux sortes d'emulation, l'vne qui est lache & criminelle, l'autre qui doit porter le titre d'innocente & genereuse. La premiere peut auoir le nom d'enuie, parce qu'elle consiste en vn certain deplaisir ou tristesse, dit sainct Thomas, que l'homme conçoit à cause des biens auantageux qu'il reconnoit en la personne de son prochain. Ainsi Cain ne pouuoit regarder de bon cœur les faueurs & les grandes benedictions que le Ciel répandoit sur les sacrifices, & sur les troupeaux de son frere Abel. Ainsi le Roy Saül ne pouuoit souffrir les loüanges qu'on donnoit à Dauid, apres auoir vaincu & triomphé du superbe Goliath. Ainsi les Scribes & les Pharisiens consideroient auec vn extreme deplaisir la gloire qu'on rendoit à Iesus Christ, à cause des grands miracles qu'il operoit dans la Iudée.

Et c'est de cette espece d'emulation (pour ne rien dire de l'autre qui est vertueuse, loüable, & meritoire) dont parle l'Apostre : comme estant ennemie de cette admirable charité, qui est la seule vertu, dit sainct Augustin, qui nous rend contens, dequoy les autres sont employés aux plus belles actions de pieté, & qu'ils s'appliquent aux œuures de merite & d'eclat, qui regardent le diuin seruice; qui nous fait consi-

DE L'AMOVR PROPRE. 555

derer les graces & les vertus de tous les hommes comme les noſtres, pour en rendre à Dieu de continuelles actions de grace; qui nous perſuade que ceux qui ont des employs plus nobles, ſont plus propres & plus habiles que nous, & que les talens que le Ciel leur donne, ſont en des meilleures mains; & qui nous fait croire que les œuures des autres ſont nos merites, & que leurs concurrences ſont autant de moyens & de forces nouuelles; autant de puiſſans ſecours pour arriuer à vne meſme fin, par vne égale conſpiration. Et c'eſt la raiſon pourquoy, dit le grand ſainct Gregoire, la charité agit pour le prochain, ſans ſe laiſſer infecter du poiſon de l'enuie. *Homil. 5. in Euangel.*

Ouurés icy les yeux, & vſés cependant de reflexion ſur cette verité qui vous condamne, en ce que vous ne ſçaués jamais approuuer les actions de vos ſemblables, quoy que ſainctes & merueilleuſes; moins encore leur donner des loüanges que la voix publique leur accorde; ny meſme ſouffrir qu'on rende de l'honneur à ceux qui ont du merite. C'eſt bien plus, vous regardés d'vn œil d'enuie & d'vn eſprit d'auerſion, les ſciences, les dignités, les vertus, ou les graces qui éclatent en la perſonne d'autruy. He! quel vice plus lache, plus noir, & plus abominable pouués-vous commettre,

Aaaa 2

que d'estre picqué de jalousie, de quoy l'on vous passe en richesses ou en santé, en doctrine, ou en authorité, ou en d'autres qualités de l'esprit ou du corps ? N'est-ce pas en vous vne malignité desesperée, de vouloir abattre, en effet, ou par desir, toutes les grandeurs & toutes les perfections que vous n'aués pas, & où vous ne pouués pas atteindre; d'estre touché d'vne secrette douleur, lors que vous ne pouués perdre ny destruire ce que vous ne sçauriés égaler par concurrence ou par imitation. D'où il faut inferer, que vostre cœur n'a point de charité, & que vous ne pouués mieux faire, que d'en acquerir l'habitude pour l'opposer à l'enuie, comme dans les Echoles l'on cultiue les sciences pour éclairer l'esprit; & en suitte, dit sainct Augustin, pour en bannir l'erreur par des contraires connoissances.

Sicut error scientiâ, liuor charitate pellitur. lib. 6. contr. Iul.

Si vous aués assés de zele pour arriuer à ce degré de perfection, vous ne serès pas beaucoup esloigné d'vn autre que sainct Paul luy attribuë, lors qu'il adjouste, qu'elle a cette adresse *que de ne rien faire mal à propos.* C'est la quatriesme marque de son excellence, & peut estre la censure euidente de vos propres defauts. Parce qu'ils font assés paroistre par les suites de leurs desordres, que vous ne possedés pas cette pure & saincte dilection du prochain, qui n'est iamais

Charitas non agit perperam.

IV. Marque.

dereglée, ny infolente, ny precipitée dans fes actions. Il eft vray, qu'il n'eft rien de plus actif ny de plus mouuant que fon feu : mais fon ardeur, fa violence, & fa flamme n'excedent point les regles & les bornes de la difcretion. Elle ne s'embroüille point dans fes exercices; elle fait toutes chofes auec ordre, auec conduite, auec raifon. Elle obferue par tout de la moderation & du temperament, pour affortir chaque action de vertu de toutes les circonftances neceffaires. Tout fe fait par jugement & par prudence, dautant que tout eft reglé fur le modelle infini de la fageffe de Dieu, qui a produit toutes chofes auec poids, nombre, & mefure. Dequoy cependant il ne faut pas s'eftonner, par ce que, dit fainct Auguftin, il n'y a point d'ordre dans aucune vertu qui ne releue de la charité, ou pour mieux dire, chaque vertu n'eft qu'vn amour bien ordonné en habitude.

Virtus eft ordo amoris, fiue amor ordinatus. D. Auguft. lib. de morib. Ecclef.

Voyons donc fi l'amour que vous aués pour le prochain eft equitable en fes procedés, & s'il obferue toutes fes juftefles. Vous fçaués bien que vous n'agiffés que par humeur; que vous ne voulés pas vfer de cette adreffe qui s'ajufte aux circonftances des affaires; que voftre efprit fe trouble & fe confond en fes idées, fi l'on refifte à fes defleins; que vos empreffemens font des vifibles defauts de patience, &

de docilité, necessaire pour ne rien faire mal à propos, pour ne rien entreprendre à contretemps, & pour n'employer pas des moyens extrauagans, au lieu de vous seruir des ordinaires que Dieu vous met en main selon la condition des lieux & des personnes. Ce n'est pas que vous ne soyés officieux & diligent à faire du bien aux autres. Mais vos affections dereglées qui troublent le repos de vostre interieur, & qui font regner dans l'ame les diuerses passions de tristesse, de crainte, de douleur, & quelquefois de desespoir, lors que vous ne pouués reussir dans les occasions, nous font assés connoistre, que vous suiués plûtost les inclinations de la nature, que les mouuemens de la grace : & que si la pensée d'vn sçauant Cardinal est veritable, vos œuures qui sont faites en faueur du prochain sont marquées du coing de l'amour propre, & non pas du charactere de la vraye charité.

Omnes animi perturbationes ab amore priuato ortū habent. Nicol. de Cus. lib. 6. Excit.

Mais poursuiuons nostre dessein, & voyons en suite comme nous deuons prendre le sens de ces paroles diuines de sainct Paul, *La charité ne s'enfle point, & ne se rend point esclaue des pensées d'ambition.* Il est certain que c'est vne proprieté inseparable & essentielle de l'amour tyrannique, dit sainct Bernardin, de rendre ses partisans esclaues de la vanité, & enflez d'vn desir

Charitas non inflatur, non est ambitiosa. V. Marque.

DE L'AMOVR PROPRE. 559

dereglé de propre eſtime; de leur imprimer fauſ- ſement dans l'eſprit qu'ils ſont egaux en meri- tes à ceux qui les paſſent, ſans contredit, en beaucoup de biens, de grace, & de nature. De là vient, que cette deteſtable paſſion les aueu- gle & les emporte ſi haut, qu'ils ſe croyent eſ- leuez au deſſus des autres mortels, comme s'ils eſtoient doüez d'vne ſuffiſance incomparable. Ils ont tant de ſotiſe ou de ſtupidité, qu'ils ſe fi- gurent auoir plus de ſcience, ou plus de ſain- &eté que ceux qu'on leur propoſe, comme de plus rares modelles de perfection, pour abat- tre leur preſomption & leur orgueïl. Et c'eſt ainſi que les dons du Ciel qui leur deuoient ſer- uir d'adreſſe pour le ſalut, ſont des puiſſans moyens pour les perdre; & que les graces qui leur eſtoient données pour les ſanctifier, & pour les faire croiſtre en merites, leur ſont vn ſujet de ſuperbe & d'inſolence, pour les precipiter dans les abyſmes de l'enfer.

Serm. 22. de extra. Tom. 3.

Le vray amour du prochain n'eſt pas infecté de cette fatale maladie, à cauſe qu'il opere dans l'ame les meſmes effets, que les alimens produi- ſent dans nos corps. Car tout ainſi que la facul- té vegetante, dont les fonctions ſont touſiours libres dans vn corps bien ſain, ne groſſit ia- mais la teſte, qu'elle ne faſſe croiſtre à propor- tion les jambes & les pieds, par vne juſte distribution de la nourriture : de mesme, le sainct Esprit ne répand iamais dans nos cœurs l'habitude de la charité qui nous aplique au prochain, sans augmenter en mesme temps la vertu de l'humilité, comme sa base & son fondement, dit sainct Augustin ; si d'ailleurs nous ne resistons aux impressions effectiues de sa grace, par nos mauuaises dispositions. S'il faut iustifier cette verité par son principe, c'est assez de dire auec Richard de sainct Victor, que c'est de l'essence du pur amour, d'eclairer les puissances de l'ame, à proportion qu'elle les enflamme de son ardeur. D'où il s'ensuit, que ceux qui possedent ce don surnaturel de cette diuine habitude, ont assez de veuë pour reconnoistre qu'ils n'ont point de pensees ny d'actions qui ne soient meslees de plusieurs defauts ; qu'ils ne font rien de bon, que par le secours de la grace ; qu'ils ont plus de sujet de craindre Dieu, plus ils en reçoiuent de bien-faits ; qu'ils sont plus ingrats & plus infidelles à sa Majesté, plus elle les comble des faueurs du Ciel.

Serm. 10. de verb. Dom.

Amor oculus est, & amare videre est. Tract. de grad. charit. c. 3.

Toutes ces pensees, & autres semblables, leur impriment des humbles sentimens, & les font descendre si bas, qu'ils n'osent pas se preferer, ny mesme s'egaler aux autres, moins encore s'esloigner beaucoup de la veuë de leur double neant, de nature & de peché. Consultés donc les secrets replis de vostre propre conscience; & voyés si vostre esprit est degagé des attaches ou des recherches de la propre estime; & du desir des employs d'honneur, & des dignitez éclatantes. Parce que vous apprendrez par vous-mesmes, estant fondé sur la raison de sainct Augustin, si vous aués de l'amour propre, ou de la charité.

Mais ce n'est pas de merueille, dit sainct Anselme apres sainct Augustin, de voir que la charité ne s'enfle point, que les fumées de l'ambition ne l'aueuglent iamais, qu'elle n'affecte point de faire éclat, ny de produire ses qualités & ses excellences; puis qu'elle mesprise toutes les grandeurs de la terre, & portant la veuë sur les auantages d'honneur qu'elle souhaite au prochain, *Elle n'y cherche point ses interests*, dit en suite nostre diuin Apostre, pour exprimer le sixiéme attribut ou proprieté de cette eminente vertu.

Charitas non propriâ excellentiâ lætatur: n'eritò ergo nõ inflatur. D. August. lib. 11, de Genes. ad litter.

Charitas non quærit quæ sua sunt.

Car il est vray, que lors que nous possedons le pur amour du prochain, nous oublions facilement nos propres commodités, pour cherir & gratifier nos semblables par toutes sortes de bons offices. Nostre profit c'est de leur estre tousiours vtiles, nostre plaisir c'est de les contenter, & nostre inclination de leur procurer de la gloire & du renom par tout où nous pouuons l'esten-

VI. Marque.

3. Part. Bbbb

dre. Si nous auons le deſſein d'agir par quelques employs, c'eſt pour les eſtablir dans le repos; ſi quelque deſir nous trauaille & nous preſſe, c'eſt de ne rien obmettre pour l'aſſeurance de leur ſalut: & ſi nous ſommes flattés de quelque eſperance, c'eſt de les auoir vn jour pour compagnons & aſſociés dans l'eſtat de la gloire. Et pour tout dire en vn mot, nous n'auons rien de propre qui nous ſepare d'auec eux, apres que la charité nous a donné à tous enſemble qu'vn cœur & qu'vne ame, de meſme qu'elle le fit autrefois à tous les fideles de l'Egliſe naiſſante.

Nihil poteſt eſſe proprium, vbi cômunis eſt animus. Marſil. Ficin. lib. 5. epiſt. 2.

Certes, ſi voſtre cœur eſtoit embraſé de ce feu du Ciel; s'il eſtoit ſi pur, ſi ardant, & ſi deſintereſſé, il n'auroit de tendreſſes ſi grandes, ny de retours ſi frequens vers ſoy meſme. Au contraire, il s'emporteroit touſiours auec des facilités extremement actiues enuers les autres, pour leur faire tout le bien qui luy ſeroit poſſible dans toute l'eſtenduë de ſes forces ou de ſes ſouhaits. Mais il eſt bien eſloigné de cette perfection; puis qu'il eſt ſi ſenſible à ſes intereſts, qu'il ne pretend dans toutes ſes affections, que ſon profit, ſes delices, ſes accommodemens de fortune, & autres ſemblables faueurs; ſans iamais permettre à voſtre eſprit d'vſer de reflexion, pour reconnoiſtre ſi le prochain en reçoit du dommage en ſes biens,

DE L'AMOVR PROPRE. 563

ou du déplaisir dans son esprit, ou de l'infamie en sa personne. O que ce dereglement est aujourd'huy public & familier dans tous les ordres, estats, & conditions du Christianisme! Quelles sanglantes diuisions opere châque jour l'amour tyrannique, par cette fatale pome de discorde, qui change l'ancienne fable en vne funeste verité. Nous ne voyons plus le regne ny le triomphe de cette charité qui n'a rien de propre, dit vn grand homme, parce qu'elle possede tout en commun, & que le bien vniuersel est son partage indiuisible. Mais la passion du propre interest fait que chacun s'approprie tout à soy, s'affecte toutes choses, vsurpe sur chaque sujet ce qui luy plaist, si d'ailleurs il luy est possible, & par vn horrible renuersement de Metaphysique, que la Morale n'approuue point, veut faire passer tous les biens vniuersels en la nature, ou en la possession, ou du moins en la puissance d'vn seul indiuidu. *Charitas non quærit quæ sua sunt; quia nihil habet suum, sed commune. idem ibid.*

Mais c'est assés pour euiter les importunités de la redite, d'auoir effleuré, comme en passant, cette matiere qui nous a serui si souuent d'entretien dans les diuers discours qui ont composé la derniere partie de cet ouurage : nous deuons encore poursuiure nostre mesme dessein, & nous arrester à découurir vne autre nouuelle marque: Ce qui nous sera facile, si nous sçauons bien

Bbbb 2

comprendre le sens de ce texte sacré de l'Apostre qui definit, *Que la charité ne s'aigrit point, & ne s'offense iamais, quelque mauuais traittement qu'on luy fasse.*

Charitas non irritatur.

Sainct Paul veut dire par ces paroles, que la charité est si douce & si affable en ses discours, si égale en ses pensées, & si paisible en ses actions, qu'elle ne sçayt point s'animer contre ceux qui luy font outrage. Elle est sans fiel & sans amertume ; elle ignore les moyens qu'elle doit employer pour tesmoigner ses justes ressentimens ; elle n'a pas seulement la pensée de murmurer, & de se plaindre de ceux qui luy font injure ; elle digere les affronts comme l'Austriche le fer ; & pour tout dire en vn mot, elle est si esloignée de la violence, quelques mouuemens qui l'emportent, qu'elle est impuissante à produire quelque saillie de cholere : & toute sa vengence consiste à se taire par vertu, & à souffrir par esprit de penitence.

VII. Marque.

He ! Pouuez vous soustenir, que vous ayez desia acquis vn seul degré de cette incomparable perfection? puis qu'il est vray, que vostre amour propre qui iustifie ses excez, vous precipite dans des saillies d'impatience, chaque fois qu'il vous arriue quelque perte, ou quelque disgrace. Quoy? les moindres parolles de mespris ou d'imprudence font naistre dans vostre interieur vne

Nulli irascêti sua ira videtur iniusta. lib. de vera innocent. cap. 319.

DE L'AMOVR PROPRE.

tempeste generalle, & portent le desordre & le trouble dans toutes les puissances de l'ame. Les offenses les plus legeres vous semblent des affronts insupportables; vn regard innocent vous paroist dédaigneux, vn compliment oublié dans vn rencontre, est vne injure qu'on ne sçauroit expier que par la mort : & vn songe mal interpreté vous rend tel à l'égard du prochain, que les enfans du Patriarche Iacob furent enuers leur jeune frere Ioseph.

Non potetant fratres Ioseph ei quidquam pacificè loqui. Genez. c. 37.

Mais je voy bien d'où vient la source de vostre delicatesse, qui enfante de ces grands ressentimens sur des actions indifferentes : C'est que vous les condamnez comme criminelles dans l'intention secrette de celuy d'où elles procedent, n'ayant point les yeux de la vraye charité, dont la huictiesme proprieté consiste, dit S. Paul, *à ne former point de sinistres iugemens sur les actions d'autruy.* Pour mieux entrer dans les sentimens de l'Apostre, il nous faut plustost supposer comme infaillible ce qu'il dit ailleurs, *Que la dilection du prochain n'opere rien de mauuais:* c'est à dire, qu'elle rend aux autres toute sorte de bons seruices; elle nous porte à gratifier & secourir nos égaux, à seruir nos parens, nos Princes & nos superieurs, & à pratiquer de pieuses liberalitez enuers ceux-là qui sont inferieurs au degré de condition que nous tenons dans le monde. Mais

Charitas non cogitat malum. VIII. Marque.

Dilectio proximi dum non operatur. Rom. c. 12.

ce n'est pas assez à cette diuine qualité, d'estre innocente en ses œuures, elle le veut estre encore en ses pensées. De sorte, que si d'vn costé elle n'a de fortes inclinations qu'à faire du bien, elle a de l'autre de grandes dispositions à ne penser iamais au mal; & c'est ainsi qu'vn si bon principe produit tousiours de bons effets.

Si vous desirez de la voir occupée dans cet heureux exercice, considerez seulement vn sage Chrestien qui est instruit dans l'école de la pieté: sa pure & saincte dilection excuse, ou couure de ses flammes vne multitude de pechez; & comme il a des yeux charitables, il ne void que des merites, & non pas des offences. Il se persuade aisement que la vie de son prochain est vne regle de vertu, & vn modelle d'innocence: que s'il y a des excez si euidens, qu'il ne puisse pas les méconnoistre, il leur oppose ses propres deffauts, pour arrester son iugement par la veüe de ce qui se passe en soy mesme: ce qui l'empesche de former de sinistres pensées contre la personne qui les commet. Que s'il est ainsi, ne faut il pas inferer, que vostre ame est despouillée de l'habitude de la Charité, puisque vous pointillez tousiours sur la vie d'autruy, & puisque vous exercez l'office de censeur, & de souuerain iuge, pour condamner ses actions par vne authorité vsurpée sur l'empire de la iustice de Dieu.

Culpam amici amor minuit, vel abscondit. D. Bernard Tract. de Grad. humil.

DE L'AMOVR PROPRE. 567

Il est vray, que vous auez de grandes facilitez à iuger fauorablement de ce que vous remarqués en vos amis : Mais aussi ne voyez vous pas, que vous n'agissez auec moderation, que par les mouuemens d'vn amour naturel qui vous ferme les yeux, & qui vous rend aueugle, selon la pensée d'vn sçauant Cardinal, afin de ne découurir les taches & les deffauts de leur vie. Mais pourquoy refusez vous de prattiquer enuers tous les hommes par les éleuations & les eminences de la charité, les mesmes faueurs que les inclinations & les sentimens de la nature vous font exercer enuers ceux qui vous cherissent? Vous sçauez absoudre ceux que vous aymez, & vous ne voulez iamais excuser, ou diminuer les manquemens, & les fragilitez des autres. N'est-ce pas vne visible iniustice? Reglez donc vostre iugement, & pour le rendre plus equitable, aymez également en Dieu, & pour Dieu tous ceux que la loy diuine vous propose pour estre l'obiet vniuersel de vostre charité. Souuenez vous de ce mot de sainct Augustin, *Que les iugemens sont equitables, qui naissent des affections egales.*

Mais il ne suffit pas à ceux qui aspirent à la perfection, & qui veulent grauer dans le fonds du cœur les plus purs, & les plus saincts characteres de l'amour du prochain, d'estre éleuez à ce haut degré de vertu : il faut encore sçauoir par vsage,

Non videt amans defectus eius quod valde amat stante amore in amato. Nicol. de Cus. lib. 7. Excit.

Non iudicat personaliter, qui diligit æqualiter. D. August. Tract. 30. in Ioann.

Charitas non gaudet super iniquitate, congaudet autem veritati.

IX. Marque.

pluſtoſt que par idee, *Que la Charité ne ſe plaiſt point dans les pechez d'autruy, & qu'elle n'a de complaiſance que pour ſes vrayes & ſolides vertus.* C'eſt encor le meſme Sainct Paul qui parle en ces termes, pour nous faire entendre combien elle eſt eſloignée de cet amour tyrannique qui ſe plaiſt dans les nouueaux deſordres, qui approuue la multitude des pechez à cauſe qu'il ayme; qui eſt plus ſatisfait de découurir des vices, que de remarquer des vertus en la perſonne du prochain; qui ſouſrit aux blaſphemes, aux murmures, aux detractions, aux paroles impures; qui approuue le Bal, la Comedie, les Romans; qui tient les yeux ouuerts ſur les plus belles actions de vertu, afin d'y rencontrer quelques imperfections, pour les faire paſſer pour des vices; qui n'eſt iamais plus content, que lors qu'il y a des complices de ſon peché; qui écoute auec du regret & du déplaiſir, les loüanges qu'on rend au merite & à la ſaincteté des autres; & qui s'attriſte de les ſçauoir auancez dans la perfection, & qui ſe reſioüyt au contraire de les voir déchoir de cet eſtat ſublime: comme ſi le mal-heur du prochain eſtoit l'accroiſſement de ſa pieté; & comme ſi ce mal de coulpe luy eſtoit vn bien de grace.

Ce n'eſt pas ainſi que la Charité opere dans les ames. Car comme elle ayme le prochain

comme

DE L'AMOVR PROPRE.

comme foy-mefme, & en fuitte le bien du prochain autant que le fien propre; elle ne fçauroit prendre plaifir dans les pechez qu'il commet par fragilité, ou par malice. Au contraire, elle s'afflige infiniment quand elle ne peut deftourner ce malheur, comme Samuël voyant la reprobation du Roy Saül; comme Dauid, qui ne pouuoit regarder fans vne extreme triftefſe qui luy deſſeichoit la moüelle des os, les impies, dont la malice faifoient vanité de tranfgreſſer la loy de Dieu; comme l'Apoftre Sainct Paul, qui auoit fon cœur preſſé de douleur & de defolation intime, lors qu'il ne pouuoit guerir l'obftination des Iuifs, à caufe qu'ils eftoient fes freres felon la chair; ou comme Sainct Auguftin qui ne fçauoit fouffrir les lâchetez & les langueurs d'vne vie fenfuelle en la perfonne d'vn fien amy.

<small>Vidi præuaricantes & tabefcebam. *Pfalm.*118.</small>

<small>Miferearis iam mei fi tibi viluifti *epift* 39. *ad Licent.*</small>

Quant aux biens de nature ou de grace qu'elle reconnoit en fon prochain, elle les eftime comme les fiens propres; elle fe plaift en fes vertus; elle ayme fa pudeur & fa modeftie; elle cherit fon humilité, fon obeyſſance, fa charité, & fon zele; & c'eft ainfi qu'elle fe refioüit de voir tout ce qu'il y a de pur, d'innocent & de fainct dans la Religion Chreftienne. C'eft à vous cependant d'entrer dans ces mefmes fentimens de pieté, de joye & de bien-veillance: ou d'vfer maintenant de reflexion, fi vous auez autant d'amour pour les vertus du prochain, que d'horreur & d'auersion contre ses vices. Par ce que la regle de S. Bernardin est asseurée, en ce qu'elle porte, que comme la nature de l'homme est establie entre la grace & le peché, elle ne peut se plaire au bien, sans marquer vn effet de la grace, & vne saillie du S. Amour; ny se satisfaire dans la veuë du mal, que par vn dereglement de consçience qui fauorise les crimes, & qui deffend leur party.

Natura stat inter gratiam & culpam: si delectaris in bono habes gratiã, si d. lectaris in malo habes culpã. Tom. 3. serm. 5.

Il me seroit encore aisé de faire voir d'autres marques infaillibles de la dilection Chrestienne, & de dresser vn Commentaire sur ces diuines paroles que sainct Paul adjouste, *La Charité croit tout, espere tout, & souffre toutes choses.* Mais c'est assez d'auoir donné de l'éclaircissement au Sacré Texte qui a precedé, pour seruir de lumiere & d'interprete à celuy-cy, & pour vous disposer à faire la mesme application dans le dessein du present Chapitre.

Conclusion de cest Ouurage.

APres la deduction de tant de raisons & de veritez qui doiuent passer pour les fondamentales de la Theologie affectiue: il me reste seulement à vous dire, mon cher Le-

DE L'AMOVR PROPRE. 571

&teur, que si nous consultons nostre interieur, nous y verrons l'idée expresse de cette merueilleuse Iustice, qui nous porte à faire nos actions auec poids, nombre & mesure; & qui nous fait discerner ce qui est iuste, & dans l'ordre, d'auec ce qui est déreglé. Car nous auons des lumieres que nous appellons des veritez originaires, qui éclairent nos entendemens auec tant d'euidence, que sans employer d'estude n'y de discours, nous sommes naturellement instruits de certaines maximes fondamentales qui forment les mœurs, & qui donnent la disposition & le bon temperament à toutes sortes d'affaires. Parce que ce sont des regles equitables, & tres-conformes à la raison.

Charitas est absoluta æqualitas. Nicol. de Cus. lib. 1. excit.

Mais quoy que la nature ayt graué ces rayons & ces premieres habitudes dans nos esprits, le desordre de nos passions tire de nostre bouche cette libre confession, que nos affections n'égalent quasi iamais l'excellence de nos idées. C'est pourquoy, Dieu nous a imposé la loy de la Charité, afin de nous rendre equitables, aussi-bien par l'amour que par la connoissance, & de nous obliger de satisfaire à Dieu, au prochain & à nous mesmes, dans l'vsage de la dilection bien ordonnée. C'est tout ce que nous auons deduit dans les trois Parties qui composent cet Ouurage, & c'est tout ce que i'ay à dire pour conclu-

Cccc 2

fion de ce Traitté.

Venez-donc ô ames Chreftiennes, & plongez vous hardiment dans les delices de ces trois Amours, pour vous enyurer de fatisfaction & de fainste complaifance, felon l'intention du S. Efprit exprimée dans les Sacrez Cantiques. Vous fçauez-bien que ie ne vous propofe rien icy de difficile; & que fi vos fentimens naturels y rencontrent quelque fecrete rigueur, le fecours de grace ne manquera iamais de releuer voftre foibleffe, & de fortifier voftre impuiffance : Elle remplira vos cœurs de tant de douceurs & de celeftes confolations, que vous ferez forcées d'auouer felon l'Oracle du fainct Euangile, que les Diuins Commandemens font faciles; puis qu'ils nous obligent feulement d'aymer Dieu par deffus toutes chofes, & le prochain comme nousmefmes; & puis qu'ils font reduits au feul vfage du pur Amour, dont la fidelle prattique met l'ame dans des ioyes, des defirs, des fuauitez, & des delices inconceuables.

Apres l'euidence de cette verité, c'eft s'abufer de croire que le ioug du Seigneur foit fâcheux & infupportable, & qu'il foit compofé d'autant de fur-charges d'obligations, qu'il y a de preceptes. Mais l'on doit pluftoft tenir pour certain & indubitable, que ceux-là font trompez par vn aueuglement deplorable, qui fe perfua-

Comedite amici, & bibite, & inebriamini amoribus. Iuxta Patr. Græcos in Cathena.

DE L'AMOVR PROPRE. 573

dent qu'il n'y a point de satisfaction plus haute & plus souueraine, que de se posseder & de iouyr soy-mesme; que de suiure ses humeurs, & de contenter toutes ses inclinations: & qu'en cette vie c'est le seul bien, & le seul repos que chacun peut pretendre par la seule liberté de ses affections. Ce qui est neantmoins autant esloigné de la verité, que la lumiere des tenebres. Par ce qu'il arriue tousiours, dit S. Bernardin, que ces ames lâches & idolatres d'elles mesmes, qui ne s'ayment que pour auoir plus de ioye, plus de plaisir, plus de liberté & plus de douceur, ne receuillent par vn iuste iugement de Dieu, que des amertumes de cœur, des inquietudes d'esprit, des tristesses & des langueurs sans remede, comme autant de fruicts legitimes de l'Amour propre.

Diuino sit iudicio, vt proprius amor ab amaritudine animi quodāmodo ortum habés amaritu sinem fugiens in amaritudine inquietē quiescat. serm. 21. de extra, Tom. 3.

Pour establir ma pensée, & pour luy donner plus de poids & plus de force, ie ne veux pas introduire sur la fin de cet Ouurage, la Theologie de quelques Platoniciens, qui au rapport d'vn grand homme, l'vn des plus sages & des plus illustres appuys de leur doctrine, raisonnent que les intelligences ont de la facilité à se porter à Dieu, par la voye des lumieres & des contemplations, ou à s'arrester en elles-mesmes, ou à descédre vers les objects inferieurs. Ie veux alleguer seulement ce que le grand S. Denys en-

Marsil. Ficin. Comment. de diuin nominib.

seigne, lors qu'il distingue trois sortes d'Amour, de cercle, de certitude & de reflechissement, qui sont prattiquez par les Anges dans l'estat de la gloire. Le premier est le circulaire, qui rauit, qui emporte, & qui esleue ces esprits bien-heureux iusques au Throsne de Dieu, pour les employer dans vn cercle infini de mille delicieuses contemplations; l'Amour de droite ligne, est celuy qui les fait descendre, & qui les applique à la creature; Et le troisiéme qui est l'Amour reflechy, tient de deux autres Amours, comme le milieu de la nature de deux extremes, montant à Dieu par la creature, & finissant à la creature pour l'Amour de Dieu.

Voilà les trois mouuemens d'Amour qui abregent toute l'essence de la perfection, & qui marquent les trois deuoirs de l'ame deuote qui fait profession de la vie interieure, selon les regles de la Charité bien ordonnée. Car le premier nous voit à Dieu, nous découurant le cercle de ses perfectiõs infinies, le second nous applique au prochain, nous faisant aller droit à luy par l'ordre du diuin precepte, comme estant vn œuure de rectitude: & le troisiéme nous oblige de reuenir vers nous-mesmes, par reflexion de la mesme charité que nous auons pour Dieu, & en suitte pour le prochain. Ce qui doit estre estimé d'autant plus facile dans l'execution, que ces trois purs Amours

lib. de diuin nomiиib. c. 4.

qui se terminent à trois diuers obiects, sont fondez dans la raison & dans l'equité souueraine, comme ceux-là mesmes l'ont reconnu, qui ont iouy d'vn peu de lumiere parmy les tenebres du Paganisme.

Plotin. contra Gnostic.

Or côme la nature oblige toutes les choses sensibles de ce monde inferieur, de s'esleuer au dessus de leurs foibles principes, de pretendre tousiours à ce qui est le meilleur dans leur espece, & de faire progrez depuis leur naissance, iusques à la plus haute perfection qui leur est possible : De même la Religion Chrestienne impose l'obligation indispésable, de croistre en bônes œuures, d'augmenter les merites & les vertus. En vn mot, de se perfectiôner dans les habitudes du pur Amour, selon toute l'estenduë de ses forces. Par ce que ce sôt des effets, & des suittes inseparables de l'eminente saincteté de sa perfection. Il est vray, qu'il y a cette notable difference entre les acroissemés qui se font par les mouuemens de la nature, & par le secours de la grace que les corps naturels peuuent atteindre leur iuste grandeur. Ainsi les plâtes s'esleuent en haut par la nourriture que la terre leur donne, iusques à ce qu'elles ayent acquis vn certain degré de hauteur qui est proportionnée à leur espece ; ainsi le corps de chaque animal grossit, & s'augmente iusques au dernier terme de sa consistance naturelle. Mais l'homme estant né

D. Thom. 2.2. quæst. 184. art. 2.

LA TYRANNIE

pour vn bien souuerain & infini, ne doit pas mettre des bornes aux degrez du pur Amour de Dieu, du prochain & de soy-mesme, qu'il doit acquerir durant le cours de cette vie.

Ayez donc cette forte & genereuse resolutiō, de ne vous arrester iamais dās le chemin de la perfection, & de ne dire iamais c'est assez; puis que la Charité est vne carriere ouuerte où l'on ne découure point de fin. Imitez le Ciel empirée, en ce qu'il se raffine & se purifie chaque iour; n'ayant point d'autre capacité à souffrir quelque changement, selon l'opinion commune des Docteurs, que celuy de l'alteration qu'on nomme perfectiue. A mesme proportion rafinez vostre amour, & rendez-le si pur, que la nature soit quasi destruite en vous, afin que le seul esprit de grace y regne absolument dans toute l'estenduë de son empire. Vous auez vn puissant motif, pour ne mettre pas des bornes à cette heureuse entreprise, si vous considerez que c'est vne sorte de perfection desia acquise, dit S. Prosper, d'y pretendre par vn effort continué & sans relâche. Ie prie Dieu que vous & moy puissions viure & mourir dans cette heureuse disposition.

Conatus perpetuus ad perfectionem, perfectio est. lib. 3. de vita contemplat. c. 25.

FIN.

www.ingramcontent.com/pod-product-compliance
Lightning Source LLC
Chambersburg PA
CBHW060259230426
43663CB00009B/1521